FINANCIAL
TRANSACTION RULES
in the Era of Civil Code

民法典时代的
金融交易规则

邬晓东　王　立　等◎著

北京大学出版社
PEKING UNIVERSITY PRESS

图书在版编目(CIP)数据

民法典时代的金融交易规则/邬晓东等著.—北京:北京大学出版社,2023.11
ISBN 978-7-301-34091-2

Ⅰ.①民… Ⅱ.①邬… Ⅲ.①金融交易—金融法—研究—中国 Ⅳ.①D922.280.4

中国国家版本馆 CIP 数据核字(2023)第 110293 号

书　　　名	民法典时代的金融交易规则
	MINFADIAN SHIDAI DE JINRONG JIAOYI GUIZE
著作责任者	邬晓东　王　立　等著
责 任 编 辑	刘秀芹
标 准 书 号	ISBN 978-7-301-34091-2
出 版 发 行	北京大学出版社
地　　　址	北京市海淀区成府路 205 号　100871
网　　　址	http://www.pup.cn　新浪微博:@北京大学出版社
电 子 邮 箱	zpup@pup.cn
电　　　话	邮购部 010-62752015　发行部 010-62750672　编辑部 021-62071998
印 刷 者	北京虎彩文化传播有限公司
经 销 者	新华书店
	730 毫米×1020 毫米　16 开本　28.5 印张　512 千字
	2023 年 11 月第 1 版　2023 年 11 月第 1 次印刷
定　　　价	98.00 元

未经许可,不得以任何方式复制或抄袭本书之部分或全部内容。
版权所有,侵权必究
举报电话:010-62752024　电子邮箱:fd@pup.cn
图书如有印装质量问题,请与出版部联系,电话:010-62756370

序 一

金融是现代经济的命脉，经济发展离不开金融的优化配置。当今世界正经历百年未有之大变局，国内经济正转向高质量发展阶段。推进经济结构性改革，实现经济持续增长、人民共同富裕等宏大目标，都离不开金融支持。21世纪以来，全球范围内的金融创新与变革加快，我国金融市场的增长也异常强劲，直接保障和促进了我国在经济建设上的成功。

但美国次贷危机的影响还未过去，新冠疫情下各国经济又陷入困境，金融市场波谲云诡。近年来我国金融行业亦多有风险爆雷事件，P2P行业、互联网平台金融业务、某些地方性银行及大型控股集团都不同程度上涉及涉众性金融风险。中美关系也对中国的金融市场、科技市场带来了一定影响。这一切都给我们敲响了金融风险的警钟。

对于金融市场的机制畅通与健康发展，金融法治的保驾护航至关重要。我国金融体制改革及法治建设日趋深入，金融立法、司法与执法都有了长足发展，在保障宏观经济有效运行、维护金融秩序、促进金融市场交易体系的建立方面起到了核心作用。法律对金融活动、金融关系进行调整，使得复杂的金融关系有了协调健康的发展，并符合国家宏观调控目标，有利于社会主义市场经济的积极发展。

作为金融法治的基础一环，《中华人民共和国民法典》（以下简称《民法典》）在这样的大时代下出台，意义深远。它是新中国成立以来第一部以"法典"命名的法律，是新时代我国社会主义法治建设的重大成果，具有里程碑意义。尽管《民法典》并不直接针对金融市场作出规范，但民法作为"万法之母"，对金融市场交易中的合同、担保、侵权等核心法律关系作出了基础性安排。若没有特别立法，所有金融交易均应遵循《民法典》的基本制度框架展开。《民法典》之于金融交易，就好比地基之于高楼大厦。地基不实，大厦易倾。而《民法典》就是这么一部固根本、稳预期、利长远的基础性法律。

一般人眼中，所谓金融法就是指人民银行、银保监会[①]、证监会等金融监管机构出台的各种金融监管文件或监管措施。这种理解本身没什么差错。央行的存款准备金、再贷款等金融调控工具与各监管机构实施的牌照管理、强制信息披露等金融监管措施，确实是金融法的重要组成部分。然而这种理解并不全面。金融法的体系中，除了上述关于宏观调控及金融监管等具有公法属性的法律外，还有一大块内容是《民法典》等所承载的金融交易法律规则。金融交易发生于金融机构与其他企业、金融机构与金融消费者等平等主体之间，属于私法关系，具有平等、有偿、自愿的性质。如在存贷款、同业拆借、票据贴现、保险买卖、证券发行与证券买卖、信托交易、融资租赁、外汇和黄金买卖等行为中均存在金融交易关系。《民法典》对金融交易关系的调整，就是维护金融交易双方自由平等交易，对金融交易的一般行为规定共同规则和普遍要求，既鼓励金融交易，又保障金融交易安全，给金融交易者们一个合理的预期和秩序形成。这些规则与金融调控、金融监管一样重要。金融监管与司法裁判既相互区别，又协同合作，共同解决金融法治问题。

只是，《民法典》对金融交易的规制不像《中华人民共和国证券法》《中华人民共和国票据法》《中华人民共和国期货和衍生品法》等典型金融法律那么直接。《民法典》的立法者们所确立的合同编、物权编等各种基础规则，并非仅针对金融交易，而是针对所有类型的交易。所以，《民法典》的一般规则如何适用到金融这个特殊市场，没有一定的专业素养和职业经验，要准确把握还是会有些困难。

比如，在金融交易中的行政监管会如何影响到合同效力？资本市场中的股权代持合同效力如何确定？疫情下金融借款合同纠纷应如何处理？上市公司收购中的对赌条款效力几何？债务加入、差额补足、回购承诺等增信措施是否会被认定为担保？上市公司对外担保要注意哪些问题？融资担保与普通担保有何区别？融资租赁如何确保租赁物真实合规？保理与民间借贷有何区别？股权让与担保中股东处于何种法律地位？这些问题，在《民法典》中都没有直接答案，却都与《民法典》所确立的民事规则有着千丝万缕的联系。

[①] 2023年3月，中共中央、国务院印发了《党和国家机构改革方案》。在中国银行保险监督管理委员会基础上组建国家金融监督管理总局，不再保留中国银行保险监督管理委员会。5月18日，国家金融监督管理总局正式揭牌。这意味着，银保监会正式退出历史舞台。

本书作者试图对这些基础规则的金融市场特殊应用问题交出自己完整、清晰、可操作的答卷。

《民法典》正在重塑中国金融市场。因为金融业务的发展必然受到民法规则的规制和约束，民法规则的演进也为金融业的发展和创新提供方向和指引。本书从一个活跃在金融领域前沿业务的优秀律师团队的视角出发，梳理这个重塑过程的"静水深流"，剖析法律规则给金融业务带来的实质性影响，并给出了诸多非常务实的操作建议。无论你是企业家、金融从业者、投资者，还是法务、律师，这本书都应当是你的案头书。希望每位读者都能从本书中获益。

姜建清

序 二

本书的两位主要作者都是我的弟子，生活在民营经济发达、网络交易活跃的浙江杭州。一位是西子湖畔大型知名律所的资深高级合伙人，另一位是钱塘江边创业氛围浓厚高校的青年教师。前者常年出入法院、国企与金融机构，解决金融纠纷，把关机构合规，成效显著；后者长期从事商法、金融法教学科研工作，观察剖析市场法律现象，佳作不断。两位弟子在各自领域都颇有建树并崭露头角。

我每去杭州龙井问茶，门下弟子多有相聚。两年前某次茶聚，适逢《民法典》刚出台尚未施行，他俩便说起要对《民法典》在金融领域的适用启动一个研究写作项目，我对这个计划颇为支持也充满期待。

随着《民法典》的正式施行和《最高人民法院关于适用〈民法典〉有关担保制度的解释》等配套司法解释的出台，尽管相关著作如雨后春笋般涌现，但至今市面上仍鲜有系统论述《民法典》制度在金融领域适用的理论或实务书籍。当两位弟子将书稿呈现时，我还是有些惊喜的。在过去的两年里，他俩带领一群毕业于名校、功底扎实的优秀青年律师一起写作、讨论，对其中的每个主题、每篇文章、每则案例分析，都展开团队内训讲课与头脑风暴。文成后在公众号"金融法驿站"上持续发布，并听取意见、修改完善。经精耕细作、数易其稿，终集结成册。总览书稿，我认为本书内容充实、自成体系，非常值得推荐给读者。

首先，本书妥善处理了金融法理论与实务的张力。理论联系实际是法律法学经世致用的至理名言，金融法研究更是不能脱离金融市场实践与法律实务。本书的写作结合了学者说理讲究理论圆通、逻辑自洽，与律师写作注重问题导向、可予操作的风格。

本书既有理论的体系性，同时也囊括了时下最热门、最前沿的实务话题。

全书围绕金融交易的两大核心要素"合同"与"担保"展开，以实践中各类金融业务模式透析金融交易合同，以《民法典》最大的体系性革命"功能担保观"串联金融实践中的各类金融增信措施，完成了本书的整体架构。在具体章节中，本书也同样追求理论的体系性与实务问题全覆盖。如"融资租赁"一章，融资租赁的本质是"融物"基础上的"融资"，其中"融物"是该种金融交易模式区别于其他交易的关键属性。因此，该章下的各节全部围绕"融物"展开系统分析。同时，该章尽可能对时下融资租赁业界讨论的前沿争议问题全覆盖，如售后回租模式的效力、适格租赁物的范围、特殊动产的融资租赁登记效力、融资租赁与《民法典》新规则（正常经营活动买受人规则、价款超级优先权等）的关系等。这种体系化与实务问题导向结合的努力，值得称道。作者自己对质量的要求是：法官、律师、金融从业者翻开本书，按图索骥找到相应章节，结论或论证能够"直接拿来用"。这个要求其实不低，但本书做到了。

其次，本书细致地阐释了一般民法规范在金融市场中的特别适用。民商合一的《民法典》，其实是分主次的——民为主，商为辅。如果说商法是坐在了《民法典》的头等舱，那么民法是坐在了驾驶舱。我国《民法典》继承了大陆法系德国民法典潘德克顿传统，强调法典的成文化、体系化，强调概念一贯、逻辑圆通、科学缜密。立法者们认为法律本身应当是一种"科学"，容不得一丝矛盾与抵触，体现了立法严谨。但金融市场瞬息万变，金融创新层出不穷，稳定且自洽的《民法典》如何在变化多端的金融交易中适用？

有趣的事实是，尽管我国《民法典》的传承来自德、法，但我国金融市场发展路径却更多借鉴自另一法系的英、美。英美法系不同于大陆法系的逻辑严谨，秉承的是实用主义进路，不苛求严密的体系与规整的分类，只要能解决问题就行。在判例法传统下，金融市场的创新与交易习惯得到了法律最大的尊重。有研究表明，当今世界纽约、伦敦等国际金融中心，多在英美法浸润下诞生。德、法等国固然国力也算强盛，但其金融市场尚不算最发达，又是否有来自其民法的掣肘呢？本书虽不讨论这些宏大理论命题，但就《民法典》在金融领域精准适用这一长期艰巨工程，迈出了坚实的一步。

最后，本书不仅梳理了《民法典》在金融交易中的司法理念，还力图描述金融交易的商业逻辑，以及金融监管的基本思路。这些对于理解《民法典》中的金融交易规则实有必要。

金融商事规则相对于一般民事规则有着诸多特性。民法属于权利归属法，强调公平互利、真实意思表示，多伦理性规范；金融商法属于财富运作法，强调通过保护善意第三人来维护交易效益与交易安全，多技术性规范。金融交易规则的这些属性，并非凭空而来，而是根植于金融市场、商业交易的本身运行逻辑。同时，这些金融运行逻辑并非自然带有正当性，需要监管介入确认并纠偏。

因此，钻研金融商法，不仅要研究法律规则，而且要探究金融交易本身的商业逻辑，还需要结合金融监管加深理解。若不能明白金融商事规则背后的金融商事运行规律，那么对金融商事规则的研习也就成了无源之水、无根之木。若不研究金融监管规则与监管导向，金融交易也有可能导致风险积聚、市场失序。我们要尊重商事习惯，读懂金融监管，并厘清司法裁判与金融监管之间的复杂关系。

以上种种，可能只是一种探索，但确实是一份有价值、有分量的探索。

前　言

过去的几年，对所有人而言都不平凡，对法律人、金融人尤为如此。在国内、国际经济形势急剧变化的背景下，民商金融法规进入一种密集更新状态。2019年底《全国法院民商事审判工作会议纪要》（以下简称《九民纪要》）发布，《中华人民共和国证券法》全面修订，2020年5月《融资租赁公司监督管理暂行办法》发布，同月《民法典》通过，2020年底《中华人民共和国刑法修正案（十一）》通过，这些法规对资本市场影响巨大。《中华人民共和国公司法》《中华人民共和国破产法》也正在展开紧锣密鼓的修订。

规则的改变必然重塑市场，在时代浪潮下，对规则的研习成为冲浪者的必修课。本书以《民法典》规则为基点展开，链接金融商事领域的各项规则，从法律实务的视角，试图梳理出一张相对完整、有脉络的金融商事规则地图。读者按图索骥，或可探寻更多宝藏。

一、《民法典》的小修与大改

综观《民法典》编纂对规则体系之冲击，官方权威说法似乎是"小改"。但仔细研读下，其实并非如此。特别是就金融制度的核心担保制度而言，几乎是发生了翻天覆地的变化。在《民法典》编纂过程中，立法机关结合我国既有的实践和理论发展，参考世界银行的全球营商环境报告中涉及担保的指数指标，借鉴《美国统一商法典》（UCC）第九编、《贸易法委员会担保交易示范法》和《欧洲示范民法典草案》（DCFR）等担保制度的最新趋势，联动修改物权编和合同编，实现了动产和权利担保的"形式小改，实质大修"的立法理念。①

《民法典》对担保制度进行了功能主义改造。担保制度是法律明文规定的保障债权人实现债权的法律措施或制度，通常是为预防债务的不履行所事先采取的确保债权实现的手段。现有民法体系中明确规定的典型担保方式可分为保证、抵押、质押、留置、定金五种。但《民法典》第388条认可了"其他具有担保功能的合同"，从而开了个口子，将那些传统典型担保之外的非典型担保纳入了法律视野。《最高人民法院关于适用〈民法典〉有关担保制度的解释》（以下简称《担保制度解释》）第1条开宗明义，将"所有权保留买卖、融资租赁、保理等涉及担保功能发生的纠纷"作为非典型担保加以规范，其第四部分更是专门针对非典型担保划定了诸多规则。

然而，担保功能化改造与传统的典型担保体系之间的反差，引起了巨大的学术争议与解释分歧。以所有权保留制度为例，基于我国承继的大陆法系国家物权体系传统，是以所有权为起点演绎出其他用益物权和担保物权，所有权保留交易具有形式主义立法特征。在该传统下，所有权与担保物权泾渭分明，在《民法典》立法过程中引入美式现代动产担保交易制度的合理元素殊为不易。《民法典》虽在物权编"担保物权"分编的第388条规定"担保合同包括抵押合同、质押合同和其他具有担保功能的合同"，试图将担保物权之外的其他具有担保功能的合同也给予合适的法律地位，但是所有权保留买卖规则位于《民法典》合同编"典型合同"分编第九章"买卖合同"项下，与前述第388条不论在理论属性、部门分类还是在立法编排上都相隔甚远。法律并未明确出卖人所有权保留的属性，一方面将所有权保留买卖规定在合同编，使得所有权保留买卖中的所有权转移仍有附条件的所有权转移的外观；另一方面又为所有权保留买卖设置了与其他动产担保大致相同的规则，肯定其担保功能（如本条增加的登记对抗效力条款）。故所有权保留其实包含了所有权的物权特征以及担保物权的一些特征。毋庸置疑，形式主义立法方法与功能主义立法方法之间的矛盾张力在短期内或许无法消除。

因此，《民法典》时代的担保制度并未改造完成，只是从交易形式主义立法部分地转向了担保功能主义立法。所有权保留等非典型担保的形式主义特质在《民法典》施行后，仍然在很大程度上得以保留，并未被重构为担保物权。例如，在所有权保留买卖中讨论出卖人的所有权何时转移给买受人仍然

---

① 朱虎：《民法典动产和权利担保的变革》，载《人民法院报》2020年7月30日第5版。

案并不明确。

最高人民法院为了统一金融交易实践中担保规则的适用，在《民法典》正式施行之际打了一个大大的补丁，即《担保制度解释》第1条之规定："所有权保留买卖、融资租赁、保理等涉及担保功能发生的纠纷，适用本解释的有关规定。"《担保制度解释》中有大量的规则将融资租赁、所有权保留、保理、让与担保等非典型担保的规则，通过司法解释的方式，加以一体参照适用。这种参照适用，实际上就跨越了非典型担保与传统典型担保之间的规则鸿沟，也抹平了各类非典型担保之间的差异，使得千差万别的金融法规则第一次有了统一的趋势。

但是，这些还不够。实践操作过程中，由于交易结构纷繁复杂、日新月异，上述五类传统担保形式显然无法满足日常需求。即便加上融资租赁、保理、所有权保留、让与担保等各类官方认定的非典型担保，也仍然无法满足金融需求。因此，为能起到类似担保效果，应对市场纷繁复杂的需求，或简化应履行的内部决策程序等，各类担保增信措施被广泛应用于市场实践，比如债务加入、独立保函、单方承诺等。其中，单方承诺的常见类型就有差额补足承诺、流动性支持、远期收购/回购承诺等多种表述。为保障权利得以实现，实务操作中还会采取约定保证金、违约金，设立交叉违约条款，政府出具承诺函，设立资金监管账户等操作模式。以上这些，并不能直接通过《民法典》或《担保制度解释》的明文条款直接简单定性为非典型担保。这些类担保增信措施，实际上有些属于担保，有些则不属于担保。

《九民纪要》第91条与《担保制度解释》第36条明确了类担保增信措施性质的认定方式及法律适用。《九民纪要》第91条初步阐述了增信文件的性质认定规则，《担保制度解释》第36条进一步完善了该规则。简单来讲，目前的类担保增信措施基本可以定性为保证和债务加入两大类。若难以认定为这二者的，则需要根据具体条款的权利义务约定来确定增信措施各方应承担的民事责任。

综合而言，担保合同的概念体系和边界已经逐步框定明确，但这仍然不够。担保制度的良好运行，概念界定只是起点，还需要更多的统一规则。

三、金融担保规则的统一框架

完美状态下的担保制度规则统一，应当兼具理论简洁性与实务适用性。

有意义。在此问题上，可将所有权保留与动产抵押作一比较：动产抵押的条件成就后（主债务因清偿或其他原因消灭），动产抵押权消灭，标的物的所有权恢复给抵押人，恢复圆满状态；但所有权保留的条件成就后（买受人清偿全部价款或完成其他特定义务），标的物所有权转移给了买受人。又例如，所有权保留与动产抵押在标的物的取回上态度迥异。换言之，所有权保留制度虽已经《民法典》进行功能化改造，但仍不能完全等同于担保物权。

二、金融交易形态的多样化与担保规则的统一

随着金融担保创新实践的发展，各种新型动产担保交易形态被不断创造出来，但这些动产担保交易模式规则差异甚大，容易造成权利冲突。为降低信贷交易成本，需建构一套统一规则一体适用于各类新型担保。国际统一私法协会、联合国国际贸易法委员会和世界银行集团等国际组织建议，各国在动产担保法制改革中应采行交易类型化的功能主义立法方法：不管交易的形式如何，只要在市场上发挥相同的担保功能，就应适用相同的法律。[①]

《民法典》编纂拟采用国际通行的功能主义立法方法（主要是美国主导的国际规则），但如果直接采行，将遇到无法克服的大陆法传统体系障碍。最终，《民法典》采取了形式主义和功能主义相结合的改良式立法：所有权保留仍以买卖标的物为表现形式，规定于合同编买卖合同章，并未被重构为担保物权；但为克服出卖人权利的隐蔽性规定了所有权保留的登记对抗效力（第641条第2款），且规定可参照适用担保物权的实现程序（第642条第2款）以及类担保清算规则（第643条第2款）。如此一来，在编纂体系上，对所有权保留的功能主义改造便不会对传统大陆法系物权体系造成冲击，同时又能将所有权保留放入统一的担保登记规则、顺位规则以及实现规则，从而实现形式主义和功能主义相结合的改良式立法。以上分析，同样适用于融资租赁、保理、让与担保等其他非典型担保。

只是，《民法典》的"小修"并未能满足上述统一担保规则之要求。比如《民法典》第414条规范了同一财产向两个以上债权人抵押的清偿顺位，同时规定"其他可以登记的担保物权，清偿顺序参照适用前款规定"。但对于新纳入担保合同概念的各种非典型担保，是否可以统一适用该条？字面来看，答

[①] 高圣平：《美国动产担保交易法与我国动产担保物权立法》，载《法学家》2006年第5期。

本书各章均以实务运用为核心，因此实务适用性的阐释任务留给各章完成。这里先说明一下担保制度在理论上的统一要素。在担保功能主义立法模式下，担保制度应当在以下四个层面实现统一。

第一，担保合同概念的统一。如前文所述，这一点已经被《民法典》第388条及《担保制度解释》解决。

第二，担保登记规则的统一。这里又有两层含义：一是登记效力规则的统一，二是登记机构的统一。《民法典》对登记效力的规定是分散的，如《民法典》第225条规定"船舶、航空器和机动车等的物权的设立、变更、转让和消灭，未经登记，不得对抗善意第三人"，第335条规定"土地承包经营权互换、转让的，当事人可以向登记机构申请登记；未经登记，不得对抗善意第三人"，第403条规定"以动产抵押的，抵押权自抵押合同生效时设立；未经登记，不得对抗善意第三人"，第641条规定"出卖人对标的物保留的所有权，未经登记，不得对抗善意第三人"，第745条规定"出租人对租赁物享有的所有权，未经登记，不得对抗善意第三人"等。但是，《担保制度解释》第63条针对非典型担保作出总括规定："债权人与担保人订立担保合同，约定以法律、行政法规尚未规定可以担保的财产权利设立担保，当事人主张合同无效的，人民法院不予支持。当事人未在法定的登记机构依法进行登记，主张该担保具有物权效力的，人民法院不予支持。"该条的核心在第二句，即不论是什么样的担保，传统担保也好，新型担保也罢，统统遵循登记公示原则，不登记就不能优先受偿。从本质上来说，优先受偿是担保制度的核心价值，进而登记也就成了关键节点。就此而言，动产融资统一登记公示系统意义重大。因此，中登网的登记范围变得很宽泛，就可以扩展新型担保的范围了。比如中登网登记范围中最后一项的兜底条款，可以涵盖排放权、信托受益权、出租车经营权、商铺经营权、保证金担保等。只是这些扩展类型能否作登记，还得看实践发展。

第三，担保清偿顺位规则的统一。《民法典》第414条第1款规定了多个抵押权竞存情形下的清偿顺位：在先登记优先，已登记优先于未登记，均未登记按比例清偿。同时，该条第2款规定，"其他可以登记的担保物权，清偿顺序参照适用前款规定"。该参照适用条款为《民法典》新增条款，有重要意义。其将抵押权竞存情形下的清偿顺位规则推而广之，适用于所有可以登记的担保物权。换言之，在《民法典》认可了非典型担保的情形下，融资租赁、保理等非典型担保也准用了这个清偿顺位规则。所以，尽管依据《动产和权利担保统一登记办法》，中登网是不作实质审查，甚至也没有形式审查的，其功能仅仅是通过登记确定清偿顺位，但从顺位规则的统一层面来看，这个登记具有重要意义。

第四，担保实现规则的统一。2012年修订的《中华人民共和国民事诉讼法》（以下简称《民事诉讼法》）新设了实现担保物权特别程序，2014年《最高人民法院关于适用〈民事诉讼法〉的解释》对实现担保物权案件的一些实践问题作出了进一步规定，如申请实现担保物权的主体、案件审理及裁定、救济程序等。《民法典》及《担保制度解释》对融资租赁、所有权保留买卖、保理等业务的担保功能加以认定，并规定所有权保留买卖（《民法典》第642条）、融资租赁（《担保制度解释》第65条）可参照适用实现担保物权的规则。这在担保实现层面进行了规则统一（值得注意的是，目前这个参照适用规则似乎还并未涵盖所有类型的非典型担保）。

在理解上述四个统一的框架后，我们可以开始对本书的阅读。希望本书能够为各位读者构建民法典时代的金融交易规则图谱提供初步的支撑与助力，读者可以本书为起点作更深一步的研究。囿于时间、篇幅及能力，本书难免有疏漏之处。同时，金融市场及金融法治建设都在高速发展变化中，一定会有更多的新问题等待我们去研究和讨论。期盼读者们对本书提出宝贵意见，帮助我们进一步修订完善。

撰写分工

第一章　王立、陈慧、李薇、陈璐、蔡琦华
第二章　李薇、陈璐、陈慧、徐而立
第三章　王立、蔡琦华、陈慧、陈璐、陈恒达
第四章　邬晓东、陈慧、戴妮
第五章　邬晓东、蔡琦华、陈恒达
第六章　邬晓东、王立、陈恒达、蔡琦华
第七章　邬晓东、王立、陈恒达、徐而立
第八章　王立、卢镱、蔡琦华、蔡天啸、吴夏澍

法规缩略语表

简称	全称
《民法典》	《中华人民共和国民法典》
《商业银行法》	《中华人民共和国商业银行法》
《银行业监督管理法》	《中华人民共和国银行业监督管理法》
《保险法》	《中华人民共和国保险法》
《刑法》	《中华人民共和国刑法》
《立法法》	《中华人民共和国立法法》
《证券法》	《中华人民共和国证券法》
《破产法》	《中华人民共和国企业破产法》
《公司法》	《中华人民共和国公司法》
《合同法》	《中华人民共和国合同法》
《物权法》	《中华人民共和国物权法》
《担保法》	《中华人民共和国担保法》
《民诉法》	《中华人民共和国民事诉讼法》
《农村土地承包法》	《中华人民共和国农村土地承包法》
《民法通则》	《中华人民共和国民法通则》
《民法总则》	《中华人民共和国民法总则》
《九民纪要》	《全国法院民商事审判工作会议纪要》
《资管新规》	《关于规范金融机构资产管理业务的指导意见》
《合同法解释（一）》	《最高人民法院关于适用〈中华人民共和国合同法〉若干问题的解释（一）》
《合同法解释（二）》	《最高人民法院关于适用〈中华人民共和国合同法〉若干问题的解释（二）》
《公司法解释（三）》	《最高人民法院关于适用〈中华人民共和国公司法〉若干问题的规定（三）》
《担保制度解释》	《最高人民法院关于适用〈中华人民共和国民法典〉有关担保制度的解释》

(续表)

简称	全称
《民间借贷解释（2015）》	《最高人民法院关于审理民间借贷案件适用法律若干问题的规定（2015）》
《民间借贷解释（2020）》	《最高人民法院关于审理民间借贷案件适用法律若干问题的规定（2020）》
《买卖合同解释》	《最高人民法院关于审理买卖合同纠纷案件适用法律问题的解释》
《商品房买卖解释》	《最高人民法院关于审理商品房买卖合同纠纷案件适用法律若干问题的解释》
《独立保函司法解释》	《最高人民法院关于审理独立保函纠纷案件若干问题的规定》
《融租解释（2014）》	《最高人民法院关于审理融资租赁合同纠纷案件适用法律问题的解释（2014）》
《融租解释（2020）》	《最高人民法院关于审理融资租赁合同纠纷案件适用法律问题的解释（2020修正）》
《物权编解释》	《最高人民法院关于适用〈中华人民共和国民法典〉物权编的解释（一）》
《担保法解释》	《最高人民法院关于适用〈中华人民共和国担保法〉若干问题的解释》
《破产法解释二（2020）》	《最高人民法院关于适用〈中华人民共和国企业破产法〉若干问题的规定（二）》（2020修正）
《民诉法解释》	《最高人民法院关于适用〈中华人民共和国民事诉讼法〉的解释》
《民法典会议纪要》	《全国法院贯彻实施民法典工作会议纪要》
《民通意见》	《最高人民法院关于贯彻执行〈中华人民共和国民法通则〉若干问题的意见（试行）》
《减持新规》	《上市公司股东、董监高减持股份的若干规定》
《统一登记办法》	《动产和权利担保统一登记办法》
《不动产抵押登记通知》	《自然资源部关于做好不动产抵押权登记工作的通知》
《融租新规》	《融资租赁公司监督管理暂行办法》
《融租办法》	《融资租赁企业监督管理办法》
《金租办法》	《金融租赁公司管理办法》

目 录

第一章　金融交易的合同效力规则 1
　第一节　金融交易中的行政监管与合同效力 1
　　一、报批义务与合同效力 1
　　二、《资管新规》对合同效力的影响 5
　　三、资管保本保收益条款的法律效力 11
　　四、金融监管下的股权代持协议效力 22
　第二节　金融交易中的格式条款 29
　　一、格式条款的提示说明义务 29
　　二、格式条款的无效情形 33
　第三节　金融交易中的情势变更与不可抗力 35
　　一、情势变更适用范围的扩大 36
　　二、不可抗力的界定 37
　　三、情势变更与不可抗力的关系 41
　　四、公平原则在情势变更案件中的适用 42
　　五、疫情下的金融借款合同纠纷处理 43
　第四节　金融交易合同无效的法律后果 50
　　一、民间借贷合同无效的法律后果 50
　　二、股权代持协议无效的法律后果 58
　第五节　金融交易的其他合同效力规则 65
　　一、要约邀请情形的增加 65
　　二、预约合同的适用扩张及责任承担 67
　　三、欺诈、胁迫、重大误解的认定 69
　　四、诉讼时效的延长 70

五、公司盖章真实性与合同效力 71
    六、对赌条款的效力问题 79
 第二章　金融交易的合同履行规则 89
  第一节　债权人代位权 89
    一、代位权规则的修订完善 89
    二、新增代位权的期前行使规则 91
    三、债权人代位权的客体范围与举证责任 93
  第二节　债权人撤销权 95
    一、债权人撤销权的行使 95
    二、债权人行使撤销权的举证责任分配 97
  第三节　债权转让 98
    一、债权不得转让的情形 98
    二、从权利不因未办理登记或未转移占有而受影响 99
    三、债权转让的费用承担 100
  第四节　金融合同的其他履行规则 101
    一、选择之债的选择权归属、转移及行使 101
    二、利益第三人合同中第三人的拒绝权、履行请求权与违约责任请求权 102
    三、违约金调整规则 104
    四、主债权债务终止时从权利的消灭规则 105
    五、债的清偿抵充顺序 106
    六、贷款提前到期条款的性质与履行 108
 第三章　金融交易中的担保一般规则 114
  第一节　类担保增信措施与担保体系 114
    一、类担保增信措施概述 114
    二、类担保增信措施的常见形式 116
    三、类担保增信措施法律定性裁判要旨 122
    四、承诺函的法律性质 135
    五、债务加入人能否向债务人或担保人追偿 152
    六、独立保函的认定 161

目 录

第二节 公益担保 174
一、公益属性对保证人资格的影响 174
二、禁止抵押的公益设施的范围 178
三、以公益为目的的非营利法人提供担保的例外 179

第三节 公司对外担保 182
一、非上市公司的对外担保 183
二、上市公司的对外担保 189
三、分支机构的对外担保 193
四、无须决议的情况 197

第四节 担保物权代持 202
一、担保物权代持的概念分析 202
二、担保物权代持的适用情形 203
三、实务建议 205

第五节 担保合同无效的法律后果与责任承担 206
一、担保合同无效的情形下担保人承担责任 206
二、担保合同无效后担保人向债务人追偿的问题 208

第六节 担保物权的实现程序 211
一、我国实现担保物权特别程序的发展历程 211
二、实现担保物权案件程序的适用 211
三、实务建议 215

第四章 金融交易中的保证规则 216

第一节 保证合同概念及其从属性 216
一、承担保证责任的情形 216
二、保证合同的从属性 217

第二节 保证方式 219
一、对保证方式没有约定或者约定不明确时，推定为一般保证 219
二、一般保证人的免责情形 222
三、一般保证先诉抗辩权的例外情形 222
四、最高额保证 224

3

第三节　保证期间与诉讼时效　225
　　一、保证期间　225
　　二、保证债务的诉讼时效　228

第四节　债权转让与债务转移中的保证责任　230
　　一、债权转让中的通知与保证的效力　230
　　二、债务转移中保证人责任的承担　232

第五节　担保竞存下的权利顺位及保证人相互追偿　233
　　一、混合担保中担保权利实现顺序、担保人之间的追偿权　233
　　二、多个保证人情况下的保证人责任和追偿问题　235

第五章　金融交易中的传统担保物权规则　238

第一节　担保物的范围　238
　　一、抵押物范围的变化　238
　　二、禁止抵押的财产　242
　　三、作为抵押物的土地经营权　245
　　四、商铺租赁权质押的法律效力　249
　　五、未过限售期的质押股权能否强制执行　255
　　六、应收账款质押中"通知"的法律意义　265

第二节　抵押物的流转　271
　　一、法条解读　271
　　二、参考案例　272
　　三、实务建议　274

第三节　担保物权竞存　275
　　一、担保物权竞存的清偿顺序　275
　　二、购买价款超级优先权　277

第四节　担保物权与其他权利竞存　278
　　一、正常经营买受人规则　278
　　二、抵押不破租赁　281
　　三、抵押权和居住权冲突　285
　　四、承包人放弃建设工程价款优先受偿权的法律效力　288

第五节　不动产抵押登记　297
一、不予办理抵押登记的不动产范围　297
二、抵押物的转让登记规则　298
三、增加"抵押担保范围"为登记事项　300
四、最高额抵押中的"最高债权额"非本金最高额　301
五、房地分别抵押的登记问题　302

第六章　金融交易中的非典型担保规则之一：融资租赁　304
第一节　融资租赁业务范围　305
一、融资租赁的概念与业务模式　305
二、融资租赁业务范围的正面列举　308
三、融资租赁业务范围的负面清单　310
四、融资租赁争议模式之一：售后回租　313
五、融资租赁争议模式之二：自抵押　315

第二节　融资租赁物的范围　317
一、租赁物的监管规定　317
二、租赁物的司法解释　319
三、司法案例中的特殊标的物　320

第三节　融资租赁物的真实性　321
一、虚构租赁物的司法认定　322
二、融资租赁公司尽调要点　325

第四节　融资租赁登记　327
一、融资租赁登记的类型　327
二、融资租赁的登记对抗效力　329
三、实务问题一：特殊动产融资租赁所有权登记的对抗效力　330
四、实务问题二：出租人对租赁物的所有权无法对抗正常经营
　　活动中的买受人　331
五、实务问题三：融资租赁与价款优先权的关系　332

第五节　融资租赁纠纷的诉讼应对　334
一、融资租赁纠纷出租人的救济路径　334
二、诉请租金加速到期中的违约金或逾期利息　336

三、实现担保物权案件程序的适用　338
　　四、诉请解除合同的诉讼要点　339

第七章　金融交易中的非典型担保规则之二：保理　341

第一节　保理的业务模式　342
　　一、保理纠纷的溯及力、案由与管辖　343
　　二、保理合同的服务内容及业务类型　345
　　三、未来应收账款保理　346
　　四、票据结算保理　348
　　五、应收账款电子凭证保理　350
　　六、实务建议　351

第二节　虚构应收账款的法律效果　353
　　一、虚构应收账款不影响保理合同效力　353
　　二、虚构应收账款不影响保理合同效力的例外：保理人"明知"　355
　　三、实务建议　358

第三节　保理人通知　359
　　一、保理通知为债权转让一般规则的特殊规则　359
　　二、签收债权转让通知的债务人的抗辩权　361
　　三、实务建议　362

第四节　保理合同的独立性　363
　　一、保理合同与基础合同的相对独立性　363
　　二、保理合同独立性的前提要件　364
　　三、实务建议　366

第五节　有追索权保理　367
　　一、有追索权保理的担保属性　367
　　二、有追索权保理的不同行权路径　369
　　三、有追索权保理债权的清算　371
　　四、实务建议　371

第六节　无追索权保理　372
　　一、无追索权保理的特殊规则　372
　　二、实务建议　374

第七节 多重保理情形下保理人的权利顺位 374
　　一、保理登记与权利顺位确定 375
　　二、实务建议 376

第八节 保理合同准用债权转让的规定 376
　　一、保理合同对债权转让规则的适用 377
　　二、新债权转让规则在保理领域的争议问题 378
　　三、实务建议 380

第八章 金融交易中的其他非典型担保规则 381

第一节 所有权保留 381
　　一、所有权保留的法律属性 382
　　二、所有权保留的中间处分与登记效力 384
　　三、所有权保留的出卖人取回权 388
　　四、买受人回赎权与出卖人再卖清算 397

第二节 让与担保 399
　　一、让与担保的概念 399
　　二、让与担保行为的认定 400
　　三、让与担保的物权效力和权利实现 404
　　四、让与担保标的物类型与规则 406
　　五、股权让与担保的效力与权利实现 412
　　六、担保权的实现 424
　　七、实务建议 425

第三节 保证金账户担保 427
　　一、保证金账户质押的性质 427
　　二、保证金账户质押的生效条件 428
　　三、实务建议 430

第一章
金融交易的合同效力规则

《中华人民共和国民法典》（以下简称《民法典》）合同编通则规定了合同的订立、效力、履行、保全、转让、终止、违约责任等合同一般规则。这些规则相较《中华人民共和国合同法》（以下简称《合同法》）及相关司法解释有所变化，同时有部分规则升格为《民法典》总则编条款。诸多条款与金融展业相关，须引起高度关注。如《民法典》第496条强调金融机构应当尽到格式条款的提示说明义务，否则该条款可能不成为合同内容；第515、516条规定了选择之债的选择权归属及转移，金融机构若不事先约定选择权，可能丧失选择之债中的主动权等。本章拟对《民法典》合同编通则相关条款进行解读并提出相应实务建议。

第一节　金融交易中的行政监管与合同效力

一、报批义务与合同效力

新旧法律条文对比[①]		
《民法典》	《合同法》	《九民纪要》
第二百一十五条　当事人之间订立有关设立、变更、转让和消灭不动产物权的合同，除法律另有规定或者当事人另有约定外，自合同成立时生效；未办理物权登记的，不影响合同效力。	第四十四条　依法成立的合同，自成立时生效。 法律、行政法规规定应当办理批准、登记等手续生效的，依照其规定。 第七十七条第二款　法律、行政法规规定变更合同应当办理批准、登记等手续	37.【未经批准合同的效力】法律、行政法规规定某类合同应当办理批准手续生效的，如商业银行法、证券法、保险法等法律规定购买商业银行、证券公司、保险公司5%以上股权须经相关主管部门批准，依据《合同法》第44条

---

① 本书中的新旧法律条文对比类表格为导览性内容，均未进行编码，特此说明。

(续表)

新旧法律条文对比		
《民法典》	《合同法》	《九民纪要》
第五百零二条 依法成立的合同，自成立时生效，但是法律另有规定或者当事人另有约定的除外。 依照法律、行政法规的规定，合同应当办理批准等手续的，依照其规定。未办理批准等手续影响合同生效的，不影响合同中履行报批等义务条款以及相关条款的效力。应当办理申请批准等手续的当事人未履行义务的，对方可以请求其承担违反该义务的责任。 依照法律、行政法规的规定，合同的变更、转让、解除等情形应当办理批准等手续的，适用前款规定。	的，依照其规定。 　　第八十七条 法律、行政法规规定转让权利或者转移义务应当办理批准、登记等手续的，依照其规定。 　　第九十六条第二款 法律、行政法规规定解除合同应当办理批准、登记等手续的，依照其规定。 　　第四十二条 当事人在订立合同过程中有下列情形之一，给对方造成损失的，应当承担损害赔偿责任： 　　（一）假借订立合同，恶意进行磋商； 　　（二）故意隐瞒与订立合同有关的重要事实或者提供虚假情况； 　　（三）有其他违背诚实信用原则的行为。 　　**《合同法解释（二）》** 　　第八条 依照法律、行政法规的规定经批准或者登记才能生效的合同成立后，有义务办理申请批准或者申请登记等手续的一方当事人未按照法律规定或者合同约定办理申请批准或者未申请登记的，属于合同法第四十二条第（三）项规定的"其他违背诚实信用原则的行为"，人民法院可以根据案件的具体情况和相对人的请求，判决相对人自己办理有关手续；对方当事人对由此产生的费用和给相对人造成的实际损失，应当承担损害赔偿责任。	第2款的规定，批准是合同的法定生效条件，未经批准的合同因欠缺法律规定的特别生效条件而未生效。实践中的一个突出问题是，把未生效合同认定为无效合同，或者虽认定为未生效，却按无效合同处理。无效合同从本质上来说是欠缺合同的有效要件，或者具有合同无效的法定事由，自始不发生法律效力。而未生效合同已具备合同的有效要件，对双方具有一定的拘束力，任何一方不得擅自撤回、解除、变更，但因欠缺法律、行政法规规定或当事人约定的特别生效条件，在该生效条件成就前，不能产生请求对方履行合同主要权利义务的法律效力。 38.【报批义务及相关违约条款独立生效】须经行政机关批准生效的合同，对报批义务及未履行报批义务的违约责任等相关内容作出专门约定的，该约定独立生效。一方因另一方不履行报批义务，请求解除合同并请求其承担合同约定的相应违约责任的，人民法院依法予以支持。 39.【报批义务的释明】须经行政机关批准生效的合同，一方请求另一方履行合同主要权利义务的，人民法院应当向其释明，将诉讼请求变更为请求履行报批义务。一方变更诉讼请求的，人民法院依法予以支持；经释明后当事人拒绝变更的，应当驳回其诉讼请求，但不影响其另行提起诉讼。

(续表)

新旧法律条文对比		
《民法典》	《合同法》	《九民纪要》
		40.【判决履行报批义务后的处理】人民法院判决一方履行报批义务后，该当事人拒绝履行，经人民法院强制执行仍未履行，对方请求其承担合同违约责任的，人民法院依法予以支持。一方依据判决履行报批义务，行政机关予以批准，合同发生完全的法律效力，其请求对方履行合同的，人民法院依法予以支持；行政机关没有批准，合同不具有法律上的可履行性，一方请求解除合同的，人民法院依法予以支持。

（一）法条解读

1. 合同的一般生效规则

原则上，合同成立即生效，除非法律另有规定或者当事人另有约定。《民法典》与《合同法》在该原则上保持一致。

2. 未报批合同的效力

第一，《民法典》第502条第2款规定，影响合同效力的仅指批准手续而非登记手续的未履行。《民法典（草案）》及《最高人民法院关于适用〈中华人民共和国合同法〉若干问题的解释（二）》[以下简称《合同法解释（二）》]中曾将未经登记的合同也视为未生效的合同，显然与《民法典》第215条中规定的合同效力与物权变动区分相异。《民法典》第215条规定当事人之间订立有关设立、变更、转让和消灭不动产物权的合同，办理登记与否，并不影响合同效力。

第二，《民法典》第502条第2款就合同特殊生效要件进行了规定，根据法律法规，应当办理批准等手续的，如果该手续的办理影响合同生效的，合同生效条件未成就，为未生效的合同，即合同成立但未生效。未生效合同已经依法成立，双方当事人非经协商或具有法定事由，不得任意撤销、变更或解除合同；如果具有法定事由，另一方可以请求人民法院撤销或变更合同。

但是，鉴于欠缺生效要件的合同有别于有效合同，一方直接请求另一方履行合同或者承担合同约定的违约责任将不会被支持。鉴于该类合同可以通过办理批准手续促成其生效，故也不同于无效合同，当事人直接请求确认合同无效的，同样不会被支持。因此，此情况下，当事人应首先请求判令怠于履行报批义务一方履行办理批准手续的义务，促使合同生效。

3.《民法典》中的报批义务独立于其他相关条款，合同未生效不影响其效力

《民法典》还确立了报批义务等条款在效力上的独立性。其性质类似于合同中的清算条款和仲裁条款，合同虽然因未报批而未生效，但是报批义务等条款仍应被认定为有效（见图1.1）。

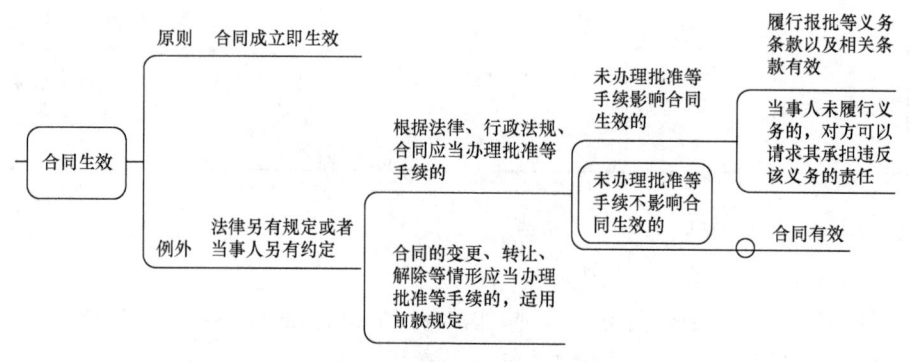

```
                                              履行报批等义务
                                              条款以及相关条款有效
                  原则  合同成立即生效
                                 未办理批准等
                                 手续影响合同    当事人未履行义
                                 生效的        务的，对方可以
                  根据法律、行政法规、            请求其承担违反
                  合同应当办理批准等             该义务的责任
合同生效            手续的
                                 未办理批准等
                                 手续不影响合
                  例外 法律另有规定或者           同生效的      合同有效
                       当事人另有约定
                                 合同的变更、转让、
                                 解除等情形应当办理
                                 批准等手续的，适用
                                 前款规定
```

图1.1 合同的生效规则

4. 未履行报批义务的责任承担

如果当事人在合同中约定了报批义务，则该报批义务应当属于合同义务，未履行报批义务的应当承担违约责任。

若当事人在合同中未约定报批义务，基于诚信原则，当事人也应当承担报批义务，只是此时的报批义务具体为合同义务还是先合同义务存在争议，即未履行报批义务的应当承担违约责任还是缔约过失责任存在争议。《合同法解释（二）》第8条认为该报批义务属于先合同义务，未履行报批义务的，应当根据《合同法》第42条承担缔约过失责任。我们认为，目前就《民法典》的法条所规定的报批义务及其相关条款独立生效来看，应当将报批义务认定为合同义务更为合理。这与《全国法院民商事审判工作会议纪要》（以下简称《九民纪要》）的观点也保持一致。因此，未履行报批义务所承担的是违约责任。

《民法典》目前强调未履行报批义务应承担违约责任，但是就报批后未能

够得到批准的后果未进行规定。而《九民纪要》第 40 条就此作出规定,一方依据判决履行报批义务,行政机关予以批准,合同发生完全的法律效力,其请求对方履行合同的,人民法院依法予以支持;行政机关没有批准,合同不具有法律上的可履行性,一方请求解除合同的,人民法院依法予以支持。《民法典》未就报批后未能够得到批准的后果进行规定,因此,具体责任承担还有待司法实践进一步明确。

(二)实务建议

金融机构在尽职调查以及签订协议时,应当注意需要报批才生效的合同中报批义务的履行,例如借款人与第三方的重大合同是否履行了报批手续,银行在转让股权或股份的时候是否履行了报批手续等。法律、行政法规规定某类合同应当办理批准手续生效的,如《中华人民共和国商业银行法》(以下简称《商业银行法》)、《中华人民共和国证券法》(以下简称《证券法》)、《中华人民共和国保险法》(以下简称《保险法》)等法律规定购买商业银行、证券公司、保险公司 5% 以上股权需经过相关主管部门的批准,国有资产转让[①]、探矿权转让需要批准的规定等,应当根据《民法典》第 502 条第 2 款的规定及时办理报批,并就未办理报批义务的相关违约责任进行规定。

二、《资管新规》对合同效力的影响

2018 年 4 月 27 日,央行等四部门联合发布《关于规范金融机构资产管理业务的指导意见》(银发〔2018〕106 号,以下简称《资管新规》),对分业经营资产管理行业进行统一监管。对各行业资管业务提出了统一的净值化管理、去刚性兑付、禁期限错配、合格投资者标准等多项要求,并针对银行理财子公司的设立与监管发布了专门的配套监管文件。

金融监管规则会重塑整个金融行业,《资管新规》及配套规则的出台势必导致金融交易模式的革新。但《资管新规》是否会影响到民商事裁判(特别是合同效力的认定问题),则是一个复杂的问题。违反《资管新规》的金融交易合同效力如何,不论在理论界还是实务界都争议不断。

---

① 《企业国有资产监督管理暂行条例》第 24 条:所出资企业投资设立的重要子企业的重大事项,需由所出资企业报国有资产监督管理机构批准的,管理办法由国务院国有资产监督管理机构另行制定,报国务院批准。

民法规则鼓励交易自由，其对恣意自由的限制是通过事后（ex post）的民事责任予以调整；在金融领域，由于系统风险巨大，仅仅靠事后责任的救济可能于事无补，事前（ex ante）、事中的门槛限制和过程监管对于防范金融风险已经变得越来越重要。事后的金融裁判救济，是否应当与事前、事中的金融监管规则保持法政策上的一致性，是一个两难的问题。

若不一致，势必会影响金融监管的执行效果，导致金融监管成为海市蜃楼、没牙的老虎。但金融监管与金融司法有着本质逻辑上的区别：金融监管具有强烈的变动性、灵活性、主动执法性，会频繁根据市场环境的变化而作出规则变动，甚至在很多情况下金融监管机构会突破"法无明文规定不得为"的公法原则；然而司法裁判却应当保持其中立、保守性，法律规则不能随着市场变动而随意改变，特别是在私法领域，应当坚持"法无禁止皆自由"的基本原则。

这种矛盾与两难是深层次的。本书并不准备全面梳理金融监管与金融司法的关系，仅聚焦《资管新规》是否影响司法裁判中的金融交易合同效力认定问题。

（一）裁判规则

1. 发生在《资管新规》出台前的金融交易合同，并不因为违反《资管新规》而无效。例如金融机构《资管新规》出台前，利用收益权等概念开展多层嵌套及通道资管业务，合同有效。

2.《资管新规》过渡期后的金融交易合同，裁判规则不明。《资管新规》第29条规定，为减少存量风险，按照"新老划断"原则设置过渡期，过渡期设至2020年底，确保平稳过渡。

3. 法官在涉及《资管新规》相关业务时，可能会在诉讼请求范围外规劝"本案各方当事人今后应严格按照《资管新规》，规范开展业务"。但这仅为司法建议，没有法律约束力。

（二）典型案例

1. 资管第一案：北京北大高科技产业投资有限公司、光大兴陇信托有限责任公司借款合同纠纷案[①]

（1）案情简介

2011年10月8日，案外人包商银行与光大兴陇信托签订《单一资金信

[①] 最高人民法院（2015）民二终字第401号。

托合同》，包商银行通过设立单一资金信托方式，委托光大兴陇信托以信托贷款形式指定出借给北大高科公司信托贷款 2.8 亿元，本金和利息收入均归包商银行享有；光大兴陇信托向包商银行收取信托费用。2011 年 10 月 9 日，光大兴陇信托与北大高科公司签订《信托资金借款合同》。

2011 年 10 月 9 日，领锐公司与光大兴陇信托签订《信托资金保证合同》，领锐公司对上述贷款提供无限连带责任保证；2011 年 10 月 9 日北京天桥公司与光大兴陇信托签订《信托资金抵押合同》，北京天桥公司对上述贷款提供抵押担保。

2011 年 10 月 11 日光大兴陇信托依约向北大高科公司一次性发放信托贷款，但是北大高科公司到期未能依约履行还款义务，由此形成本案诉讼。

(2) 争议焦点

本案争议焦点为信托借款合同的合同效力问题。

(3) 裁判要旨

案涉信托贷款本金来源于包商银行，借款人北大高科公司系包商银行指定，光大兴陇信托既不主动管理信托财产，也不承担业务实质风险。因此，案涉信托贷款属银信通道业务。根据当前国家金融监管原则，商业银行应还原其业务实质进行风险管控，不得利用信托通道掩盖风险实质，将表内资产虚假出表；信托公司应确保信托目的合法合规，不得为委托方银行规避监管规定或向第三方机构违法违规提供通道服务。

但本案所涉信托贷款发生在 2011 年，属上述金融监管政策实施前的存量银信通道业务。对于此类存量业务，《资管新规》第 29 条规定，为减少存量风险，按照"新老划断"原则设置过渡期，过渡期设至 2020 年底，确保平稳过渡。据此，北大高科公司所提案涉信托借款合同系商业银行为规避正规银行贷款而借助信托渠道谋取高息并构成以合法形式掩盖非法目的的上诉理由，没有法律依据。本案《信托合同》与《借款合同》是当事人的真实意思表示，且不违反法律、行政法规的强制性规定，合法有效。

2. 资管第二案：南昌农村商业银行与内蒙古银行、民生证券投资有限公司、民生证券股份有限公司合同纠纷案[①]

(1) 案情简介

2013 年 6 月，案外人华珠鞋业公司通过信达证券公司在深交所发行华珠

---

① 最高人民法院（2016）最高法民终 215 号。

私募债。2013年8月19日，民生投资公司与信达证券公司签订《华珠鞋业中小企业私募债券认购协议》，民生投资公司认购了华珠私募债全部份额8000万元。同日，民生投资公司与民生股份公司签订《华珠私募债券收益权转让协议》，民生投资公司向民生股份公司转让标的私募债收益权。

2013年8月19日，委托人内蒙古银行、管理人民生股份公司、托管人中国邮政储蓄银行三方签订《民生12号定向资管合同》。合同对于资产委托状况、委托人的权利与义务、管理人的声明与保证、管理人的权利与义务、托管人的声明与保证等24个方面作出详细约定。《民生12号定向资管合同》签订后，民生股份公司于2013年8月23日向中国证券业协会履行相应的备案手续，并于2013年10月21日经复审后通过了备案。

2013年8月23日，内蒙古银行向民生股份公司发出投资指令（第1期），主要内容为：根据三方签署的《民生12号定向资管合同》，内蒙古银行作为委托人经过审慎研究，委托民生股份公司投资，投资金额为人民币8000万元，用于认购华珠私募债收益权，委托期限3年，起息日2013年8月23日，到期日2016年8月23日；无论因任何原因，对合同所产生的后果，民生股份公司作为管理人无须承担任何责任。同日，民生股份公司出具回执，确认收到该投资指令并按照委托人指令进行投资。

2013年8月19日，南昌农商行与内蒙古银行签订《定向资管计划收益权转让协议》，内蒙古银行将所持有的资管计划收益权转让给南昌农商行。

2014年12月9日，华珠鞋业公司向南昌农商行出具《还款计划》《付息计划书》，表示经营困难，争取2014年12月31日前处置部分抵押物偿还利息。南昌农商行遂提起诉讼。

（2）争议焦点

① 私募券收益权是否为合法权利？

②《定向资管计划收益权转让协议》的效力如何？

（3）裁判要旨

收益权在我国法律体系中并无明确定位，法律性质亦无明确界定，尤其是全国人大及其常委会制定的法律中并没有关于收益权的表述。但随着近年来收益权交易在金融市场中的活跃，相关金融监管文件已经广泛承认和使用收益权这一概念，已普遍认可收益权作为金融交易标的的行业实践。除了物权法定原则之外，我国法律对其他财产性权利并未禁止。从收益权的法律性质看，显然不属于法定的物权种类，而应为可分的债权权能之一。

本案中，南昌农商行签订协议的目的在于投资获取华珠私募债的收益，对于金融机构来讲属于正常的商业交易，不属于《合同法》第52条规定的"（以合法形式掩盖）非法目的"。案涉交易模式也并不存在明显的违反交易发生之时监管规定的情形。南昌农商行据以主张合同无效的相关监管规定不能作为认定合同效力的法律依据。因此，南昌农商行提出本案合同因违反法律强制性规定、金融监管禁止性和强制性规定而无效的意见，理据不足，最高人民法院（以下简称"最高法"）不予支持。各协议均系当事人的真实意思表示，内容不违反法律、行政法规的强制性规定，亦不存在《合同法》第52条规定的其他无效情形，应为有效。

《资管新规》对金融机构资产管理业务实行穿透式监管，禁止开展多层嵌套和通道业务。本案当事人的交易模式确实存在拉长资金链条、增加产品复杂性之情形，可能导致监管部门无法监控最终的投资者，对交易风险难以穿透核查，不符合《资管新规》之要求。因此，本案各方当事人今后应严格按照《资管新规》，规范开展业务。

（三）案例评析

这两个案例有一个共同点，即金融交易模式都不存在明显的违反"交易发生之时"监管规定的情形。因此作出合同有效的判决并无争议。然而这两个案子都在案件的诉讼请求之外额外作了一些论证说明，督促当事人严格按照《资管新规》规范开展业务。潜台词似乎是：只要交易发生在《资管新规》出台后，就极有可能以违反《资管新规》为由判决合同无效。这种金融监管规则司法化的裁判倾向，不得不察。

就规范分析而言，在《民法典》出台前，合同无效的法条依据为《合同法》第52条："有下列情形之一的，合同无效：（一）一方以欺诈、胁迫的手段订立合同，损害国家利益；（二）恶意串通，损害国家、集体或者第三人利益；（三）以合法形式掩盖非法目的；（四）损害社会公共利益；（五）违反法律、行政法规的强制性规定。"

《民法典》实施后，前述第1项、第3项不再作为合同无效情形；第2项体现在《民法典》第154条，"行为人与相对人恶意串通，损害他人合法权益的民事法律行为无效"，表述上相较于《合同法》不再限于利益受损主体的类型，而是统一规定为"他人"；第4项体现在《民法典》第153条第2款，即"违背公序良俗的民事法律行为无效"；第5项体现在《民法典》第153条第

1款,"违反法律、行政法规的强制性规定的民事法律行为无效。但是,该强制性规定不导致该民事法律行为无效的除外"。此外,《民法典》可能与合同无效相关的条款还有第144条,"无民事行为能力人实施的民事法律行为无效",以及第146条,"行为人与相对人以虚假的意思表示实施的民事法律行为无效。以虚假的意思表示隐藏的民事法律行为的效力,依照有关法律规定处理"。

在违反金融监管规则的资管纠纷中,基本不会涉及《民法典》第144条、第154条的无效事由,也较难认定构成《民法典》第146条的无效情形。

违反金融监管规则的案例中比较容易援引的条款为《民法典》第153条第1款,但《民法典》第153条第1款与《合同法》第52条第5项的不同之处在于此条进一步规定了例外情形,即"强制性规定不导致该民事法律行为无效的除外"。按照最高法的司法解释,强制性规定分为效力性规定和管理性规定两类,只有违反效力性强制性规定的才导致合同无效的后果。同时,此条的适用需要同时满足"违反法律、行政法规"和"强制性规定"两个要件。《资管新规》的效力层级仅属部门规章,不在法律、行政法规之列。此外,《资管新规》中的哪些条款属于强制性规定,也不明确,要用《民法典》第153条第1款来否认违反《资管新规》合同的效力,同样不可行。

因此,违反《资管新规》导致合同无效的理由只能存在于《民法典》第153条第2款,即"违背公序良俗"上。虽然目前还没有出现《资管新规》过渡期满后,因为规避《资管新规》而导致的合同纠纷案件,但我们可以参考相近裁判逻辑的金融司法案例。在近期的两个股权代持案[①]中,最高法认为保险公司、上市公司的股权代持协议因危及金融秩序和社会稳定,进而产生损害社会公共利益的后果,因此股权代持协议无效。

前述案例结合近期的司法文件,我们不难得出"金融监管规则司法化的倾向已不断强化"的结论。如2017年8月4日《最高人民法院关于进一步加强金融审判工作的若干意见》规定:"以服务实体经济作为出发点和落脚点,引导和规范金融交易。……对以金融创新为名掩盖金融风险、规避金融监管、进行制度套利的金融违规行为,要以其实际构成的法律关系确定其效力和各方的权利义务。"2018年6月25日上海市高级人民法院《关于落实金融风险

[①] 最高人民法院(2017)最高法民终529号保险公司股权代持营业信托纠纷案、(2017)最高法民申2454号上市公司股权代持委托投资协议纠纷案。

防范工作的实施意见》规定:"审慎处理金融创新产品引发的金融纠纷案件。对不符合金融监管规定和监管精神的金融创新交易模式,或以金融创新为名掩盖金融风险、规避金融监管、进行制度套利的金融违规行为,及时否定其法律效力,并以其实际构成的法律关系确定其效力和各方的权利义务。"对这些文件的表述需要认真学习,正确理解。

(四)实务建议

1. 仔细学习《资管新规》及配套文件,严格按照《资管新规》合规开展业务。这不仅是金融监管的要求,同样也大概率是司法裁判的导向。

2. 明确资管存量业务与新业务的不同处理方式和过渡期的时间节点。发生在《资管新规》出台前的金融交易合同,并不因为违反《资管新规》而无效;《资管新规》过渡期后的金融交易合同,裁判规则目前不明(但极有可能将来被判定为合同无效)。《资管新规》设置的过渡期至2020年底。

3. 明确金融监管规则司法化只是司法裁判趋势,并没有明确的法律依据。法官在涉及《资管新规》相关业务时,可能会在诉讼请求范围外规劝"本案各方当事人今后应严格按照《资管新规》,规范开展业务"。但也仅为司法建议,没有法律约束力,裁判结果仍然具有不确定性。

4. 本书讨论的金融监管规则司法化只限于私法领域的合同效力问题,不能随意扩张分析范围。比如违反金融监管规则是否入刑的问题,就需要另行分析。如2018年12月最高法发布的指导案例97号王力军非法经营再审改判无罪案,旨在明确《中华人民共和国刑法》(以下简称《刑法》)第225条非法经营罪第4项的适用问题。该案裁判要点确认,对于虽然违反行政管理有关规定,但尚未严重扰乱市场秩序的经营行为,不应当认定为非法经营罪。

三、资管保本保收益条款的法律效力

保本保收益条款在资管合同中颇为常见,且多为投资者的核心诉求之一。2018年《资管新规》明确对各行业资管业务提出了统一的"去刚性兑付"要求:金融机构开展资产管理业务时不得承诺保本保收益,出现兑付困难时,金融机构不得以任何形式垫资兑付;金融机构不得为资产管理产品投资的非标准化债权类资产或者股权类资产提供任何直接或间接、显性或隐性的担保、回购等代为承担风险的承诺。

尽管《资管新规》及配套规则的出台对行业影响巨大，但金融监管与司法裁判并非一一对应的规则体系，资管合同中保本保收益条款法律效力的司法认定问题颇为复杂。违反金融监管规则的合同条款，在司法裁判中并非一定无效。

（一）裁判规则

1. 委托理财合同中的保本保收益条款：受托人为特定金融机构的委托理财保本保收益条款无效，受托人为自然人或非金融企事业单位的委托理财保本保收益条款有效。

2. 有限合伙型私募基金的保本保收益条款一般定性为"名为合伙，实为借贷"，且借贷关系合法有效。

3. 第三方承诺的保本保收益条款有效。

4. 保底条款应属委托理财或其他资管合同之目的条款或核心条款，不能成为相对独立的合同部分，故保底条款无效，合同整体无效。

（二）典型案例

1. 天津之江贵金属经营有限公司上诉赖蔚合同纠纷案[1]

（1）案情简介

2012年11月23日，甲方赖蔚与乙方天津之江贵金属经营有限公司（简称"之江公司"）北京分公司签订合同，约定在合同有效期内，甲方授权乙方在合同约定的交易账户内进行交易。乙方承诺，在合同正常履行的前提下，甲方自签订合同第二个自然月后每月可以获得其期初投入本金50万元的1.37%的收益，预期年化收益率15%，按月取得收益的日期为每月23日，甲方需将账户每月收益部分中超出约定收益以外的全部资金在三个工作日内支付给乙方在中信银行开立的李革峰名下账户；每月结算账户中本金不得低于投入金额，差额由乙方补齐，如账户收益不足约定收益由乙方支付甲方约定收益；如在合同到期或提前终止时，约定账户中的全部资产平仓变现后低于甲方期初委托本金，甲方有权向乙方追索其余部分，乙方有义务保证甲方委托本金安全。

---

[1] 北京市第三中级人民法院（2016）京03民终11060号。

(2) 争议焦点

本案争议焦点为案涉合同约定的保本保收益条款是否有效。

(3) 裁判要旨

一审法院认为,该保底条款无效。

第一,保底条款违反法律禁止性规定。《证券法》第144条规定,证券公司不得以任何方式对客户证券买卖的收益或者赔偿证券买卖的损失作出承诺。该规定从维护证券公司和证券市场的健康发展出发,从根本上否定了证券公司签订保底条款的法律效力。尽管在主体方面,其他非证券公司的投资机构或者自然人不宜完全适用上述法律和部门规章,但根据法律解释之"举重明轻"原则,法律对特殊主体的特别规定对于一般主体亦应具有借鉴和引导作用。

第二,保底条款违反市场基本规律。保底条款在法律层面上虽属当事人意思自治范畴,但在经济层面上具有极强的投机色彩。在高风险的金融市场中,投资风险无法避免,绝对的只盈不亏的情形不可能存在。虚拟经济须以实体经济为基础,脱离实体经济而盲目约定一定收益率的保底条款,通过所谓意思自治的法律安排将投资风险完全分配给受托人,严重违背市场经济基本规律和资本市场规则,只能诱导投资人非理性地将资金投入金融市场,扭曲证券市场正常的资源配置功能并且不断放大二级市场的波动风险,严重破坏资本市场直接融资和间接融资之间所形成的合理格局。保底条款非但不能从根本上改变资本市场中风险与利益共存的基本客观规律,难以真正发挥激励和制约功效,相反却助长非理性或者非法行为之产生。故,一审法院认定《合同》中的保底条款无效。

保底条款应属委托理财合同之目的条款或核心条款,不能成为相对独立的合同部分,故保底条款无效,案涉合同整体无效。

2. 黄建飞、袁淑光委托理财合同纠纷案[①]

(1) 案情简介

2015年4月19日,袁淑光与黄建飞签订《基金认购协议》,约定袁淑光委托黄建飞以黄建飞名义与中融信托公司签订伞形信托合同,从而实现资金放大操作;基金托管银行是光大银行,股票交易通道是光大证券股份有限公司,基金由黄建飞负责操作交易;袁淑光认购100万元基金;基金的最大亏

---

① 广东省肇庆市中级人民法院 (2017) 粤12民终1618号。

损限度设定为初始资金的15%,即亏损累计达到初始资金的15%时,基金终止并清算;黄建飞按净利润的18%收取提成,在基金结束时,一次性收取投资额的1.5%作为管理费;基金封闭期限为一年,自2015年4月20日开始至2016年4月20日结束;本协议自基金成立之日起生效,基金终止即自动失效。

(2) 争议焦点

本案争议焦点为《基金认购协议》中的保底条款是否有效。

(3) 裁判要旨

二审法院认为,本案是委托理财合同纠纷。袁淑光与黄建飞签订《基金认购协议》,该合同内容没有违反法律、行政法规的强制性规定,应属合法有效。其中约定的基金最大亏损限度设定为初始资金的15%,属于委托理财合同的保底条款,该约定有效的理由在于以下三个方面:第一,该保底条款并不违反法律和行政法规的强制性规定。我国现行的法律法规尚没有对受托人为特定金融机构以外的委托理财合同的保底条款作否定性规定。根据《合同法》第44条和第52条的规定,合同条文只要不违反法律和行政法规强制性规定等情形,就不应认定无效。第二,该保底条款并不违背权利和义务相一致原则。凡商业活动均有一定风险,受托人黄建飞既然在《基金认购协议》中与委托人袁淑光约定了保底条款,必然在事前已对可能出现的风险后果予以了充分考虑并决定承担。黄建飞作出这一决定是建立在其对自身代理理财能力的自信与高风险和高回报并存的思想认识基础之上的。受托人黄建飞在未投入任何资金、证券的情况下,借委托人袁淑光的资金、证券进行经营并希望盈利,属典型的"借鸡生蛋"行为,即如果黄建飞经营有方,将会在没有任何资金、证券投入的情况下获取一定数额甚至是高额回报。按照市场运行规则,黄建飞有享受高收益的权利,同时也应承担高风险的相应义务,该市场游戏规则并无对任何一方不公平。因此,该保底条款约定也没有违背商业活动的本质。第三,该保底条款的约定,符合民事法律关系所遵循的契约自由、意思自治的原则。双方有权通过自愿约定收益比例的分享以及由受托方独自承担风险这种方式来确定双方的权利义务。是当事人行使私权的体现,只要不违反法律规定,不损害国家和社会公共利益,符合契约自由原则,就应得到法律保护。综上,双方约定袁淑光的投资保本为85%是有效的,对双方具有法律约束力。

3. 上海融泓股权投资基金管理有限公司、上海亚华湖剧院经营发展股份

有限公司等与顾蓓君借款合同纠纷案[①]

(1) 案情简介

2014年7月15日，顾蓓君与融泓公司签订《合伙协议》一份，载明的合伙企业名称为"上海艺魅投资管理合伙企业（有限公司）"（简称"艺魅公司"）；有限合伙的期限为1年。本有限合伙的投资业务为：用于上海亚华湖剧院经营发展股份有限公司（简称"亚华湖公司"）改造上海人民大舞台排练厅及《午夜快乐汇》节目制作与发行。

融泓公司出具《上海艺魅投资管理合伙企业（有限合伙）文化产业专项基金计划（1期）》，该计划第二页载明的文件名称为"上海融泓股权投资基金管理有限公司募集说明书"（简称《募集说明书》）。《募集说明书》载明对于基金设立所规定的形式、性质为私募投资基金、定向募集，基金发起人、管理人均为融泓公司；本基金合同指《合伙协议》，项目公司指基金以直接或间接方式对其进行投资的企业，即亚华湖公司。风险控制为：① 股权质押：亚华湖公司100%股权提供质押担保；② 集团公司担保：上海亚华湖（集团）有限公司承诺对投资人本金及预期收益承担无限连带担保责任（出具《担保函》）；③ 项目公司法定代表人担保：刘建兵承担个人无限连带担保责任（出具《担保函》）；④ 回购承诺：项目公司对投资人出具《回购承诺书》，确保到期无条件回购投资人的投资份额及预期收益等。担保方为上海亚华湖（集团）有限公司，该集团下属直接控股公司有亚华湖公司、福客公司等，间接控股诚亚公司等。

同日，融泓公司向顾蓓君出具承诺函载明，为保证艺魅投资有限合伙人的基金份额和预期收益，对认购亚华湖剧院经营文化产业专项基金计划（1期）的有限合伙人郑重承诺，基金到期后5个工作日内，公司按照《募集说明书》《合伙协议》所规定的收益分配规定，普通合伙人向有限合伙人回购其所持有的本基金份额。嗣后，刘建兵于2016年2月25日在该承诺函上手写"此承诺永远有效"后签名。

2015年7月22日，顾蓓君作为甲方与融泓公司作为乙方签订《补充协议》一份，就双方于2014年7月15日签订的编号为RHXXXXXXX号协议作如下补充：一、投资已于2015年7月15日到兑付期，乙方保证到兑付期限后延期一个月（8月15日）兑付。二、原协议到期后，乙方如不能按期还

[①] 上海市第二中级人民法院（2017）沪02民终1878号。

本付息，应当依法承担违约责任。三、其他事项仍按原协议履行。2015年8月12日，顾蓓君作为甲方与融泓公司作为乙方又签订一份《补充协议》，约定，因甲方所投资的115万元到期后乙方未能按时兑付，乙方保证在2015年9月30日将上述应兑付的本金及收益全部付清。

艺魅投资成立于2014年3月19日，企业类型为有限合伙企业，合伙人为融泓公司（认缴出资90万元）、罗治国（认缴出资10万元）。系争私募基金项目并未在中国证券投资基金业协会（以下简称"中基协"）备案，融泓公司作为该基金项目的管理人，也未在中基协登记。顾蓓君缴纳系争款项后，艺魅投资并未在工商管理部门进行增加其为合伙人的变更登记。

2014年3月28日，亚华湖公司、福客公司、诚亚公司各出具承诺书一份，载明三家公司未来一年的特定收入优先用于支付上述股权投资基金的本金及收益。

（2）争议焦点

① 未在中基协备案的有限合伙型私募基金项目，在《合伙协议》中约定了保本保收益条款，如何定性？

② 亚华湖公司、福客公司、诚亚公司出具承诺书的性质及效力如何？

（3）裁判要旨

二审法院认为，仅从顾蓓君与融泓公司之间签订的《合伙协议》的内容来看，是顾蓓君与融泓公司合伙出资成立艺魅投资进行经营的意思表示，但综合融泓公司出具的《募集说明书》、认购确认函、三份承诺书的内容，结合艺魅投资在顾蓓君出资前已经成立，艺魅投资原有股东及新加入股东并未重新签订合伙协议，且顾蓓君未被登记为艺魅投资合伙人的情节，顾蓓君的出资并不符合合伙的构成要件，而是更倾向于私募基金发行与认购的关系。但是，根据四上诉人所述，系争私募基金项目的设立，并未在中基协备案，融泓公司作为基金项目管理人也未在中基协登记，因此，融泓公司并不具有发起募集并管理系争私募基金的资质；加之，融泓公司在出具的认购确认函中确认认购金额和最后一期预期收益退还日期为2015年7月15日，以及融泓公司与刘建兵多次出具补充协议及承诺书承诺还本付息一节来看，更符合借款的构成要件。因此，法院确认融泓公司与顾蓓君之间建立的是借款合同关系。

关于亚华湖公司、福客公司、诚亚公司出具承诺书的性质。二审法院认为，上述三份承诺书均针对融泓公司募集和管理的亚华湖剧院经营文化产业专项基金计划中的投资基金,三家公司均承诺以其收入优先用于归还本金及收益,且在《募集说明书》中所载明的集团公司担保方中罗列了亚华湖公司、福客公司、诚亚公司等,显然此三家公司是为系争募集的资金本金及收益的归还进行了担保。现顾蓓君要求亚华湖公司、福客公司、诚亚公司对融泓公司的还本付息承担担保责任并无不当,法院予以支持。

(三)案例评析

资产管理的商业架构并不限于上述案例,金融实践中架构千变万化。但通过上述案例我们可总结出最高法的倾向性意见,即区分受托人是金融机构还是非金融机构(包括但不限于委托理财中的受托人、有限合伙型基金中的普通合伙人等)以判断保本保收益条款的效力:受托人为金融机构的保本保收益条款倾向于认定为无效,受托人为非金融机构的保本保收益条款倾向于认定为有效。

1. 委托理财中的保本保收益条款效力依受托人性质不同而不同

在委托理财中,受托人为金融机构的保本保收益条款倾向于认定为无效,但由于没有明确的法律依据,因此司法裁判中理由五花八门。比如,案例一认为保底条款违反《证券法》第144条的禁止性规定(非证券公司虽不能完全适用,但可依"举重明轻"法律原则解释之)。同时,又从法理上论证了保底条款违反市场基本规律,诱导投资者非理性地将资金投入金融市场,扭曲证券市场正常的资源配置功能并且不断放大二级市场的波动风险。又如,河北省劳动和社会保障厅与亚洲证券有限责任公司委托理财合同纠纷申请再审案[①]中,法院认为案涉合同名为委托理财,实为借贷;而根据《中华人民共和国银行业监督管理法》(以下简称《银行业监督管理法》)、《商业银行法》及相关行政法规的规定,禁止非金融机构经营金融业务,案涉合同因违反法律、行政法规禁止非银行金融机构发放贷款的强制性规定,应为无效借款合同;保底条款的约定不仅违反了民法和合同法规定的公平原则,还违背了金融市场的基本规律和交易规则,应为无效。再如,亚洲证券有限责任公司与湖南省青少年发展基金会、长沙同舟资产管理有限公司委托理财合同纠纷案[②]中,法院认为保底条款致使双方民事权利义务严重失衡,既不符合民法上委托代理的法律制度构成,亦违背民法的公平原则,因此无效。这些典

---

① 最高人民法院2008民申字第1090号民事裁定书。
② 最高人民法院(2009)民二终字第1号民事判决书。

型案例论证理由各异，但结论一致。

值得注意的是，以上裁判分析都没有明确法律、行政法规依据，均属间接论证、法理论证。最高法民二庭在"最高法民商审判"中取"高民商"三字并作谐音处理，用"高民尚"署名撰写《审理证券、期货、国债市场中委托理财案件的若干法律问题》[①]指出："保底条款是当事人双方以意思自治的合法形式对受托行为所设定的一种激励和制约机制；尽管现行民商法律体系中尚无明确否定该保底条款效力之规定，但依然倾向于认定保底条款无效，人民法院对委托人在诉讼中要求受托人依约履行保底条款的内容的请求，不应予以支持。"保本保收益条款的性质类似于放贷行为，据此最高法民二庭第5次法官会议纪要指出："未取得贷款业务资格的金融机构从事的放贷行为是否无效？金融是典型的特许经营行业，对金融机构更要加强资质监管。在此情况下，应当根据《合同法解释（一）》第10条的规定，认定未取得贷款业务资格的金融机构从事的放贷行为无效。"对于实践中名股实债的一些保底保收益安排，上述会议纪要认为："在部门规章或监管政策对名股实债明确禁止的情况下，通过名股实债方式规避监管部门有关贷款资质、贷款投资比例、投资领域等方面的规定，本身就是违反法律或政策的行为，而不仅仅是一个规避法律从而属于法律解释的问题了。此时，一方面要坚持只有违反法律、行政法规的强制性规定的合同才无效的原则，对违反部门规章、监管政策的合同，不能轻易认定无效。另一方面，前述原则并非绝对，违反监管规定确实损害公共利益的，可以依据《合同法》第52条第4项的规定（《民法典》实施后为《民法典》第153条第2款，违背公序良俗）认定名股实债行为无效。"

与之形成鲜明对比的是，对于委托理财受托人为非金融机构的保本保收益条款，法院一般倾向于认定为有效。案例二中，法院认为，委托理财合同的保底条款有效的理由有三：（1）该保底条款并不违反法律和行政法规的强制性规定。我国现行的法律法规尚没有对受托人为特定金融机构以外的委托理财合同的保底条款作否定性规定。（2）该保底条款并不违背权利和义务相一致原则。（3）该保底条款的约定，符合民事法律关系所遵循的契约自由、意思自治的原则。笔者检索到的其他案例也未超出这三个理由，如郭阳阳、

---

① 载于《人民司法》2006年第6期。

绍兴亚汇投资管理有限公司、肖建庆民间委托理财合同纠纷案①，胡喆与刘峥委托理财合同纠纷案②。③

另外，考察《资管新规》的适用范围，也仅限于金融机构的资产管理业务，仅对金融机构的资管业务提出了禁止刚兑的要求；而对受托人为自然人、非金融机构的委托理财等业务，则未作禁止刚兑（禁止保底保收益）的要求。这也与本章所涉的几个裁判案例思路一致。

2. 有限合伙型私募基金的保本保收益条款一般定性为"名为合伙，实为借贷"，且借贷关系合法有效

实践中许多私募基金为了规避备案登记或其他原因，以设立有限合伙企业的方式成立。由普通合伙人（GP）或其聘任的专业机构作为基金管理人，而有限合伙人（LP）实际上是基金的投资人。表面看来是一家普通的有限合伙企业，但其基本业务主要是投资于特定的金融理财产品。换言之，LP们将资金交托给GP打理，实质上构成了私募基金类的资产管理。而在这类有限合伙型的私募基金中，LP与GP往往签有保本保收益条款。

私募基金的保本保收益条款不因违背金融监管规则而无效。虽然《私募投资基金监督管理暂行办法》第15条规定，私募基金管理人、私募基金销售机构不得向投资者承诺投资本金不受损失或者承诺最低收益。但依据《民法典》第153条第1款之规定，违反法律、行政法规的强制性规定的合同无效。该暂行办法的性质为部门规章，并非法律、行政法规，且上述第15条为管理性规定而非强制性规定。④

对这类保本保收益条款的法律效力，司法裁判一般将其定性为"名为合伙，实为借贷"。如上文案例三、北京同鑫汇投资基金管理有限公司与周丽琴等民间借贷纠纷案⑤、古某某与成都易安泽资产管理中心（有限合伙）等民间借贷纠纷案⑥等。

---

① 浙江省绍兴市中级人民法院（2017）浙06民终2271号。
② 北京市第三中级人民法院（2017）京03民终8057号。
③ 作为参考，可类比民间借贷中的P2P网络借贷平台提供的保本保收益条款。《最高人民法院关于审理民间借贷案件适用法律若干问题的规定》第22条规定："借贷双方通过网络贷款平台形成借贷关系，网络贷款平台的提供者仅提供媒介服务，当事人请求其承担担保责任的，人民法院不予支持。网络贷款平台的提供者通过网页、广告或者其他媒介明示或者有其他证据证明其为借贷提供担保，出借人请求网络贷款平台的提供者承担担保责任的，人民法院应予支持。"
④ 上海市浦东新区人民法院（2015）浦民一（民）初字第43690号。
⑤ 北京市第三中级人民法院（2015）三中民（商）终字第15594号。
⑥ 四川省成都市武侯区人民法院（2014）武侯民初字第3406号。

对于认定名股实债的法律关系是"股"（投资）还是"债"（借贷），最高法民二庭第5次法官会议纪要给出的判断标准颇有借鉴意义："名股实债并无统一的交易模式，实践中，应根据当事人的投资目的、实际权利义务关系等因素综合认定其性质。投资人目的在于取得目标公司股权，且享有参与公司的经营管理权利的，应认定为股权投资，投资人是目标公司股东，在一定条件下可能构成抽逃出资。反之，投资人目的并非取得目标公司股权，而仅是为了获取固定收益，且不参与公司经营管理权利的，应认定为债权投资，投资人是目标公司或有回购义务的股东的债权人。"

关于虚伪意思表示问题。一旦确定投资人的真实意思是取得固定收益而非成为真正股东，则往往存在名为股权转让（或增资扩股）实为借贷的问题，构成虚伪意思表示中的隐藏行为。此时存在两个行为，名义上的股权转让（或增资扩股）属于虚伪意思表示，根据《民法典》第146条的规定，该行为无效。至于隐藏的行为，该条第2款规定，"以虚假的意思表示隐藏的民事法律行为的效力，依照有关法律规定处理"，据此，应当依照民事法律行为的一般有效要件来认定其效力，这就涉及借贷合同的效力认定问题。根据《关于审理民间借贷案件适用法律若干问题的规定》第11条的规定，企业间为生产经营需要签订的借贷合同为合法有效。

3. 第三方承诺的保本保收益条款有效

第三方有关承担保证责任、偿付资本金等内容不违反国家法律、法规的强制性规定，司法实践对于合伙人之外的第三方对特定合伙人承诺的保本保收益条款一般认定为有效。如案例三中三份承诺函的性质，法院认为是设立了担保，从而肯定了该类条款的效力。

类似的案例有：俞某与浙嘉公司、庸恳公司保证合同纠纷案[①]中，法院认为："被告辩称该承诺函违反《私募投资基金监督管理暂行办法》第15条而无效，本院认为依据《合同法》第52条第5项，违反法律、行政法规的强制性规定的合同无效。本案被告所称的该暂行办法的性质为部门规章，并非法律、行政法规，且第15条为管理性规定而非效力性强制性规定，该条也仅规定私募基金管理人、私募基金销售机构不得向投资者承诺投资本金不受损失或者承诺最低收益，并未限定第三人为之提供担保，故该承诺函具有法律效力，对于被告的此项辩称本院不予采信。"山西出版传媒集团公司与邯郸猎

---

① 上海市浦东新区人民法院（2015）浦民一（民）初字第43690号。

人行生态休闲度假公司保证合同纠纷案①中，法院认为："基金不能履行固定回报收益责任时，保证人承诺代为履行的，保证人应承担责任。"中企联合公司与陈某保证合同纠纷案②中，法院认为："《协议书》有关承担保证责任、偿付资本金等内容不违反国家法律、法规的强制性规定，应属合法有效，对双方具有约束力。"

4. 保本保收益条款对合同整体效力的影响

保本保收益条款无效的情形下，资管合同是否随之全部无效呢？

《民法典》第156条规定："民事法律行为部分无效，不影响其他部分效力的，其他部分仍然有效。"因此问题的关键在于保本保收益条款是否具有独立性、可分性，该条款无效是否构成了合同的部分无效。在资管领域，若没有保本保收益条款的存在或诱惑，当事人尤其是委托人通常不会签订委托理财合同；在保本保收益条款被确认无效后，委托人的缔约目的几乎丧失，实践中委托人愿意继续履约之情形相当罕见。若使其继续履行合同的其他部分，不仅违背委托人的缔约目的，而且几无履约意义。因此上述案例一中，"保底条款应属委托理财合同之目的条款或核心条款，不能成为相对独立的合同部分，故保底条款无效，合同整体无效。"

另外，河北省劳动和社会保障厅与亚洲证券公司有限责任公司委托理财合同纠纷申请再审案③、亚洲证券有限责任公司与湖南省青少年发展基金会、长沙同舟资产管理有限公司委托理财合同纠纷案④的审理法院也持相同观点。

（四）实务建议

1.《资管新规》出台后，金融机构明目张胆地在资管合同中约定保本保收益的情况一般不会出现，但以各种隐蔽的金融架构安排实现保本保收益的情形仍会存在。因此，应当明确区分金融机构、非金融机构、第三方主体，对其作出的保本保收益条款效力作不同的认定。

2. 在实务中，不仅要准确把握保本保收益条款的法律效力，还应当了解该类条款有效、无效在各种情形下法律后果的异同：

（1）受托人为特定金融机构的委托理财保本保收益条款无效，法律后果是返还本金，这种后果实际上与"保本"无异。无论保底保收益条款有效还

---

① 河北省高级人民法院（2015）冀民二初字第13号。
② 北京市第三中级人民法院（2014）三中民终字第06864号。
③ 最高人民法院2008民申字第1090号民事裁定书。
④ 最高人民法院（2009）民二终字第1号民事判决书。

是无效，其法律后果在"本金"层面上并无本质区别。换言之，即便条款无效，但仍然起到了保底的作用，也会在一定程度上扰乱价格机制，诱导投资者非理性地将资金投入金融市场。仅在"保收益"层面上，有效与无效才显出差异——这类条款无效，会导致"收益"部分（包括保底收益与分红收益）无法得到保障。

（2）受托人为非金融机构的委托理财保本保收益条款有效，法律后果是按约定保本、保收益（包括保底收益与分红收益）。

（3）有限合伙型私募基金中的保本保收益条款一般会被定性为"名为合伙，实为借贷"，依民间借贷规则判定其合法有效。因此除保本外，合伙企业或 GP 须支付"利息"（保底收益），但无须支付"分红收益"。

（4）第三方承诺的保本保收益条款有效，法律后果是按承诺保本、保收益（包括保底收益与分红收益）。

严格来说，当事人并不直接关心保本保收益条款的法律效力问题，关心的是对此类条款的不同法律效力认定所带来的不同法律后果。因此，在确定诉讼请求时，不能止步于条款效力分析，而应综合当事人的具体利益诉求、保本保收益条款的效力及法律后果来斟酌确定诉讼请求。

四、金融监管下的股权代持协议效力

《公司法解释（三）》第 24 条第 1 款规定："有限责任公司的实际出资人与名义出资人订立合同，约定由实际出资人出资并享有投资权益，以名义出资人为名义股东，实际出资人与名义股东对该合同效力发生争议的，如无合同法第 52 条规定的情形，人民法院应当认定该合同有效。"从该款司法解释来看，除合同无效的特别情形外，股权代持行为应当认定有效。

但是在投资实践中，很多代持行为的存在恰恰是因为需要一定程度规避金融监管，此时出现代持协议并没有直接违反法律或者法规的强制性规定，但一定程度上违背了相关监管部门的规章。若直接给予肯定性评价会与监管规定相违背，且一定程度上会损害金融监管秩序和社会公共利益。这种情形下的股权代持协议效力应当如何认定？下文将通过案例进行论述。

（一）裁判规则

1. 目前司法实践中并未禁止股权代持行为，股权代持约定系真实意思表

示且不违反法律、行政法规强制性规定,原则上认定有效。

2. 特别情形下的股权代持行为(如上市公司的股权代持、保险公司的股权代持)可能损害社会公共利益的,应当认定无效;《九民纪要》下或被认定"违背公序良俗"而认定法律行为无效。

3. 股权代持协议认定无效情形下,因代持所产生的投资收益应根据双方过错以及贡献大小等具体情况,依据公平合理原则进行分配。

(二)典型案例

1. 杨金国、林金坤股权转让纠纷案[①]

(1)案情简介

2010年10月25日,杨金国在常州亚玛顿股份有限公司上市前与林金坤签订《委托投资协议书》一份,约定:林金坤受杨金国委托,将杨金国以现金方式出资的人民币1200万元,以林金坤名义投资并持有亚玛顿公司总股本1%(即1200万股)的股权,以谋求在亚玛顿公司投资所实现的资本增值,投资收到的投资本金和收益均归杨金国所有,收益的20%支付给林金坤作为代持服务费用。2011年10月,亚玛顿公司正式在A股市场公开发行股票。后杨金国与林金坤因协议履行产生纠纷,杨金国诉至法院,要求确认林金坤名下的1200万股亚玛顿公司股票及相应红利为其所有并返还2011年至2013年的股票分红,并请求判令林金坤、亚玛顿公司为其办理变更股东等相关手续。

(2)争议焦点

本案争议焦点为:上市公司股权的隐名代持行为是否有效。

(3)裁判要旨

本案经江苏省高级人民法院二审作出(2016)苏民终1031号民事判决,认定双方间代持股协议有效。江苏省高院认为,发起人为将其股份在限售期内转让给他人而预先签订股权转让合同,但未实际交付股份的,不会引起其股东身份以及股权关系的变更,双方协议中明确约定杨金国受让股份后仍由林金坤代持,且未约定林金坤实际交付股份或者办理股权变更登记的期限,故上述协议的签订不会必然免除林金坤作为发起人可能承担的法律责任,因此发起人实施的上述负担行为不宜认定为无效。

[①] 最高人民法院(2017)最高法民申2454号。

最高人民法院再审作出（2017）最高法民申2454号民事裁定，认为双方签订的《委托投资协议书》的效力应根据上市公司监管相关法律法规以及《合同法》等规定综合予以判定。2014年《证券法》第12条规定，"设立股份有限公司公开发行股票，应当符合《中华人民共和国公司法》规定的条件和经国务院批准的国务院证券监督管理机构规定的其他条件"。第63条规定："发行人、上市公司依法披露的信息，必须真实、准确、完整，不得有虚假记载、误导性陈述或者重大遗漏。"此外，中国证券监督管理委员会于2007年1月30日发布的《上市公司信息披露管理办法》（以下简称《上市公司信披办法》）第3条规定："发行人、上市公司的董事、监事、高级管理人员应当忠实、勤勉地履行职责，保证披露信息的真实、准确、完整、及时、公平。"根据上述规定可以看出，公司上市发行人必须股权清晰，且股份不存在重大权属纠纷，并且公司上市须遵守如实披露的义务，披露的信息必须真实、准确、完整，这是证券行业监管的基本要求，也是证券行业的基本共识。由此可见，上市公司发行人必须真实，并不允许发行过程中隐匿真实股东，否则公司股票不得上市发行，通俗而言，即上市公司股权不得隐名代持。

本案当中，上市公司的系列规定有些属于法律明确应予遵循之规定，有些虽属于部门规章性质，但因经法律授权且与法律并不冲突，并属于证券行业监管基本要求与业内共识，对广大非特定投资人利益构成重要保障，对社会公共利益亦为必要保障所在。故最高法在本案发回重审的裁定中明确作出定性，依据《合同法》第52条第4项等规定，本案上述诉争协议应认定为无效。

2. 福建伟杰投资有限公司、福州天策实业有限公司营业信托纠纷案①

(1) 案情简介

天策公司与伟杰公司于2011年签订《信托持股协议》，约定天策公司通过信托的方式委托伟杰公司持有其拥有的2亿股君康人寿公司股份，其中协议约定：收到委托人终止信托的通知之后，受托人应当无条件尽快办理股份过户给委托人或委托人指定的第三人的手续。2012年，君康人寿公司股东同比例增资，伟杰公司股份额为4亿股。2014年，天策公司向伟杰公司发出《关于终止信托的通知》，要求伟杰公司依据《信托持股协议》终止信托，将

---

① 最高人民法院（2017）最高法民终529号。

信托股份过户到天策公司名下,并结清天策公司与伟杰公司之间的信托报酬。伟杰公司向天策公司发出《催告函》,确认双方就君康人寿公司股权代持等事宜签订了《信托持股协议》,但不同意将股权过户,双方产生纠纷。天策公司遂向福建省高院提起诉讼,要求确认《信托持股协议》终止,并判令伟杰公司将其受托持有的4亿股君康人寿公司股份立即过户给天策公司,并办理相关的股份过户手续。

(2) 争议焦点

本案争议焦点为《信托持股协议》的效力问题,以及天策公司是不是本案讼争股权的实际持股人。

(3) 裁判要旨

福建省高院一审认为:第一,天策公司、伟杰公司之间的《信托持股协议》系当事人真实意思表示,且天策公司和伟杰公司在其后的往来函件中,均确认了该协议的存在且未对该协议的真实性提出异议;第二,从《信托持股协议》约定的内容上看,受托人伟杰公司接受委托人天策公司的委托,代持君康人寿保险股份有限公司2亿股的股份(占20%),该约定未违反法律法规禁止性规定,应为有效合同。

从上述《信托持股协议》的约定、《催告函》的内容以及伟杰公司向天策公司就代持事宜索要资料的情况可以看出,伟杰公司和案外人均非该2亿元增资股的实际持股人,相应增资及代持增资系天策公司的行为,因此天策公司系该2亿元增资股的实际持股人。鉴于《信托持股协议》合法有效,协议第4.2条约定:"收到委托人终止信托的通知之后,受托人应当无条件尽快办理股份过户给委托人或委托人指定的第三人的手续。"现天策公司已向伟杰公司发出《关于终止信托的通知》,依约要求伟杰公司终止信托并将信托股份过户到天策公司名下,法院认为讼争的股权过户有合同依据和法律依据,故判决认定《信托持股协议》于2014年10月30日解除,伟杰公司将其受托持有的4亿股君康人寿公司股份于判决生效之日起十日内过户给天策公司,并配合办理相关的股份过户手续。

最高法二审认为:天策公司、伟杰公司签订的《信托持股协议》,明显违反2010年中国保险监督管理委员会发布的《保险公司股权管理办法》(以下简称《股权管理办法》)第8条关于"任何单位或者个人不得委托他人或者接受他人委托持有保险公司的股权"的规定,对该《信托持股协议》的效力审查，应从《股权管理办法》禁止代持保险公司股权规定的规范目的、内容实质，以及实践中允许代持保险公司股权可能出现的危害后果进行综合分析认定。

尽管《股权管理办法》在法律规范的效力位阶上属于部门规章，并非法律、行政法规，但是中国保险监督管理委员会依据《保险法》第134条关于"国务院保险监督管理机构依照法律、行政法规制定并发布有关保险业监督管理的规章"的明确授权，为保持保险公司经营稳定，保护投资人和被保险人的合法权益，加强保险公司股权监管而制定。据此可以看出，该管理办法关于禁止代持保险公司股权的规定与《保险法》的立法目的一致，都是为了加强对保险业的监督管理，维护社会经济秩序和社会公共利益，促进保险事业的健康发展。因此，《股权管理办法》关于禁止代持保险公司股权的规定具有实质上的正当性与合法性。且该管理办法在部门的职责权限范围内，根据加强保险业监督管理的实际需要具体制定，内容不与更高层级的相关法律、行政法规的规定相抵触，也未与具有同层级效力的其他规范相冲突，其制定和发布未违反法定程序。

此外，从代持保险公司股权的危害后果来看，允许隐名持有保险公司股权，将使得真正的保险公司投资人游离于国家有关职能部门的监管之外，如此势必加大保险公司的经营风险，妨害保险行业的健康有序发展；加之由于保险行业涉及众多不特定被保险人的切身利益，保险公司这种潜在的经营风险在一定情况下还将危及金融秩序和社会稳定，进而直接损害社会公共利益。

因此，最高法最终认定无论天策公司、伟杰公司之间是否存在讼争保险公司股份的委托持有关系，由于双方签订的《信托持股协议》违反了中国保险监督管理委员会《股权管理办法》的禁止性规定，损害了社会公共利益，依法均应认定为无效。天策公司可以在举证证明其与伟杰公司存在讼争股份委托持有关系的基础上，按照合同无效的法律后果依法主张相关权利。

（三）案例评析

1. 前述两个案例中涉及的上市公司监管规定或者保险业管理规定，虽然都不属于法律或者行政法规范畴，但最高法均认为部门规章只要经法律授权且与法律法规规定无冲突之处就应当遵守；而违反此类部门规章的禁止性规定会危害金融秩序和社会稳定，并依此进一步推断案例中的两份合同损害社会公共利益，即违背公序良俗，故最终认定合同无效。基于这一逻辑的判决并没有对现有的法律规定作出突破，但又兼顾了社会公益和大众利益。

2. 但是对于"损害社会公共利益"的判定有较大的主观因素和不确定性，因此判决标准较难统一。

目前司法实践中对于上市公司的股权代持效力应当认定无效已有比较明确的态度。但是对于保险公司的股权代持效力，基于对是否损坏公共利益的界限的把握不同，司法实践中也有判决认定代持协议有效，如上海保培投资有限公司与雨润控股集团有限公司股权纠纷案[①]。

此案中，一审南京中院以《股权管理办法》第8条"任何单位或者个人不得委托他人或者接受他人委托持有保险公司的股权"为由，认为保险公司的股权代持违反上述规定，且有违保险法关于维护社会经济秩序及社会公共利益的立法目的，应属无效；而二审江苏省高院则认为保监会的《股权管理办法》尚不属于立法法所规定的授权立法范畴，因此以股权代持违反《股权管理办法》为由直接认定无效不符合合同法及司法解释的规定。另外，从是否损坏社会公共利益的角度，江苏省高院认为，保险法仅对5%以上的股权转让有较严格的要求（根据《保险法》第84条、2018年新发布的《股权管理办法》第53条的规定，保险公司5%以上股东变更须经保险监督管理部门批准；保险公司变更持有不足5%股权的股东，应当报中国保监会备案），本案争议股权尚未达到此比例，因此一审法院以社会公共利益否认合同效力缺乏依据，并以此认定该案中的股权代持合同有效。

案例二中，最高法并未通过认定股权代持协议违背《股权管理办法》而直接认定协议无效，而是以《股权管理办法》的合理合法性来间接说明保险公司股权代持会损害社会公共利益。从这点来说，江苏省高院的上海保培投资有限公司和雨润控股集团有限公司股权纠纷案与最高法的观点并不矛盾。但是，保险公司5%的股权比例是否就成为代持有效与无效的界限，目前尚不能下定论。

3.《九民纪要》第31条规定，合同违反规章时，若该规章的内容涉及金融安全、市场秩序、国家宏观政策等公序良俗的，应当认定合同无效。该规定突破了合同法关于合同无效的五种情形，也即当合同违反规章（而不仅限于违反法律及行政法规）时，只要出于公序良俗之考量就可以直接认定合同

---

① 江苏省高级人民法院（2017）苏民终66号。

无效。该条规定源自《民法总则》第153条"违背公序良俗的民事法律行为无效"。相较于《合同法》第52条之"损害社会公共利益"的合同无效的规定，从语义表述上看趋向于更严格，也给予了法官更大的裁量权。《民法典》实施后，采用了"公序良俗"的表述，即公共秩序、善良风俗；公序，即社会一般利益，包括国家利益、社会经济秩序和社会公共利益；良俗，即一般道德观念或良好道德风尚，包括社会公德、商业道德和社会良好风尚。金融秩序、政治秩序构成社会公序的重要部分，与社会及民众的公共利益息息相关，"公序良俗"将不再是人们内心的道德评判，而是判定民事行为效力的重要依据。

4. 股权代持若被认定无效，应当结合具体情形，分析双方过错责任以及贡献的大小，对相关利益进行合理分割。案例一中最高法的裁定就明确：双方协议认定为无效后，需根据进一步查明的事实，就本案委托投资利益结合双方过错以及贡献大小等情况进行公平与合理的分割，并为妥善化解矛盾，力求案结事了。但该案最高法作出的是发回重审的裁定，具体的责任划分还有待判决明确。

（四）实务建议

1. 投资实践中要注意股权代持的效力。若相关投资通过股权代持的方式直接或间接指向上市公司、保险公司或其他可能涉及公共利益的领域，就有可能因协议无效而导致投资不能获得保障，需要审慎对待。

2. 在股权代持有效的情况下，代持的名义股东可能不积极履行代持义务、不配合支付分红款、不按实际股东指令履行表决权等，因此比较容易产生争议。建议代持协议中明确指定款项流转账户，以及注意保留相应表决事项沟通的过程等。

3. 实践中有很多亲友间代持股权又不明确订立书面协议的情形，但鉴于股权代持情形下权利的名义状态和实质状态不同，有可能发生名义股东因对外负债而导致所持股份被其他第三方强制执行的状况。存在明确的股权代持协议一定程度上能对抗执行，因此建议实践中还是尽可能将约定落实到书面。

第二节　金融交易中的格式条款

一、格式条款的提示说明义务

新旧法律条文对比	
《民法典》	《合同法》
第四百九十六条　格式条款是当事人为了重复使用而预先拟定，并在订立合同时未与对方协商的条款。 采用格式条款订立合同的，提供格式条款的一方应当遵循公平原则确定当事人之间的权利和义务，并采取合理的方式提示对方注意免除或者减轻其责任等与对方有重大利害关系的条款，按照对方的要求，对该条款予以说明。提供格式条款的一方未履行提示或者说明义务，致使对方没有注意或者理解与其有重大利害关系的条款的，对方可以主张该条款不成为合同的内容。	第三十九条　采用格式条款订立合同的，提供格式条款的一方应当遵循公平原则确定当事人之间的权利和义务，并采取合理的方式提请对方注意免除或者限制其责任的条款，按照对方的要求，对该条款予以说明。 格式条款是当事人为了重复使用而预先拟定，并在订立合同时未与对方协商的条款。 第四十条　格式条款具有本法第五十二条和第五十三条规定情形的，或者提供格式条款一方免除其责任、加重对方责任、排除对方主要权利的，该条款无效。 《合同法解释（二）》 第六条　提供格式条款的一方对格式条款中免除或者限制其责任的内容，在合同订立时采用足以引起对方注意的文字、符号、字体等特别标识，并按照对方的要求对该格式条款予以说明的，人民法院应当认定符合合同法第三十九条所称"采取合理的方式"。 第九条　提供格式条款的一方当事人违反合同法第三十九条第一款关于提示和说明义务的规定，导致对方没有注意免除或者限制其责任的条款，对方当事人申请撤销该格式条款的，人民法院应当支持。

（一）法条解读

《民法典》第 496 条第 1 款规定了格式条款的构成要件。该条款保留了《合同法》中认定格式条款的三个构成要件，即重复使用、预先拟定与未经协商。对于"重复使用"这项构成要件，《民法典》草案中曾出现过反复不同的意见。但经明确"重复使用"并不是指实际上已经经过重复使用，只要该条款有重复使用的目的即可。最终版本的《民法典》中确认了这一构成要件

(见图 1.2)。

《民法典》第 496 条第 2 款扩大了格式条款中与免除或者减轻自身责任等与对方有重大利害关系条款的主动提示义务并在对方要求时就该类格式条款予以被动说明义务的范围，并对未履行相关义务的法律后果进行了变更（见图 1.2)。

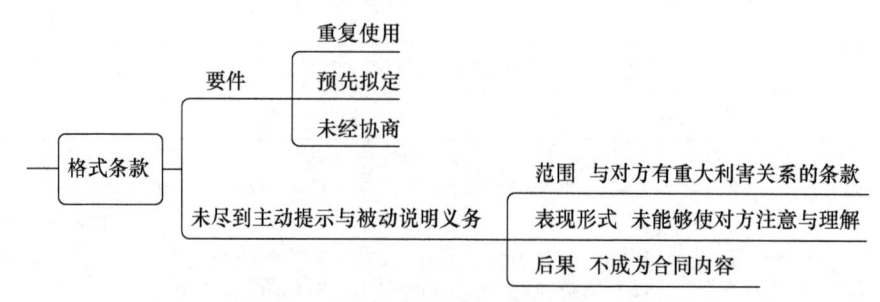

```
                    ┌─ 重复使用
          ┌─ 要件 ──┼─ 预先拟定
          │         └─ 未经协商
格式条款 ──┤
          │                              ┌─ 范围    与对方有重大利害关系的条款
          └─ 未尽到主动提示与被动说明义务 ┼─ 表现形式 未能够使对方注意与理解
                                         └─ 后果    不成为合同内容
```

图 1.2　格式条款的要件与提示说明义务

首先，《民法典》扩大了提示说明义务的范围，《合同法》及《合同法解释（二）》仅要求对免除或者限制非格式条款提供方责任的条款进行提示与说明，而《民法典》中则要求就免除或者减轻其责任等与对方有重大利害关系的条款进行主动披露。《民法典》要求就免除或减轻自身责任的条款进行主动提示说明。鉴于责任的"减轻"与"限制"并无实质性区别，但《民法典》中就提示说明义务的履行范围增加了与对方有重大利害关系这一兜底性表述，扩大了提示说明义务的范围。如何认定是否构成"重大利害关系"，则需要结合具体合同、具体情境予以判断，目前未有统一标准。一般情况下，合同的主要条款、与合同目的有关的条款以及影响合同当事人权利义务平衡的条款，都可能会被认定为与合同相对方有重大利害关系的条款。

《民法典》对于格式条款中与对方有重大利害关系条款的提示说明义务范围的扩大会导致实际履行提示说明义务责任加重。鉴于《民法典》中并未规定提示说明义务的具体履行方式，根据《合同法解释（二）》第 6 条来看，需要进行特别标识，再予以主动说明，提示和说明的标准还需达到使得相对方注意和理解的程度。在后续《民法典》司法解释出台后，需关注说明义务履行方式是否有所调整或细化。

其次，对于违反提示说明义务的，根据《民法典》的规定，对方可以主张"格式条款不成为合同内容"。这与之前《合同法解释（二）》第 9 条中对当事人有权申请撤销的规定不同。撤销权的行使必然会受到 1 年除斥期间的影响，当事人应当在除斥期间内申请撤销，且在未撤销之前该条款为有效条款，当事人仍应按照条款内容继续履行义务，这对相对人来说并不公平。《民法典》认定未尽到提示说明义务与对方有重大利害关系的条款不成为合同内容，当事人不需要申请撤销条款便不成为合同内容，也不存在条款有效要继续履行的问题。同时，《合同法》第40条规定提供格式条款一方免除其责任的条款无效，但是《合同法解释（二）》第9条未尽提示和说明义务的格式条款可以申请撤销，对《合同法》的意思进行了调整。而《民法典》中将违反提示说明义务的后果更改为"不成为合同内容"，从体系上看更为合理。从双方意思表示一致的角度来看，未履行提示说明义务，则双方未有一致的意思表示，该条款不成为合同内容，对双方都不发生效力也更为合理。

值得注意的是，《民法典》第496条规定了格式条款提供方的提示说明义务，但并未明确何为提示说明的"合理方式"。2021年4月6日，最高法印发的《全国法院贯彻实施民法典工作会议纪要》（法〔2021〕94号，以下简称《民法典会议纪要》）对此作出进一步说明。

《合同法解释（二）》	《民法典会议纪要》
第六条 提供格式条款的一方对格式条款中免除或者限制其责任的内容，在合同订立时采用足以引起对方注意的文字、符号、字体等特别标识，并按照对方的要求对该格式条款予以说明的，人民法院应当认定符合合同法第三十九条所称"采取合理的方式"。 提供格式条款一方对已尽合理提示及说明义务承担举证责任。	7. 提供格式条款的一方对格式条款中免除或者减轻其责任等与对方有重大利害关系的内容，在合同订立时采用足以引起对方注意的文字、符号、字体等特别标识，并按照对方的要求以常人能够理解的方式对该格式条款予以说明的，人民法院应当认定符合民法典第四百九十六条所称"采取合理的方式"。 提供格式条款一方对已尽合理提示及说明义务承担举证责任。

《民法典会议纪要》主要参考了《合同法解释（二）》第6条，规定合理的方式主要包括两个部分：（一）针对与对方有重大关系的内容，在合同订立时采用足以引起对方注意的文字、符号、字体等特别标识；（二）在对方有要求时，以常人能够理解的方式对该格式条款予以说明。对比《合同法解释（二）》第6条，其主要作出了两点调整。

第一，将格式条款提供方需要履行提示说明义务的内容，由"免除或者限制其责任的内容"修改为"免除或者减轻其责任等与对方有重大利害关系的内容"，实际上扩大了格式条款提供方应当履行义务的条款范围，但此语句实际上直接来源于《民法典》第496条，并不为《民法典会议纪要》所首创。

第二，新增"以常人能够理解的方式"进行说明的要求。此种变化依然是对《民法典》的呼应。《民法典》第496条在《合同法》第39条和《合同法解释（二）》第9条的基础上，要求说明义务的履行，不仅需要达到使合同相对方注意的程度，还需使其能够理解。但理解本身属于主观内心的活动，具有相当的隐蔽性，格式条款提供方实际上无法从实质上进行考察验证。因此在实践中，若仅依《民法典》之规定，提示说明义务究竟应被履行到何种程度将存在极大的可解释空间，因而可能将导致裁判规则难以统一，格式条款提供方无所适从。《民法典会议纪要》则对此进行了回应，要求格式条款提供方以常人能够理解的方式进行说明。因此，与在《民法典》施行前的其他法律法规的相应条文作对比，此条款加重了格式条款提供方的义务。但若结合《民法典》第496条可发现，其至少在一定程度上使得格式条款提供方的说明义务摆脱了暧昧不清的状态，而为裁判者提供了相应的基准。

另外，"常人"一词应作何解，《民法典会议纪要》虽并未明确，但最高法于2013年发布的《最高人民法院关于适用〈保险法〉若干问题的解释（二）》第11条规定，保险人对保险合同相关条款的解释说明应以"常人能够理解"的方式作出，而此条款已为众多司法判例所引用，应当认为在实践中已较为明确。

（二）实务建议

金融机构大量采取格式合同的形式与相对方形成合同关系，因此需要尤其注重格式合同中约定的内容和条款的设计，同时在具体的签订过程中也要做好主动提示和被动说明工作。

金融机构需采取引起相对方注意的文字、符号、字体等特别标识的内容，并对足以或者可能影响交易决策的有重大利害关系的条款进行告知。与对方有重大利害关系的范围其实非常广泛，例如利率调整的通知、贷款提前到期的情形、个人信息查询和上传、担保人之间清偿顺序等权利放弃等条款，这些都可能是与对方有重大利害关系的条款。在目前的情况下，应根据不同合同的类型，就重点内容进行主动提示。另外，金融机构履行提示说明义务应当结合客户的理解能力，选择简单易懂的表述主动提示。

在业务开展过程中，金融机构还应当在沟通交流中对客户不懂之处进一步被动说明。说明的过程要留下相关录音、录像等证据，以备纠纷解决。

二、格式条款的无效情形

新旧法律条文对比	
《民法典》	原法规
第四百九十七条 有下列情形之一的,该格式条款无效: (一)具有本法第一编第六章第三节和本法第五百零六条规定的无效情形; (二)提供格式条款一方不合理地免除或者减轻其责任、加重对方责任、限制对方主要权利; (三)提供格式条款一方排除对方主要权利。	《合同法》 第四十条 格式条款具有本法第五十二条和第五十三条规定情形的,或者提供格式条款一方免除其责任、加重对方责任、排除对方主要权利的,该条款无效。 《合同法解释(二)》 第十条 提供格式条款的一方当事人违反合同法第三十九条第一款的规定,并具有合同法第四十条规定的情形之一的,人民法院应当认定该格式条款无效。

关于合同无效的规定:

新旧法律条文对比	
《民法典》	原法规
第一编第六章第三节 民事法律行为的效力 第一百四十四条 无民事行为能力人实施的民事法律行为无效。 第一百四十六条 行为人与相对人以虚假的意思表示实施的民事法律行为无效。 以虚假的意思表示隐藏的民事法律行为的效力,依照有关法律规定处理。 第一百五十三条 违反法律、行政法规的强制性规定的民事法律行为无效。但是,该强制性规定不导致该民事法律行为无效的除外。 违背公序良俗的民事法律行为无效。 第一百五十四条 行为人与相对人恶意串通,损害他人合法权益的民事法律行为无效。 第五百零六条 合同中的下列免责条款无效: (一)造成对方人身损害的; (二)因故意或者重大过失造成对方财产损失的。	《民法总则》 第一百四十四条 无民事行为能力人实施的民事法律行为无效。 《合同法》 第五十二条 有下列情形之一的,合同无效: (一)一方以欺诈、胁迫的手段订立合同,损害国家利益; (二)恶意串通,损害国家、集体或者第三人利益; (三)以合法形式掩盖非法目的; (四)损害社会公共利益; (五)违反法律、行政法规的强制性规定。 第五十三条 合同中的下列免责条款无效: (一)造成对方人身伤害的; (二)因故意或者重大过失造成对方财产损失的。

(一)法条解读

本部分是在格式条款提供方尽到《民法典》第496条项下的提示和说明义务的前提下,对格式条款本身效力问题的进一步探讨(见图1.3)。若格式合同提供方未尽到提示和说明义务,根据《民法典》第496条的规定,该格式条款根本不成为合同内容,所以无须讨论该条款的效力问题。

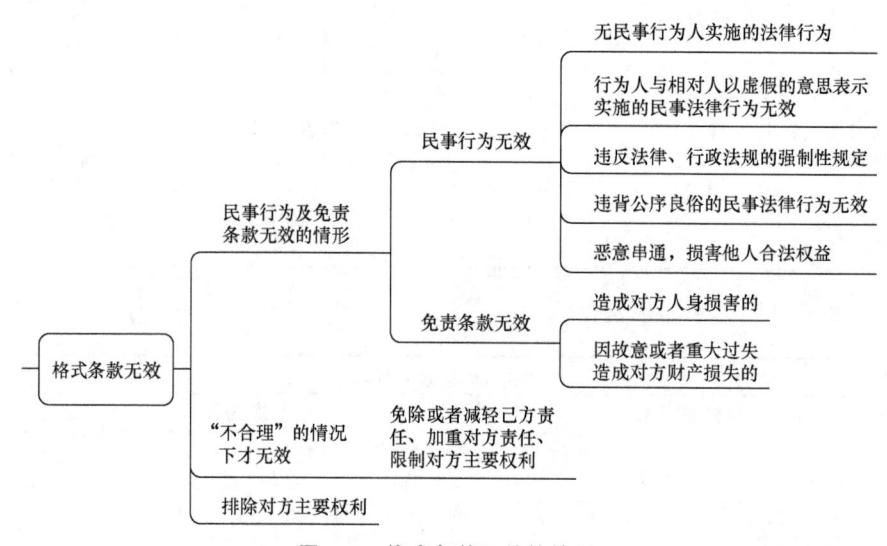

图 1.3 格式条款无效的情形

格式条款无效
- 民事行为及免责条款无效的情形
  - 民事行为无效
    - 无民事行为人实施的法律行为
    - 行为人与相对人以虚假的意思表示实施的民事法律行为无效
    - 违反法律、行政法规的强制性规定
    - 违背公序良俗的民事法律行为无效
    - 恶意串通,损害他人合法权益
  - 免责条款无效
    - 造成对方人身损害的
    - 因故意或者重大过失造成对方财产损失的
- "不合理"的情况下才无效
  - 免除或者减轻己方责任、加重对方责任、限制对方主要权利
- 排除对方主要权利

《民法典》中区分了三种导致格式条款无效的情形:

第一,第497条第1款主要是民事行为本身无效及免责条款无效的情形。《民法典》第一编第六章第三节中对原《合同法》中无效的情形进行了整合。《民法典》删除了原《合同法》中规定的欺诈、胁迫、恶意串通三种情形下,损害国家利益的条款;删除了以合法形式掩盖非法目的条款,改为以虚假的意思表示实施的民事法律行为;同时删除了损害社会公共利益导致合同无效的情形,改为损害公序良俗导致合同无效的情形。违反法律、行政法规的强制性规定的民事法律行为无效的情形列举了除外情形,强制性规定不导致该民事法律行为无效的除外。对于免责条款无效的内容,《民法典》并未作出修改。

第二,第497条第2款明确了免除或者减轻自身责任、加重对方责任、限制对方主要权利不合理时才会导致格式条款无效。虽然《民法典》对比《合同法》中增加了减轻或者限制对方主要情形的列举情形,但《民法典》第

497条第2款中增加了"不合理"的要件，实际上对格式条款无效的情形有一定的限缩，即免责等条款只有在不合理的时候才会无效。当然，《民法典》此条在《合同法》免除其责任、加重对方责任的规定基础上增加了"减轻其责任""限制对方主要权利"的列举，在《合同法》基础上对法条表述进行了完善。总而言之，本条从某种角度上来说，是对双方当事人意思自治的一种尊重，同时一定程度上也减弱了对非格式条款提供方的保护。

第三，第497条第3款排除对方主要权利的格式条款无效，这一款与《合同法》一致，未作修改。与上一款的减免自身责任，加重、限制对方责任条款需要探讨合理性问题不同，排除对方主要权利的格式条款无须讨论是否合理，一旦排除对方主要权利，该格式条款即为无效。

（二）实务建议

鉴于金融机构使用的大部分为格式条款，因此，应谨慎考虑约定减免自身责任、加重对方责任条款的合理性问题，并避免使用排除对方主要权利的条款。

1. 在适用格式条款与相对方形成合同关系的时候，注意合理免除或者减轻其责任、加重对方责任、限制对方主要权利

《民法典》允许合理免除或者减轻其责任、加重对方责任、限制对方主要权利的格式条款，因此金融机构不必过于担心此类条款都被认定为无效。在合理地提示与说明之后，如强制要求借款人同意贷款人在不侵犯隐私的情况下，通过金融信用信息基础数据库要求查询其信用及相关担保情况也并非不合理。

金融机构可以合理利用规则，达到免除或者减轻自己责任、加重对方责任、限制对方主要权利的目的。

2. 不要涉及排除对方主要权利的条款

《民法典》中已经明确规定排除当事人主要权利的条款无效，建议金融机构为了维护自身利益避免此类约定条款。

第三节　金融交易中的情势变更与不可抗力

《民法典》第533条中规定了情势变更原则：合同成立后，合同的基础条

件发生了当事人在订立合同时无法预见的、不属于商业风险的重大变化，继续履行合同对于当事人一方明显不公平的，受不利影响的当事人可以与对方重新协商；在合理期限内协商不成的，当事人可以请求人民法院或者仲裁机构变更或者解除合同。人民法院或者仲裁机构应当结合案件的实际情况，根据公平原则变更或者解除合同。

一、情势变更适用范围的扩大

新旧法律条文对比	
《民法典》	《合同法解释（二）》
第五百三十三条 合同成立后，合同的基础条件发生了当事人在订立合同时无法预见的、不属于商业风险的重大变化，继续履行合同对于当事人一方明显不公平的，受不利影响的当事人可以与对方重新协商；在合理期限内协商不成的，当事人可以请求人民法院或者仲裁机构变更或者解除合同。 人民法院或者仲裁机构应当结合案件的实际情况，根据公平原则变更或者解除合同。	第二十六条 合同成立以后客观情况发生了当事人在订立合同时无法预见的、非不可抗力造成的不属于商业风险的重大变化，继续履行合同对于一方当事人明显不公平或者不能实现合同目的，当事人请求人民法院变更或者解除合同的，人民法院应当根据公平原则，并结合案件的实际情况确定是否变更或者解除。

（一）法条解读

《民法典》第533条中关于情势变更的规定主要有以下几点变化：

1. 扩大了情势变更的范围，将不可抗力纳入情势变更的范围内

《民法典》中关于情势变更的构成要件为：(1)当事人在订立合同时无法预见的、不属于商业风险的重大变化；(2)继续履行合同对于当事人一方明显不公平的。删除了原来《合同法解释（二）》不能实现合同目的的要求。

该条规定将《合同法解释（二）》中对情势变更与不可抗力的二元化划分，融合于《民法典》第533条关于情势变更的规定。如此一来，对于如新冠疫情这类难以预见故未在合同不可抗力条款载明的，可能构成《民法典》情势变更的事件，允许当事人基于情势变更原则变更或解除合同，有利于当事人灵活解决纠纷，保障自己的权利。

2. 增加再交涉义务

《民法典》第533条增加了受不利影响的当事人可以与对方重新协商的规定，但却对合理期限未有明确规定，因此可能会造成合同中止等后果。

《合同法解释（二）》中仅规定了通过人民法院认定情势变更。为了适应目前解决纠纷手段多样化的趋势，《民法典》第533条将仲裁机构纳入情势变更争议解决机构，对《合同法解释（二）》的规定作出了有益的完善。

（二）实务建议

金融机构可以考虑在合同中设立更具体、分层次的违约责任条款，明确不同层次的违约责任，以维护合同的确定性与其项下的债权。

《民法典》第533条约定了再交涉义务，可能会涉及中止履行，因此，建议进一步约定若发生情势变更合同不中止履行，或者对再交涉的具体时限进行具体约定。

二、不可抗力的界定

（一）不可抗力的定义与分类

不可抗力分为法定不可抗力与约定不可抗力。

1. 关于法定不可抗力

根据《民法典》第180条规定，不可抗力，是指不能预见、不能避免并不能克服的客观情况。也就是说不可抗力存在三要件，有具体的判断标准。不能预见，正如案例一中所表述的，应当是在合同订立当时不能预见的客观情形；不可避免，是指不能使该客观情况不发生，或者该情形因无法预见而难以防范、发生时无法予以规避；不可克服，是指不能克服的合同履行障碍及损害结果，"避免"是使得事件不发生，"克服"是指消除损害后果。如在案例二中，政府给予了一定的补贴，是帮助企业克服疫情所采取的措施，若政府给予的支持足够企业渡过难关，则该疫情不能作为免责的理由。

2. 关于约定不可抗力

合同尊重当事人的意思自治，案例二当中法官也曾提到当事人可以自行约定不可抗力条款。如约定的不可抗力既不违反《民法典》第496条格式条款的规定导致合同无效，同时也不损害公共利益，如消费者或者劳动者等弱势群体的利益，又不损害合同关系以外特定第三人利益的话，它是合同自由的体现，则应当被认定为有效。

（二）疫情是否构成不可抗力

疫情作为一种疾病并不会天然地影响合同的履行。2020年2月13日浙江高院民二庭的《关于审理涉新冠肺炎疫情相关商事纠纷的若干问题解答》（浙高法民二〔2020〕1号文）直接明确了新冠疫情虽属不可抗力，但并非对所有商事合同的履行都构成阻碍。

2003年6月11日《最高人民法院关于在防治传染性非典型肺炎期间依法做好人民法院相关审判、执行工作的通知》（法〔2003〕72号，现已经失效）指出，因政府及有关部门为防治非典疫情而采取行政措施直接导致合同不能履行，或者由于非典疫情的影响致使合同当事人根本不能履行而引起的纠纷，按照《合同法》第117条和第118条的规定妥善处理。该条款说明非典疫情所直接导致合同不能履行的构成不可抗力。2020年2月10日，全国人大常委会法工委发言人、研究室主任臧铁伟指出："当前我国发生了新型冠状病毒感染疫情这一突发公共卫生事件。为了保护公众健康，政府也采取了相应疫情防控措施。对于因此不能履行合同的当事人来说，属于不能预见、不能避免并不能克服的不可抗力。根据合同法的相关规定，因不可抗力不能履行合同的，根据不可抗力的影响，部分或者全部免除责任，但法律另有规定的除外。"从而也证实了这个观点：疫情影响导致合同不能履行，也即不可抗力直接造成合同不能履行，才能适用不可抗力。

2020年2月6日，杭州中院发布的《新冠肺炎疫情防控期间相关法律问题解答》中也提到了《中华人民共和国民法总则》（以下简称《民法总则》）第180条规定，"因不可抗力不能履行民事义务的，不承担民事责任"。《合同法》第117条规定，"因不可抗力不能履行合同的，根据不可抗力的影响，部分或者全部免除责任"。不可抗力，是指不能预见、不能避免且不能克服的客观情况。在本次疫情事件构成不可抗力的情形下，当事人能否在个案中减轻或者免除自身的法律责任，需要考虑如下因素：一、当事人在订立合同当时不可预见本次疫情事件。在疫情形势明朗、防控措施实施后订立的合同，一般认为当事人已有相当预期，在无其他因素情形下仍应承担相应责任。二、迟延履行或者履行不能系受政府防控措施直接导致或者疫情影响企业自身经营不能等客观因素。三、鉴于政府启动重大突发公共卫生事件响应至措施解除为社会公知性事实，不可抗力的影响期间可以此为基础，企业亦可自行举证证明其因突发疫情与政府防控措施影响导致企业自身经营不能及恢复经营的期间。该解答也是在肯定新冠病毒疫情构成不可抗力的情况下分析法律适用及其效果。

综上所述，新冠疫情虽属不可抗力，但并非对所有商事合同的履行都构成阻碍。如果当事人要主张疫情作为不可抗力为合同的免责事由，正如案例一中所提及的，借款人应当举证证明疫情对本案借款合同的履行产生直接、必然的影响，否则将不能够援引不可抗力条款。

而针对如何证明的问题，则需要结合具体情形，包括疫情本身在当地的影响、疫情存在时间、对合同本身的直接影响、当地政府是否采取了相关措施等进行综合考量，判断是否是正常的商业风险等，研究企业是否真的没有偿还能力及造成这种状态的根本原因，是否确实存在客观原因严重影响企业收入。

（三）金钱债务的履行是否能够适用不可抗力

实践中关于金钱债务是否能够适用不可抗力存在争议。前文案例中均未认可适用不可抗力，实践中法院对疫情对金融借款合同的影响是否构成不可抗力的认定比较审慎。但也有法院认为构成不可抗力，如在（2018）晋04民终2272号襄垣县五阳新世纪有限责任公司、王树文与郭宏伟租赁合同纠纷等案件中。就笔者目前所搜集到的裁判规则来看，实际上法院更多的还是回避了此方面的讨论。

但是传统民法观点大都认为以金钱为给付的内容，无给付不能之问题，因为在金钱债务中，债务给付标的本身是充当一切商品等价物的货币，属于最具有普遍性的种类物。[①] 也即一般认为，金钱债务的履行不能够适用不可抗力。理由主要有以下几点：

第一，根据法律规定，金钱债务不存在不能履行的可能。对比《民法典》第579条金钱债务的违约责任和第580条非金钱债务的违约责任，可以发现前者的表述为"当事人一方未支付价款、报酬、租金、利息，或者不履行其他金钱债务的，对方可以请求其支付"，后者表述为"当事人一方不履行非金钱债务或者履行非金钱债务不符合约定的，对方可以请求履行，但是有下列情形之一的除外：（一）法律上或者事实上不能履行；（二）债务的标的不适

---

① 黄茂荣：《债法总论（第二册）》，中国政法大学出版社2003年版，第158—159页。

于强制履行或者履行费用过高；（三）债权人在合理期限内未请求履行。有前款规定的除外情形之一，致使不能实现合同目的的，人民法院或者仲裁机构可以根据当事人的请求终止合同权利义务关系，但是不影响违约责任的承担"。这两条规定区分了金钱债务与非金钱债务履行不能后的处理方式，对于金钱债务实际上并没有规定法律或者事实上的不能履行，对方当事人有权要求继续履行。

第二，从理论上来看，金钱给付之债不存在"不能履行义务"的问题。金钱之债的履行不能，应当是标的给付的不可能，而不是说"缺乏清偿能力"或者说是"没有能力履行"。史尚宽先生在其著述中也指出，在民法理论上，对于金钱债务而言，债务人负有无限责任，应当以其现在及将来的一切财产，来承担全部的偿还责任。[①]

第三，从现有法院观点来看，上海高院在《关于涉新冠肺炎疫情案件法律适用问题的系列问答（四）》中回答了在金融借款合同纠纷或信用卡纠纷等案件中，个人或企业以受疫情影响失去全部或部分收入来源为由，提出延期归还欠款、调减违约金或免除部分还款义务的处理方式：对于金融借款合同或信用卡等以金钱给付为内容的合同，特别是在电子支付广泛使用的背景下，疫情通常并不属于因客观原因导致合同无法履行的障碍，故在该类金融案件中一般不宜以疫情属不可抗力为由免责或减轻责任。如借款人确因疫情住院治疗等客观情况致其无法及时归还欠款，构成不可抗力的，可按《民法典》第180条与第590条规定处理，但应在相关情况解除后的合理期限内及时履行还款义务。也就是说，上海高院也认为此类金钱债务不存在不能履行。一般情况下，疫情不构成不可抗力，如果因为客观原因（如借款人住院）无法支付的，构成不可抗力，但是也应当在相关情况解除后的合理期限内及时履行还款义务。

因此一般来说，金钱债务不存在不能履行的情况，疫情不能作为金融借款合同中法定的不可抗力。

关于约定的不可抗力，中国人民大学法学院王轶教授在其讲座"合同法视角下的新冠疫情"中指出，若约定不可抗力条款并不违反《民法典》第496条格式条款的规定，同时既不损害公共利益，也不损害合同关系以外特定第三人利益的话，应当被认定有效，不论该约定是否超出了法定不可抗力

[①] 史尚宽：《债法总论》，中国政法大学出版社2000年版，第378页。

规则或者是排除了不可抗力规则的适用。此时，若合同约定不可抗力范围大于法定，则对于超出部分适用的并非不可抗力规则，而应当是附条件解除或者是协商变更的规则。若不可抗力范围小于法定，在小于的范围内是否能够适用不可抗力规则，实践中有争议。有观点认为不可抗力规则是强制性规定，不能排除，因此可以适用不可抗力规则，但也有观点认为该约定有效，不可以适用不可抗力规则。

三、情势变更与不可抗力的关系

情势变更与不可抗力之间存在着区别。适用不可抗力的情形倾向于履行不能，而适用情势变更则更倾向于继续履行会导致显失公平或者不能实现合同目的。法定不可抗力是法定的免责条款，当事人可以据此免于承担违约责任，且当事人也可以依据不可抗力主张解除合同；而根据情势变更原则，当事人有权请求根据案件的实际情况变更或者解除合同。案例二中，法院明确指出情势变更作为合同变更或终止事由，并非违约方免责事由。

情势变更与不可抗力两者之间又存在着联系。《民法典》第533条对情势变更的规定，对比原《合同法解释（二）》第26条中规定的"合同成立以后客观情况发生了当事人在订立合同时无法预见的、非不可抗力造成的不属于商业风险的重大变化，继续履行合同对于一方当事人明显不公平或者不能实现合同目的，当事人请求人民法院变更或者解除合同的，人民法院应当根据公平原则，并结合案件的实际情况确定是否变更或者解除"，删除了"非不可抗力造成的"，表明立法者认为不可抗力与情势变更之间可以产生重合，立法者倾向于将不能实现合同目的纳入不可抗力，引入了"协商义务"，鼓励当事人重新安排交易条款。

虽然不可抗力规则强调的是不能履行而免责，而情势变更制度强调的是明显不公平，法律后果是变更合同，两者法律后果不同，但毕竟两者的具体适用情形存在重叠，因此，这种不同不影响当事人在不能够适用不可抗力的情况下，适用情势变更原则。此外，虽然普遍认为金钱债务不能适用不可抗力，但是并无其适用情势变更原则的限制。

根据最高法《关于正确适用〈合同法〉若干问题的解释（二）服务党和国家的工作大局的通知》第2条，对于情势变更制度，"如果根据案件的特殊情况，确需在个案中适用的，应当由高级人民法院审核。必要时应报请最高人民法院审核"。

因此,虽然金钱债务可以适用情势变更原则,但是情势变更原则的适用比不可抗力的适用在程序上更为严格,若要适用情势变更原则实际上更为困难。

四、公平原则在情势变更案件中的适用

浙江省高级人民法院民二庭《关于审理涉新冠肺炎疫情相关商事纠纷的若干问题解答》第 2 条第 4 款规定:"疫情对合同履行有重大影响,继续履行合同对于一方当事人明显不公平或者不能实现合同目的,当事人请求人民法院变更或者解除合同的,应当适用公平原则,参照《最高人民法院关于适用〈中华人民共和国合同法〉若干问题的解释(二)》第二十六条和《最高人民法院关于正确适用〈中华人民共和国合同法〉若干问题的解释(二)服务党和国家的工作大局的通知》的规定予以处理。"在此条规定中,倾向于适用公平原则,并参照适用情势变更。

我国合同法适用的是严格责任,融合了过错责任与风险负担。若合同一方当事人违约所带来的损失不能通过违约责任进行分配,那么风险负担就有它的用武之地了。因金融借款合同中,一般认为不能适用不可抗力,而个案中适用情势变更原则需要由高级人民法院,甚至最高人民法院审核,程序上更为严格,此时适用公平原则并参照情势变更原则会比直接适用情势变更原则更为便捷。虽然这类做法确有向"一般条款逃逸"之嫌,但是不得不认可,适用公平原则确实比较稳妥便捷。

结合上文所述,法院能够适用不可抗力最重要的前提是证明借款合同的履行产生直接、必然的影响,鉴于一般认为金钱债务不存在履行不能的观点,法院往往会在金融借款合同纠纷中回避不可抗力的适用。不可抗力与情势变更关键的区别在于履行障碍程度不同,不可抗力是因为履行不能而产生免责、解除合同等法律后果,情势变更则更倾向于继续履行会导致明显不公平而产生合同变更,因此,金钱债务虽然不适用不可抗力,但没有适用情势变更的限制。但是因情势变更原则的个案适用需要报请高级人民法院,甚至最高人民法院审核,程序上尤为复杂。鉴于适用情势变更实际上是对当事人的风险负担进行了分配,根据《民法典》第 533 条实际上是公平原则的适用,因此,法院适用公平原则进行裁判更为便捷稳妥。

值得注意的是，法院在该类案件中倾向于调解结案。根据最高法 2020 年 3 月 24 日发布的全国法院服务保障疫情防控期间复工复产民商事典型案例中的观点，人民法院金融审判工作在疫情防控期间，应当坚持维护金融债权安全和保障企业生存发展并重的审判理念。对于具有良好发展前景但暂时资金受困的企业所涉金融融资纠纷，应当切实加大案件调解力度，充分协调各方利益。

上海高院《关于涉新冠肺炎疫情案件法律适用问题的系列问答（四）》中也有提出如疫情确对个人或企业收入造成较大影响的，法院可在相关案件中组织当事人协商，促进金融机构按照金融监管机构关于疫情防控的相关要求，适度调整信贷还款安排，合理延后还款期限，尽量避免贷款加速到期或提前解除合同等"抽贷""断贷"行为，有效防范金融市场风险。"

五、疫情下的金融借款合同纠纷处理

为应对新冠疫情，各省市结合自身情况采取了不同的管控措施和应急处置措施，如发布突发公共卫生事件Ⅰ级响应、延长春节假期、推迟企业复工、隔离外来人员等，有效地遏制了疫情的进一步蔓延。然而，受疫情本身加之政府所采取管控及应急处置措施的影响，社会各行各业都受到了不同程度的冲击。对银行来说，由于部分行业的借款人还款能力明显下降，难以按时归还借款而导致的纠纷数量增加。以下将结合实务案例，分析疫情下金融借款合同纠纷的裁判规则。

（一）裁判规则

1. 新冠疫情虽属不可抗力，但并非对所有商事合同的履行都构成阻碍，需要结合具体事件情形进行判断。若借款人要主张疫情作为不可抗力为合同的免责事由，应当举证证明疫情对金融借款合同的履行产生直接、必然的影响。

2. 鉴于民法学界存在"金钱债务不存在履行不能"的观点，法院往往会在金融借款合同纠纷判决中回避不可抗力的适用。

3. 在金融借款合同中，部分案件适用了情势变更原则，但因情势变更原则的个案适用需要报请高级人民法院，甚至最高人民法院审核，程序上更为复杂，因此实践中更多的法院会适用公平原则，并参照适用情势变更原则。

4. 法院会根据具体的诉请判断是否能够适用不可抗力与情势变更等原则，因为不可抗力是违约方免责事由，而情势变更则是合同变更或终止事由。

5. 法院基于维护金融债权安全和保障企业生存发展并重的审判理念，在由疫情引起的金融借款纠纷中会尤为重视调解，充分协调各方利益。

（二）典型案例

1. 王挺、王应隆、杜铁鸣与中国农业银行广东省分行营业部、广州天启房地产有限公司借款合同纠纷上诉案[①]

（1）案情简介

2003年5月13日，中国农业银行广东省分行营业部（以下简称"农行营业部"）与王挺、王应隆、杜铁鸣和天启公司签订编号为粤穗白（06）按字2003年第100155号的《个人购房担保借款合同（一手楼）》，并约定以王挺、王应隆、杜铁鸣的某处房产及其权益作为抵押。2003年7月8日，农行营业部依约将2500000元划入王挺、王应隆、杜铁鸣的账户，但王挺、王应隆、杜铁鸣从2003年11月20日开始拖欠供款，截至2005年1月13日，尚欠农行营业部贷款本金2355661.35元，利息86348.08元，罚息和复息6780.65元。

由于王挺、王应隆、杜铁鸣长时间的违约行为致使农行营业部不能实现合同目的，故农行营业部要求解除合同并要求偿还剩余贷款本金2355661.35元及利息、罚息、复息。

但王挺、王应隆、杜铁鸣声称未按合同约定还款是由非典、禽流感疫情的不可抗力和周边市政建设导致，且其迟延还款行为远未导致合同目的不能实现，故农行营业部无权解除合同。

（2）争议焦点

①《个人购房担保借款合同（一手楼）》为格式合同，是否加重了借款人的责任和风险，使合同双方的权利义务严重失衡？

②"非典"、禽流感疫情影响是否构成不可抗力？

（3）裁判要旨

针对争议焦点一，法院认为王挺、王应隆、杜铁鸣与农行营业部成立借款合同关系，作为借款人，其主要的责任就是依约使用贷款并还本付息，而《个人购房担保借款合同（一手楼）》关于贷款人在借款人未依约还款的情况

---

① 广东省广州市中级人民法院（2005）穗中法民二终字第1150号。

下可提前收回全部贷款并处分抵押物的约定，并没有在上述主要责任之外不当加重借款人责任。故王挺、王应隆、杜铁鸣依据《合同法》关于格式条款无效的相关规定①上诉主张相关条款无效，缺乏法律依据，法院不予支持。

针对争议焦点二，法院认为，众所周知，"非典"疫情大规模暴发于2003年上半年，本案贷款发放时"非典"疫情已经暴发，故对本案当事人而言，"非典"疫情不具备不可抗力"不可预见"的条件；同时，不论是"非典"、禽流感疫情还是市政施工，可能影响的只是宏观的经营环境，对本案借款合同的履行并不产生任何直接、必然的影响，故不应认定为导致王挺、王应隆、杜铁鸣违约的原因，因此，王挺、王应隆、杜铁鸣以不可抗力为由上诉主张减免民事责任，不符合《合同法》第117条的规定，法院不予支持。至于王挺、王应隆、杜铁鸣此后是否有能力继续履行合同，依法并不影响农行营业部依约行使提前收回贷款、处置抵押物的权利。

2. 焦炳来等诉交通银行股份有限公司桂林分行借款合同纠纷②

（1）案情简介

焦炳来为新勤业公司的法定代表人。2013年3月20日，交通银行股份有限公司桂林分行（以下简称"交通银行桂林分行"）作为贷款人与新勤业公司（借款人）签订一份《小企业动资金借款合同》，贷款金额人民币400万元。上述合同签订后，交通银行桂林分行于2013年3月20日向新勤业公司发放400万元贷款。2013年3月26日，交通银行桂林分行再次与新勤业公司签订一份编号为S45380IM120130151074的《小企业动资金借款合同》，贷款金额人民币300万元，交通银行桂林分行于2013年3月26日向新勤业公司发放300万元贷款。

2014年2月25日，在上述两笔借款期限届满前，新勤业公司向交通银

---

① 第五十二条　合同无效的法定情形
有下列情形之一的，合同无效：（一）一方以欺诈、胁迫的手段订立合同，损害国家利益；（二）恶意串通，损害国家、集体或者第三人利益；（三）以合法形式掩盖非法目的；（四）损害社会公共利益；（五）违反法律、行政法规的强制性规定。
第五十三条　合同免责条款的无效
合同中的下列免责条款无效：（一）造成对方人身伤害的；（二）因故意或者重大过失造成对方财产损失的。
第四十条　格式合同条款的无效
格式条款具有本法第五十二条和第五十三条规定情形的，或者提供格式条款一方免除其责任、加重对方责任、排除对方主要权利的，该条款无效。
② 广西壮族自治区桂林市中级人民法院（2018）桂03民终93号。

行桂林分行提交一份《关于H7N9禽流感疫情对我公司造成严重损失的紧急报告》，向交通银行桂林分行通报：由于2013年4月份以来发生禽流感疫情，该公司损失严重，陷入经营困难。

2014年3月20日、2014年3月26日，上述两笔借款期限届满后，新勤业公司未按约定归还贷款并支付利息。

（2）争议焦点

本案争议焦点为：新勤业公司等请求不承担给付借款本金、利息、罚息的诉请是否有事实和法律依据。

（3）裁判要旨

一审法院认为，合同内容是双方意思自治的体现，应当得到尊重和遵守，双方在合同中并未约定不可抗力可以免责。在H7N9禽流感疫情发生后，政府给予了相应的补贴，而且作为一家大型家禽养殖企业，新勤业公司应当对家禽传染病有充分的预料和防范，以抵御市场风险，而不是在市场风险发生后将其不利后果转嫁给原告。因此，一审法院对于新勤业H7N9禽流感疫情暴发及政府的应急防疫措施为不可抗力的主张不予支持。

二审法院认为，交行桂林分行依约发放了贷款，履行了合同义务，新勤业公司应在合同期限内履行还款义务。根据《合同法解释（二）》第26条"合同成立以后客观情况发生了当事人在订立合同时无法预见的、非不可抗力造成的不属于商业风险的重大变化，继续履行合同对于一方当事人明显不公平或者不能实现合同目的，当事人请求人民法院变更或者解除合同的，人民法院应当根据公平原则，并结合案件的实际情况确定是否变更或者解除"的规定，新勤业公司作为一家大型家禽养殖企业，应当对家禽传染病有充分的预料和防范，以抵御市场风险。且依据上述规定，情势变更作为合同变更或终止事由，并非违约方免责事由，故涉案风险不符合该条规定的"情势变更"，亦不符合《合同法》规定的不可抗力的情形。故新勤业公司主张以情势变更为由主张免责，法院不予采信。

3. 苏州资产管理有限公司诉苏州德威系关联企业金融借款纠纷系列案[①]

（1）案情简介

德威投资集团有限公司及其关联企业是集高分子线缆用材料研发、生产

[①] 最高人民法院2020年3月24日发布的全国法院服务保障疫情防控期间复工复产民商事典型案例。

和销售于一体的高新技术民营企业，企业产品广泛应用于国家电网、电子通信、建筑工程等领域，具有良好的市场口碑和发展前景。2020年春节之后，受新冠疫情影响，整个德威系企业无法按时复工复产，造成大量订单无法及时完成。债权人苏州资产公司考虑到其3.2亿元金融债权的安全，在借款出现逾期后，于2020年2月4日将德威系企业一并起诉到江苏省苏州市中级人民法院，同时申请法院冻结被告企业全部银行账户3.2亿元资金及相应价值的财产。

（2）法院举措

该四起关联案件受理后，苏州中院通过到德威生产厂区实地走访、与企业负责人座谈，了解到德威系企业厂区生产已经逐步恢复，产能已经达到年前的50%，国内订单开始陆续正常交货。鉴于德威系企业具有良好的市场口碑和发展前景，就其暂时资金周转的困难，法院与苏州资产公司反复进行沟通，引导充分考虑当前疫情影响和民企的实际困难，给予民企宽限期和降低逾期还款的违约金，并且考虑查封措施对企业复工复产的重大影响，共同帮助企业渡过困难。3月6日，经过法院三个小时的互联网庭审和在线调解，双方当事人达成调解协议：苏州资产公司保证不抽贷，并给予德威系企业充分的宽限期；德威系企业承诺将销售利润优先保障案涉贷款的清偿，并且增加担保。法院当庭出具调解书，并依据双方调解方案，解除了对被告企业的全部银行账户查封。

（3）典型意义

在疫情防控期间，人民法院金融审判工作应当坚持维护金融债权安全和保障企业生存发展并重的审判理念。对于具有良好发展前景但暂时资金受困的企业所涉金融融资纠纷，应当切实加大案件调解力度，充分协调各方利益；在维护金融安全的同时，有效降低民营企业因疫情引发的逾期还款的违约成本，真正帮助企业纾难解困，为企业复工复产提供有力支撑。

（三）案例评析

上述三个案件是疫情之下金融借款合同纠纷的典型案件，其中案件一、二争议焦点主要集中在疫情之下，金融借款合同逾期未还款是否可以适用不可抗力、情势变更或公平原则。案例三为最高法发布的典型案例，体现了在此类案件的处理过程中，法院倾向于调解的做法。

（四）实务建议

新冠疫情的发生，对整个社会都是一次大考，各行各业都遭受了不同程度的影响，对于金融借款合同的双方也是，因此，应当及时采取措施，积极应对，防止发生金融风险。

1. 对于金融机构

（1）分析合同不能履行的原因，对不同的客户采取不同的风险管理措施。

若借款人因疫情影响出现还款困难，请求迟延履行或者减免息等，银行首先应当审查借款人不能进一步履行合同的原因。比如是否因疫情防控措施导致借款人不能继续生产经营，现金流暂时受到影响等，没有收入来源，也无相应还款能力，还是因为住院等现实原因无法完成支付，判断是否对借款合同的履行造成了直接、必然的影响以及具体的影响程度。

各行业受到疫情影响的程度不同，在综合评估疫情对金融借款合同债务人的履约能力影响的基础上，对不同的客户当然应当采取不同的风险管理措施。

如对于受到疫情影响严重但有发展前景的行业，如住宿餐饮、文化旅游等行业，可以采取适当下调贷款利率、增加信用贷款和中长期贷款、展期或者续贷的方式[①]；对于经营困难也难以恢复的行业，可以考虑借款加速到期条款或者是解除合同。对于并非因疫情原因而导致的无法还款，不建议银行对其采取展期等措施，反而应当考察其未来进一步的还款能力，考虑是否应当采取加速到期等措施。

（2）一旦发生纠纷，注意协商的运用。

法院基于维护金融债权安全和保障企业生存发展并重的审判理念，在由疫情引起的金融借款纠纷中会尤为重视调解。因此，对于金融机构，应当充分重视协商的运用，在这个特殊时刻，做到保护自己利益的同时给予企业最大程度的帮助与支持。

第一，建议让借款人向银行正式提出申请来进行展期，银行审批批准，将疫情中难以继续履约的证明义务转嫁给借款人。

第二，在协商过程及后续签订的文件中，注意不应当出现有关银行对于疫情属于不可抗力的认定，或者将此次疫情作为约定不可抗力的说明，尤其是在补充协议中，以防止借款人的免责范围不正当扩大。

另外，若银行同意变更合同的，应当注意以下几个方面的问题：

① 原合同有关于借款期限、利息及违约责任等的规定，双方签订补充协

---

① 《关于进一步强化金融支持防控新型冠状病毒肺炎疫情的通知》（银发〔2020〕29号）。

议的时候，注意除了修改条款外，不要与借款合同中条款发生冲突。

② 担保期间、担保范围等事项，注意办理登记等手续。另外，比如变更了还款期限，那么根据《民法典》第695条规定，变更还款期限属于对主合同的变更，应取得担保人同意，否则可能出现无担保的情形。

③ 完善加速到期条款及安全保护措施，一方面防止借款人在后续履约过程中出现难以履约的情形，另一方面，即便出现了该情形，借款人也可以积极采取安全保护措施。

④ 要求借款人优先归还银行的借款。

若银行在此时能够换位思考，帮助客户渡过这一时的难关，可以为未来长期友好合作打下基础。

(3) 一旦涉诉，注意不可抗力、情势变更及公平原则灵活运用。

此类纠纷中往往对方当事人会提出与不可抗力、情势变更及公平原则有关的抗辩。此时需要注意，若债务人以不可抗力为由免责，则其将会面临较大的诉讼风险，一般认为不可抗力不适用于金钱债务，且即便法院回避了不可抗力不适用于金钱债务，债务人需要举证证明疫情对其产生了直接、必然的影响也较为困难。

若债务人主张适用情势变更原则，此时需要注意情势变更对应的应当是合同变更或终止，若当事人主张免责，则其主张本身就存在问题。且情势变更原则的个案适用需要报请高级人民法院，甚至最高人民法院审核，程序上更为复杂。

鉴于双方当事人在此次疫情中均没有实际的过错，则损失承担实际上是属于基于公平原则的风险负担的问题。如若借款人已经证明疫情对其产生重大不利影响，继续履行对一方当事人存在明显不公平，则作为银行方，一方面需要积极举证，提出如政府出台优惠措施，企业拿到各类补贴等对其履约能力有良好提升，继续履行对借款不存在明显不公平证据，另一方面也积极探索合同变更方案，争取对自己有利的做法。

2. 对于借款人

(1) 主动联系金融机构并提交相关证明。

基于上述分析我们可以发现，实际上对于借款人来说，进行诉讼并非优选的解决方案。因此，借款人在发现自己出现或者可能出现履约困难的情况时，应当尽早联系银行，积极沟通，进行协商，最好能够达成展期或者减免息等措施，减少自己的损失。另外，这也是尽到通知义务，减少银行的损失，也减轻自己以后可能承担的法律后果，为未来可能产生的纠纷留好证据。

（2）一旦涉诉应作好举证的准备。

借款人一旦涉诉，需要积极举证，包括疫情本身在当地的影响、疫情存在时间、对合同本身的直接影响、当地政府是否采取了相关措施等，企业是否真的没有偿还能力及造成这种状态的根本原因。也就是说，借款人需要举证证明不能归还借款是由于疫情及防治疫情的行政措施直接影响造成的，而非由于企业自身经营不善、财务状况不佳等商业风险导致。

第四节　金融交易合同无效的法律后果

一、民间借贷合同无效的法律后果

最高人民法院2020年12月23日修正的《最高人民法院关于审理民间借贷案件适用法律若干问题的规定（2020）》（以下简称《民间借贷解释（2020）》）第13条规定，套取金融机构贷款转贷、非法集资转贷、职业放贷等情形下，人民法院应当认定民间借贷合同无效。但《民间借贷解释（2020）》并未对民间借贷合同被法院认定无效的法律后果作全面集中的规定。

民间借贷合同无效的法律后果问题看似简单，如"返还本金"即是天经地义、无可争议的。然而仔细看《民间借贷解释（2020）》第13条，导致民间借贷合同无效的这些情形基本都属于违法（犯罪）行为，且属于破坏金融秩序的违法（犯罪）行为。这些民间借贷的一方或双方存有过错，且损害了合同之外第三方主体或社会公共利益。此时，这些民间借贷无效的后续处理除了"返还本金"之外，是否还需要在缔约过失责任、利息返还、惩罚性措施等方面作相应安排，以抑制这些违法（犯罪）行为的发生？司法实践中又是如何处理的？以下拟作初步分析。

（一）裁判规则

民间借贷合同认定无效情形下：

1. 借款人将本金扣除已支付本息后，返还给出借人；

2. 借款人按照贷款基准利率/LPR或出借人取得该资金的实际成本计算因民间借贷合同无效造成的损失，支付给出借人。

（二）典型案例

1. 李海兵、徐鸣璐与陆港军、周佃萍民间借贷纠纷再审[1]

（1）案情简介

2013年底，李海兵因买船需要资金，遂向陆港军提出借款人民币200万元，经双方协商，陆港军同意向李海兵出借借款人民币200万元，约定月息10万元。后陆港军便向民丰村镇银行申请贷款，2014年2月26日，陆港军虚构购买钢材的贷款用途与民丰村镇银行签订200万元人民币的《借款合同》《借款抵押合同》，同年2月27日，民丰村镇银行审批同意贷款给陆港军人民币200万元。2014年3月3日，陆港军将伪造的钢材买卖合同交于民丰村镇银行，同日陆港军夫妻与李海兵夫妻签订借款合同，约定李海兵夫妻向陆港军夫妻借款人民币200万元，利息每月人民币10万元。同年3月4日民丰村镇银行按照陆港军的委托将人民币200万元由陆港军贷款账户转账到李海兵账户。陆港军2014年3月至2016年1月的银行贷款月利息约人民币15000元均由李海兵代为给付，在此期间，李海兵共计支付给陆港军借款利息人民币23万元。

2019年5月28日，江苏省连云港市中级人民法院作出（2019）苏07刑终124号刑事裁定书，认定以上事实，并维持一审法院刑事判决（即陆港军犯高利转贷罪，判处有期徒刑一年一个月，并处罚金人民币25万元）。

（2）争议焦点

① 涉案借款协议效力应当如何认定？

② 利息损失的标准如何确定？

（3）裁判要旨

江苏高院认为，刑事判决已经发生法律效力，陆港军辩称其与李海兵因购买钢材未成以及双方转化为合伙运船法律关系与其在刑事案件相关笔录中陈述不一致，亦与其在本案一、二审诉讼中主张不一致，且未提供充分证据推翻刑事判决的认定，对其抗辩主张本院不予采信，因此双方法律关系应当定性为民间借贷关系。根据《民间借贷解释（2015）》第14条第1项规定，套取金融机构信贷资金又高利转贷给借款人，且借款人事先知道或者应当知道的，该借贷合同无效，因此一、二审法院认定双方借贷关系合法并判令李

---

[1] 江苏省高级人民法院（2019）苏民再286号。

海兵、徐鸣璐按照24％的年利率偿还借款200万元利息错误，对此本院予以纠正。

根据《合同法》第58条之规定，合同无效或者被撤销后，因该合同取得的财产，应当予以返还；不能返还或者没有必要返还的，应当折价补偿。有过错的一方应当赔偿对方因此所受到的损失，双方都有过错的，应当各自承担相应的责任。结合本案查明事实，考虑双方对于合同无效均存在过错，李海兵、徐鸣璐应当返还陆港军本金200万元并支付相应的资金占用费，资金占用费的标准按照中国人民银行同期贷款利率计算（自2014年3月4日起至2019年8月19日止按照中国人民银行同期同档次贷款基准利率计算，自2019年8月20日至实际履行之日止按同期全国银行间同业拆借中心公布的贷款市场报价利率计算），对于李海兵、徐鸣璐已经支付的57.5万元在资金占用费中予以冲抵，对于陆港军偿还民丰村镇银行贷款的其他损失由陆港军自行承担。

2. 陈合与王小平民间借贷纠纷二审民事判决书[①]

（1）案情简介

2014年3月13日、3月26日、10月20日，王小平（出借人）与陈合（借款人）分三次签订《借款合同》三份，分别约定陈合向王小平借款600万元、200万元、950万元。借款期限均为一年，借款利息为月利率1.8％。

一审查明其中527万元借款来自王小平向招商银行的贷款，二审查明王小平还向招商银行贷款61.3万元与28.8万元。以上合计617.1万元的贷款结清时间均为2015年3月12日，贷款行为发生在王小平向陈合出借款项期间。

（2）争议焦点

① 案涉《借款合同》的效力如何认定？

② 利息损失的标准如何确定？

（3）裁判要旨

法院认为，双方合同虽约定了借款利息以及违约金标准，但王小平提供的借款中，部分借款来源于银行贷款，且双方对此知情。故该部分借款的合同约定，因违反规定应属无效。陈合应当将该部分借款剩余本金返还王小平，并按照王小平与银行之间约定的利息标准向王小平支付利息（几笔银行贷款

[①] 北京市第二中级人民法院（2020）京02民终5015号。

的利率有所不同，分别为年利率7.36%、7.025%与6%；分别以各笔贷款金额为基数、按各自年利率的标准计算利息损失）。对于其他借款，双方依约履行。

（三）案例评析

并没有法条或司法解释直接规定民间借贷合同无效后的具体利益处置细节，只能回到《合同法》（《民法典》）的一般性规则。《合同法》第58条（《民法典》中吸收为第157条）规定，"合同无效或者被撤销后，因该合同取得的财产，应当予以返还；不能返还或者没有必要返还的，应当折价补偿。有过错的一方应当赔偿对方因此所受到的损失，双方都有过错的，应当各自承担相应的责任"。因此，一般合同无效的法律后果为两项：一是财产返还（不能返还的折价补偿），二是赔偿损失。具体到民间借贷合同无效，试分析之。

1. 民间借贷合同无效中的"财产返还"

民间借贷合同属于双务合同，出借人依约交付本金，借款人依约到期还本付息。双务合同无效，财产应当相互返还。《九民纪要》第33条规定，双务合同不成立、无效或者被撤销后，双方因该合同取得财产的，应当相互返还。第34规定，双务合同不成立、无效或者被撤销时，标的物返还与价款返还互为对待给付，双方应当同时返还。

民间借贷是借款人用"利息"购买了"本金在一段时间内的使用权"。利息的本质是本金占用的时间对价，即资金占用费。在民间借贷合同中，标的物即本金（一段时间的使用权），价款即利息。所以，本金、利息应当同时相互返还。

因此，民间借贷合同无效后，关于"财产返还"的部分要做两件事：一是借款人应当将本金返还给出借人；二是借款人根据民间借贷合同已经支付给出借人的利息，出借人也应当返还给借款人（基于司法执行的便捷考虑，也可将这部分待返还利息从本金中抵扣）。

2. 民间借贷合同无效中的"赔偿损失"

依前所述，借贷合同无效后，借款人除有权要求借款人返还本金外，还有权要求借款人赔偿损失。但这个损失如何计算？

首先需明确的是，民间借贷合同已被认定无效，故该无效合同约定的利率、逾期利息、违约金、其他费用等条款均无法作为计算此种损失的依据。而《民间借贷解释（2020）》第28、29条关于逾期利息、违约金、其他费用等问题的规定,仅针对民间借贷合同有效情形下的违约处理,也同样不能适用于民间借贷无效情形下的损失计算。综合而言,最简单的说法是,不能按照民间借贷合同中约定的高额利息标准计算损失。

其次,司法实践中常见的损失计算方式有三种:

(1)按照银行同期贷款基准利率计算,在 LPR 生效后,则自 2019 年 8 月 20 日至实际履行之日止按同期全国银行间同业拆借中心公布的贷款市场报价利率计算(如案例一)。

(2)按照出借人取得该资金的成本计算,如案例二即按出借人与招商银行签署《个人贷款借款合同》的执行年利率标准计算。

(3)按照存款基准利率计算。这种案例较少。

最高法民二庭编著的《〈全国法院民商事审判工作会议纪要〉理解与适用》一书认为:"专以金钱为标的的合同如借贷合同无效时,资金占用方原则上应当支付利息。至于是按贷款利率还是存款利率支付,存在不同观点。一般来说,贷款利率比存款利率高,所以参照贷款利率显然较参照存款对权利人更为有利。参照贷款利率的推理依据为:一方需要向银行贷款以获得同等资金,故应参照贷款利率。而参照存款利率的推理依据是:资金方并不需要向银行借钱,因此,其损失的不过是同期存款利息。我们认为,在商事审判中,原则上应当参照贷款利率支付。"[①] 这种观点排除了第三种计算方式,但并没有说清楚到底应当选择第一种还是第二种计算方式。

2020 年 1 月 28 日天津市高级人民法院印发的《天津法院民间借贷案件审理指南(试行)》第 22 条规定了职业放贷行为无效的法律后果:"民间借贷合同被认定无效后,双方因合同取得的财产应当予以返还。借款人应当返还借款本金及占用资金期间的利息损失。利息损失,一般应按照全国银行间同业拆借中心公布的贷款市场报价利率计算,不能按照民间借贷合同中约定的高额利息标准计算。"也就是说,天津市辖区的法院倾向于选择第一种计算方式计算损失。

3. 对现有民间借贷合同无效"赔偿损失"计算方式的评价

(1)民间借贷合同无效后,借款人为何还要支付"利息"?

要分析哪种损失计算标准更加合理,首先要回答一个前置问题:民间借

[①] 最高人民法院民事审判第二庭编著:《〈全国法院民商事审判工作会议纪要〉理解与适用》,人民法院出版社 2019 年版,第 267 页。

贷合同都已经无效了,为何借款人还要向出借人支付"利息"?这个"利息"没有合同依据,似乎也找不到明确的法条或司法解释依据。

请注意,在提及因民间借贷合同无效而导致的"损失"时,大部分法官用的措辞是"利息"或"利息损失",少部分用"资金占用费"。《〈全国法院民商事审判工作会议纪要〉理解与适用》一书中提到,"专以金钱为标的的合同如借贷合同无效时,资金占用方原则上应当支付利息",这里的措辞是"利息"。《天津法院民间借贷案件审理指南(试行)》第22条提到,"借款人应当返还借款本金及占用资金期间的利息损失",这里的措辞是"利息损失"。上文案例二判决"按照王小平与银行之间约定的利息标准向王小平支付利息",其措辞为"利息"。但案例一判决"李海兵、徐鸣璐应当返还陆港军本金200万元并支付相应的资金占用费",其措辞为"资金占用费"。但不论用哪一种措辞,其本质都是指向因民间借贷合同无效而导致的"损失"。

笔者认为,在这种语境下使用"利息"一词是不严谨的,容易引起误解。"利息"是一种预期对价,而"损失"是一种过往状态,在时态上就不能混为一谈。民间借贷合同无效后,显然出借人不能再向借款人主张任何"利息",而只能依《合同法》第58条主张"损失(赔偿)"。所谓贷款基准利率、LPR、银行贷款执行利率、存款基准利率等,只不过是"损失(赔偿)"的不同计算方法而已,支付的是"损失(赔偿)"而非"利息"。因此,民间借贷合同无效后借款人应当向出借人支付"利息损失"或"资金占用费"的提法相对准确,但借款人应当向出借人支付"利息"的提法是表达错误。

综上,上文前置问题的答案是:民间借贷合同无效后,借款人无须支付"利息",但须"赔偿损失"。

(2)按哪一种计算方式才算是合理的"赔偿损失"?

这里又有一个前置问题:什么叫"合理"的赔偿损失?依民法一般原理,"足额"的损失赔偿为合理赔偿。就前文三种损失计算方式而言,对出借人的补偿程度由高到低依次为:(1)按照出借人取得该资金的成本(银行贷款合同实际执行利率)计算;(2)按照贷款基准利率/LPR计算;(3)按照存款基准利率计算。其中,只有第二种计算方式才是"足额"损失赔偿,其余两种都为"非足额"赔偿。

然而仔细看《民间借贷解释(2020)》第13条,导致民间借贷合同无效的套取金融机构贷款转贷、非法集资转贷、职业放贷等情形基本都属于违法(犯罪)行为,且属于破坏金融秩序的违法(犯罪)行为。这些民间借贷的一方或双方存有过错，且损害了合同之外第三方主体或社会公共利益。此时若仍然给予出借方"足额"损失赔偿的司法保障，是不是对违法（犯罪）行为的一种变相鼓励？（下文"股权代持协议无效的法律后果"中，也提到类似的问题："这种纯私法补偿的股权代持处置方法不可避免地出现各交易方通过其违规行为获益的现象：即无论名义股东还是实际出资人，实施的都是违规行为，凭什么他们可以据此获取收益？"）

支持纯私法考量、要求足额损失赔偿的观点认为，套取金融机构贷款转贷导致民间借贷无效后出借人获得返还的本金及相应损失，虽然可以填补大部分其获取信贷资金的成本，但这同时也意味着利用信贷资金转借他人，不可能获得任何利益。作为理性人，就不可能先去借信贷资金然后再出借了。由此可以减少很多以套取金融机构贷款转贷为业的违法行为。

但笔者反对这种只考虑出借人立场的静态分析观点：

第一，闹到法院的纠纷，永远只是民间借贷合同的冰山一角、十之一二，所以从概率上来说，还是有可能以套取金融机构贷款转贷为业进行整体营利的。实践中民间借贷的借款人资源给予出借人利益，或者双方通过绕道曲折的方式给付和收回利益而又无争议的，《民间借贷解释（2020）》和《九民纪要》第53条就没法规制了。

第二，仅就个案而言，出借人的本金及部分利息还是得到了司法保障。这比连本金都要不回来要好多了。换言之，本金和部分利息已经司法兜底、法定刚兑了，因此从事套取金融机构贷款转贷行为的民事法律风险其实是很小的（当然这里并未考虑刑事风险）。

比如，案例二的出借方在民间借贷无效拿回本金后，还在法院的支持下获得了银行贷款合同的实际执行利息补偿。其效果相当于无效民间借贷的出借人白用了银行信贷资金进行转贷且无须承担任何利息支出，借款人也只需支付银行贷款合同的实际执行利息，而无须承担正常民间借贷的高额利息。

第三，实务中套取金融机构贷款转贷行为中的行为人（既是银行借款合同的贷款人又是民间借贷合同的出借人）往往是有着巨大融资便利的国有企业，这些国有企业利用自身信用或隐性政府信用从银行贷出巨额款项，然后转贷给本来没有足够资信获得银行信贷资金的最终资金使用者。这种套取银行信贷资金，用途不可控、流向不可控、风险不可控的行为势必会影响银行风控，导致审慎监管失灵，甚至引发系统性风险。

按上面的第二点分析，这种危害银行风控和金融秩序的转贷行为其实对出借人和借款人而言，合谋成本是非常低的：即便民间借贷合同被法院认定无效，国有企业也没有任何利息成本或损失，最终资金使用者不仅获得了本来得不到的信贷资金且成本极低地使用了很长一段时间。此时的出借人（中间人国企）并不是单纯为了"高利转贷获取利差"而开展这类行为，而是会获得借款人（最终资金使用者）提供的其他好处。在这种模式下，这些国有企业实际上从事了贷款通道业务。

最高法贺小荣法官在记者发布会上指出，在与民营企业家和个体工商户座谈时，多数代表建议要严格限制转贷行为，即有的企业从银行贷款后再转贷，特别是少数国有企业从银行获得贷款后转手从事贷款通道业务，违背了金融服务实体的价值导向。最高人民法院审判委员会认真讨论后采纳了这一意见，决定将原《最高人民法院关于审理民间借贷案件适用法律若干问题的规定（2015）》（以下简称《民间借贷解释（2015）》）第14条第1项"套取金融机构信贷资金又高利转贷给借款人，且借款人事先知道或者应当知道的"合同无效情形，修改为《民间借贷解释（2020）》第13条第1项"套取金融机构贷款转贷的"，进一步强化了司法助推金融服务实体的鲜明态度。

笔者认为取消"高利"转贷要求，是非常合理的修订。但问题并未彻底解决：民间借贷合同无效之后呢？具体的法律后果如何？若按现有司法实践，不论依贷款基准利率、LPR、银行贷款执行利率还是存款基准利率，对那些变相从事通道业务的国企而言，其违法行为的成本都是微乎其微；对最终资金使用者而言，违法获取信贷资金的成本是一个比一个低。最终的结果是，民间借贷合同"无效"？求之不得，正中下怀。

申言之，现有的司法实践并不关注如何抑制违法（犯罪）行为，只处理私法主体之间的价值补偿、避免双重获利。[①] 只关注恢复原状，不关注金融监管效果。《合同法》《民法典》的合同无效制度可能是"真正的法律漏洞"：在违法行为导致合同无效的情形下，无效合同比有效合同对违法行为人反而更有利？

《民间借贷解释（2020）》没有集中规定，也没有其他法律依据的情况下，

[①] 如《九民纪要》第35条规定了合同无效时损害赔偿确定的注意要点："在确定损害赔偿范围时，既要根据当事人的过错程度合理确定责任，又要考虑在确定财产返还范围时已经考虑过的财产增值或者贬值因素，避免双重获利或者双重受损的现象发生。"

目前的裁判思路尊重了传统私法规制的应有态度。但是否过于传统了一些？在民事裁判中，这些问题是否就完全不值得适度强势干预吗？金融风险防控、金融秩序维护是否就只能留给金融行政监管、金融刑法规制来处理？

笔者建议，仅仅考虑传统民法的私法主体之间进行"补偿"还是不够的，在制度设计及适用上，还需要对违法行为主体有一定的"成本/惩罚"属性。即便民法不能规定惩罚措施，起码应当让那些从事通道业务的国企付出一些银行借贷利息成本，让那些通过转贷获得信贷资金的最终资金使用者付出正常的民间借贷高额利息。比如可以适用《合同法》第59条进行如下安排：民间借贷无效后，借款人仍应当支付民间借贷合同约定的高额利息，但不支付给出借人，而是法院予以没收；出借人不从借款人这里获得任何损失赔偿，而是自行承担银行借款合同的利息支付。

最后需要说明的是，上文案例和分析均仅限于"套取金融机构贷款转贷"这种情形，其他情形（如非法集资转贷、职业放贷等）导致民间借贷无效的法律后果，有待继续分析。

二、股权代持协议无效的法律后果

关于股权代持协议的法律效力问题，在本章第一节有过分析：股权代持约定系真实意思表示且不违反法律、行政法规强制性规定，原则上认定有效；但特殊情形下（如上市公司的股权代持、保险公司的股权代持）可能损害社会公共利益或违背公序良俗的，应当认定无效。

但对股权代持协议被法院认定无效后，具体的股权归属、收益分配等法律后果问题并未展开论述。在此拟作进一步分析。

（一）裁判规则

股权代持协议认定无效情形下：

1. 股权归名义股东所有；
2. 认购股份的投资款应当返还给委托人；
3. 代持所产生的投资收益应根据双方投资收益的贡献程度、投资风险的交易安排等具体情况，依据公平原则合理分配。

(二)典型案例

1. 华懋金融服务有限公司与中国中小企业投资有限公司委托投资纠纷案[①]

(1)案情简介

华懋金融服务公司是一家中国香港地区的金融机构,为规避《关于向金融机构投资入股的暂行规定》(银发〔1994〕186号)关于外资、中外合资金融机构和企业均不得向中资金融机构投资的规定,其于1995年委托中国中小企业投资公司代持民生银行股权。2012年最高法审理本案时,《境外金融机构投资入股中资金融机构管理办法》已经开始有条件允许境外金融机构投资中资金融机构,但仍然规定必须经银监会批准。

(2)争议焦点

① 案涉股权代持行为是否有效?

② 若被认定无效,股权归谁所有?持股投资收益归如何分配?

(3)裁判要旨

最高法认为,案涉代持行为违反了内地金融管理制度的强制性规定,协议双方正是为了规避法律规定,采取"委托投资"的方式使得某金融服务公司的投资行为表面上合法化,双方的行为属于"以合法形式掩盖非法目的",相应代持协议应认定为无效。需要注意的是,随着中国银行业对外开放的推进,《境外金融机构投资入股中资金融机构管理办法》已于2018年8月废止,就此,该上述裁判要旨也存在随着监管环境变化而变化的可能。

本案中最高法在认定代持协议无效后,依据《合同法》第58条之规定,认定名义股东享有民生银行股权,但认购股份的本金应当返还给委托人。

虽然合同无效,但并未给双方当事人造成实际损失,相反,中小企业公司成为民生银行的合法股东后,因股份价值增值、享受增送股和分配红利而获得利益。虽然该部分增值利益系基于股东身份所产生,并且本案双方之间的委托关系被确认无效,但是,合同无效的法律后果只是依法对于委托关系的内容亦即双方关于由华懋公司享有民生银行股东地位和权利的约定不予认可,而当时认购股份的资金确由华懋公司所支付的事实是客观存在的,华懋公司的实际出资行为与该部分利益的产生具有客观实在的关联。根据公平原

---

① 最高人民法院(2002)民四终字第30号。

则和合同法的基本精神,关于因投资行为产生的收益应当由名义股东按诉争股份市值及其全部红利之和的40%向委托人予以补偿。

2. 杨金国、林金坤股权转让纠纷案[①]

(1) 案情简介

2010年10月25日,杨金国在常州亚玛顿股份有限公司上市前与林金坤签订《委托投资协议书》一份,约定:林金坤受杨金国委托,将杨金国以现金方式出资的人民币1200万元,以林金坤名义投资并持有亚玛顿公司总股本1%(即1200万股)的股权,以谋求在亚玛顿公司投资所实现的资本增值,投资收到的投资本金和收益均归杨金国所有,收益的20%支付给林金坤作为代持服务费用。2011年10月,亚玛顿公司正式在A股市场公开发行股票。后杨金国与林金坤因协议履行产生纠纷,杨金国诉至法院,要求确认林金坤名下的1200万股亚玛顿公司股票及相应红利为其所有并返回2011年至2013年的股票分红,并请求判令林金坤、亚玛顿公司为其办理变更股东等相关手续。

(2) 争议焦点

① 上市公司股权的隐名代持行为是否有效?

② 若被认定无效,股权归谁所有?持股期间的股票红利归谁所有?

(3) 裁判要旨

最高人民法院再审作出(2017)最高法民申2454号民事裁定,认为双方签订的《委托投资协议书》的效力应根据上市公司监管相关法律法规以及《合同法》等规定综合予以判定。《证券法》《上市公司信息披露管理办法》等法律法规规定上市公司发行人必须真实,并不允许发行过程中隐匿真实股东,否则公司股票不得上市发行。通俗而言,即上市公司股权不得隐名代持。本案当中,上市公司的系列规定有些属于法律明确应于遵循之规定,有些虽属于部门规章性质,但因经法律授权且与法律并不冲突,并属于证券行业监管基本要求与业内共识,对广大非特定投资人利益构成重要保障,对社会公共利益亦为必要保障所在。故最高法在本案发回重审的裁定中明确作出定性,依据《合同法》第52条第4项等规定,本案上述诉争协议应认定为无效。

关于杨某某请求股权过户的主张能否得到支持。《合同法》第58条规定:"合同无效或者被撤销后,因该合同取得的财产,应当予以返还;不能返还或

[①] 最高人民法院(2017)最高法民申2454号。

者没有必要返还的,应当折价补偿。有过错的一方应当赔偿对方因此所受到的损失,双方都有过错的,应当各自承担相应的责任。"鉴于诉争《委托投资协议书》及《协议书》应认定为无效,而本案中杨某某系依据协议有效主张其股权归属,原审判决亦判定协议有效并履行,由此需向杨某某作出释明后征询其诉求意愿。并且,本案中双方协议因涉及上市公司隐名持股而无效,但这并不意味着否认杨某某与林某某之间委托投资关系的效力,更不意味着否认双方之间委托投资的事实;同样,也不意味着否认林某某依法持有上市公司股权的效力,更不意味着否认林某某与亚玛顿公司股东之间围绕公司上市及其运行所实施的一系列行为之效力。据此,因本案双方协议虽认定为无效,但属于"不能返还或者没有必要返还的"情形,故杨某某要求将诉争股权过户至其名下的请求难以支持,但杨某某可依进一步查明事实所对应的股权数量请求公平分割相关委托投资利益。

3. 杉浦立身与龚茵股权转让纠纷案[①]

(1) 案情简介

杉浦立身系日本籍人士,与龚茵系朋友关系。2005年3月初,龚茵向杉浦立身推荐投资机会,称可由杉浦立身出资购买A公司股份。

2005年5月18日,龚茵与案外人张金富签订《股权转让协议》,约定张金富将持有的A公司股份转让给龚茵。2005年8月23日,双方签订《股份认购与托管协议》,合同载明:龚茵持有A公司的股份88万股,杉浦立身欲认购全部,并认购后委托龚茵管理;龚茵对外以自己名义参加股东大会,行使股东权利,在国家有关法律法规许可的范围内,根据杉浦立身的指示处分股份,并将处分该股份的收益及时全部交付给杉浦立身;关于股东权益的情况,龚茵应当在合理的期限内通知杉浦立身,征询其意见并据此处理有关事宜。

2005年9月8日,龚茵向张金富转账1408000元。2005年9月9日,上海股权托管中心出具《股权过户凭单》,显示A公司88万股股份过户至龚茵名下。

2017年4月21日,A公司在上海证券交易所首次公开发行股票并上市。

(2) 争议焦点

① 系争《股份认购与托管协议》是否有效?

② 系争股份以及相应投资收益应由谁获得?

[①] 上海金融法院(2018)沪74民初585号。

(3) 裁判要旨

法院认为，系争《股份认购与托管协议》虽然从形式上看包括股份认购和股份托管两部分内容，但两者紧密相关、不可分割，交易安排实质构成了系争股份隐名代持。本案中，A 公司上市前，龚茵代杉浦立身持有股份，以自身名义参与公司上市发行，隐瞒了实际投资人的真实身份，杉浦立身和龚茵双方的行为构成了发行人股份隐名代持，违反了证券市场的公共秩序，损害了证券市场的公共利益，故依据《民法总则》第 8 条、第 143 条、第 153 条第 2 款和《合同法》第 52 条第 4 项的规定，应认定为无效。

系争《股份认购与托管协议》因涉及发行人股份隐名代持而无效，根据《合同法》第 58 条的规定，"合同无效或者被撤销后，因该合同取得的财产，应当予以返还；不能返还或者没有必要返还的，应当折价补偿。有过错的一方应当赔偿对方因此所受到的损失，双方都有过错的，应当各自承担相应的责任。"无效合同财产利益的处理旨在恢复原状和平衡利益，亦即优先恢复到合同订立前的财产状态，不能恢复原状的则应当按照公平原则在当事人之间进行合理分配。按照上述原则，本案中，首先，系争 A 公司股份应归龚茵所有，龚茵作为 A 公司股东围绕公司上市及其运营所实施的一系列行为有效；其次，本案中不存在投资亏损使得股份价值相当的投资款贬损而应适用过错赔偿的情形，故杉浦立身向龚茵支付的投资款 3836800 元应予返还；最后，系争 A 公司股份的收益，包括因分红以及上市而发生的大幅增值，并非合同订立前的原有利益，而是合同履行之后新增的利益，显然不属于恢复原状之适用情形，如何分配应由双方当事人协商确定，协商不成的应当适用公平原则合理分配。

股份投资是以获得股份收益为目的并伴随投资风险的行为，在适用公平原则时应当着重考虑以下两方面的因素：一是对投资收益的贡献程度，即考虑谁实际承担了投资期间的机会成本和资金成本，按照"谁投资，谁收益"原则，将收益主要分配给承担了投资成本的一方；二是对投资风险的交易安排，即考虑谁将实际承担投资亏损的不利后果，按照"收益与风险相一致"原则，将收益主要分配给承担了投资风险的一方。综合本案情况，杉浦立身应当获得投资收益的 70%，龚茵应当获得投资收益的 30%。案件审理中，龚茵表示无力筹措资金，申请将系争 A 公司股份进行拍卖、变卖，就所得款项减除成本后在双方当事人之间进行分配。杉浦立身对此予以同意。法院认为，此为双方当事人就系争股份处置方式并由此确定可分配之股份收益范围达成一致，属于依法处分自身权利的行为，不违反法律法规的禁止性规定，可予支持。

(三) 案例评析

在股权代持纠纷中，被法院认定为无效的案件屈指可数，对代持无效的法律后果做精细判决的更是少之又少。然而，仅有的几个案例展现的裁判规则却是非常一致，基本沿袭了案例一的说理和裁判思路。

第一，股权代持被认定无效，股权归名义股东所有。《合同法》第58条规定了合同被认定无效后的处理，即：(1) 因该合同取得的财产，应当予以返还；(2) 不能返还或者没有必要返还的，应当折价补偿；(3) 有过错的一方应当赔偿损失。这三条处理规则中，显然无法适用第3条。就前两条而言，也未明确说明股权代持无效情形下的股权是属于"因该合同取得的财产"还是"不能返还/没有必要返还"的财产。因此股权代持无效情形下的股权归属问题并未在《合同法》中作出直接规定，而是需要进行法律解释。

然而以上三个案例都直接认定股权归名义股东所有，却并未进行充分的说理和解释。在学理上，认定股权代持无效情形下股权归名义股东所有，是为了维护商事交易的效率与安全及对善意交易对手方的保护。比如案例三中，为了让龚茵作为A公司股东期间，围绕公司上市及其运营所实施的一系列行为有效，不损害这些交易中善意交易对手方的权利、维护整个市场交易的正常运行，只能将股权代持无效情形下股权判决归名义股东所有。案例二的说理部分，也有提及"本案中双方协议因涉及上市公司隐名持股而无效，但这并不意味着……否认林某某依法持有上市公司股权的效力，更不意味着否认林某某与亚玛顿公司股东之间围绕公司上市及其运行所实施的一系列行为之效力"。

就《合同法》第58条的法条适用看，名义股东因股权代持协议履行而取得的股权，在字面意思上似乎属于"因该合同取得的财产"。但追究背后的立法原意，《合同法》第58条"因该合同取得的财产，应当予以返还"规则中，"因该合同取得的财产"应指"因该合同从交易对手方取得的财产"，而非"因该合同新增的财产"。因股权代持协议履行而取得的股权显然属于"因该合同新增的财产"，不存在"返还"的适用余地。所以案例二中法院认为，股权代持无效情形下的股权，属于"不能返还或者没有必要返还的"财产。案例三中法院的说理（针对投资收益分配问题的说理、而非针对股权归属问题的说理）也认为，合同履行之后新增的利益（非合同订立前的原有利益），不属于恢复原状之适用情形。

第二，认购股份的投资款应当返还给委托人。其依据为《合同法》第58条的规定"因该合同取得的财产，应当予以返还"。

第三，代持所产生的投资收益应根据双方投资收益的贡献程度、投资风险的交易安排等具体情况，依据公平原则合理分配。案例一根据公平原则和合同法的基本精神，将投资收益（股份市值＋全部红利）在名义股东与实际投资人之间按六四分配。案例二中发回重审裁定中明确，双方协议认定为无效后，需根据进一步查明的事实，就委托投资利益结合双方过错以及贡献大小等情况进行公平与合理的分割（具体的责任划分还有待重审判决明确）。案例三则进一步明确适用公平原则时应当着重考虑以下两方面的因素：一是对投资收益的贡献程度，二是对投资风险的交易安排。另外，在名义股东与实际投资人之间按三七分配。

以上为现有法院的裁判规则，处理思路一以贯之，没有分歧。但在学理上，这种股权代持无效后的处置方式，却有着天然缺陷：

首先，名义股东可能没有现金补偿能力，最终只能通过股权拍卖、变卖来分配变现款。案例三的一个细节值得注意，在案件审理中，名义股东表示无力筹措资金，申请将系争A公司股份进行拍卖、变卖，就所得款项减除成本后在双方当事人之间进行分配。实际投资人对此予以同意。法院认为此为双方的权利自由处分，予以认可。这种对股份进行拍卖、变卖的处理，貌似皆大欢喜：名义股东无须出任何一分钱，就得到了三成的股权变现款及红利；实际出资人不但拿回了投资款，而且不用出额外的任何一分钱，就得到了七成的股权变现款及红利。但实际上的效果，约等于将名义股东持有的股权进行了三七分。换言之，前述三条处理规则中的第一条"股权代持被认定无效，股权归名义股东所有"被变相改变了。

其次，这种处置方法看似平衡了代持各方利益，解决了违规股权归属的难题，但却违背了股权代持的监管主旨。同样是违规进行股权交易的当事人，都有着违背监管规范的主观恶性，判决结果却是一方获得有利结果，一方承担不利后果？这样处理无疑不能对违规交易人形成有效震慑，也有损司法公正。司法审判在考虑股权代持是否发生公司法效果时考虑到其违反了行政监管相关规定，并据此否认股权代持的公司法效力，但在考虑违规股权归属时，却忽略了监管的立法目的而承认当事人违规进行股权代持行为造成的形式结果。这样处理的后果可能使生效民事判决确认的违规股权的归属与行政监管结果发生冲突，比如银行、保险公司的股权管理办法都明确禁止股权代持，并排除了股权代持人和实际出资人的股东资格，即无论是实际出资人还是名义代持人，都不能再享有股东资格。[①] 更为关键的是，这种处置方法不可避

---

① 王莹莹：《〈证券法〉2019年修订背景下股权代持的区分认定》，载《法学评论》2020年第3期。

免地出现各交易方通过其违规行为获益的现象；即无论名义股东还是实际出资人实施的都是违规行为，凭什么他们可以据此获取收益？[①]

法院为何不将代持收益作为非法所得呢？这个理论争议不容易回答。有学者提出，可以类推适用《合同法》第59条的规定（违反《合同法》第52条第2项的，即当事人恶意串通，损害国家、集体或者第三人利益的，取得的财产可收归国家所有或者返还集体、第三人）。但这种类推存在两个解释论困境：一是对于违反《合同法》第52条其他项致使合同无效情形下取得财产的归属并无规定，凭什么可以类推适用？二是新出台的《民法典》干脆将《合同法》第59条整条删去了！这不得不让人怀疑，股权代持无效情形下剥夺名义股东、实际投资人的股权，并没收股份增值及分红，是否还有法条依据？

因此，上述理论缺陷并非股权代持问题或公司法问题，而是一个合同法、民法典问题。需要从合同解除制度的完善入手，从根源上进行解决。毕竟纠纷当事人关注的可不是"合同/法律行为是否有效"这样的法律问题，而是"具体利益如何分配"这样的现实利益分配问题。而恰恰是排在法律问题之后的现实利益分配问题，立法者语焉不详。

第五节　金融交易的其他合同效力规则

一、要约邀请情形的增加

新旧法律条文对比	
《民法典》	《合同法》
第四百七十三条　要约邀请是希望他人向自己发出要约的表示。拍卖公告、招标公告、招股说明书、债券募集办法、基金招募说明书、商业广告和宣传、寄送的价目表等为要约邀请。 商业广告和宣传的内容符合要约条件的，构成要约。	第十五条　要约邀请是希望他人向自己发出要约的意思表示。寄送的价目表、拍卖公告、招标公告、招股说明书、商业广告等为要约邀请。 商业广告的内容符合要约规定的，视为要约。

[①] 赵旭东：《股权代持纠纷的司法裁判》，载《法律适用·司法案例》2018年第22期。

（一）法条解读

《民法典》中新增了三种要约邀请的情形，即债券募集办法、基金招募说明书、商业宣传（见图1.4）。另外，《民法典》中指出商业宣传符合要约条件的，构成要约。

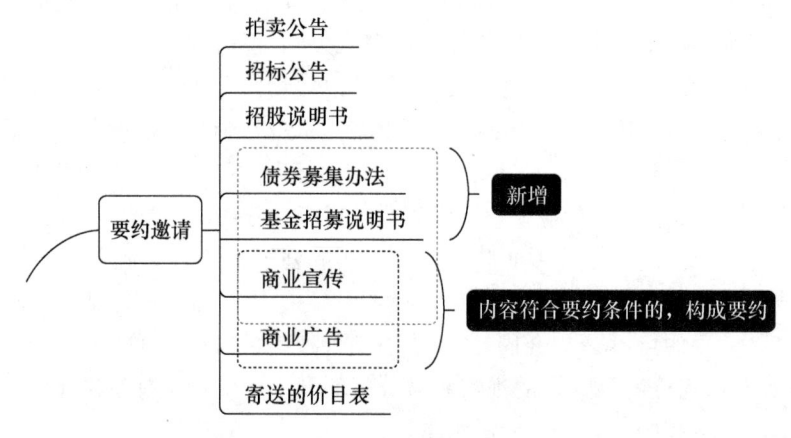

图1.4 要约邀请的情形

第一，补充法条中债券募集办法、基金招募说明书为要约邀请的列举是《民法典》适应实践的结果。在此情形下，相对人购买债券或基金份额即构成要约，金融机构卖出债券或基金份额则视为承诺。

第二，将商业宣传作为一种要约邀请，并规定满足要约条件的商业宣传构成要约，是对原《合同法》中要约邀请范围的一种扩充与完善。随着互联网和新社交媒介的发展，各式各样的商业性或非商业性展示途径层出不穷，但是并非所有这类展示都能够构成商业广告。比如，金融机构工作人员在自己的微信朋友圈发布金融机构举办的各种会议、活动等内容进行宣传的，并不构成传统意义上的广告，但却切实影响到了金融消费者的投资决策与权益保障，因此有必要纳入要约邀请的范围加以规制。但本条项下的"商业宣传"如何界定，何种情形下的"商业宣传"才会被认定为要约，还有待相关司法解释等进一步进行说明。

（二）实务建议

建议金融机构谨慎规范和管理针对金融产品所投放的宣传内容，包括但不限于官方及相关工作人员公众号、微博、微信等中涉及业务的宣传。尽量避免该类商业宣传构成要约，从而被认定为合同成立，如在宣传中明确记载价格、数量、收益等合同主要条款。

从金融监管角度，2019年12月25日一行两会一局发布《关于进一步规范金融营销宣传行为的通知》、2020年11月1日人民银行发布《金融消费者权益保护实施办法》对金融营销宣传进行了针对性规范。金融机构须对这两个监管文件予以重点关注，并组织学习。

二、预约合同的适用扩张及责任承担

新旧法律条文对比	
《民法典》	原法规
第四百九十五条 当事人约定在将来一定期限内订立合同的认购书、订购书、预订书等，构成预约合同。 当事人一方不履行预约合同约定的订立合同义务的，对方可以请求其承担预约合同的违约责任。 第五百七十七条 当事人一方不履行合同义务或者履行合同义务不符合约定的，应当承担继续履行、采取补救措施或者赔偿损失等违约责任。	《最高人民法院关于审理买卖合同纠纷案件适用法律问题的解释》 第二条 当事人签订认购书、订购书、预订书、意向书、备忘录等预约合同，约定在将来一定期限内订立买卖合同，一方不履行订立买卖合同的义务，对方请求其承担预约合同违约责任或者要求解除预约合同并主张损害赔偿的，人民法院应予支持。 《最高人民法院关于审理商品房买卖合同纠纷案件适用法律若干问题的解释》 第五条 商品房的认购、订购、预订等协议具备《商品房销售管理办法》第十六条规定的商品房买卖合同的主要内容，并且出卖人已经按照约定收受购房款的，该协议应当认定为商品房买卖合同。

（一）法条解读

预约合同是指当事人约定为将来一定期限内订立合同而达成的协议，是当事人在本约内容达成一致前所作出的有约束力的意思表示。

预约合同的规定原来仅在《最高人民法院关于审理买卖合同纠纷案件适用法律问题的解释》（以下简称《买卖合同解释》）和《最高人民法院关于审理商品房买卖合同纠纷案件适用法律若干问题的解释》（以下简称《商品房买卖解释》）中出现，现《民法典》将预约合同规则作为独立的合同规则规定在合同编通则中，实际上扩大了预约合同的适用场景。

《民法典》第495条第1款中列举了几种预约合同的类型，删除了原本列举的"意向书、备忘录"的表述，但此处修订实际上并未缩小预约合同的范围，因为《民法典》中本来就是列举式表达了构成预约合同的类型，其更强调预约合同的实质要件，即若合同当事人有在将来一定期限内订立合同的意思表示，便能够构成预约合同。

《民法典》与《买卖合同解释》中对预约合同性质的意见保持一致，将预约合同作为一个独立的合同，所以《民法典》第495条第2款中规定了违反预约合同所承担的是违约责任，而非缔约过失责任。《民法典》将《买卖合同解释》中的损害赔偿不再单列，归入违约责任。根据《民法典》第577条规定，违约责任主要有三种，即继续履行、采取补救措施及赔偿损失。应用到预约合同中，争议比较大的是继续履行的违约责任。预约合同签约的根本目的是签订本约合同，如果要求承担继续履行的违约责任时，目前审判实践就继续履行的实现方式问题存在三种审判路径，即：（1）将所签订的预约合同视为本约；（2）要求双方当事人基于预约合同强制订立本约；（3）强制双方进行磋商。[①] 具体方式需要根据案件实际情况进行判断。另外，值得注意的是，就预约合同项下赔偿损失问题，鉴于本约与预约合同存在本质差异，本约合同的履行利益损失不能作为预约合同违约责任确定的酌情因素。

（二）实务建议

对金融机构而言，建议在项目的谈判和磋商阶段，根据项目的特点及具体进展，从文件名称、内容、履行标准、违约责任等方面进行区分，明确实际的意思表示，进而明确当事人之间所签订的文件是过程性的磋商文件、预约合同，还是本约。若要签订磋商性文件，建议在文件中明确类似"各方理解并确认本条款以最终正式签署的投资协议为准，除保密条款、管辖法律适用和争议解决条款、生效条款外的其他条款不应亦不会对各方构成法律约束力"，排除预约合同的适用和违约责任的承担，绕开预约合同成立的构成要件。若要签订预约合同，应就依据预约合同在将来一定期限内签订本约作出明确的意思表示，就所签订的内容对当事人发生效力作出明确的意思表示。从内容上看，还应避免过于详细，导致可从合同解释的角度直接推导出本约的全部内容，以与本约定作出区分。此外，还建议双方就预约合同中强制磋商、签订本约等违约金及其计算方式进行约定或者采取其他方式对预约合同违约责任的承担进行进一步约定。

在金融机构所签订的相关合同中，较为典型的预约合同为授信合同（但并非所有的授信合同都构成预约合同）。金融机构在签订授信合同中要特别注

[①] 耿利航：《预约合同效力和违约救济的实证考察与应然路径》，载《法学研究》2016年第5期。

意约定，签订授信合同并非意味着银行有义务与借款人签署具体的业务合同，具体业务合同是否签署以及签署的具体内容由双方另行协商签署，从而避免在授信合同签署后被要求履行具体发放贷款义务的风险。

三、欺诈、胁迫、重大误解的认定

新旧法律条文对比		
	《民法典会议纪要》	《民通意见》
重大误解	2. 行为人因对行为的性质、对方当事人、标的物的品种、质量、规格和数量等的错误认识，使行为的后果与自己的意思相悖，并造成较大损失的，人民法院可以认定为民法典第一百四十七条、第一百五十二条规定的重大误解。	71. 行为人因对行为的性质、对方当事人、标的物的品种、质量、规格和数量等的错误认识，使行为的后果与自己的意思相悖，并造成较大损失的，可以认定为重大误解。
欺诈	3. 故意告知虚假情况，或者故意隐瞒真实情况，诱使当事人作出错误意思表示的，人民法院可以认定为民法典第一百四十八条、第一百四十九条规定的欺诈。	68. 一方当事人故意告知对方虚假情况，或者故意隐瞒真实情况，诱使对方当事人作出错误意思表示的，可以认定为欺诈行为。
胁迫	4. 以给自然人及其亲友的生命、身体、健康、名誉、荣誉、隐私、财产等造成损害或者以给法人、非法人组织的名誉、荣誉、财产等造成损害为要挟，迫使其作出不真实的意思表示的，人民法院可以认定为民法典第一百五十条规定的胁迫。	69. 以给公民及其亲友的生命健康、荣誉、名誉、财产等造成损害，或者以给法人的荣誉、名誉、财产等造成损害为要挟，迫使对方作出违背真实的意思表示的，可以认定为胁迫行为。

《民法典会议纪要》基本延续了《最高人民法院关于贯彻执行〈中华人民共和国民法通则〉若干问题的意见（试行）》（以下简称《民通意见》）关于如何认定重大误解、欺诈、胁迫的规定，仅在少部分的用词上进行了调整，补充、完善了《民法典》第147条至第152条的规定。在《民法典会议纪要》中对于"重大误解"的认定，"造成较大损失"依然是其构成要件，但此实际上与最高法在《中华人民共和国民法典总则编理解与适用》（以下简称《民法典总则编理解与适用》）中所表达的观点形成了冲突。《民法典总则编理解与适用》一书中认为，之所以规定基于重大误解而实施的民事行为可撤销，其目的是保护表意人的真实意思表示，因此造成重大损失并不为其必然要件。而后更直接表达，"该要件在《民法典》施行后适用《民法典》裁判的案件即

应取消"。①

另外,《民法典会议纪要》并未对显失公平的认定作出进一步的适用上的解释。部分原因在于《民法典》已对《民通意见》第72条关于显失公平的规定进行了吸纳整合。同时,旧有的《合同法》《中华人民共和国民法通则》(以下简称《民法通则》)将乘人之危和显失公平区分为两种制度,然而乘人之危与显失公平在本质上并无区别,实证法上两种制度的泾渭分明,是将德国法上暴利行为一拆为二的结果。②《民法典》对此作出了较大调整,将乘人之危纳入显失公平的一种原因。但此种改动使得该制度在认定和适用的细节上存在一定争议,在此时通过会议纪要的形式进行完善可能存在较大难度,因此并未触及。关于显失公平制度的具体适用问题,可能仍需留待最高法以后续的司法解释、司法解释性文件或者具体判例的形式,对其进行更加明确的规范和解读。

四、诉讼时效的延长

新旧法律条文对比	
《民通意见》	《民法典会议纪要》
175. 民法通则第一百三十五条、第一百三十六条规定的诉讼时效期间可以适用民法通则有关中止、中断和延长的规定。 民法通则第一百三十七条规定的"二十年"诉讼时效期间,可以适用民法通则有关延长的规定,不适用中止、中断的规定。 173. 诉讼时效因权利人主张权利或者义务人同意履行而中断后,权利人在新的诉讼时效期间内,再次主张权利或者义务人再次同意履行义务的,可以认定为诉讼时效再次中断。 权利人向债务保证人、债务人的代理人或者财产代管人主张权利的,可以认定诉讼时效中断。	5. 民法典第一百八十八条第一款规定的普通诉讼时效期间,可以适用民法典有关诉讼时效中止、中断的规定,不适用延长的规定。 民法典第一百八十八条第二款规定的"二十年"诉讼时效期间可以适用延长的规定,不适用中止、中断的规定。 诉讼时效根据民法典第一百九十五条的规定中断后,在新的诉讼时效期间内,再次出现第一百九十五条规定的中断事由,可以认定诉讼时效再次中断。 权利人向义务人的代理人、财产代管人或者遗产管理人主张权利的,可以认定诉讼时效中断。

---

① 最高人民法院民法典贯彻实施领导小组主编:《中华人民共和国民法典总则编理解与适用[下]》,人民法院出版社2020年版,第733、734页。
② 朱庆育:《民法总论(第二版)》,北京大学出版社2016年版,第289页。

在《民法典》第188条将普通诉讼时效期间在原有的基础上加以延长，变更为三年后，《民法典会议纪要》基本延续了《民通意见》关于诉讼时效中止、中断和延长的规定，但规定普通诉讼时效不再适用延长的规定，即普通诉讼时效不可延长。在司法实践中，普通诉讼时效不可延长基本被视为一默认事实，鲜见法院主动延长诉讼时效。而此种规定在制度上也并非毫无脉络可循。事实上，最高法于2008年公布施行的《关于审理民事案件适用诉讼时效制度若干问题的规定》，其中第2条就已排除了当事人约定延长诉讼时效的可行性。此时通过《民法典会议纪要》将普通诉讼时效不可延长加以固定，应为顺理成章。

另外，《民法典会议纪要》亦对诉讼时效的中断事由进行了一定的调整，删去了《民通意见》第173条中的"债务保证人"，即权利人向债务保证人主张权利不再产生诉讼时效中断的效果，而根据《民法典》遗产管理人制度，将遗产管理人纳入其中。

五、公司盖章真实性与合同效力

我国《民法典》第490条规定："当事人采用合同书形式订立合同的，自当事人均签名、盖章或者按指印时合同成立。"同时《民法典》第502条规定："依法成立的合同，自成立时生效，但是法律另有规定或者当事人另有约定的除外。"据此签字或盖章均是合同的成立生效要件，而盖章本身承担着区分自然人签字是个人行为还是职务行为的功能，但这是否意味着盖章不真实导致合同无效呢？现实中存在着伪造公章签订合同、使用多枚公章签订合同、超越公章使用范围签订合同等情形，公司通常以盖章不真实为由否认合同效力、拒绝承担责任。据此需要对盖章真实性和合同效力问题加以明确。以下将对相关裁判规则作出具体梳理。

（一）裁判规则

代表权和代理权是认定合同效力的关键。合同加盖公章的真实性与合同效力无必然联系。盖章真实不等于合同真实，假公章并不一定导致合同无效。盖章之人为法定代表人或有权代理人的，即使加盖的是假公章，只要签字真实，合同仍有效。反之，盖章之人如无代表权或代理权，或超越权限的，如能证明是表见代表或表见代理则合同有效。否则即便其加盖的是真公章，该合同仍会因为无权代表或无权代理而归于无效。

相对人对于公章真实性不具有审核义务，其对权利外观和公章真实性的信赖利益保护是认定合同有效的重要依据。此种对于善意相对人的保护主要体现在以下合同有效情形：法定代表人及代理人盖假章、表见代理或表见代表、公司在经营活动中使用两枚及以上公章、公司在其他场合承认过非备案公章的效力。

（二）典型案例

1. 阳朔一尺水实业投资开发有限公司等诉王杰民间借贷纠纷案[1]

（1）案情简介

一尺水公司法定代表人丁磊使用伪造公章，以一尺水公司、红树林公司名义与王杰、汇荣公司于2012年7月31日订立《借款合同》，与汇荣公司于2012年8月1日、8月29日订立《反担保抵押合同》，与汇荣公司于2012年8月29日订立《委托担保合同》，与王杰、汇荣公司、陈卫国于2012年8月29日订立《借款担保合同》。一尺水公司起诉要求确认上述合同无效并赔偿公司损失。

（2）争议焦点

时任一尺水公司法定代表人的丁磊对外所签订的借款协议对一尺水公司是否有约束力？

（3）裁判要旨

虽然一尺水公司提交的广西司法鉴定中心《文书司法检验鉴定意见书》表明，涉案《借款合同》《借款担保合同》《委托担保合同》中一尺水公司的印章与一尺水公司现在使用的印章样本不一致，但其法定代表人丁磊的签字是真实的，丁磊时任该公司的法定代表人的身份是真实的，王杰有理由相信作为一尺水公司法定代表人的丁磊履行职务行为的真实性，丁磊的行为代表了一尺水公司的行为。法定代表人任职期间持有的公司印章与任职前、免职后的公章是否一致，必须经过鉴定机关的鉴定方能识别，若将此全部归属于贷款人的审查义务范围，则已超出贷款人合理审查范围，亦有违合同法保护交易安全和交易稳定的立法初衷。王杰基于对丁磊的法定代表人身份真实性的信赖，已尽到合理的审查义务，主观上构成善意。因此涉案合同有效，设

---

[1] 最高人民法院（2016）最高法民申206号。

立的民间借贷关系及担保关系合法有效，受法律保护。

2. 福建省万翔房地产开发有限公司与游斌琼民间借贷纠纷再审案①

（1）案情简介

2016年4月22日，武平县人民法院作出（2016）闽0824刑初54号刑事判决，查明2009年8月至2010年2月间，翁炎金陆续向游斌琼借款人民币245万元并立下借条和协议书。2014年下半年，翁炎金因资金周转困难，无法按时归还上述借款，又无法按照对方要求找到公司担保，便私自伪造了一枚"福建省万翔房地产开发有限公司"的印章，并在向游斌琼出具的上述借条、协议书、借款担保协议上盖此印章，作为担保使用。翁炎金在借条、协议书、借款担保协议书上加盖万翔公司印章时系该公司的董事长，但并非公司法定代表人。该刑事判决认定翁炎金犯伪造公司印章罪，判处有期徒刑六个月。

（2）争议焦点

万翔公司应否对翁炎金以其名义作出的担保行为承担责任？

（3）裁判要旨

万翔公司是否应当承担合同义务，应当判断翁炎金的行为是否符合《合同法》第49条关于表见代理的规定。构成表见代理必须符合两个条件：一是代理人表现出了其具有代理权的外观；二是相对人相信其具有代理权且善意无过失。虽然2006年修订后的《公司法》第13条规定公司法定代表人可以由董事长、执行董事或者经理担任，但从实践情况看，在公司设有董事长的情况下，由董事长担任公司法定代表人的情况是普遍现象。此外，董事长虽不一定同时担任公司法定代表人，但根据《公司法》的有关规定，其相较于公司其他管理人员显然享有更大的权力，故其对外实施的行为更能引起交易相对人的合理信赖。同时，翁炎金还是万翔公司的股东，且在签订涉案担保合同时持有万翔公司的公章，尽管刑事判决已经认定该公章为翁炎金私刻，但结合翁炎金在万翔公司所任特殊职务以及股东身份等权利外观，已经足以让交易相对人游斌琼产生合理信赖，让其负有对公章真实性进行实质审查的义务，对于相对人要求过于严苛，不利于保护交易安全。综上，法院认为，翁炎金的行为已构成表见代理，万翔公司应对翁炎金的涉案债务承担担保责任。

---

① 最高人民法院（2016）最高法民申733号。

3. 寿光广潍汽车销售服务有限公司等诉王龙江等民间借贷纠纷再审案[1]

(1) 案情简介

2012年6月19日，王龙江与梁廷国签订《借款协议》。王龙江与梁廷国均在该借款协议上签字，梁廷国系寿光广潍公司经理，寿光广潍公司、潍坊广潍寿光分公司作为担保人在协议上加盖了公章。就寿光广潍公司是否应当履行担保责任问题，双方产生争议。寿光广潍公司主张梁廷国在该《借款协议》上加盖公章的行为，是越权行为，没有代理权、超越代理权且不构成表见代理，在该《借款协议》上加盖公章，并非寿光广潍公司的真实意思表示。而王龙江主张《借款协议》是双方当事人真实意思表示，已经成立并生效，各担保人应当按照合同约定和法律规定，对借款本金和利息承担连带保证责任。

一审法院认为，王龙江并未按照合同约定将借款支付给梁廷国，故该借款合同并未生效，作为从合同的保证合同失去了履行依据。

二审法院认为，《借款协议》已经实际履行，寿光广潍公司在保证人处加盖了公司印章，因此，寿光广潍公司与王龙江、梁廷国之间形成担保关系，应依约承担担保责任。

最高检抗诉认为，梁廷国系寿光广潍公司经理，通过私盖公章行为以公司资产为个人债务担保，显然违反了《公司法》第16条规定："公司为公司股东或者实际控制人提供担保的，必须经股东会或者股东大会决议。"且对外提供担保并非寿光广潍公司主业，梁廷国上述行为不属于履行职务而是无权代理。王龙江并未提供证据证明其在接受寿光广潍公司为梁廷国个人提供担保时，向梁廷国索取公司章程规定的担保决策机构关于同意担保的决议，并进行形式审查的事实，因此王龙江未尽合理注意义务，自身存在一定过错，梁廷国的无权代理不符合表见代理的要求，应认定梁廷国通过私盖公章以公司资产为个人债务提供担保的行为无效。

(2) 争议焦点

寿光广潍公司应否承担担保责任？

(3) 裁判要旨

《公司法》第16条调整的是公司内部管理事项，未明确规定公司违反该条款对外提供担保将导致担保合同无效，并非规制公司对外担保合同的效力

---

[1] 最高人民法院（2016）最高法民再207号。

性强制性规定。因此，不能仅仅依据《公司法》第16条的规定否定公司对外担保合同的效力。合同是否有效还须依据合同法的相关规定进行考察。在本案中，梁廷国不是寿光广潍公司的法定代表人，而是公司聘用的经理，其在并未得到授权的情况下在《借款协议》担保人处加盖寿光广潍公司公章的行为显系无权代理，能否有效成立担保合同关系，取决于梁廷国加盖公章的行为是否构成表见代理，亦即取决于作为相对人的王龙江是否"有理由相信"梁廷国有代理权。从一般社会常识判断，任何公司通常都不会在不问借款金额、借款用途、借款期限、还款资金来源等条件下，亦即对主债权债务的状况一无所知的情况下，轻易授权其聘用的经理对外提供担保。何况像本案这样，金额巨大的主债务已处于不能清偿状态，且主债务人恰恰就是公司聘用的经理，就更难轻易相信公司会同意该经理以授权代理人的身份在《借款协议》上加盖公司公章为自己的个人债务提供担保。因此，作为相对人的王龙江，应当知道梁廷国在《借款协议》上加盖寿光广潍公司公章提供担保的行为，是无权代理行为。王龙江不属于善意无过失的相对人，不能得到表见代理制度的保护。根据《合同法》第49条之规定，梁廷国在《借款协议》上加盖寿光广潍公司公章的行为不构成表见代理，寿光广潍公司与王龙江之间并未成立有效的担保合同关系，寿光广潍公司无须承担担保责任。

4. 邹春金与陈怀深等土地使用权转让合同纠纷申请案[①]

（1）案情简介

鲁泉公司成立后，先后使用两枚"海南鲁泉实业有限公司"公章，两枚公司公章均未在公安机关登记备案，但在工商部门年检时，两枚公章均有备案。2009年5月3日，经股东会决议，公司股东用第二枚公章对外签订《土地使用权转让合同》，一审第三人以签订合同公章私刻为由请求确认合同无效。

（2）争议焦点

土地使用权转让合同是否有效？

（3）裁判要旨

与鲁泉公司签订合同的相对人，根据经济交往常理，客观上也有充分理由相信合同上加盖的公章系鲁泉公司使用的印章。至于鲁泉公司使用公章不规范的问题，不属于本案审查的范围。因此，两枚公章对外均代表鲁泉公司，

---

① 最高人民法院（2013）民提字第184号。

合同上加盖哪一枚公章，不影响合同的效力。最后，邹春金主张刘法亭与陈怀深恶意串通损害邹春金与鲁泉公司的合法权益，双方不存在真实的合同关系。从转让合同的书面内容看，合同形式合法，合同条款符合法律规定，没有证据证明当事人之间存在恶意串通损害他人利益的情形。土地使用权转让合同反映了当事人真实意思表示，不存在违反法律禁止性规定的情形，合法有效。

5. 中国工商银行股份有限公司景德镇分行与景德镇市鑫桥公路开发有限公司借款合同纠纷案[①]

（1）案情简介

2004年3月12日，景德镇工行与保证合同的保证人中航技公司签订编号为2004年工银景保字第0002号保证合同（简称"02号保证合同"），保证合同的双方当事人因保证合同签字签章的真实性发生争议。中航技公司在其经营及业务活动中多次反复使用与02号保证合同印文相同的同一公章，该公章的真实性在衡阳案、广州案中经生效判决确认。

（2）争议焦点

本案02号保证合同是否真实、有效？

（3）裁判要旨

中航技公司对于衡阳案和广州案的保证合同，不论是出于策略考虑还是由于其自身重大过错应当发现而未予发现其公章为非备案公章盖印，在本案与衡阳案有着相互提示作用的情况下仍未提出异议且认可保证合同的效力，中航技公司的行为效力应当得到确认。虽然衡阳案、广州案中航技公司均因超过保证期间最终未承担保证责任，但当时在未知判决结果情况下，理应提出保证合同真实性的抗辩。衡阳案和广州案保证合同中航技公司法人代表张联军签名经鉴定为其本人真实签字，不论中航技公司公章印文与其法定代表人张联军签名关系如何，均证明中航技公司已经认可保证合同及其公章印文的真实、有效性。

中航技公司对于衡阳案和广州案保证合同中其非备案公章使用效力的认可，其效力不应该仅仅限于衡阳案和广州案，同样也应当延展到本案。不论本案02号保证合同与衡阳案、广州案加盖中航技公司非备案公章是否为中航技公司所有或者使用，中航技公司只要认可其非备案公章的使用效力，便具

[①] 最高人民法院（2013）民提字第248号。

有公示性，从而必须为其行为承担责任。

（三）案例评析

就公章真实性与合同效力问题，以上案例体现出的核心裁判规则为：认定合同效力的关键在于代表权和代理权，而非公章真实性。具体体现为有代表权、代理权的，或构成表见代表、表见代理的，合同有效。该裁判规则背后蕴含的法理为：对善意相对人信赖利益的保护和对交易安全的维护。

最高人民法院（2014）民提字第178号案件中，最高法曾指出，"协议形成行为与印章加盖行为具有相对独立性。印章在证明协议真实性上尚属初步证据，人民法院认定协议的真实性需综合考虑其他证据及事实"。协议形成行为与印章加盖行为的相对独立性主要体现为：意思表示是否自愿真实不能通过盖章行为本身直接得到确认；协议形成过程中相对人对公章真实性不负审查义务。判断意思表示是否真实、合同是否有效的关键应落实到对于盖章人本身的权限审查。正如（2016）最高法民申206号案件中，法定代表人有权代表公司对外签订合同，即使其加盖假公章，只要签字真实，仍应认定为公司行为，并由公司承担责任。而在（2016）最高法民再207号案件中，则属于无权代理情形，即使加盖真公章，仍不能证明担保系公司的真实意思表示，担保合同关系仍因无权代理而无效。但同样是无代理权，（2016）最高法民申733号案件中，盖章人构成表见代理，不管公司真实意思表示为何，仍应认定合同有效。在最高人民法院（2013）民提字第184号和（2013）民提字第248号案件中，最高法保护了相对人对于公章真实性的信赖利益。这体现了认定合同效力在区分盖章人权限之外，本质上还考虑了善意相对人信赖利益保护，从而稳定交易安全。

综合以上案例，善意相对人信赖利益主要体现在：对于公章真实性的信赖、对于法定代表人身份的信赖、对于基于表见代理和表见代表所形成的权利外观的信赖。对这三种信赖利益的保护支撑起"认定合同效力的关键在于代表权和代理权，而非公章真实性"这一裁判规则。

首先，对于公章真实性信赖利益保护，阻却了公章真实性与合同效力的必然联系。对于公章真实性的信赖利益保护基于相对人审查义务的确定。（2016）最高法民申733号案件中，最高法明确指出让相对人负有对公章真实性进行实质审查的义务过于严苛，不利于保护交易安全。最高法民二庭第18次法官会议意见也指出，相对人不应负有审核某一公章是否为备案公章的义务，要求相对人在任一交易活动中都去核查公章的真伪，是不符合交易便捷原则的。因此基于交易便捷原则和对交易安全的保护，相对人对公章真实性不负审查义务，其对公章真实的善意信赖值得被保护。公章实际上是否真实并不影响当事人善意认定，从而不影响双方合意形成，也就不影响合同效力。① 笔者认为，除交易便捷的考量外，在公章真实性问题上不要求相对人负审查义务的公平性在于，公章的管理是公司内部问题，不能期待交易相对人去辨别和排查虚假公章。出现虚假公章、多枚公章应由公司担责和规范，所引起的合同风险应落实到被代理公司而不是交易相对人。否则若是要求相对人对公章真实性负审查义务，公章虚假的合同一律无效，则会导致公章显示公司消极放任现象，最终破坏交易安全。

其次，合同效力认定脱离公章真实性而落实到盖章人权限上。基于对于法定代表人身份的信赖，相对人有理由认为法定代表人签订合同行为是公司行为，所作出的是公司的意思表示，据此合同有效符合"以公司名义从事的行为，其后果原则上由公司承受"的一般规则。

最后，在无权代理和无权代表的情形下，合同效力认定通过表见代理和表见代表制度来解决。表见代理需要符合具有代理权的外观、相对人相信其具有代理权且善意无过失的条件，表见代表需要符合超越代表权限、善意相对人有合理理由相信不超越权限的条件。本质上，表见代表或表见代理是以牺牲被代表人或被代理人利益为代价，通过侧重保护善意相对人的利益达到保护交易安全的目的。将盖章虚假的合同效力问题转化为表见代理和表见代表制度来解决，符合该合同效力认定问题的本质，也能降低伪造公章给相对人带来的交易风险，实现对交易安全的保护。

（四）实务建议

1. 为降低公章不真实的担责风险，公司需要加强公章管理，确保对外代表公司的法人章具有唯一性，严格公章的使用审批流程。公司不应在相关交易活动中承认非备案公章效力。若公司知晓伪造公章存在的，要及时采取报案等措施防止产生损害。

2. 为降低被表见代表或表见代理风险，公司需要完善治理结构并保证决策权和代表权集中，相关活动结束或员工解除劳动关系后，及时发布解除授

---

① 贺小荣主编：《最高人民法院民事审判第二庭法官会议纪要：追寻裁判背后的法理》，人民法院出版社2018年版，第310—315页。

权通知。

3. 为降低无权代表或无权代理导致合同无效风险，对交易相对人来说，虽无审查公章真实性的义务，但务必要严格考察公章持有人的代表权和代理权。

六、对赌条款的效力问题

最高法"甘肃世恒案"一度被认为确立了投资人和目标公司对赌无效、投资人和目标公司股东对赌有效的裁判规则，而2019年的江苏高院"江苏华工案"则又肯定了投资人和目标公司对赌的效力。一时之间，投资人和目标公司对赌条款的效力众说纷纭。随着2019年底《九民纪要》的出台，最高法对投资人和目标公司对赌条款的效力进行了肯定，并进一步明确了该等条款的履行。

随着司法实践的不断发展，本书将分析最新案例，结合最高法《九民纪要》的内容，对该等对赌条款的效力及履行进行充实和更新，以期提出更有针对性的建议。

（一）裁判规则

1. 不仅投资人和目标公司股东的对赌条款有效，投资人和目标公司的对赌条款也应为有效。

2. 投资人和目标公司的对赌条款在审理过程中不仅应关注效力，还需要关注条款的可履行性，依据相关强制性规定进行审查。

3. 在投资人和目标公司的对赌条款中，对于要求承担回购股权义务的，目标公司应先完成减资程序；对于要求承担金钱补偿义务的，目标公司应有相应的利润。如目标公司未完成减资程序或没有利润，人民法院应驳回对应的诉讼请求。

（二）典型案例

1. 甘肃世恒有色资源再利用有限公司、香港迪亚有限公司与苏州工业园区海富投资有限公司、陆波增资纠纷案[①]

（1）案情简介

世恒公司（曾用名"众星公司"）、迪亚公司与海富公司、陆波签订《增

---

① 最高人民法院（2012）民提字第11号。

资协议书》,其中,世恒公司是目标公司,迪亚公司是原股东,海富公司是投资方。

各方就业绩目标达成约定:众星公司 2008 年净利润不低于 3000 万元;如果众星公司 2008 年实际净利润完不成 3000 万元,海富公司有权要求众星公司予以补偿,如果众星公司未能履行补偿义务,海富公司有权要求迪亚公司履行补偿义务,补偿金额=(1-2008 年实际净利润/3000 万元)*本次投资金额。

(2) 争议焦点

《增资协议书》中就业绩目标达成约定的条款是否有效;如果有效,世恒公司、迪亚公司应否承担补偿责任。

(3) 裁判要旨

① 世恒公司、海富公司、迪亚公司、陆波在《增资协议书》中约定,如果世恒公司实际净利润低于 3000 万元,则海富公司有权从世恒公司处获得补偿,并约定了计算公司。这一约定使得海富公司的投资可以取得相对固定的收益,该收益脱离了世恒公司的经营业绩,损害了公司利益和公司债权人的利益,一审法院、二审法院根据《公司法》第 20 条和《中外合资经营企业法》第 8 条的规定认定《增资协议书》中的这部分条款无效是正确的。

② 在《增资协议书》中,迪亚公司对于海富公司的补偿承诺并不损害公司及公司债权人的利益,不违反法律法规的禁止性规定,是当事人的真实意思表示,是有效的。迪亚公司对海富公司承诺了众星公司 2008 年的净利润目标并约定了补偿金额的计算方法。在众星公司 2008 年的利润未达到约定目标的情况下,迪亚公司应当依约应海富公司的请求对其进行补偿。

2. 江苏华工创业投资有限公司与扬州锻压机床股份有限公司、潘云虎等请求公司收购股份纠纷[①]

(1) 案情简介:

2011 年 7 月 6 日,华工公司与扬锻公司及其全部股东等共同签订《增资扩股协议》,约定华工公司以现金 2200 万元对扬锻公司增资,其中 200 万元作为注册资本,2000 万元列为公司资本公积金。

同日,扬锻公司全部股东(甲方)、扬锻公司(乙方)和华工公司(丙方)就增资的有关事宜达成《补充协议》,第 1 条第 1 款约定若乙方在 2014

---

① 江苏省高级人民法院(2019)苏民再 62 号。

年12月31日前未能在境内资本市场上市或主营业务、实际控制人、董事会成员发生重大变化，丙方有权要求乙方以现金形式回购丙方所持有的全部乙方的股份。第2款约定乙方回购款计算方式为：回购股权价款＝投资额＋（投资额×8‰×投资到公司实际月份数/12）－乙方累计对丙方进行的分红。第3款约定：甲方、乙方应在丙方书面提出回购要求之日起30日内完成回购股权等有关事项，包括完成股东大会决议，签署股权转让合同以及其他相关法律文件，支付有关股权收购的全部款项，完成工商变更登记。第4款约定：若甲方、乙方在约定的期间内未予配合并收购丙方所持有公司股份，则乙方应按丙方应得回购股权价款每日的0.5‰比率支付罚息，支付给丙方。第三条违约责任约定：本协议生效后，乙方的违约行为导致丙方发生任何损失，甲方、乙方承担连带责任。

2011年7月20日，华工公司向扬锻公司实际缴纳新增出资2200万元，其中注册资本200万元，资本溢价2000万元。

2011年11月20日，扬锻公司召开创立大会，所有股东参加，股东一致表决同意通过新的公司章程。章程第1条规定：扬锻公司为股份有限公司。第2条规定：本公司章程自生效之日起，即成为规范公司的组织与行为、公司与股东、股东与股东之间权利义务关系的具有法律约束力的文件，对公司、股东、董事、监事、高级管理人员具有法律约束力。第16条记载华工公司为公司股东。第21条规定，公司在下列情况下可以依照法律、行政法规、部门规章和本章程的规定回购本公司的股份：（一）减少公司注册资本；（二）与持有本公司股份的其他公司合并；（三）将股份奖励给本公司职工；（四）股东因对股东会作出的公司分立、合并决议持异议，要求公司回购其股份。除上述情形外，公司不进行买卖本公司股份的活动。

2012年11月至2014年4月，因证监会暂停18个月IPO申报，扬锻公司于2014年10月16日召开临时股东大会通过申报新三板的议案，并于2014年10月22日致函华工公司要求其明确是否支持公司申报新三板。

2014年11月25日，华工公司致函扬锻公司，书面提出回购请求如下：根据《补充协议》，鉴于扬锻公司在2014年12月31日前不能在境内资本市场上市，要求扬锻公司根据《补充协议》回购华工公司持有的全部公司股份。

2012年7月27日、2013年7月3日、2014年8月18日、2016年6月8日，华工公司分别从扬锻公司领取分红款各26万元，合计104万元。

(2) 争议焦点

① 股权回购的主体认定；

② 案涉对赌协议的效力；

③ 案涉对赌协议是否具有可履行性；

④ 扬锻公司应承担的责任。

(3) 裁判要旨

① 案涉协议约定的股权回购主体应认定为扬锻公司。华工公司与扬锻公司及扬锻公司全体股东签订的《补充协议》俗称"对赌协议"。该《补充协议》第1条第1款中明确约定"丙方（华工公司）有权要求乙方（扬锻公司）回购丙方所持有的全部乙方的股份，乙方应以现金形式收购"，该款明确股权回购义务的承担主体为扬锻集团公司，未包括该公司股东；第3款、第4款对扬锻公司及其股东在回购时的相关义务作出了约定。因《补充协议》并未明确约定扬锻公司原股东是回购主体，亦未对扬锻公司原股东是否应当承担支付回购款的义务作出明确。该《补充协议》第3条关于违约责任的约定，即"本协议生效后，乙方的违约行为导致华工公司发生任何损失，甲方、乙方承担连带责任"，亦可印证合同约定的股权回购主体为扬锻公司，扬锻公司股东是对该公司的违约行为承担连带责任。进而，扬锻公司原股东不是回购主体。另，华工公司在合同约定的股权回购条件成就后，仅向扬锻公司致函要求该公司回购股权，而未向原扬锻公司股东提出回购要求，进一步证明该《补充协议》约定的回购股权的主体仅为扬锻公司。根据上述约定及事实，以合同条款文义及合同条款体系的合理性为依据，原扬锻公司股东所应承担的义务应为对回购事宜的履行辅助，如参加股东大会、保证回购决议通过等义务，以及在扬锻公司发生违约时承担连带责任的担保义务。

② 扬锻公司新章程未对对赌协议作出变更。2011年11月20日，扬锻公司召开创立大会，所有股东参加，股东一致表决同意通过新的公司章程。该章程虽对公司回购股份作出原则性限制，但同时亦载明因符合该章程规定的事由，扬锻公司可以回购本公司股份。该章程规定公司可回购本公司股份的事由为"减少公司注册资本"。该规定与《补充协议》约定的股份回购并不存在冲突，即扬锻公司可在不违反《公司法》及公司章程关于股份回购强制性规定的情形下，通过履行法定手续和法定程序的方式合法回购华工公司持有的股份。故扬锻公司等关于公司章程对原对赌协议作出变更的辩解理由，不能成立。

③ 案涉对赌协议效力应认定有效。案涉对赌协议签订时扬锻公司及该公司全体股东均在对赌协议中签字并承诺确保对赌协议内容的履行。该协议约定扬锻公司及其原全体股东应在华工公司书面提出回购要求之日起 30 日内完成回购股权等有关事项，包括完成股东大会决议，签署股权转让合同以及其他相关法律文件，支付有关股权收购的全部款项，完成工商变更登记。上述约定表明，扬锻公司及全部股东对股权回购应当履行的法律程序及法律后果是清楚的，即扬锻公司及全部股东在约定的股权回购条款激活后，该公司应当履行法定程序办理工商变更登记，该公司全体股东负有履行过程中的协助义务及履行结果上的保证责任。

我国《公司法》并不禁止有限责任公司回购本公司股份，有限责任公司回购本公司股份不当然违反我国《公司法》的强制性规定。有限责任公司在履行法定程序后回购本公司股份，亦不会损害公司股东及债权人利益，亦不会构成对公司资本维持原则的违反。在有限责任公司作为对赌协议约定的股份回购主体的情形下，投资者作为对赌协议相对方所负担的义务非仅限于投入资金成本，还包括激励完善公司治理结构以及以公司上市为目标的资本运作等。投资人在进入目标公司后，亦应依《公司法》的规定，对目标公司经营亏损等问题按照合同约定或者持股比例承担相应责任。案涉对赌协议中关于股份回购的条款内容，是当事人特别设立的保护投资人利益的条款，属于缔约过程中当事人对投资合作商业风险的安排，系各方当事人的真实意思表示。股份回购条款中的约定虽为相对固定收益，但约定的年回报率为 8%，与同期企业融资成本相比并不明显过高，不存在脱离目标公司正常经营下所应负担的经营成本及所能获得的经营业绩的企业正常经营规律。华工公司、扬锻公司及全体股东关于华工公司上述投资收益的约定，不违反国家法律、行政法规的禁止性规定，不存在《合同法》第 52 条规定的合同无效的情形，亦不属于《合同法》所规定的格式合同或者格式条款，不存在显失公平的问题。在案涉对赌条款激活后，扬锻公司应按照协议约定履行股份回购义务。

④ 案涉对赌协议具备履行可能性。案涉对赌协议约定的股份回购义务应由扬锻公司履行。扬锻公司作为股份有限公司尚需具备法律上及事实上的履行可能。

关于股份有限公司股份回购，根据《公司法》第 142 条规定，《公司法》原则上禁止股份有限公司回购本公司股份，但同时亦规定了例外情形，即符合例外情形的，《公司法》允许股份有限公司回购本公司股份。本案中，扬锻公司章程亦对回购本公司股份的例外情形作出了类似的规定，并经股东一致表决同意，该规定对扬锻公司及全体股东均有法律上的约束力。《公司法》第37条、第46条、第177条、第179条，已明确规定了股份有限公司可减少注册资本回购本公司股份的合法途径。扬锻公司履行法定程序，支付股份回购款项，并不违反《公司法》的强制性规定，亦不会损害公司股东及债权人的利益。关于华工公司缴纳的冲入扬锻公司资本公积金部分的本金2000万元及相关利息损失，《公司法》第3条第1款规定，公司是企业法人，有独立的法人财产，享有法人财产权。公司以其全部财产对公司的债务承担责任。第2款规定，有限责任公司的股东以其认缴的出资额为限对公司承担责任；股份有限公司的股东以其认购的股份为限对公司承担责任。公司的全部财产中包括股东以股份形式的投资，以及其他由公司合法控制的能带来经济利益的资源，例如借款等。公司对外承担债务的责任财产为其全部财产，也即上述资产均应作为对外承担债务的范围。对赌协议投资方在对赌协议中是目标公司的债权人，在对赌协议约定的股权回购情形出现时，当然有权要求公司及原股东承担相应的合同责任。在投资方投入资金后，成为目标公司的股东，但并不能因此否认其仍是公司债权人的地位。投资方基于公司股东的身份，应当遵守《公司法》的强制性规定，非依法定程序履行减资手续后退出，不能违法抽逃出资。而其基于公司债权人的身份，当然有权依据对赌协议的约定主张权利。《公司法》亦未禁止公司回购股东对资本公积金享有的份额。案涉对赌协议无论是针对列入注册资本的注资部分还是列入资本公积金的注资部分的回购约定，均具备法律上的履行可能。

　　扬锻公司在投资方注资后，其资产得以增长，而且在事实上持续对股东分红，其债务承担能力相较于投资方注资之前得到明显提高。扬锻公司在持续正常经营，参考华工公司在扬锻公司所占股权比例及扬锻公司历年分红情况，案涉对赌协议约定的股份回购款项的支付不会导致扬锻公司资产的减损，亦不会损害扬锻公司对其他债务人的清偿能力，不会因该义务的履行构成对其他债权人债权实现的障碍。相反，华工公司在向扬锻公司注资后，同时具备该公司股东及该公司债权人的双重身份，如允许扬锻公司及股东违反对赌协议的约定拒绝履行股份回购义务，则不仅损害华工公司作为债权人应享有的合法权益，亦会对华工公司股东及该公司债权人的利益造成侵害，有违商事活动的诚实信用原则及公平原则。案涉对赌协议约定的股份回购条款具备事实上的履行可能。

⑤ 扬锻公司应承担责任的范围。华工公司实际于 2011 年 7 月 20 日缴纳列入注册资本的 200 万元及列入资本公积金的 2000 万元。2014 年 11 月 25 日，华工公司书面要求扬锻公司回购股份。结合对赌协议中关于股份回购条款的激活时限为 2014 年 12 月 31 日，股份回购履行期限为 30 日的约定，扬锻公司应自 2015 年 1 月 30 日前履行回购义务，回购价款依协议约定计算。根据《公司法》关于股份有限公司股份回购所涉召开董事会、股东大会、通知公司债权人及办理回购股份的注销事宜、办理工商登记变更等事项的规定，扬锻公司确需一定的期限完成法定程序，以确保该公司在履行义务过程中不发生违反法律规定进而损害公司股东及其他债权人利益的事项发生。但案涉对赌协议约定的股份回购条款已于 2014 年 12 月 31 日激活，扬锻公司及股东有充分时间按约完成与股份回购有关的作出股东会决议、制订回购方案、完成工商登记变更等事项，但时逾数年仍未履行。基于扬锻公司的违约情形，法院确定上述款项支付时间为判决生效后十日内。扬锻公司还应依《公司法》的规定履行完成工商登记变更等相应法定程序。

（三）案例分析

1. 法院目前已认可投资人和目标公司的对赌条款应为有效

关于投资人和目标公司的对赌条款，最高法的裁判规则可以说是经历了三个阶段。

第一个阶段便是（2012）民提字第 11 号案，即最为著名的"甘肃世恒案"。该案中最高法根据《公司法》和《中外合资经营企业法》的规定，以投资方与目标公司的对赌将使得投资方可以获得固定收益、脱离经营业绩、将损害公司利益和公司债权人的利益为依据，认定投资方和目标公司的业绩补偿条款无效。这一案件一度确立了投资人和目标公司对赌无效的规则。

第二个阶段的案例包括（2016）最高法民再 128 号"瀚霖案"和（2017）最高法民再 258 号"通联案"。在这些案件中，最高法认为目标公司可以为对赌条款的履行提供担保，即当投资人与目标公司股东对赌时，目标公司可以作为股东的担保人。

第三个阶段便是《九民纪要》中对对赌条款效力及其履行的相关规定。此处需要注意的是，（2019）苏民再 62 号"江苏华工"案是江苏高院审理案件，并非最高法。但不可否认的是，该案肯定了投资人与目标公司对赌条款的效力，实际上对《九民纪要》相关规定的出台产生了比较重大的影响。

因此，最高法从完全否认其效力，到片面地认可担保有效，再到完全认可其效力，其间经历了漫长的过程。目前，我们可以明确，在无法定无效事由的情况下，对赌条款不会因存在股权回购或者金钱补偿约定而被认定无效。

2. 法院应审理投资人和目标公司对赌条款的可履行性

在对赌条款有效的情况下，则需要考虑对赌条款的可履行性。无论是股权回购还是金钱补偿，该等条款的履行都不能违反法律的强制性规定。

具体而言，股权回购义务的履行不能违反《公司法》第35条关于"股东不得抽逃出资"或第142条关于股份回购的规定，故该义务履行的前提是目标公司已经完成了减资程序；金钱补偿义务的履行不能违反《公司法》第35条关于"股东不得抽逃出资"或第166条关于利润分配的规定，故该义务履行的前提是目标公司有充足的可分配利润。法院需要审理对赌条款的可履行性，如目标公司未完成减资程序或有充足的可分配利润，该等对赌条款暂不具备可履行的前提条件，则法院将驳回投资人的相应诉请。

3. 根据《九民纪要》，如投资人和目标公司的对赌条款在履行中发生争议，即使诉至法院也恐难以继续履行

根据《九民纪要》，对股权回购义务而言，其前提条件是目标公司完成减资程序。在没有完成减资程序的情况下，法院不会直接判令目标公司履行减资程序，而是直接驳回投资人请求目标公司回购股权的诉讼请求。根据《公司法》的相关规定，减资程序一般包括公司董事会制订减资方案；股东会作出减资决议；公司编制资产负债表及财产清单；通知债权人并公告，债权人有权要求公司清偿债务或提供担保；办理工商变更登记。由此可见，减资程序的履行必须有目标公司及其他股东的配合。如果目标公司及其他股东不配合，减资程序完不成，投资人将无法直接诉请要求目标公司回购股权，所以只能先要求公司进行减资。而投资人凭借一己之力推动公司减资也存在实际困难，公司减资纠纷的诉请一般也不包括启动减资程序。因此，投资人很难通过向法院提起诉讼实现目标公司回购股权的要求。

根据《九民纪要》，对于金钱补偿义务而言，其前提条件为目标公司有足够利润补偿给投资人。一般而言，投资人要求目标公司承担对赌条款的责任的原因是公司经营状况不佳。在公司经营状况不佳的情况下，很难有足够利润赔偿给投资人。即使公司经营状况相对较好，公司也可以通过计提公积金等方式减少可分配利润。同时，还需要目标公司作出相关的利润分配决议，这也需要目标公司及其他股东的配合。由此，投资人很难获得足额赔偿。

综上，无论是股权回购义务还是金钱补偿义务，如需向法院提起诉讼，都需要满足一定的前提条件，这些都需要得到目标公司和其他股东的配合。如果目标公司和其他股东配合，投资人就无须向法院提起诉讼，要求履行对赌条款；而如果目标公司和其他股东不配合，前提条件无法满足，投资人的诉请也会被驳回。因此，我们发现，如投资人和目标公司的对赌条款在履行中发生争议，即使诉至法院也恐难以继续履行。

（四）实务建议

1. 投资人应尽量选择资信状况良好的目标公司股东对赌，并要求目标公司提供担保

即使投资人和目标公司对赌条款的效力已经得到最高法的认可，也并不意味着投资人可以放心和目标公司进行对赌。因为一旦发生争议，如果目标公司和其他股东不配合，投资人的诉请将无法得到法院支持。

就案例二"江苏华工案"而言，投资人诉请目标公司履行股权回购义务并支付相应的股权回购款，法院支持了投资人的诉请，在裁判要旨"本院认为"部分明确目标公司应该依照《公司法》的规定完成减资的相应程序，在判决主文中仅明确目标公司应该支付股权回购款。在这种情况下，如投资人申请强制执行，执行法院只能强制执行判决主文，并不能强制执行"本院认为"部分的内容。而根据《九民纪要》及相关法律规范，目标公司只有在完成减资程序后才能回购股权。因此，投资人想要获得股权回购款恐还将面临一定困难。同时在该案之后，《九民纪要》也确定在目标公司没有完成减资程序的情况下，不会直接判令目标公司履行减资程序。所以投资人很难获得股权回购款，将面临巨大损失。

同时，即使投资人与目标公司未就对赌条款的履行发生争议，就股权回购义务而言，目标公司要履行减资程序，其间还涉及目标公司债权人的债权申报，以及向债权人提前清偿和提供担保等问题，履行对赌条款义务的时间将大大延长。

2. 投资人和目标公司对赌，并要求目标公司股东承担担保责任

由于一段时间内投资人和目标公司对赌均为无效，故该类案例相对较少。我们可以对前述"甘肃世恒案"和"江苏华工案"进行相应的分析。

在"甘肃世恒案"中，投资人要求目标公司承担金钱补偿义务，如目标公司无法补偿，则由目标公司股东进行补偿。法院在该案中认定投资人与目

标公司对赌无效，但不妨碍与目标公司股东对赌的效力，最终判决目标公司股东进行补偿。

在"江苏华工案"中，投资人要求目标公司承担股权回购义务，目标公司股东对投资人的损失承担连带责任。法院在该案中认定股权回购义务的主体是目标公司，目标公司股东仅就股权回购款的支付承担连带责任。

相比两个案例，"江苏华工案"中只约定了目标公司股东对损失承担连带责任，可以发现，这种"连带责任"并不等同于担保责任，该案中"股权回购"的主体只能是目标公司。而"甘肃世恒案"中对于目标公司股东的义务描述相对更加清晰，其描述正符合担保的特征，该案中金钱补偿的主体包括目标公司股东。

因此，投资人在与目标公司对赌，并要求目标公司股东承担担保责任时，必须明确目标公司股东的责任范围，需要使用"担保""保证"这类字样或者使用符合担保要件的语言进行描述，比如在目标公司不进行金钱补偿的情况下，由目标公司股东进行金钱补偿。

第二章
金融交易的合同履行规则

第一节 债权人代位权

一、代位权规则的修订完善

新旧法律条文对比	
《民法典》	原法规
第五百三十五条 因债务人怠于行使其债权或者与该债权有关的从权利，影响债权人的到期债权实现的，债权人可以向人民法院请求以自己的名义代位行使债务人对相对人的权利，但是该权利专属于债务人自身的除外。 代位权的行使范围以债权人的到期债权为限。债权人行使代位权的必要费用，由债务人负担。 相对人对债务人的抗辩，可以向债权人主张。	《合同法》 第七十三条 因债务人怠于行使其到期债权，对债权人造成损害的，债权人可以向人民法院请求以自己的名义代位行使债务人的债权，但该债权专属于债务人自身的除外。 代位权的行使范围以债权人的债权为限。债权人行使代位权的必要费用，由债务人负担。 《合同法解释（一）》 第十三条 合同法第七十三条规定的"债务人怠于行使其到期债权，对债权人造成损害的"，是指债务人不履行其对债权人的到期债务，又不以诉讼方式或者仲裁方式向其债务人主张其享有的具有金钱给付内容的到期债权，致使债权人的到期债权未能实现。

(一) 法条解读

债权人代位权，是指当债务人怠于行使其对相对人享有的权利而影响债权人到期债权的实现时，债权人为保全和实现自身的债权，以自己名义向人民法院请求相对人将其对债务人的义务向债权人履行的权利。代位权作为债权人的一项特殊的法定权能，它突破单一法律关系下债权相对性的限制，直接解决多重法律关系中的权利义务问题（见图2.1）。

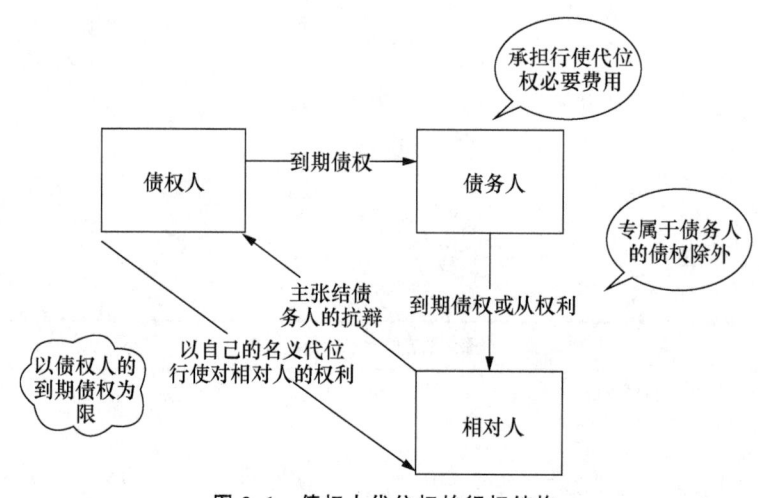

图 2.1 债权人代位权的行权结构

根据《民法典》第535条的规定，代位权的成立必须具备以下要件：（1）债权人对债务人有合法有效的到期债权；（2）债务人对次债务人有合法有效的到期债权或者与该债权有关的从权利；（3）债务人怠于行使权利或相关从权利影响债权人的权利实现；（4）代位权标的并非专属于债务人本身的权利。

《民法典》第535条第1款主要的修订有两点。其一，代位权范围的扩张。代位权行使的范围不仅仅包括债务人的到期债权（次债权），还包括与该次债权有关的从权利，有利于债权人多维度保障债权。其中最主要的从权利就是抵押权、质押权等担保物权。第1款后半部分将"债务人的债权"修订为"对相对人的权利"，也是根据范围扩张所进行的进一步修订。其二，行使前提的变更。《合同法》第73条所规定的行使代位权的前提是"对债权人造成损害"，《民法典》第535条则变为"影响债权人的到期债权实现"。此处修订将债务人怠于行使权利行为关系的对象从"债权人"修订为"债权"，指向更为准确,表述更为严谨,同时将"损害"修订为"影响",有助于避免实践中的机械理解及过于严苛的认定标准。[①]

关于代位权的行使范围以债权人的到期债权为限,且专属于债务人自身的权利不能行使代位权,债权人行使代位权的必要费用由债务人负担这几点内容,《民法典》与《合同法》的规定保持一致,并未发生变化。

《民法典》第535条第3款增加了相对人对债务人的抗辩,可以向债权人主张。债务人的相对人对债务人的抗辩不限于抗辩权,如同时履行抗辩权、时效届满的抗辩、虚假表示可撤销的抗辩等,同样可以对抗债权人。

(二)实务建议

《民法典》第535条规定的代位权扩大了金融机构通过代位权实现债权的行权范围。建议如下:

1. 金融机构在贷前尽职调查过程中增加对债务人项下的到期债权等的调查内容。

2. 在合同条款设计中,金融机构可以考虑要求债务人就其所享有的债权及相关从权利进行披露,以便在债务人到期不能归还借款时通过主张代位权保障自己的债权。

二、新增代位权的期前行使规则

新旧法律条文对比	
《民法典》	原法规
第五百三十六条 债权人的债权到期前,债务人的债权或者与该债权有关的从权利存在诉讼时效期间即将届满或者未及时申报破产债权等情形,影响债权人的债权实现的,债权人可以代位向债务人的相对人请求其向债务人履行、向破产管理人申报或者作出其他必要的行为。	无

[①] 最高人民法院民法典贯彻实施工作领导小组主编:《中华人民共和国民法典合同编理解与适用[一]》,人民法院出版社2020年版,第501页。

(一) 法条解读

债权人的债权到期的，债务人怠于行使其权利，影响债权人的债权实现的，债权人可以直接向法院提起代位权诉讼。但是债权人的债权未到期的，债务人怠于行使权利的行为也可能会影响债权人的债权将来实现，例如债务人的债权诉讼时效期间即将届满而债务人仍不积极主张权利、债务人的相对人破产而债务人怠于申报破产债权等。为了保护债权人的利益，《民法典》第536条增加了债权到期前的债权人代位权规定，与狭义代位权即代位请求权共同构成完整代位保全制度。

本条列举规定了代位权期前行使的两种典型类型，一是债权人可以代位债务人向相对人主张债权等行为以避免诉讼时效届满。针对的是债权人的债权到期前，债务人的债权或者与债权有关的从权利存在诉讼时效期间即将届满的情况。二是债权人可以代位向破产管理人申报破产债权。针对的是债务人的相对人破产，债务人不积极申报破产债权，影响债权人的债权将来实现的，债权人可以代位向债务人的相对人的破产管理人申报破产债权（见图2.2）。

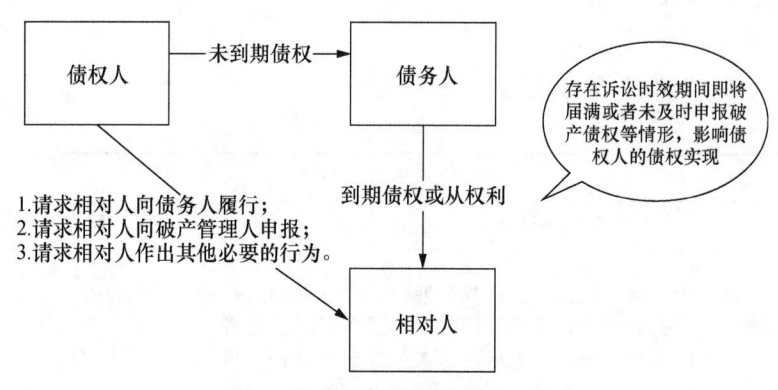

图2.2 代位权的期前行使规则

当然，除此之外还有其他类型的代位权的提前行使方式。而"其他必要的行为"具体范围包括哪些（如是否包括请求查封、冻结财产），还有待后续实践进一步补充。无论如何，实际上本条中的措施（申报债权或其他必要的行为）已经超出了传统代位权的范围。

债权人代位权的期前行使要件为：（1）债权人对债务人有未到期债权；（2）债务人对相对人存在合同有效的权利；（3）债务人的消极行为影响债权

人的债权实现。

债权人代位权的期前行使作为代位保全制度的情形之一，与《民法典》第535条规定的代位权制度存在着区别。首先是行使方式不同。代位权应当通过诉讼方式行使，代位权的期前行使方式并不局限于诉讼，还包括债权申报等情形。其次，也是最重要的一点区别，两者所产生的效力不同。代位权的期前行使结果直接归属于债务人，即相对人向债务人履行，而代位权成立的效果，是相对人向债权人履行。最后，从程序上讲，代位权的行使会导致债权人的债权与债务人的债权或从权利均产生诉讼时效中断的效果，而代位权的期前行使，鉴于债权人的债权尚未到期，诉讼时效尚未起算，不存在诉讼时效中断问题，而对债务人对相对人的权利产生诉讼时效中断的效力。其他如代位申报破产债权、代位申请强制执行等代位行为，亦应根据相应法律规范产生相应的程序效力。

虽然《民法典》第536条新增了代位权的期前行使规则，但是值得注意的是，"诉讼时效期间即将届满或者未及时申报破产债权"中对时间的规定比较宽泛，鉴于相关配套司法解释未出台，法条存在一定解释空间，具体如何实践还需要结合具体情形灵活掌握。

(二) 实务建议

《民法典》第536条代位权期前行使的规定进一步保障了金融机构的债权实现。建议如下：

1. 金融机构在贷前尽职调查过程中应关注债务人所享有的债权的具体情况。

2. 在贷后管理和不良贷款清收过程中，注意可以采取代位债务人作出中断诉讼时效的行为或者以债务人名义申报债权等方式保障自己的债权实现。

三、债权人代位权的客体范围与举证责任

《民法典》第533条规定了债权人代位权，相较于《合同法》对债权人代位权的规定，民法典作出了以下两点修订：

第一，扩展了债权人代位权的客体范围，从到期债权扩展至债权或者与该债权有关的从权利，所谓与债权有关的从权利主要包括该债权所生利息及

担保权等。

第二，将代位权成立的要件由"对债权人造成损害"修改为"影响债权人的到期债权实现"。

新旧法律条文对比	
《合同法解释（一）》	《民法典会议纪要》
第十三条 合同法第七十三条规定的"债务人怠于行使其到期债权，对债权人造成损害的"，是指债务人不履行其对债权人的到期债务，又不以诉讼方式或者仲裁方式向其债务人主张其享有的具有金钱给付内容的到期债权，致使债权人的到期债权未能实现。 次债务人（即债务人的债务人）不认为债务人有怠于行使其到期债权情况的，应当承担举证责任。	8. 民法典第五百三十五条规定的"债务人怠于行使其债权或者与该债权有关的从权利，影响债权人的到期债权实现的"，是指债务人不履行其对债权人的到期债务，又不以诉讼方式或者仲裁方式向相对人主张其享有的债权或者与该债权有关的从权利，致使债权人的到期债权未能实现。相对人不认为债务人有怠于行使其债权或者与该债权有关的从权利情况的，应当承担举证责任。

《合同法》和《民法典》均要求代位权仅能在债务人"怠于行使"权利时方可行使，但是《民法典》对于何为"怠于行使"没有明确界定，《民法典会议纪要》参考《合同法解释（一）》第13条对此予以了明确。

《合同法解释（一）》有关债权人代位权的客体是债务人具有金钱给付义务的到期债权，而《民法典会议纪要》删去了"具有金钱给付内容"的表述，《民法典》亦在《合同法》的基础上，在第533条中增加了"与该债权有关的从权利"的内容。将两者结合可以明确的是，在民法典时代，债权人代位权的行使客体已不再局限于次债本身，与次债相关的从权利亦可被代位行使，债权人代位权的客体范围被扩大了。

而在债权人已通过诉讼途径行使代位权的情况下，相对人（即次债务人）若认为债务人并没有怠于行使权利的，对于这一事实应负举证责任。此实际上为对《合同法解释（一）》相应规定的延续，也符合"谁主张谁举证"的基本举证责任分配规则。

第二节 债权人撤销权

一、债权人撤销权的行使

新旧法律条文对比	
《民法典》	原法规
第五百三十八条 债务人以放弃其债权、放弃债权担保、无偿转让财产等方式无偿处分财产权益，或者恶意延长其到期债权的履行期限，影响债权人的债权实现的，债权人可以请求人民法院撤销债务人的行为。 第五百三十九条 债务人以明显不合理的低价转让财产、以明显不合理的高价受让他人财产或者为他人的债务提供担保，影响债权人的债权实现，债务人的相对人知道或者应当知道该情形的，债权人可以请求人民法院撤销债务人的行为。 第五百四十条 撤销权的行使范围以债权人的债权为限。债权人行使撤销权的必要费用，由债务人负担。	《合同法》 第七十四条 因债务人放弃其到期债权或者无偿转让财产，对债权人造成损害的，债权人可以请求人民法院撤销债务人的行为。债务人以明显不合理的低价转让财产，对债权人造成损害，并且受让人知道该情形的，债权人也可以请求人民法院撤销债务人的行为。 撤销权的行使范围以债权人的债权为限。债权人行使撤销权的必要费用，由债务人负担。 《合同法解释（二）》 第十八条 债务人放弃其未到期的债权或者放弃债权担保，或者恶意延长到期债权的履行期，对债权人造成损害，债权人依照合同法第七十四条的规定提起撤销权诉讼的，人民法院应当支持。 第十九条 对于合同法第七十四条规定的"明显不合理的低价"，人民法院应当以交易当地一般经营者的判断，并参考交易当时交易地的物价部门指导价或者市场交易价，结合其他相关因素综合考虑予以确认。 转让价格达不到交易时交易地的指导价或者市场交易价百分之七十的，一般可以视为明显不合理的低价；对转让价格高于当地指导价或者市场交易价百分之三十的，一般可以视为明显不合理的高价。 债务人以明显不合理的高价收购他人财产，人民法院可以根据债权人的申请，参照合同法第七十四条的规定予以撤销。

（一）法条解读

债权人撤销权是指当债务人无偿处分或以不合理的对价交易导致其财产权益减少或责任财产负担不当加重，对债权人的债权实现有影响时，债权人可以请求人民法院撤销债务人所实施行为的一项民事权利。《民法典》第538条是针对债务人无偿处分时债权人行使撤销权的规定，第539条是关于债务人以不合理价格交易时债权人行使撤销权的规定。

《民法典》第538条整合了《合同法》及《合同法解释（二）》中关于无权处分财产权益及恶意延长到期债权履行期限的撤销权情形。其中，就放弃其债权、放弃债权担保、无偿转让财产等方式无偿处分财产权益行为本身，主观恶意无须证明即可以推定，只要该行为影响债权人债权实现的，债权人即可以主张撤销权。而对于延长其到期债权的履行期限，则需要证明存在主观恶意。因为在正常商事交往中，必然还会存在一些合理的延长到期债权期限等情形。

《民法典》第538条最主要的修订在扩大了无偿处分时撤销权的范围。除了放弃其债权、放弃债权担保、无偿转让财产、恶意延长其到期债权的履行期限几种方式外，其他方式无偿处分财产权益的方式，若影响债权人的债权实现的，也可以行使撤销权。目前具体包括何种情形还未明确，尚需等最高人民法院司法解释进行进一步明确。《民法典》第538条同样将《合同法》第74条中规定的"对债权人造成损害"修改为"影响债权人的债权实现"，与《民法典》第535条形成呼应，降低了诈害行为与债权人债权实现之间的因果关系程度的要求。

《民法典》第539条也扩大了债务人以不合理价格交易时债权人行使撤销权的范围。对比《合同法》第74条，《民法典》第539条中新增了以明显不合理的高价受让他人财产或者为他人的债务提供担保，同时在相对人"知道"的基础上，增加了其"应知"的限制。基于此，在《民法典》第539条项下撤销权的行使主要有三个要件：（1）债务人以明显不合理的低价转让财产或者以明显不合理的高价受让财产或者为他人的债务提供担保；（2）债务人的行为影响债权人的债权实现；（3）债务人恶意，即诈害行为实施当时相对人应当知晓该情形的即推定相对人具有恶意。相对人如对此推定不服，则应就其主观上的善意负有证明责任，即通过举证责任的分配来实现对受让人主观恶意认定标准的客观化。

最后，撤销权需要通过人民法院行使，行使范围以债权人的债权为限，必要费用由债务人负担等规定均与之前《合同法》一致，并未发生变化。

（二）实务建议

作为债权人的金融机构，若发现债务人出现《民法典》第538、539条中所规定无偿处分财产权益、恶意延长其到期债权的履行期限、以明显不合理的价格恶意处分财产等情形时，应当积极采取措施，证明债务人处分财产权利的行为影响其债权实现，撤销债务人的诈害处分其责任财产的行为。

二、债权人行使撤销权的举证责任分配

新旧法律条文对比	
《合同法解释（二）》	《民法典会议纪要》
第十九条　对于合同法第七十四条规定的"明显不合理的低价"，人民法院应当以交易当地一般经营者的判断，并参考交易当时交易地的物价部门指导价或者市场交易价，结合其他相关因素综合考虑予以确认。 　　转让价格达不到交易时交易地的指导价或者市场交易价百分之七十的，一般可以视为明显不合理的低价；对转让价格高于当地指导价或者市场交易价百分之三十的，一般可以视为明显不合理的高价。 　　债务人以明显不合理的高价收购他人财产，人民法院可以根据债权人的申请，参照合同法第七十四条的规定予以撤销。	9.对于民法典第五百三十九条规定的明显不合理的低价或者高价，人民法院应当以交易当地一般经营者的判断，并参考交易当时交易地的物价部门指导价或者市场交易价，结合其他相关因素综合考虑予以认定。 　　转让价格达不到交易时交易地的指导价或者市场交易价百分之七十的，一般可以视为明显不合理的低价；对转让价格高于当地指导价或者市场交易价百分之三十的，一般可以视为明显不合理的高价。当事人对于其所主张的交易时交易地的指导价或者市场交易价承担举证责任。

依据《民法典》第539条，债务人以明显不合理的价格转让财产，影响债权人债权实现的，债权人可以行使撤销权，通过诉讼撤销债务人的行为。"以明显不合理价格"转让可区分为"低卖"和"高买"。"低卖"即低于交易时交易地的指导价或者市场交易价的70%进行转让，"高买"即高于交易时交易地指导价或市场交易价的30%进行转让。依据"谁主张谁举证"的举证责任分配规则，债权人诉讼请求的实现实际上有赖于"交易时交易地的指导价或者市场交易价"的查明。《民法典会议纪要》第9条在《合同法解释二》第19条的基础上，增加"当事人对于其所主张的交易时交易地的指导价或者市场交易价承担举证责任"的规定，实际上将证明交易时交易地的指导价或者市场交易价的举证责任分配给了债权人。

第三节 债权转让

一、债权不得转让的情形

新旧法律条文对比	
《民法典》	《合同法》
第五百四十五条 债权人可以将债权的全部或者部分转让给第三人，但是有下列情形之一的除外： （一）根据债权性质不得转让； （二）按照当事人约定不得转让； （三）依照法律规定不得转让。 当事人约定非金钱债权不得转让的，不得对抗善意第三人。当事人约定金钱债权不得转让的，不得对抗第三人。	第七十九条 债权人可以将合同的权利全部或者部分转让给第三人，但有下列情形之一的除外： （一）根据合同性质不得转让； （二）按照当事人约定不得转让； （三）依照法律规定不得转让。

（一）法条解读

《民法典》第545条的主要修订在于较之《合同法》第79条新增第2款，规定了约定排除债权转让的对抗问题，并且区分了金钱债权与非金钱债权。基于合同的相对性，当事人关于排除债权转让的约定同样具有相对性，非金钱转让则不得对抗善意第三人。而对于金钱债权来说，基于货币高度流通性及占有即所有的特性，金钱之债的转让不应被限制，即关于金钱之债不得转让的约定，对任何第三人都不发生效力。

（二）实务建议

虽然金钱之债不得转让的约定对任何第三人都不发生效力，非金钱之债不得转让的约定对善意第三人都不发生效力，但若在合同中约定了不得转让债权，债权人转让债权仍应当承担违约责任。金融机构作为债权人，在贷款清收、不良资产处置等情形下往往会涉及需要将债权转让的情况，建议在合同中不要约定债权不得转让之条款。

二、从权利不因未办理登记或未转移占有而受影响

新旧法律条文对比	
《民法典》	《合同法》
第五百四十七条　债权人转让债权的,受让人取得与债权有关的从权利,但是该从权利专属于债权人自身的除外。 受让人取得从权利不因该从权利未办理转移登记手续或者未转移占有而受到影响。	第八十一条　债权人转让权利的,受让人取得与债权有关的从权利,但该从权利专属于债权人自身的除外。

（一）法条解读

《民法典》第547条较之《合同法》第81条的主要修订为新增了第2款,明确即便未办理转移登记手续或者未转移占有,受让人取得从权利不会受到影响。《民法典》观点为债权受让人取得这些从权利是基于法律规定,而非基于法律行为的物权变动。是否办理转移登记手续或者未转移占有,并不影响受让人取得从权利。但是此处还是需要注意与第三人善意保护规则的衔接问题。第三人善意的,仍能够适用第三人善意取得的规定。

民法典强调了从权利从属于主权利的规则,并明确从权利与主权利的从属关系不因是否办理转移登记手续或转移占有受到影响。该项宣示对于金融机构有着较好的正面意义。

金融机构在债权转让或者股质、资产管理等风险项目处置过程中,经常会碰到担保物权需要一并转移的问题,而担保物权转移过程中可能会面临先解除原有担保登记再重新进行新债权担保登记导致空档风险,不仅增加了操作成本,而且稍有不慎会导致担保债权落空。该条款的意义在于,明确了主债权转让时,可以在通知担保人情况下,不办理或者暂缓变更登记或转移占有手续。当然,该条款的实施还有待中证登、房地产交易中心等相关登记管理部门的配合和落实。

（二）实务建议

在条件允许的情况下,金融机构应当及时办理从权利的转移登记手续或转移占有,防止善意第三人取得相应从权利或从权利标的物,产生纠纷。

三、债权转让的费用承担

新旧法律条文对比	
《民法典》	原法规
第五百五十条 因债权转让增加的履行费用，由让与人负担。	无

（一）法条解读

《民法典》第550条就债权转让增加的费用进行规定，即为债权转让后清偿债务所必须支出的费用，如因交付货物所额外支付的运输费用等。该条并未有"当事人另有约定的除外"等类似规定，是否允许当事人对增加费用的承担作出另行约定可能存在争议。

另外，对于债务人来说，若其已经向受让人履行了债务，后又要向债权人主张债权转让的费用，会使得债务人的履约成本增加。此时若尊重当事人的约定，允许债权人与受让人之间就费用负担进行明确约定，约定从债务中进行扣减，能够简化交易成本。此种突破合同相对性的做法实际上是适用了《民法典》第522条规定的利益第三人合同的规则。将受让人作为受益人，债权人未向受让人履行债务或者履行债务不符合约定的，应当向债务人承担违约责任。

实务中，银行不良贷款批量转让亦属于债权转让，当转让贷款的银行分支机构与受让贷款的银行分支机构或者资产管理公司不在同一地时，就可能会增加借款人的履约费用，这需要金融机构予以关注。

（二）实务建议

建议金融机构在合同中约定若发生债权转让的由受让人或债务人承担，或者在债权转让协议中约定将债权转让增加的履行费用在整体转让费用中扣减，简化交易程序。即便最终被认定该约定无效，金融机构也无损失。

第四节　金融合同的其他履行规则

一、选择之债的选择权归属、转移及行使

新旧法律条文对比	
《民法典》	原法规
第五百一十五条　标的有多项而债务人只需履行其中一项的，债务人享有选择权；但是，法律另有规定、当事人另有约定或者另有交易习惯的除外。 享有选择权的当事人在约定期限内或者履行期限届满未作选择，经催告后在合理期限内仍未选择的，选择权转移至对方。 第五百一十六条　当事人行使选择权应当及时通知对方，通知到达对方时，标的确定。标的确定后不得变更，但是经对方同意的除外。 可选择的标的发生不能履行情形的，享有选择权的当事人不得选择不能履行的标的，但是该不能履行的情形是由对方造成的除外。	无

（一）法条解读

《民法典》第515条和第516条为新增条款。《民法典》第515条对选择之债选择权的含义、转移作出规定，第516条就选择之债选择权的行使、选择权的标的变更与选择之债的履行不能作出了规定。

1. 选择之债的含义及转移

标的有多项而债务人只需履行其中一项的即为选择之债。选择之债在实践中一直都存在，《民法典》第515、516条的规定填补了法律空白。广西壮族自治区高级人民法院关于李烈标、广东中汽进出口有限公司公司减资纠纷的再审案件[①]中便有涉及选择之债，该判决与《民法典》中的规定基本一致，选择权最初归属债务人，当债务人逾期未选择的，选择权移交给债权人；在双方发生本案纠纷前及诉讼期间，李烈标一直未作出选择，故因怠于行使该权利，其已经丧失选择权利益。基于尊重双方意思自治及诚实信用原则，该选择权应转移至债权人。现债权人中汽公司请求确认李烈标所持有佳源公司49%股权中的12.64%股权归中汽公司所有，中汽公司股权由51%变更为63.64%，李烈标的股权由49%变更为36.36%；实际是行使选择权请求确认

---

① 广西壮族自治区高级人民法院（2019）桂民申2168号。

债务人李烈标的给付内容，即给付以股东权益折合比例为基础计算的差额股份比例12.64%。中汽公司的请求于法、于理有据，原审法院判决从实体结果上支持了该请求，并无不当，本院予以维持。

虽然《民法典》规定了选择之债选择权的最初归属及未行使选择权时选择权转移，但是对于具体选择权的行使期限未作约定，条文表述仅为合理期限和及时，这实际上赋予了当事人事先约定的权利及法官自由裁量的权利。

2. 选择权的行使方式

选择原则上不允许撤销，意思表示到达对方即生效，若选择方在作出选择后变更选择的，则需要征得对方同意。选择一旦作出，选择之债也即转化为简单之债，进而债务人得以按约定履行债务。

3. 选择之债履行不能的处理方式

选择权人面对选择之债中履行不能的情形时，可以于剩余的给付中予以选择，以便继续履行，尽量实现双方当事人的合同目的。但是，如果某种给付不能可归责于选择权人的相对人时，相当于该相对人有过错而导致履行不能，则相对人还应承担履行不能的违约责任。

(二) 实务建议

从该条款规定内容来看更有利于债务人，这提示经常作为债权人的金融机构在涉及履行标的可以多项的情况下，合同中应明确约定债权人具有债权实现选择权或者债务履行的选择顺序，尽量将债权实现的主动权控制在自己手中，避免因债务人选择导致处于被动位置。

二、利益第三人合同中第三人的拒绝权、履行请求权与违约责任请求权

新旧法律条文对比	
《民法典》	《合同法》
第五百二十二条 当事人约定由债务人向第三人履行债务，债务人未向第三人履行债务或者履行债务不符合约定的，应当向债权人承担违约责任。 法律规定或者当事人约定第三人可以直接请求债务人向其履行债务，第三人未在合理期限内明确拒绝，债务人未向第三人履行债务或者履行债务不符合约定的，第三人可以请求债务人承担违约责任；债务人对债权人的抗辩，可以向第三人主张。	第六十四条 当事人约定由债务人向第三人履行债务的，债务人未向第三人履行债务或者履行债务不符合约定的，应当向债权人承担违约责任。

（一）法条解读

《民法典》第 522 条第 1 款延续了原《合同法》第 64 条的规定，为不真正利他合同的情形，第三人是纯粹的债务受领人，不获得直接针对债务人的履行请求权，若债务人未向第三方履行债务或者履行债务不符合约定的，应当向债权人履行义务。

《民法典》第 522 条第 2 款为新增条款，增加了可以直接请求债务人向其履行债务情形下，第三人所享有的拒绝权、履行请求权以及在债务人不履行债务时的违约责任请求权。《民法典》第 522 条第 2 款是真正的利他合同，第三人可以直接请求债务人履行合同，突破了合同相对性。《民法典》第 522 条第 2 款主要有以下亮点：

1. 本款项下第三人可以基于法律规定或者当事人约定产生，其中法律规定的第三人如《民法典》第 535 条、第 539 条合同保全中代位权人与代为保存权人等。

2. 作为第三人可以明确拒绝债务人向其履行债务，是尊重第三人意思自治的体现。

3. 最重要的一点是，第三人可以直接请求债务人向其履行债务，此条将第 2 款利益真正第三人与第 1 款中不真正利益第三人区分开来。这种请求权的体现不仅是债务人未履行时要求其履行，亦体现在债务人不完全履行、迟延履行或履行义务行为有瑕疵，第三人要求其重新履行或继续履行，并可就债务人给其造成的损失主张损害赔偿。

第三人的权利来源于合同约定或者法律规定，但是不管怎样，第三人不与债务人直接发生联系，其在合同中享有的权益当然不应当超过债权人的范围，在其享有类似债权人的权利时，债务人也可以对债权人提出相应抗辩。

（二）实务建议

若金融机构作为债权人，与债务人约定向第三人付款，应当在合同中就第三人享有请求权进行约定，避免诉累。

若金融机构若作为第三人，建议要求债权人与债务人在协议中进一步约定第三人的请求权，以便于保障自己的权利。

三、违约金调整规则

新旧法律条文对比	
《民法典会议纪要》	《合同法解释（二）》
11. 民法典第五百八十五条第二款规定的损失范围应当按照民法典第五百八十四条规定确定，包括合同履行后可以获得的利益，但不得超过违约一方订立合同时预见到或者应当预见到的因违约可能造成的损失。 当事人请求人民法院增加违约金的，增加后的违约金数额以不超过民法典第五百八十四条规定的损失为限。增加违约金以后，当事人又请求对方赔偿损失的，人民法院不予支持。 当事人请求人民法院减少违约金的，人民法院应当以民法典第五百八十四条规定的损失为基础，兼顾合同的履行情况、当事人的过错程度等综合因素，根据公平原则和诚信原则予以衡量，并作出裁判。约定的违约金超过根据民法典第五百八十四条规定确定的损失的百分之三十的，一般可以认定为民法典第五百八十五条第二款规定的"过分高于造成的损失"。当事人主张约定的违约金过高请求予以适当减少的，应当承担举证责任；相对人主张违约金约定合理的，也应提供相应的证据。	第二十八条　当事人依照合同法第一百一十四条第二款的规定，请求人民法院增加违约金的，增加后的违约金数额以不超过实际损失额为限。增加违约金以后，当事人又请求对方赔偿损失的，人民法院不予支持。 第二十九条　当事人主张约定的违约金过高请求予以适当减少的，人民法院应当以实际损失为基础，兼顾合同的履行情况、当事人的过错程度以及预期利益等综合因素，根据公平原则和诚实信用原则予以衡量，并作出裁决。 当事人约定的违约金超过造成损失的百分之三十的，一般可以认定为合同法第一百一十四条第二款规定的"过分高于造成的损失"。

《民法典会议纪要》对违约金调整规则的修订体现在以下两个方面。

第一，对违约损害赔偿范围进行了调整，由"实际损失"变为"实际损失"加"预期可得利益"。《合同法解释（二）》第28、29条对违约金的调整进行了规定，将调整的标准表述为"实际损失"。但根据《合同法》第113条，当事人违约的损害赔偿的范围是"相当于因违约所造成的损失，包括合同履行后可以获得的利益，但不得超过违反合同一方订立合同时预见到或者应当预见到的因违反合同可能造成的损失"。据此，违约金调整的标准包括两部分：实际损失及预期可得利益。《合同法解释（二）》将其表述为"实际损失"有失全面，因此《民法典会议纪要》对表述作出调整。实际上，《九民纪要》第 50 条已经作了全面的表述。①

第二，对举证责任承担进行了调整，明确守约方主张违约金约定合理的，也应提供相应的证据。这是《九民纪要》第 50 条并未规定的。在《中华人民共和国民法典合同编理解与适用》（以下简称《民法典合同编理解与适用》）中，最高法认为守约方更了解违约造成损失的事实和证据，因此违约方的举证责任不能绝对化，守约方也应提供相应的证据。②《民法典会议纪要》第 11 条将《民法典合同编理解与适用》的内容落实到条文中。

四、主债权债务终止时从权利的消灭规则

新旧法律条文对比	
《民法典》	《合同法》
第五百五十九条　债权债务终止时，债权的从权利同时消灭，但是法律另有规定或者当事人另有约定的除外。 第五百六十六条　合同解除后，尚未履行的，终止履行；已经履行的，根据履行情况和合同性质，当事人可以请求恢复原状或者采取其他补救措施，并有权请求赔偿损失。 合同因违约解除的，解除权人可以请求违约方承担违约责任，但是当事人另有约定的除外。 主合同解除后，担保人对债务人应当承担的民事责任仍应当承担担保责任，但是担保合同另有约定的除外。	第九十七条　合同解除后，尚未履行的，终止履行；已经履行的，根据履行情况和合同性质，当事人可以要求恢复原状、采取其他补救措施，并有权要求赔偿损失。

（一）法条解读

第一，关于债权的从权利的范围不应当局限于合同债权的从权利，还应包括非因合同产生的其他债权的从权利。根据《民法典》第 468 条，非因合同产生的债权债务关系的法律适用中的规定。具体的从权利包括但不限于担保权利、建设工程优先受偿权、利息债权、违约金请求权等。

第二，鉴于从权利的从属性质，一般情况下，债权债务终止时，债权的

---

① 《九民纪要》：50.【违约金过高标准及举证责任】认定约定违约金是否过高，一般应当以《合同法》第 113 条规定的损失为基础进行判断，这里的损失包括合同履行后可以获得的利益。除借款合同外的双务合同，作为对价的价款或者报酬给付之债，并非借款合同项下的还款义务，不能以受法律保护的民间借贷利率上限作为判断违约金是否过高的标准，而应当兼顾合同履行情况、当事人过错程度以及预期利益等因素综合确定。主张违约金过高的违约方应当对违约金是否过高承担举证责任。

② 最高人民法院民法典贯彻实施工作领导小组主编：《最高人民法院民法典合同编理解与适用[二]》，人民法院出版社 2020 年版，第 782 页。

从权利同时消灭,除非法律另有规定的情形或当事人另有约定。《民法典》第559条为新增规定。

但是,根据《民法典》第566条第3款,主合同解除后,担保人对债务人应当承担的民事责任仍应当承担担保责任的规定。该规定为新增内容。根据《民法典》第557条,合同解除的,该合同的权利义务关系终止,但是此时存在担保责任不完全消灭的情况,即担保人对债务人所应当承担的违约责任等民事责任仍需要承担担保责任。当然若担保合同中关于主合同解除时担保人免责或担保人仍承担担保责任范围有约定的除外。

(二)实务建议

作为债权人的金融机构,在合同解除后,债务人仍应当承担违约责任等责任时,不仅仅应当及时向债务人主张债权,还应当积极向担保人主张实现担保权利。

五、债的清偿抵充顺序

新旧法律条文对比	
《民法典》	《合同法解释(二)》
第五百六十条 债务人对同一债权人负担的数项债务种类相同,债务人的给付不足以清偿全部债务的,除当事人另有约定外,由债务人在清偿时指定其履行的债务。 债务人未作指定的,应当优先履行已经到期的债务;数项债务均到期的,优先履行对债权人缺乏担保或者担保最少的债务;均无担保或者担保相等的,优先履行债务人负担较重的债务;负担相同的,按照债务到期的先后顺序履行;到期时间相同的,按照债务比例履行。 第五百六十一条 债务人在履行主债务外还应当支付利息和实现债权的有关费用,其给付不足以清偿全部债务的,除当事人另有约定外,应当按照下列顺序履行:(一)实现债权的有关费用;(二)利息;(三)主债务。	第二十条 债务人的给付不足以清偿其对同一债权人所负的数笔相同种类的全部债务,应当优先抵充已到期的债务;几项债务均到期的,优先抵充对债权人缺乏担保或者担保数额最少的债务;担保数额相同的,优先抵充债务负担较重的债务;负担相同的,按照债务到期的先后顺序抵充;到期时间相同的,按比例抵充。但是,债权人与债务人对清偿的债务或者清偿抵充顺序有约定的除外。 第二十一条 债务人除主债务之外还应当支付利息和费用,当其给付不足以清偿全部债务时,并且当事人没有约定的,人民法院应当按照下列顺序抵充: (一)实现债权的有关费用; (二)利息; (三)主债务。

第二章　金融交易的合同履行规则

（一）法条解读

《民法典》第560条规定了债务人对同一债权人负担的数项债务种类相同，债务人的给付不足以清偿全部债务的抵充顺序。与《合同法解释（二）》第20条相比，本条款增加了"指定抵充"方式。抵充顺序为约定抵充优先，指定抵充次之，法定抵充最后，具体详见图2.3：

抵充
- 1.约定优先
- 2.债务人指定 —— 当事人另有约定除外
- 3.法定抵充顺序
  - 先到期的债务
  - 缺乏担保或者担保最少的债务
  - 优先履行债务人负担较重的债务
  - 按照债务到期的先后顺序履行
  - 按照债务比例履行

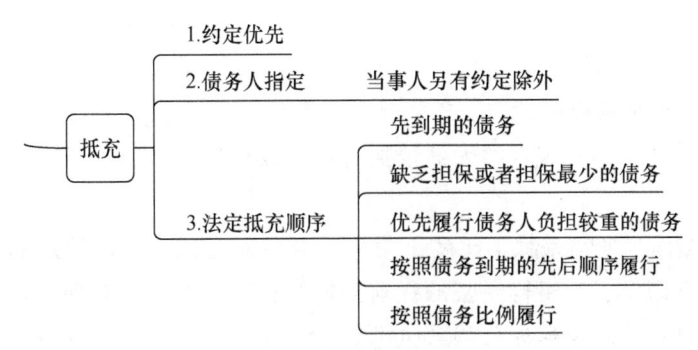

图2.3　债的抵充顺序

值得注意的是，债务人在对同一债权人负担的数项债务种类相同，且给付不足以清偿全部债务的情形下，当事人既没有约定其履行债务的顺序，又没有约定在履行主债务外还应当支付利息和实现债权的有关费用的顺序的，还应当结合《民法典》第561条中顺序的规定实现债权的有关费用、利息和主债务就债务人履行的债务及具体费用进行判断。

（二）实务建议

对于金融机构而言，建议在合同中约定，由债权人决定债权的抵充顺序及具体清偿的债权种类及顺序。具体表述可以参考如下："如债务人对贷款人负担数项债务，债务人给付不足以清偿全部债务的，由贷款人在清偿时指定其履行的债务。如债务人在履行主债务外还应当支付利息、逾期利息、罚息、复利、违约金及实现债权和担保权利的有关费用，债务人给付不足以清偿全部债务的，由贷款人指定履行顺序。如债务人对贷款人既负担数项债务，且数项债务项下除主债务外还应当支付利息、逾期利息、罚息、复利、违约金及实现债权和担保权利的有关费用，债务人给付不足以清偿全部债务的，由贷款人指定清偿时履行的债务及履行顺序。"

同时，建议金融机构梳理同一债务人负担数宗债务的情况，并就抵充顺序进行补充约定。

107

六、贷款提前到期条款的性质与履行

银行借款合同或其他授信合同中常见"宣布贷款提前到期"的条款，当触发贷款提前到期的情形出现时，银行应当如何行使权力？与合同解除有何不同？

（一）裁判规则

1. "宣布贷款提前到期"条款只要不涉及《合同法》第 52 条（现为《民法典》第 146 条等）规定的无效情形，该条款合法有效，银行有权要求提前收回款项。

2. "提前到期"条款本质属于附生效条件的合同变更，约定的条件成就时，还款期限变更为银行主张的提前到期日；若未在提前到期日还款，则银行可根据逾期还款情形计算利息和罚息。

3. 提前还款主张不以解除合同为前提，是基于有效合同的合同内义务；主张合同解除，则原合同权利义务终止，银行享有《合同法》第 97 条（现为《民法典》第 566 条）合同解除的救济权利。

（二）典型案例

1. 山东山水重工有限公司、中国工商银行股份有限公司济南长清支行金融借款合同纠纷[①]

（1）案情简介

2014 年 9 月 3 日，山水重工向工行长清支行申请借款 30000 万元。2015 年 2 月 17 日，工行长清支行与山水重工签订《固定资产借款合同》。其中合同第 8.6 条约定：借款人承诺进行合并、分立、减资、股权变动、重大资产和债权转让、重大对外投资、实质性增加债务融资以及其他可能对贷款人权益造成不利影响的行为时，须事先征得贷款人书面同意或就贷款人债权的实现作出令贷款人满意的安排方可进行。合同第 10.2.（3）条约定，借款人违约，贷款人有权采取下列措施：宣布本合同和贷款人与借款人之间其他合同项下未偿还的借款和其他融资款项立即到期，立即收回未偿还款项。合同第 10.3 条约定：借款到期（含被宣布立即到期）借款人未按约定偿还的，贷款

[①] 最高人民法院（2017）最高法民终 152 号。

人有权自逾期之日起按本合同约定的逾期罚息利率计收罚息,对借款人未按期支付的利息,按逾期罚息利率加收复利。

合同签订后,工行长清支行于2015年2月17日、2015年4月30日两次合计发放30000万元贷款。另查明,2015年9月30日山水重工法定代表人由张斌变更为于志海;股东由山东山水水泥有限公司、济南山水集团有限公司变更为济南天地政翰经贸有限公司、山东竹晟经贸有限公司、山东山水水泥有限公司、济南山水集团有限公司,事先并未按照合同约定告知并征得工行长清支行的书面同意。

截至2016年1月25日,山水重工未发生欠息的情况。工行长清支行诉请要求主张贷款提前到期。

一审法院认为:工行长清支行与山水重工签订的《固定资产借款合同》是当事人真实意思表示,不违反法律、行政法规强制性规定,合法有效,当事人均应严格按照约定全面履行各自的合同义务。工行长清支行已依约履行了发放贷款的义务。而山水重工变更法定代表人和股东,事先未按照合同约定告知并征得工行长清支行的书面同意的行为,违反了与工行长清支行签订的《固定资产借款合同》第8.6条的约定,构成违约。据此,对于工行长清支行认为山水重工行为对工行长清支行贷款安全造成重大不利影响,宣布贷款提前到期,收回欠款本息应予支持。法院判决山水重工于判决生效之日起十日内偿还工行长清支行借款本金30000万元及自提前到期日起至实际付款之日止按照合同约定计算的利息、复利、罚息。

山水重工不服一审判决,提起上诉。第一,山水重工提交了中国工商银行业务回单用以证明山水重工股权变更并未影响其偿还能力,而在工行长清支行提起诉讼后山水重工依然在积极还款,工行长清支行接受行为属于对股权变更的追认,系对借款合同条款的变更;第二,借款合同中的约定均是程序约定,山水重工虽在程序方面有瑕疵,但并未影响实体结果,其股权变动更有利于还款计划的顺利进行,且山水重工不存在任何违约行为,不符合宣布贷款提前到期的情形;第三,借款合同中的约定属于格式条款,不应适用。

(2)争议焦点

山水重工是否构成违约?工行长清支行宣布贷款提前到期收回欠款本息的诉讼请求是否应予支持?

（3）裁判要旨

最高法认为：借款人股权变更、关键管理人变化可能对借款人的偿债能力发生影响，故贷款人与借款人针对上述情形，基于自主意思进行约定，上述事实变更要事先征得贷款人书面同意或者就贷款人债权的实现作出令贷款人满意的安排方可进行，是当事人各方对其权利义务、违约情形以及违约责任的自主安排，并不损害借款人权益，该条款不属于条款拟定方——贷款方的免责、限责条款，故贷款方无须根据合同法的上述规定，尽合理的提示和说明义务。在当事人双方对上述条款达成意思一致并在合同上签字盖章的情形下，应认定该条款发生效力，对各方当事人具有法律约束力。事实上，案涉上述条款已经以特别字体进行提示，山水重工进行了签字盖章，对合同内容予以认可。

山水重工事先并未按照合同约定告知并事先征得工行长清支行的书面同意，也没有就贷款人债权的实现作出令贷款人满意的安排。依据前述合同条款的约定，山水重工的上述行为构成违约。因此，工行长清支行有权根据合同的约定，宣布贷款提前到期，要求山水重工承担支付贷款本息的违约责任。

2. 国信（海南）龙沐湾投资控股有限公司、国家开发银行金融借款合同纠纷[①]

（1）案情简介

2010年3月29日至2014年12月24日期间，国开行与龙沐湾公司共计签订13份人民币资金借款合同（案件审理时其中1份已履行完毕），共计约定国开行向龙沐湾公司提供借款51.4亿元。合同签订后，国开行累计实际向龙沐湾公司发放借款43.36亿元。龙沐湾公司已经偿还借款本金8.98亿元，截至2017年9月20日的利息也已全部付清，尚余借款本金37.38亿元及自2017年9月21日起的利息未偿还。

本案12份借款合同中，借款人违约事件和违约责任条款均约定："（一）下列事件被视为违约事件：1.……'本合同项下抵质押物的价值减少的，足以影响贷款安全的，借款人应在贷款人要求的限期内补足担保，并由担保人与贷款人依法签订有效担保合同'，或者借款人在本合同中作出的任何陈述或保证被证明是不正确的或是具有误导性的……4.借款人信用状况下降；……（二）当借款人发生本条第（一）项1—7中的违约事件时，贷款人

[①] 最高人民法院（2018）最高法民终940号。

有权要求借款人限期纠正，或采取下列一项或多项措施：……2. 宣布贷款提前到期，同时要求借款人限期偿还已发放的贷款本息，并有权从借款人开立的账户中直接扣收还款资金，直到借款人在本合同项下的债务得到全部清偿；……"

2017年9月28日，乐东县政府作出4份《无偿收回国有建设用地使用权决定书》，决定无偿收回龙沐湾公司名下的四宗土地使用权。此后，国开行发函要求龙沐湾公司补足担保。

2017年10月24日，国开行向龙沐湾公司发出《贷款提前到期通知书》，称：鉴于龙沐湾公司存在涉及重大诉讼、抵质押物价值减少等事项，且国开行已两次向龙沐湾公司发律师函要求补足担保，龙沐湾公司未及时补足担保，已违反借款合同第20条第7款、第8款的约定，现根据借款合同第23条约定，宣布龙沐湾公司在国开行的贷款37.38亿元提前到期，要求龙沐湾公司在2017年10月27日前偿还贷款本金37.38亿元，利息1842.029777万元（截至2017年10月27日）。

国开行提起诉讼后，龙沐湾公司辩称案涉四宗土地使用权因并未办理抵押登记因而非本案借款合同的抵押物，故不构成违约；且关于政府收回土地一事尚在行政复议中，待政府作出进一步处理，国开行作出贷款提前到期的理由不能成立。在国开行宣布贷款到期前龙沐湾公司均按期还本付息，不存在违约情形。

（2）争议焦点

国开行宣布案涉12份借款合同项下尚欠借款提前到期是否符合合同约定？主张相应利息、罚息和复利是否具有事实和法律依据？

（3）裁判要旨

国开行与龙沐湾公司签订的案涉12份借款合同均系双方当事人真实意思表示，且不违反法律、行政法规的强制性规定，应属有效，双方应依约履行。合同签订后，国开行发放了贷款，履行了义务。

案涉四宗土地使用权属于《抵押合同四》约定的为案涉12份借款合同所设定的抵押物，虽未办理抵押登记，但合同有效，因此龙沐湾公司主张四宗土地不是抵押物的主张不能成立。尽管龙沐湾公司已就该收地决定申请行政复议，但同样不能排除该四宗土地使用权被政府无偿收回的可能，由此使得国开行如期收回相关借款本息进一步面临风险。国开行以该上述四宗土地被认定为闲置土地，相关借款合同抵押物价值减少为由，主张其可以宣布贷款提前到期，并有权依照合同约定收取相应利息、罚息。但国开行现请求对该四宗土地使用权优先受偿暂不能得到支持，待该四宗土地使用权的归属最终确定后，国开行可依法另行主张。

（三）案例评析

贷款提前到期的事由绝大部分为借款人不能按期清偿利息或到期的部分本金、借款人出现财务状况恶化的可能，或被其他债权人诉讼（仲裁）、出现财产被查封情形，以及其他可能影响债权到期偿还的风险事项。通过前文两个案例可见，约定提前到期条款可以在借款期满之前出现潜在风险时掌握主动权，动态地、有效地防范和控制每一笔借款合同项下的风险。

贷款人宣布贷款提前到期，实际上是通过合同约定，赋予贷款人单方面宣布改变合同原定还款期限的权利，使得发生相当于贷款实际到期的法律效果，本质是附生效条件的合同变更，是一种独立的违约责任承担方式。尽管从清偿未到期贷款的效果来看与合同解除类似，但作为责任承担的前提来看，宣布提前到期无须解除合同即可行使。

贷款提前到期后，银行方享有的是等同于贷款正常到期的权利。如前文两个案例，在银行宣布提前到期前借款人并未出现逾期还款或逾期付息情形，因此若银行方主张的是解除合同，则只能返还本金并按合同约定的借款利率计息；而银行选择贷款提前到期的情形下，借款人未在提前到期日还款，银行可根据合同条款主张逾期还款的利息和罚息。

（四）实务建议

1. 注意避免因贷款提前到期条款被认定格式条款而影响权利的实现

尽管案例一中，法院认为提前到期条款不构成合同拟定方的免责限责条款而无须提供特别的提示说明义务，但提前到期条款一定程度上仍然加重了借款人的责任。因此，在实践中为避免条款公平性遭到质疑而影响银行方相应权利的行使，在合同条款中仍然要注意对提前到期条款进行强调提示，以证明银行方已尽提示说明义务。

2. 注意提前到期情形的公平合理性

从合同法原理来讲，对合同次要义务或附随义务的违反不应认定构成根本违约，因此在设定提前到期情形时要注意公平合理性，对于构成预期违约或根本违约的情形赋予银行方可以宣布提前到期的权利并不显失公平。但对于过分细小的义务就随意附加可提前到期的权利，对借款人来说是不公平的。

银行方在合同条款的拟定中也可以将属于不同法律性质的预期违约情形、根本违约情形，或其他借款人、担保人不能还本付息的主客观因素与相应的法律后果在不同性质和功能的条款中分别进行约定，使条款间的权利义务大致保持平衡。

3. 注意与担保合同的法律衔接

若担保合同中未约定当债务被宣布提前到期时，银行有权直接向担保人追偿或行使担保权利，则银行宣布贷款到期相当于变更了主债务的履行期限。该项约定未经保证人书面同意，则设立贷款提前到期的条件或宣布贷款提前到期对其无约束力。

第三章
金融交易中的担保一般规则

第一节 类担保增信措施与担保体系

一、类担保增信措施概述

(一) 类担保增信措施的概念

担保制度是法律明文规定的保障债权人实现债权的法律措施或制度，通常是为预防债务的不履行所事先采取的确保债权实现的手段。现有民法体系中明确的担保方式可分为保证、抵押、质押、留置、定金五种。除留置外，其他担保的设立应采取书面形式。当然，此种书面形式可以是单独订立的担保合同，也可以是合同中的担保条款。

实践操作过程中，由于交易结构纷繁复杂、日新月异，上述五类传统担保形式显然无法满足日常需求。因此，为能起到类似担保效果，应对市场纷繁复杂的需求，或简化应履行的内部决策程序等，各类非典型担保和类担保增信措施被广泛应用于市场实践。广义的担保体系实际上就包含了前述五类传统担保形式以及非典型担保和其他的类担保增信措施。

其中"非典型担保合同"体现在《民法典》第388条与《最高人民法院关于适用〈民法典〉有关担保制度的解释》（以下简称《担保制度解释》）第1条。《民法典》第388条扩大了原《物权法》关于担保合同的概念的外延，新增了其他具有担保功能的合同的表述。此处"具有担保功能的合同"即"非典型担保合同"。狭义的非典型担保包括了根据《担保制度解释》规定的所有权保留买卖、融资租赁、有追索权的保理等。《最高人民法院民法典担保制度司法解释理解与适用》一书中指出，考虑到《担保制度解释》的第四部分专门针对非典型担保作出规定，而该部分所谓的非典型担保，主要是非典型物保，故本书将非典型担保局限于非典型物保。

而广义担保体系[①]的另一重要组成部分是类担保增信措施，指的是能起到类似担保效果，但又未能纳入《民法典》明确的担保物权和非典型担保范畴的其他具有类似担保功能的保障措施。常见的类担保增信措施包括：债务加入、独立保函、单方承诺等，其中单方承诺的常见类型往往包括差额补足承诺、流动性支持、远期收购/回购承诺等。除上述三类常见模式外，为保障权利得以实现，实务操作环节中还可采取约定保证金、违约金、设立交叉违约条款、政府出具承诺函、设立资金监管账户等具体操作模式。需注意的是，实践中即便是协议名称明确为上述某一种类型，但其具体条款的实质内容也可能与协议名称不一致。此时需以协议条款的实质内容为依据进行判断。

（二）类担保增信措施的定性规则

对于上述类担保增信措施，符合保证或者债务加入定义的，可能构成保证或者债务加入。《民法典》第552条规定："第三人与债务人约定加入债务并通知债权人，或者第三人向债权人表示愿意加入债务，债权人未在合理期限内明确拒绝的，债权人可以请求第三人在其愿意承担的债务范围内和债务人承担连带债务。"《民法典》第685条第2款规定："第三人单方以书面形式向债权人作出保证，债权人接收且未提出异议的，保证合同成立。"

《九民纪要》第91条与《担保制度解释》第36条明确了类担保增信措施性质的认定方式及法律适用。《九民纪要》第91条初步阐述了增信文件的性质认定规则："信托合同之外的当事人提供第三方差额补足、代为履行到期回购义务、流动性支持等类似承诺文件作为增信措施，其内容符合法律关于保证的规定的，人民法院应当认定当事人之间成立保证合同关系。其内容不符合法律关于保证的规定的，依据承诺文件的具体内容确定相应

[①] 《最高人民法院民法典担保制度司法解释理解与适用》一书中认为，广义的非典型担保还包括非典型人保，如债务加入、差额补足，流动性支持等，以及兼具人保和物保特征等以物的价值为限的担保，如未办理抵押登记的不动产抵押合同。考虑到《担保制度解释》第四部分专门针对非典型担保作出规定，而该部分所谓的非典型担保主要是非典型物保，本书将非典型担保局限于非典型物保。

笔者认为，由于类担保增信措施可能被认定为保证、债务加入或其他独立合同，因此类担保增信措施并不一定属于担保合同。类担保增信措施与担保是交叉关系，不能严格归入担保体系，也就不能严格归入非典型担保。因此，差额补足、流动性支持等措施才被称为"类担保"。

所谓"类担保"，其实指的是"具有担保功能"，而非一定在性质上定为"担保合同"。换言之，并非所有具有担保功能的合同都是担保合同。如违约金、债务加入等安排都有担保功能，但并非担保。

的权利义务关系，并根据案件事实情况确定相应的民事责任。"《担保制度解释》第36条进一步完善了这一规则："第三人向债权人提供差额补足、流动性支持等类似承诺文件作为增信措施，具有提供担保的意思表示，债权人请求第三人承担保证责任的，人民法院应当依照保证的有关规定处理。第三人向债权人提供的承诺文件，具有加入债务或者与债务人共同承担债务等意思表示的，人民法院应当认定为第五百五十二条规定的债务加入。前两款中第三人提供的承诺文件难以确定是保证还是债务加入的，人民法院应当将其认定为保证。第三人向债权人提供的承诺文件不符合前三款规定的情形，债权人请求第三人承担保证责任或者连带责任的，人民法院不予支持，但是不影响其依据承诺文件请求第三人履行约定的义务或者承担相应的民事责任。"

结合以上条款我们可以总结出，目前的类担保增信措施基本可以定性为保证或债务加入两大类。若难以认定为这二者的，则需要根据具体条款的权利义务约定来确定增信措施各方应承担的民事责任，我们姑且称之为成立"独立合同"。

二、类担保增信措施的常见形式

（一）债务加入

新旧法律条文对比		
《民法典》	《担保制度解释》	《九民纪要》
第五百五十二条 第三人与债务人约定加入债务并通知债权人，或者第三人向债权人表示愿意加入债务，债权人未在合理期限内明确拒绝的，债权人可以请求第三人在其愿意承担的债务范围内和债务人承担连带债务。	第十二条 法定代表人依照民法典第五百五十二条的规定以公司名义加入债务的，人民法院在认定该行为的效力时，可以参照本解释关于公司为他人提供担保的有关规则处理。	23.【债务加入准用担保规则】法定代表人以公司名义与债务人约定加入债务并通知债权人或者向债权人表示愿意加入债务，该约定的效力问题，参照本纪要关于公司为他人提供担保的有关规则处理。

债务加入作为一种有效的增信措施，被广泛运用于法律实务中。《民法典》首次在法律层面明确了"债务加入"的概念：第三人与债务人约定加入债务并通知债权人，或者第三人向债权人表示愿意加入债务，债权人未在合理期限内明确拒绝的，债权人可以请求第三人在其愿意承担的债务范围内和

债务人承担连带债务。简而言之，债务加入即第三人加入债的关系中，与原债务人一起向债权人承担责任。

1. 法条解读

（1）在司法实践中，江苏省高级人民法院最早在2005年首次明确使用了"债务加入"概念，其在《关于适用〈合同法〉若干问题的讨论纪要（一）》（苏高发审委〔2005〕16号）第17条规定："债务加入是指第三人与债权人、债务人达成三方协议或第三人与债权人达成双方协议或第三人向债权人单方承诺由第三人履行债务人的债务，但同时不免除债务人履行义务的债务承担方式。"此外，最高人民法院民二庭在调研报告《民商事审判若干疑难问题》（2012年，合同法部分第四点"债务加入问题"）中亦采用了"债务加入"的概念。

（2）然而，长期以来，债务加入一直是理论概念，并没有成文法规定，《民法典》第552条中首次以法条明确了债务加入的概念。该条明确规定，债务加入的构成要件包括：① 原债权债务关系有效存在；② 第三人与债务人约定第三人作为新债务人加入该债的关系来承担债务；③ 原债务人债务并不减免；④ 将此债务加入的情形通知债权人，或者第三人向债权人表示愿意加入债务，债权人未在合理期限内明确拒绝，默认债权人同意第三人债务加入，即若债权人拒绝第三人加入债务的，第三人不能加入债务。

（3）债务加入不同于债务转移，其中最大的区别是债务加入并不导致原债务人退出债务关系。债务加入也不同于连带责任保证，连带责任保证债务是从债务，并且适用现行法关于保证期间的规定，而债务加入中原债务人和第三人承担的是同一债务，并且并无保证期间的适用。债务加入也不同于完全的独立合同，独立合同不一定需要一个既有的债，而债务加入则必须以既有债务为前提。对于实际案例中，当事人出具的承诺函或相关承诺条款的表述是否成立债务加入应当如何认定，详见下文。

（4）债务加入准用担保规则

《担保制度解释》第12条与《九民纪要》第23条是关于在认定债务加入效力的时候，可以参照关于公司为他人提供担保的有关规则处理，此处的"准用担保规则"是指程序性规则，即债务加入也应当符合《公司法》第16条关于公司对外担保需经有权机关决议的相关要求。

117

(二) 独立保函

新旧法律条文对比			
《民法典》	《担保制度解释》	《九民纪要》	《担保法》
第六百八十二条 保证合同是主债权债务合同的从合同。主债权债务合同无效的，保证合同无效，但是法律另有规定的除外。 保证合同被确认无效后，债务人、保证人、债权人有过错的，应当根据其过错各自承担相应的民事责任。	第二条 当事人在担保合同中约定担保合同的效力独立于主合同，或者约定担保人对主合同无效的法律后果承担担保责任，该有关担保独立性的约定无效。主合同有效的，有关担保独立性的约定无效不影响担保合同的效力；主合同无效的，人民法院应当认定担保合同无效，但是法律另有规定的除外。 因金融机构开立的独立保函发生的纠纷，适用《最高人民法院关于审理独立保函纠纷案件若干问题的规定》。	54.【独立担保】从属性是担保的基本属性，但由银行或者非银行金融机构开立的独立保函除外。独立保函纠纷案件依据《最高人民法院关于审理独立保函纠纷案件若干问题的规定》处理。需要进一步明确的是：凡是由银行或者非银行金融机构开立的符合该司法解释第1条、第3条规定情形的保函，无论是用于国际商事交易还是用于国内商事交易，均不影响保函的效力。银行或者非银行金融机构之外的当事人开立的独立保函，以及当事人有关排除担保从属性的约定，应当认定无效。但是，根据"无效法律行为的转换"原理，在否定其独立担保效力的同时，应当将其认定为从属性担保。此时，如果主合同有效，则担保合同有效，担保人与主债务人承担连带保证责任。主合同无效，则该所谓的独立担保也随之无效，担保人无过错的，不承担责任；担保人有过错的，其承担民事责任的部分，不应超过债务人不能清偿部分的三分之一。	第五条 担保合同是主合同的从合同，主合同无效，担保合同无效。担保合同另有约定的，按照约定。 担保合同被确认无效后，债务人、担保人、债权人有过错的，应当根据其过错各自承担相应的民事责任。

独立保函是指银行或非银行金融机构作为开立人，以书面形式向受益人出具的同意在受益人请求付款并提交符合保函要求的单据时，向其支付特定款项或在保函最高金额内付款的承诺。

长期以来司法实践中对于独立保函的性质形成两种意见：一种意见认为，独立保函的性质是独立担保，属于《中华人民共和国担保法》（以下简称《担保法》）第5条第1款规定的"担保合同另有约定"的内容，独立保函应当适用我国《担保法》的规定。另一种意见认为，独立保函属于非典型担保，独立于《担保法》规定的保证、抵押、质押等典型担保形式，其性质类似于信用证，具有单据性。《民法典合同编理解与适用》中认为2016年最高法发布的《最高人民法院关于审理独立保函纠纷案件若干问题的规定》（以下简称

《独立保函司法解释》）采纳了第二种观点，即独立保函为非典型担保[①]。但笔者认为，综合考量独立保函的单据性特征，若认为独立保函属于"非典型担保"则与"担保的从属性"相悖，是为不妥。笔者认为，独立保函既不构成债务加入，又与保证有着本质区别，但因其常作为国际交易中的增信措施，将其定性为"独立合同"更为妥当。

《担保制度解释》中亦明确了因金融机构开立的独立保函发生的纠纷，适用《独立保函司法解释》，不适用《担保制度解释》。

（三）单方承诺

新旧法律条文对比		
《担保制度解释》	《担保制度解释（征求意见稿)》	《九民纪要》
第三十六条　第三人向债权人提供差额补足、流动性支持等类似承诺文件作为增信措施，具有提供担保的意思表示，债权人请求第三人承担保证责任的，人民法院应当依照保证的有关规定处理。 第三人向债权人提供的承诺文件，具有加入债务或者与债务人共同承担债务等意思表示的，人民法院应当认定为民法典第五百五十二条规定的债务加入。 前两款中第三人提供的承诺文件难以确定是保证还是债务加入的，人民法院应当将其认定为保证。 第三人向债权人提供的承诺文件不符合前三款规定的情形，债权人请求第三人承担保证责任或者连带责任的，人民法院不予支持，但是不影响其依据承诺文件请求第三人履行约定的义务或者承担相应的民事责任。	第三十四条　第三人提供差额补足、流动性支持等类似承诺文件作为增信措施，如有提供保证的意思表示，债权人请求该第三人承担保证责任的，人民法院应当依照保证的有关规定处理，但是不适用保证期间的规定。 人民法院在认定第三人是否构成民法典第五百五十二条规定的债务加入时，应当审查第三人是否具有与债务人共同承担债务的意思表示。第三人的意思表示不能确定是债务加入，如有提供担保的意思表示的，应当认定为保证。	91.【增信文件的性质】信托合同之外的当事人提供第三方差额补足、代为履行到期回购义务、流动性支持等类似承诺文件作为增信措施，其内容符合法律关于保证的规定的，人民法院应当认定当事人之间成立保证合同关系。其内容不符合法律关于保证的规定的，依据承诺文件的具体内容确定相应的权利义务关系，并根据案件事实情况确定相应的民事责任。

[①] 最高人民法院民法典贯彻实施工作领导小组主编：《中华人民共和国民法典合同编理解与适用[二]》，人民法院出版社2020年版，第1289页。

1. 法条解读

(1) 实践中,从《九民纪要》到《担保制度解释(征求意见稿)》,再到《担保制度解释》,对于差额补足、流动性支持等类似承诺文件作为增信措施的性质认定,有一定变化。

《九民纪要》第91条初步阐述了增信文件的性质认定规则,强调了承诺文件内容符合法律关于保证的规定的,应当认定为保证。而其他则应依据承诺文件的具体内容确定相应的权利义务关系,并根据案件事实情况确定相应的民事责任。《担保制度解释(征求意见稿)》第34条中加入了债务加入,将承诺文件的性质两分为保证和债务加入,同时还指出类似增信措施构成保证时不适用保证期间的规定。《担保制度解释》第36条进一步完善了这一规则,囊括了目前对作为增信措施的承诺文件性质认定的三种观点,将上述承诺文件的性质区分为三种情形,具体如图3.1所示:

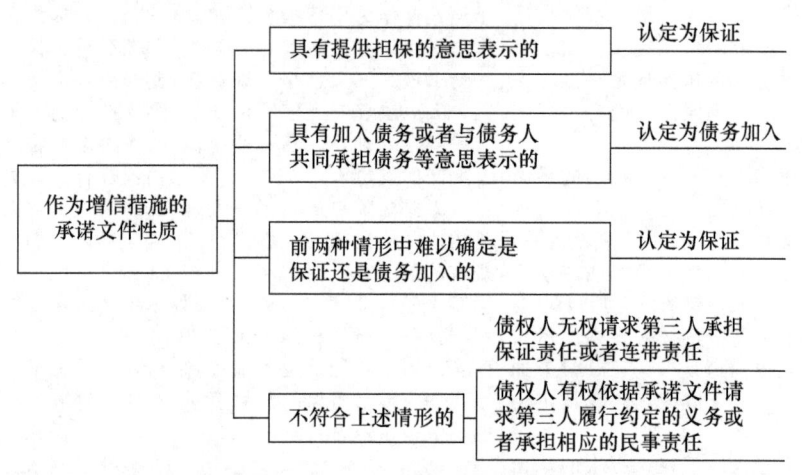

图 3.1 作为增信措施的承诺文件性质

(2) 与《担保制度解释(征求意见稿)》第34条相比,《担保制度解释》正式稿第36条删除了依照保证有关规定处理后面"不适用保证期间的规定"的表述,应当可以理解为"差额补足等被满足担保条件的类担保增信措施的行为,也同样适用保证责任的相关规定"。

2. 常见的承诺类型

(1) 差额补足承诺

基于创新交易的要求或融资方、担保提供方自身限制等原因,差额补足作为一种商业交易安排在实践中被大量运用,指为了保障主权利人和主义务人之间的权利义务关系,当主义务人未按约定履行义务时,由第三人按照约定履行差额补足义务的行为。差额补足法律关系主要涉及三方主体,即差额补足义务人、主权利人、主义务人。

差额补足与保证、债务加入具有本质区别,不适用担保制度中诸如保证期间、先诉抗辩权等相关规定,往往需要差额补足义务人承担直接的、不可撤销的付款义务。差额补足一般可以分为融资双方之间的差额补足协议和第三方提供的差额补足协议,前者如在各类结构化分层设计的资管产品中,由劣后级受益人对优先级受益人的本金与收入进行差额补足;后者常见的有公司大股东或者实际控制人为公司融资提供差额补足等。

常见的差额补足条款表述为:

【例1】 若某某方不能履行债务时,由乙方对某某方的债务予以补足。

【例2】 乙方明确,在本协议项下提供的差额补足义务为无条件的、不可撤销的连带义务。当债务人未履行或未完全履行主合同项下的任何义务和责任时,甲方均有权直接要求乙方立即承担差额补足义务。

(2) 流动性支持

流动性支持,常常表现为由第三方如融资人的大股东或者实际控制人出具的"愿意为融资人履行合同提供流动性支持"等义务内容不甚明确的增信文件,常见于资产支持证券类业务中。往往在优先级投资者未得到足够偿付或基础资产的现金流出现风险时,流动性支持机构向优先级投资者或为基础交易提供一定的补足支付,承担临时短期垫付义务,来确保优先级投资者的收益更稳定和安全,确保交易架构现金流稳定的特别安排。流动性支持的约定相比其他类担保增信措施规定更具弹性。一般情况下,流动性支持机构会明确其是在自身财力和政策允许的范围内为原始权益人提供资金。比较典型的是"11超日债"违约时,广发银行和中信银行给出的答复,其中便很明确指出"流动性支持"只解决"临时性"资金流动性不足,但不解决资金链断裂而引起的资信完全丧失的情况。

常见的流动性支持条款表述为:

【例1】 流动性支持义务人于XX日(或之前),向债权人支付XX元。

【例2】 在任何时候确定债务人的流动资产将不足以如期履行其任何的支付义务时,流动性支持机构将立即在财力和政策允许的范围内为债务人提供足够资金,使其可以如期履行有关支付义务,或在债务人于承诺期间内无法按时足额偿还债务且对公司存续有重大不利影响,或日常经营出现资金缺口时,流动性支持机构将立即在财力和政策允许的范围内为债务人提供足够资金,以确保其按时足够偿付合同项下债务。

(3) 回购承诺

回购承诺函即回购义务人承诺在特定回购情形触发时履行回购义务的函件,是许多金融资管产品中缓释产品风险,或实现投资退出的常见增信方式。

常见的回购承诺条款表述为:

【例】 当义务人出现没有按时履行其到期债务等约定行为,回购义务人应全额/按照一定比例回购某一项资产或者权利。

三、类担保增信措施法律定性裁判要旨

从实践来看,类担保增信措施相关纠纷的争议焦点主要集中于协议的法律性质、效力认定以及在此基础上相关义务人所应当承担的责任。如前文所述,类担保增信措施基本定性为债务加入或者保证两大类,若难以认定为这二者的,则需要根据具体的权利义务约定来确定增信措施各方应承担的民事责任,即成立"独立合同"。不同交易模式中类担保增信措施约定的性质,应当结合其在整个交易链条中的作用判断。基于当事人诉讼请求、案件争议焦点等的不同,法院在具体裁判过程中,认定类担保增信措施约定的性质时所适用的法律、说理思路也存在着很大的个案差异。

(一) 关于独立合同的认定

1. "没有主债务/基础合同"容易被认定构成独立合同

对于认定是否构成独立合同,法院比较常见的做法是从当事人之间是否存在基础合同出发,判断类担保增信措施约定本身是否独立。若不存在基础合同,则不可能满足保证合同的从属性和补充性要求,也不存在对基础债务进行债务加入的可能性。

在李春辉、袁建华合同纠纷[①]中(见图 3.2),约定了信托投资人未能实现投资收益的,第三人有金额限制地为投资人承担担保责任。案涉《差额补足协议》第 1.2.3 条约定:造成袁建华持有股票亏损的,李春辉、董初升同意以 10000 万元为限为袁建华承担担保责任。一审法院认为:"虽然合同约定用了'承担担保责任'的表述,但本案不存在主债权债务关系,故本案的《差额补足

---

① 浙江省高级人民法院(2020)浙民终 525 号。

协议》不属于保证合同，该协议应视为双方当事人之间合意形成。"二审法院也认为："该《差额补足协议》为李春辉、董初升自愿承担袁建华投资损失及投资收益补足义务，并以 10000 万元为限。同时，双方亦对李春辉、董初升可享有的超额收益 20% 的分红权作了约定。该约定符合等价有偿的原则，不存在其他违法无效情形，亦不具有保证合同的法律特征。"也就是说，法院基于案涉协议没有主债权债务关系，符合等价有偿的原则，认定案涉《差额补足协议》不具有保证合同关系。

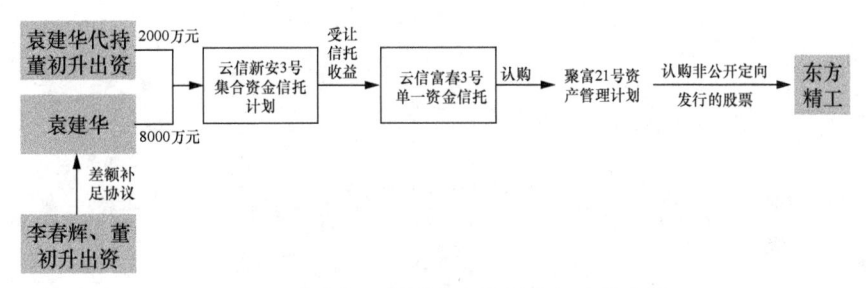

图 3.2　李春辉、袁建华合同纠纷案法律关系

深圳前海元泉资产管理有限公司与深圳市中恒汇志投资有限公司（以下简称"中恒汇志公司"）、涂国身合同纠纷案[①]中的投融资安排实际为中恒汇志公司以其持有的上市公司中安消限售股作为质押标的物向包括深圳前海元泉资产管理有限公司在内的投资者进行质押借款，《差额补足协议》约定了中恒汇志公司承诺作为《股票质押回购协议》融资人无条件承担补仓责任，同时承诺作为差额补足义务人为投资人的预期信托利益提供差额补足（见图 3.3）。法院明确：保证合同作为从合同，其成立前提是有明确且具体的主合同。本案中《信托合同》《资产管理合同》《股票质押式回购协议》虽然事实上整体构成一个融资市场交易的链条，但三者之间合同主体、法律关系的性质、权利义务的内容均不同，三者是三个分别独立的合同，但并不代表构成了一个超越三个合同关系之上的独立的债权、债务法律关系。从当事人之间的意思表示、基础合同的权利义务及案涉当事人来看，差额补足协议均没有对应的主债务。

基于此，法院在判决中将此案件的类担保增信协议作为独立合同来看。

光大资本投资有限公司（以下简称"光大资本公司"）与招商银行股份有

---

① 深圳前海合作区人民法院（2017）粤 0391 民初 1547 号。

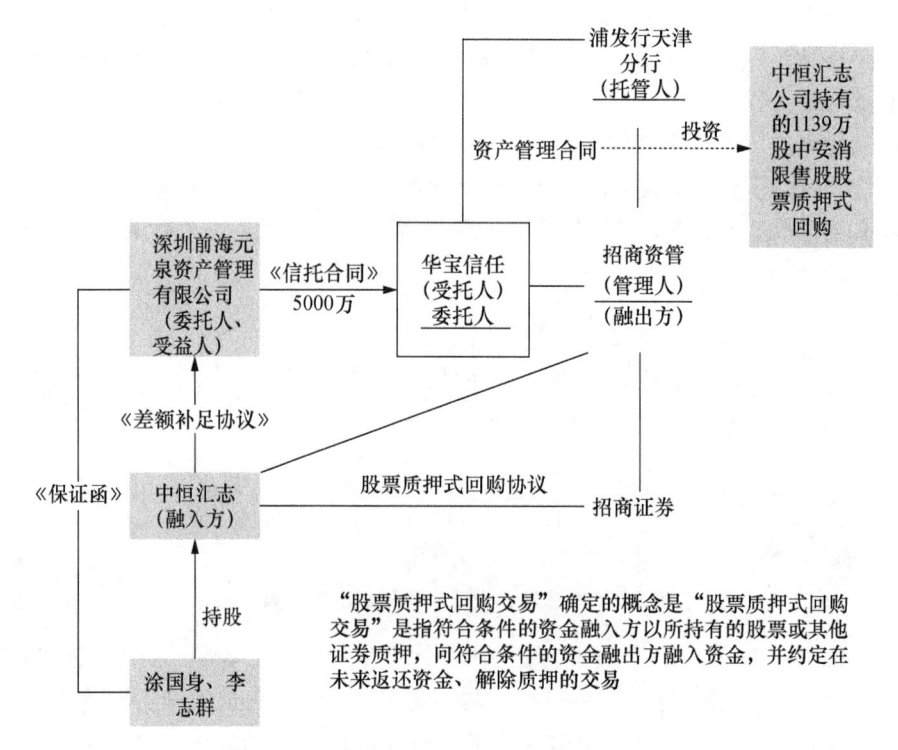

图3.3 深圳前海元泉合同纠纷案法律关系

限公司其他合同纠纷[1]中（见图3.4），2016年4月，光大资本公司向招商银行股份有限公司（简称招商银行）出具《差额补足函》，载有："招商银行通过招商财富公司设立的专项资产管理计划，认购基金的优先级有限合伙份额28亿元；……我司同意在基金成立36个月之内，由暴风科技或我司指定的其他第三方以不少于【28亿元×（1+8.2%×资管计划存续天数/365）】的目标价格，受让基金持有的JINXIN HK LIMITED［浸辉（香港）投资管理有限公司］100%股权。若最终该等股权转让价格少于目标价格，我司将对目标价格与股权实际转让价格之间的差额无条件承担全额补足义务。届时，资管计划终止日，如果MPS公司股权没有完全处置，我司同意承担全额差额补足义务。"本案中，法院认为：《差额补足函》的目的确系为招商银行投资资金的退出提供增信服务，但并非增信性质的文件均属于保证，增信文件是否构成保证仍需根据保证法律关系的构成要件进行具体判断。本案中，首先，

---

[1] 上海市高级人民法院（2020）沪民终567号。

招商银行并非《合伙协议》及《回购协议》的签约主体，即招商银行不是《合伙协议》及《回购协议》中的直接债权人。其次，根据《差额补足函》的约定，光大资本公司向招商银行履行差额补足义务并不以《合伙协议》中上海浸鑫基金的债务履行为前提。最后，光大资本公司在《差额补足函》中承诺的是就香港浸鑫公司股权转让目标价格与实际转让价格之间的差额承担补足义务或在MPS公司股权没有完全处置时承担全额差额补足义务，这与《回购协议》的相关债务亦不具有同一性。

据此，一审法院认为，《差额补足函》系招商银行、光大资本公司之间独立的合同关系。除此以外，二审法院进一步认为，系争《差额补足函》中并无明确的连带责任保证担保表意，也没有担保对象，一审法院将其认定为独立合同并无不当。

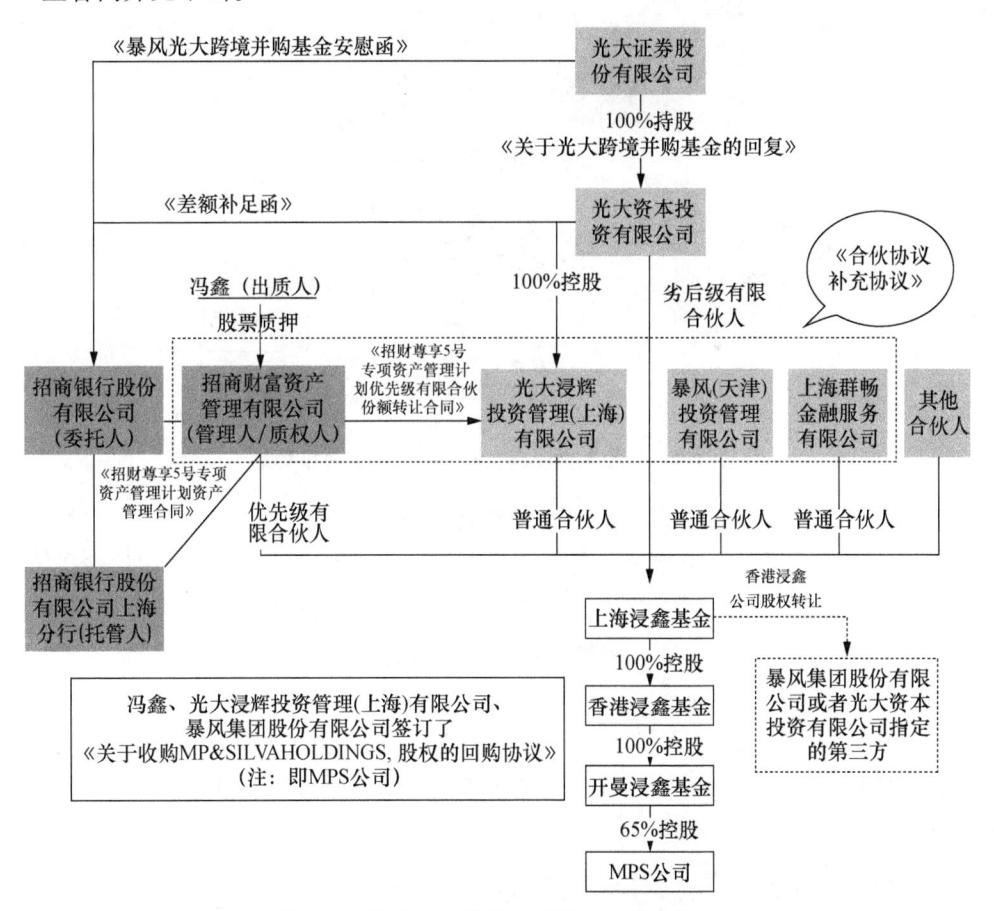

图 3.4 光大资本其他合同纠纷案法律关系

上海晨曦股权投资基金管理有限公司与上海翌银玖德资产管理有限公司保证合同纠纷一案[①]中（见图3.5），法院认为：《承诺函》的表述为"我方同意对贵公司项下的信托产品……的投资本金……提供担保义务"。信托合同关系中，信托财产交付给受托人后，受托人有权根据约定对信托财产进行管理处分，但信托财产管理过程中发生的风险由信托财产承担风险责任，信托公司对管理、运用和处分信托财产的盈亏不作任何承诺。因此，委托人自担信托投资风险，不存在一个债务人对"信托产品投资本金"向委托人承担责任，信托到期后信托公司给付信托本金和信托收益也非承担保障投资本金的主债务，而系返还信托财产。因此，主债务不存在，担保也无法依附成立。《承诺函》上述表述虽有增信担保意义，但并非担保法意义上的保证担保。

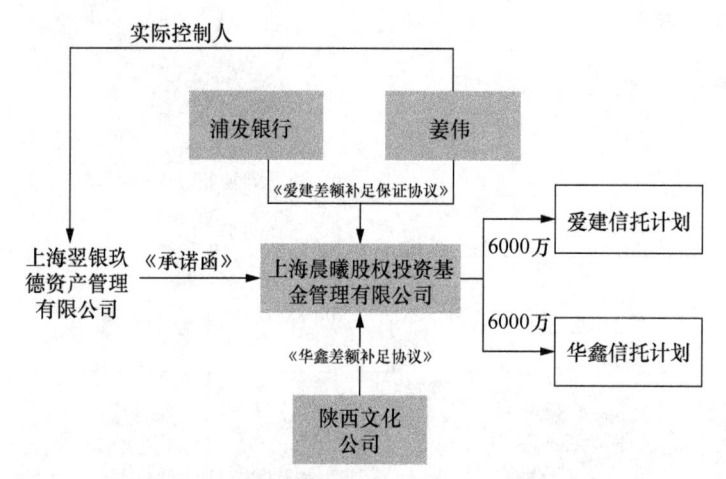

图 3.5 上海晨曦投资保证合同纠纷案法律关系

2. 约定义务复合性越高，越容易认定独立合同

从类担保增信措施的约定本身出发，法院会基于其存在混合合同的性质，将其认定为独立的合同。如法院认可类担保增信措施约定既满足担保合同的补充性质，又包含债权转让等性质，具有复合性，因此将其区别于担保协议、债务加入而作为独立的合同。

江苏省国际信托有限责任公司（以下简称"江苏信托公司"）、中国农业银行股份有限公司昆明分行（以下简称"农行昆明分行"）合同纠纷[②]中（见

[①] 上海金融法院（2018）沪74民初1003号。
[②] 最高人民法院（2017）最高法民终478号。

图3.6),法院认为:江苏信托公司与农行昆明分行将《回购合同》与《转让合同》一并列为《转让协议》的附件,并将绿园置业公司应付未付回购溢价款、违约金计入转让价款,以及江苏信托公司承诺向农行昆明分行转让为担保回购债权而设立的抵押权的事实,应当认定《转让协议》一并将江苏信托公司基于《回购合同》享有的回购债权及相应的抵押权纳入了转让范围。由此,《转让协议》的转让客体具有集合性,既包括特定资产收益权,也包括回购债权及相应的抵押权。在《转让协议》系《单一资金信托合同》附件的背景下,《转让协议》对于农行昆明分行受让相关权利的对价及其支付方式、解除条件和违约责任的约定,于《转让合同》与《回购合同》而言,显然具有一种分担风险、强化信托财产投资安全的增信作用。也就是说,在特定资产收益权回购到期日前两日内,农行昆明分行即应向江苏信托公司支付绿园置业公司应付未付的相关款项,江苏信托公司的此项付款请求权对应构成的农行昆明分行的差额补充义务,在功能上具有担保江苏信托公司债权实现的作用。江苏信托公司与农行昆明分行签订的《转让协议》系混合合同,双方各自承诺负担的给付义务分别构成不同的合同关系,其一是转让特定资产收益权及其回购债权和相应抵押权的债权转让法律关系,其二是具有增信担保作用的差额补充法律关系。江苏信托公司和农行昆明分行基于《转让协议》约定各自负担不同类型的主给付义务,以对价关系而结合且不可分离,共同形成相互依赖的权利义务关系。因双方各自负担的给付义务不属于同一合同类型,故《转让协议》并非法律规定的有名合同。

基于此,法院在判决中将《转让协议》作为独立合同来进行裁判。

在安通控股股份有限公司、安康营业信托纠纷[①]中(见图3.7),第三人承诺保障投资人信托资产本金及收益的实现,并约定投资人有权要求该第三人受让信托受益权。法院指出:该协议约定的是郭东泽补足安康年化13%的信托收益、支付信托贷款本金和受让安康的信托受益权,而非为仁建公司在案涉合同项下所负债务承担担保责任。既具有信托受益权转让的债权转让法律关系,又具有增信担保作用的差额补充法律关系,系无名合同。郭东泽作出的支付承诺,相对于被补充之债权具有独立性。此与通常具有从属性、补充性的保证担保不同,客观上虽然具有增信担保的保障作用,有别于担保法意义上的保证担保行为。

---

① 最高人民法院(2019)最高法民终1524号。

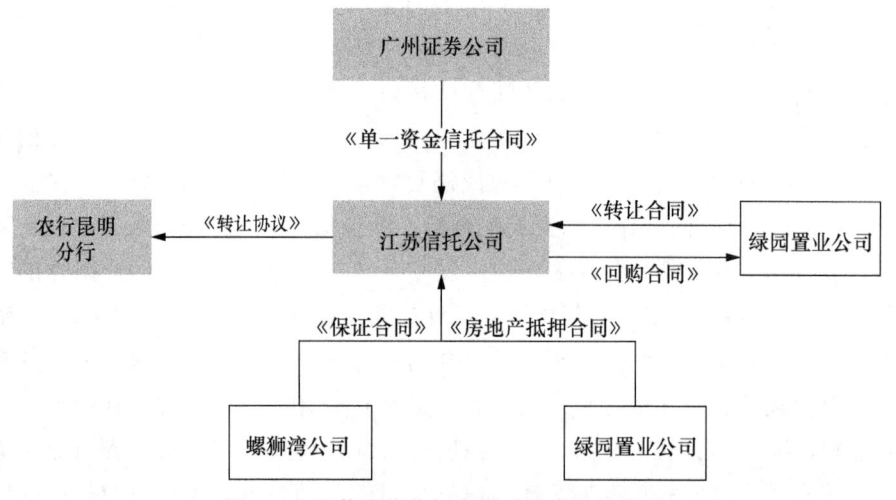

图 3.6　江苏国际信托合同纠纷案法律关系

法院仅仅明确该合同为无名合同，但对具体合同性质却没有明确。

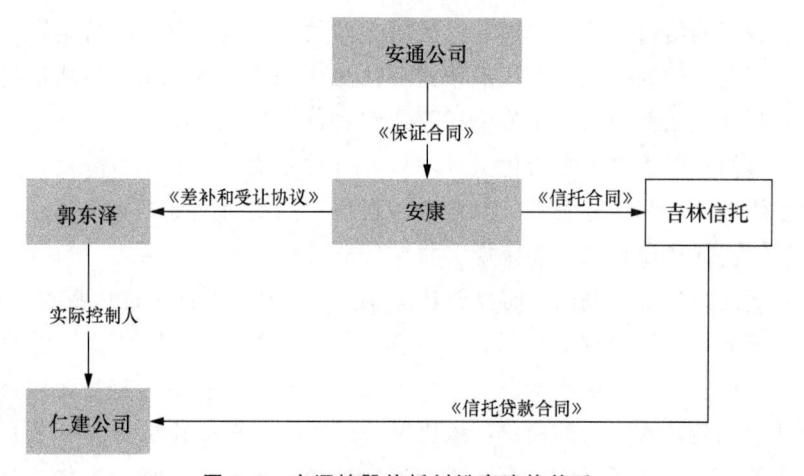

图 3.7　安通控股信托纠纷案法律关系

当然，在认定类担保措施约定性质的时候，有些法院可能并不会对具体的认定原因展开分析，而是基于对案件整体的把握或者根据当事人的诉请对合同性质进行说明，并不直接点明类担保增信措施的性质。

深圳市中恒汇志投资有限公司、国金证券股份有限公司合同纠纷[①]中

[①] 最高人民法院（2018）最高法民终 667 号。

(见图3.8)，第三人对集合计划应承担的补偿和补仓等责任。法院认为：案涉《资产管理合同》系中安消公司作为委托人，将其设立的员工持股计划委托国金证券公司管理，由浦发银行南京分行作为托管人，三方为规范集合计划运作，明确各方权利义务而签订。其中虽约定了中恒汇志公司与风险级C份额委托人共同承担连带补偿责任，但中恒汇志公司未参与《资产管理合同》的签订。在此前提下，中恒汇志公司作为中安消公司的控股股东，又与中安消公司（代员工持股计划）、国金证券公司（代表集合计划）另行签订了《差额补足合同》，明确了中恒汇志公司对集合计划应承担的补偿和补仓等责任。《资产管理合同》《差额补足合同》均系各方当事人的真实意思表示。从合同订立的主体和内容看，两份合同具有关联性，但中恒汇志公司主张其依据《差额补足合同》应承担的差额补足义务属于《担保法》上的保证责任性质，理据不足。

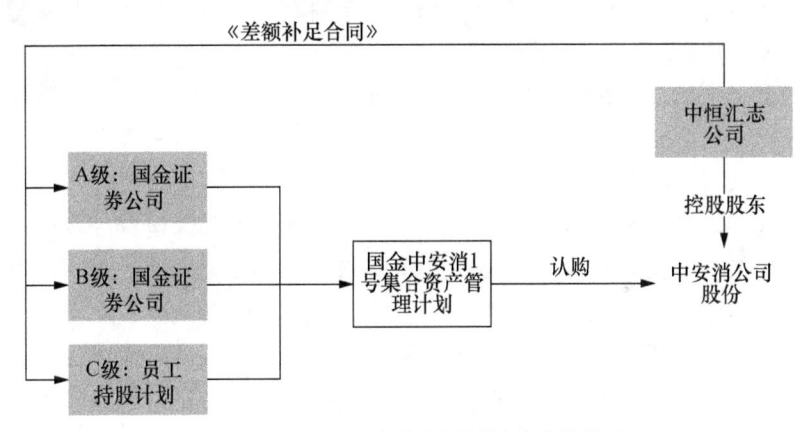

图 3.8 深圳中恒汇志合同纠纷案法律关系

结合上述案例，在资产管理业务实践中，因信托产品、理财产品均不保本不保收益，产品管理人并无兑付产品之义务，亦即不存在"主债权"之说，因此对应的差额补足/流动性支持往往是单方负担行为，此种情形下差额补足/流动性支持大多不会构成保证担保或债务加入，或者合同双方各自承诺负担的给付义务分别构成不同的合同关系，不能仅仅以构成保证关系进行概括。

（二）关于债务加入与保证合同的认定

实践中，类担保增信措施约定的定性争议以保证和债务加入两种不同认识的对立最为常见。

1. 从合同文义表述出发，判断类担保增信措施具体构成保证还是债务加入

如在徐磊与杭州新鼎明影视投资管理股份有限公司、杭州新鼎明文化传媒有限公司合同纠纷一案[①]中，法院指出：在本案中，《差额补足承诺函》记载："在投资项目到期时（即项目成立后满18个月），对于投资额不低于300万元的A类份额投资者，若所获得收益不足按其本金存续期11⅔%年收益率计算所得的收益，则杭州新鼎明投资公司将提供差额补足担保，支付差额部分，确保该类投资者收回全部投资本金并获得年化11%的投资收益。"法院认为其中所谓的"差额"应该是基于客观上不能清偿的一种表述。

当然，仅仅凭文义表述认定合同性质过于草率，结合目前通过穿透式审判思维，查明当事人的真实意思，探求真实法律关系的审判理念，法院仅以文义表达区分债务加入和保证的可能性不大。

2. 从保证与债务加入的本质区别出发，判断类担保增信措施具体构成保证还是债务加入

根据《中华人民共和国民法典解读（合同编）》，两者之间的本质区别在于：其一，保证合同属于从合同，具有从属性，而债务加入人有独立的债务人地位，没有主从性；其二，保证有保证责任期间和诉讼时效的限制，而债务加入仅有诉讼时效限制；其三，连带保证人承担保证责任后可以向债务人追偿，而债务加入人对债务人是否有追偿权，取决于双方的约定。[②] 简而言之，两者的区别主要在于从属性、保证责任期间与追偿。鉴于此类合同往往不会约定保证责任期间并常对追偿问题进行模糊化处理，实践中法院会特别着重判断类担保增信措施约定本身是否具有从属性。同样，《最高人民法院民法典担保制度司法解释理解与适用》中也表达了这一观点：第三人愿意承担的债务具体是具有从属性的债务还是与原债务具有同一性的债务，是区分保证和债务加入的重要标准。从债务数额来看，保证人所承担的数额为主债务人不能履行的差额部分，而债务加入的数额为既有债务，与主债务人的履行情况无关，从范围来看，保证范围还可以包括违约金、实现债权费用等，而债务加入则以原债务为限制，不包括违约责任等。[③]

---

① 浙江省杭州市滨江区人民法院（2019）浙0108民初3361号。
② 黄薇主编：《中华人民共和国民法典合同编解读》，中国法制出版社2020年版，第307页。
③ 最高人民法院民事审判第二庭：《最高人民法院民法典担保制度司法解释理解与适用》，人民法院出版社2021年版，第341—342页。

在李志平等与苏州亚商创业投资中心（有限合伙）股权转让纠纷[①]中（见图3.9），李志平、刘红星与案外人王某、徐某及苏州亚商作为丙方向中安消公司转让股权，中安消公司应向丙方支付相关股权转让款，同时根据《盈利预测补偿协议》，丙方承诺对标的公司低于目标的净利润进行现金补足。而《补充协议》中约定，李志平、刘红星保证苏州亚商在任何情况下，均可于2018年6月30日前收到股权转让款3250万元。由此，法院认为：李志平、刘红星的补足金额会因苏州亚商支付的利润补偿金额不同而超过中安消公司当期实际应付的股权转让款，李志平、刘红星的该项债务发生、变更、消灭不完全从属于中安消公司应当向苏州亚商支付的股权转让款，"保证"补足的差额亦可能超过中安消公司实际应付股权转让款的金额。故《补充协议》中并非李志平、刘红星对中安消公司应付股权转让款的保证担保，而是对苏州亚商最终获得3250万元股权转让款这一债务增加了债务人，属于债的加入。

本案实际是从责任承担的从属性来判断是属于债务加入还是属于保证。

3. 具体到实际案例中，保证与债务加入的区分往往很难有明确和统一的标准。法院从合同核心条款出发，结合体系解释、当事人实际履约行为、交易安排的利益关联程度、债务履行时间的从属性安排等进行分析，全面分析合同性质。

华融国际信托有限责任公司、凯迪生态环境科技股份有限公司金融借款合同纠纷（见图3.10）二审民事判决书[②]中载明：《差额补足合同》约定的差额补足责任是指如主债务人无法按照《信托贷款合同》的约定履行支付贷款本金、利息、复利、罚息、违约金、赔偿金及其他任何应付款项的义务，则债权人有权不经任何前置程序要求差额补足义务人立即向债权人支付主债务人的应付未付债务。

法院从《差额补足合同》的核心条款进行文义解释，从合同体系解释来看，该合同的性质均符合保证合同的法律特征，因此认定本合同构成保证合同。此外，法院还认为担保合同为从合同，因此合同效力独立性条款不影响保证合同性质的认定。

在瑞安中华汇地产有限公司、北京中天宏业房地产咨询有限责任公司

[①] 上海市第一中级人民法院（2020）沪01民终6979号。
[②] 最高人民法院（2019）最高法民终560号。

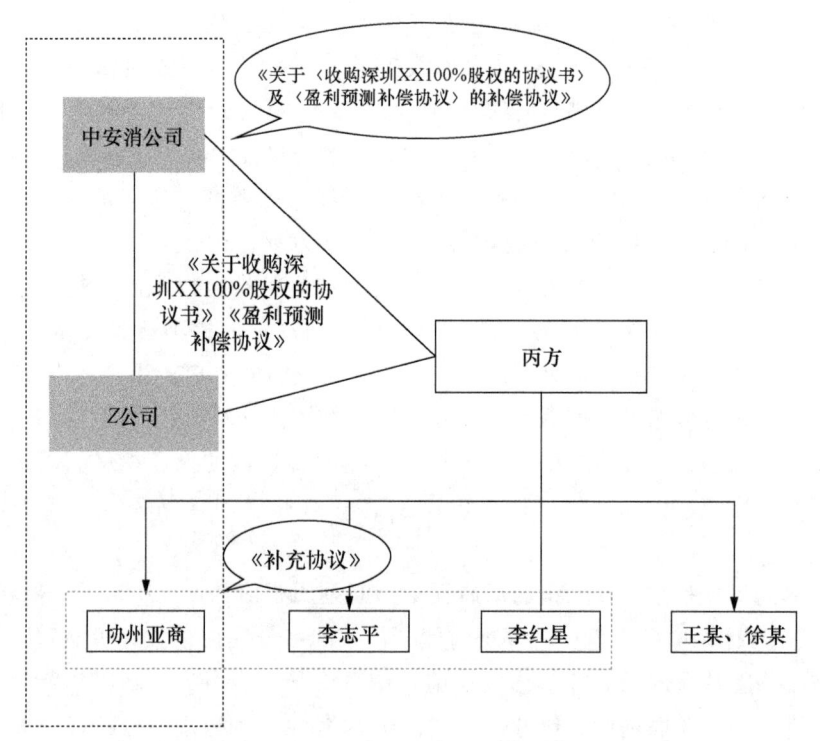

图 3.9　李志平等与苏州亚商股权转让纠纷案法律关系

（以下简称"中天宏业公司"）合同纠纷①中，法院明确指出应当从相关法律适用、涉案合同约定内容、当事人实际履约行为、交易安排的利益关联程度进行分析最终认定中天宏业公司应当对案涉债务承担保证责任。

在江苏省国际信托有限责任公司、中国农业银行股份有限公司昆明分行合同纠纷②中，法院认为案涉《转让协议》约定由农行昆明分行承担的是特定资产收益权回购到期日之前的差额补充义务。此支付承诺相对于被补充之债权具有独立性。与通常具有从属性、补充性的保证担保不同，并不是在绿园置业公司不履行其回购义务时才由农行昆明分行向江苏信托公司依约履行债务或者承担责任。故其虽然具有增信担保的作用，但并非担保法意义上的保证担保行为。本案中的付款时间点为"特定资产收益权回购到期日前两日"，鉴于此，法院认为农行昆明分行并不是在绿园置业公司不履行其回购义

---

① 最高人民法院（2019）最高法民终 1178 号。
② 最高人民法院（2017）最高法民终 478 号。

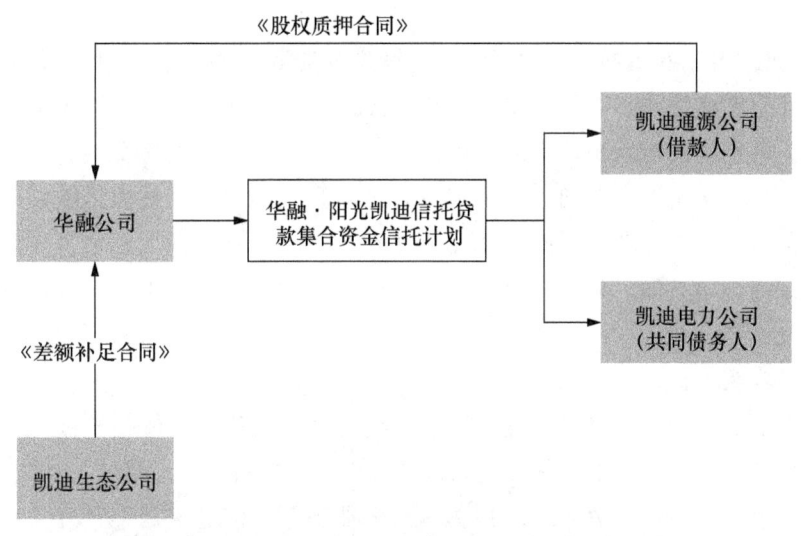

图 3.10 华融国际信托金融借款合同纠纷案法律关系

务时才向江苏信托公司依约履行债务或者承担责任,从而否定了《转让协议》的从属性。

(三) 在难以认定类担保增信措施约定究竟构成保证还是债务加入时,目前司法实践倾向于认定为保证担保

从前述《担保制度解释》第 36 条所确定的类担保措施性质认定规则来看,立法倾向上已发生了变化,即已由注重对债权人的保护向平衡债权人和担保人的利益转变。因此,在无法作出有说服力的合同解释的情况下,若难以认定构成保证还是债务加入,应向责任较轻的方向进行推定,即认定为保证。[①] 理由主要有以下几点:首先,保证债务具有从属性,保证人所承担的是主债务人不能履行时候的补充性债务,而债务加入中,债务加入人有独立的债务人地位,所承担的往往是连带责任;其次,主张保证人承担保证责任有保证期间和诉讼时效的限制,而债务加入仅仅受到诉讼时效限制;最后,关于追偿,保证人追偿有明文规定,而债务加入人追偿则完全取决于其与债务人的约定。[②] 最高法认为应将差额补足、流动性支持等类似承诺文件的性质优先推定为保证,想来也是为了更多地保障增信方的利益,减轻增信人的

[①] 刘贵祥:《民法典关于担保的几个重大问题》,载《法律适用》2021 年第 1 期。
[②] 程啸、高圣平、谢鸿飞:《最高人民法院新担保司法解释理解与适用》,法律出版社 2021 年版,第 216—217 页。

负担。

《民法典》实施前，在中国城市建设控股集团有限公司、安信信托股份有限公司营业信托纠纷①中，法院提出应斟酌具体情事综合判断，如主要为原债务人的利益而为承担行为的，可以认定为保证，承担人有直接和实际的利益时，可以认定为债务加入这一观点，也就是说倾向于认定为债务加入。但是目前《担保制度解释》第 36 条明确规定，第三人提供的承诺文件难以确定是保证还是债务加入的，人民法院应当将其认定为保证。也就是说，目前法院更加倾向于在难以认定类担保增信措施约定究竟构成保证还是债务加入时，将其认定为保证。

总而言之，结合目前通过穿透式审判思维，在认定具体类担保增信措施构成债务加入或保证的时候，应当注意以下问题：首先，坚持文义优先原则，探究表意人的真实意思表示；其次，判断类担保增信措施是否具有从属性与补充性；最后，判断当事人关于义务履行顺位的真实意思表示，在难以认定类担保增信措施约定究竟构成保证还是债务加入时候，应当将其认定为保证。

（四）债务加入与连带保证的程序性要求

公司主体对外承担保证责任需要履行内部决议程序，实践中公司对于债务加入与保证责任不作区分，模糊化相关概念，主要是为了规避公司内部的决议程序。但是，根据目前的裁判趋势，法院认为债务加入同样需要经过相关内部决议。

主要理由可以参照青岛新华友建工集团股份有限公司、青岛新华友建工集团股份有限公司新泰分公司民间借贷纠纷案②中，法院指出的："我国法律就债务加入未作明确规定，与债务加入在法律性质上最为接近并且有明确法律规定的应为连带责任保证法律关系，可参照适用担保法的相关规定。……连带保证责任保证人依法享有追偿权等权利，其保证责任相较于债务加入的责任较轻。企业法人分支机构对外提供责任较轻的保证尚须企业法人授权，否则无效，根据举轻以明重的逻辑，则其对外加入债务更须得到企业法人授权，否则更应认定为无效。"

---

① 最高人民法院（2018）最高法民终 867 号。
② 最高人民法院（2016）最高法民再 322 号。

四、承诺函的法律性质

承诺函,有时又被称为安慰函①,是指第三人发给债权人的一种书面陈述,表明该第三人对债务人清偿债务承担一定责任。通常是一国政府或母公司为其下属机构或子公司融资而向债权人出具的,表明发函人对债务人清偿债务承担道义上的义务或督促债务人清偿债务,或者是作为政府信用支持或关联企业对债务人的经营状况和资产状况等作出保证。② 其有知悉函、支持函、允诺函等不同形式,在内容上又有道义责任、补充清偿责任、连带责任、回购义务等不同的架构安排。

承诺函在国际金融市场上广泛使用,国内融资市场中也并不少见。通常情形为,政府或母公司、关联公司不愿意或受法律限制不能直接承担担保责任,所以只能采用承诺函这种变通形式。但由于措辞模棱两可,导致其法律性质长期以来颇多争议。以承担回购义务的承诺函为例,其载明的回购条款的性质问题就有诸多司法裁判观点,借贷、独立的合同义务、保证担保等不一而足。依不同的法律定性,其法律效力就会依个案产生不同的裁判结果。其中,核心争议焦点在于承诺函是否构成具有法律约束力的保证合同。笔者试从一则最高法案例出发,梳理裁判规则。

(一) 构成保证担保的认定

1. 裁判规则

① 承诺函的性质不能一概而论 (有可能构成借贷、独立的合同义务、保证担保等),应当结合文本名称、出具背景、约定内容等事实综合认定;

② 如构成保证担保,则可能因违反《担保法》第8、9条及《担保法解释》第3条等法律强制性规定而无效;

③ 如承诺函构成保证担保且被认定无效,则应根据《担保法解释》第7条规定,依债权人过错确定赔偿责任承担比例;

④ 关于承诺函出具人的关联企业是否承担连带责任问题:即便两个单位为"一套班子、两块牌子",且单位领导班子成员相互兼任职务,但此种一人

---

① 江必新、何东林:《最高人民法院指导性案例裁判规则理解与适用(担保卷)》,中国法制出版社2011年版,第146页。

② 司伟、肖峰:《担保法实务札记——担保纠纷裁判思路精解》,中国法制出版社2019年版,第141页。

分任多职的行为并不为法律所禁止，不能仅以此作为两个单位存在人员身份混同的依据。如不能提供有效证据证明两个单位存在财务混同之情形，则不应认定为两个单位人员、机构、业务混同，无须对承诺函引起的赔偿责任承担连带责任。

2. 典型案例

（1）湖南省高速公路管理局、湖南省高速公路建设开发总公司合同纠纷案[①]

① 案情简介

2006年3月9日，湖南省宜章县政府作为出让方，与宜连公司签订《特许合同》，将宜连高速公路特许经营权授予宜连公司，由宜连公司依法投资、建设与经营。其中第15.6条规定："如果不是由于受让方违约或不可抗力所致，发生下述一种或几种情况，都视为出让方违约，出让方在收到受让方要求改正的书面通知后60天内仍未改正的，受让方有权提出索赔……受让方按本合同本条第一款规定提前终止本合同的，出让方收回本项目，并应同时承担以下义务：（1）承担受让方为本项目的建设而发生的一切尚未清偿的负债；（2）偿还受让方为本项目建设所投入的项目资本金及其利息；（3）偿还受让方为本项目建设所投入资本金从投入之日至终止之日期间的投资收益及资本金从终止日至特许经营期届满之日期间的预期投资收益的合理部分。"

2009年8月10日，湖南省高速公路管理局（以下简称"高管局"）向招商银行（以下简称"招行"）深圳分行出具《承诺函》："贵行对宜连公司提供的项目贷款，若该公司出现没有按时履行其到期债务等违反借款合同约定的行为，或者存在危及银行贷款本息偿付的情形，出于保护投资商利益，保障贵行信贷资金安全的目的，我局承诺按《特许合同》第15.6条之规定全额回购宜连高速公路经营权，以确保化解银行贷款风险，我局所支付款项均先归还贵行贷款本息。"

2009年8月20日，建行湖南分行与招行深圳分行作为贷款人，与借款人宜连公司签订《人民币资金银团贷款合同》，由建行湖南分行与招行深圳分行共同向宜连公司发放贷款12亿元（其中建行湖南分行发放8.4亿元，招行深圳分行发放3.6亿元），贷款期限为16年。

另查明，湖南省高速公路建设开发总公司（以下简称"高速公路总公

---

① 最高人民法院（2017）最高法民终353号。

司")与高管局系分别于1993年、1998年经湖南省人民政府批准成立,实行"两块牌子、一套班子、合署办公",是全省高速公路建设与管理的机构。

贷款发放后,宜连公司未能按约偿还贷款本息。2016年3月10日招行深圳分行向高管局发出《关于严格履行宜连高速经营权回购义务的函》,要求其履行宜连高速公路经营权回购义务,高管局未履行回购承诺。招行深圳分行遂提起诉讼,请求判令高管局赔偿因其未履行回购承诺而给招行深圳分行造成的经济损失,并判令高速公路总公司与高管局承担连带赔偿责任。

湖南高院一审判决:一、高管局在判决生效后30日内全额回购宜连高速公路经营权,并以回购款项支付招行深圳分行全部贷款本息;二、如果高管局未按期履行判决第一项回购义务,则由其在判决生效后60日内直接向招行深圳分行清偿上述所有贷款本息;三、高速公路总公司对前述高管局的义务承担连带清偿责任。高管局、高速公路总公司不服,以《承诺函》只是道义上的安慰函等理由上诉至最高法。

② 争议焦点

A.《承诺函》的性质及效力应如何认定?

B. 一审判决认定高管局全额回购宜连高速公路经营权,并以回购款项支付招行深圳分行全部贷款本息是否正确?

C. 一审判决认定高速公路总公司对高管局前述义务承担连带清偿责任是否正确?

③ 裁判要旨

A.《承诺函》的性质及效力

二审法院认为,《承诺函》的性质应当结合文本名称、出具背景、约定内容等事实综合认定。

首先,从《承诺函》的名称看,并未直接表述为"安慰函"。

其次,综合《承诺函》出具的背景情况及双方当事人的陈述可知,《承诺函》签订于宜连高速公路项目开工建设之后、招行深圳分行作为贷款人之一与借款人宜连公司签订《人民币资金银团贷款合同》之前。其出具原因是为了保障招行深圳分行信贷资金安全,化解招行深圳分行贷款风险,实质目的则为确保宜连公司获得贷款。

最后,从《承诺函》载明内容"若该公司(指宜连公司)出现没有按时履行其到期债务等违反借款合同约定的行为,或者存在危及银行贷款本息偿付的情形,出于保护投资商利益,保障贵行信贷资金安全的目的,我局承诺按《特许合同》第15.6条之规定全额回购宜连高速公路经营权,以确保化解银行贷款风险,我局所支付款项均先归还贵行贷款本息"分析,《承诺函》系针对特定的银行贷款出具,并已经清楚表明当宜连公司出现没有按时履行其到期债务等违反借款合同约定的行为,或者存在危及银行贷款本息偿付的情形时,高管局承诺以回购经营权的方式确保招行深圳分行的债权实现。依照《担保法》第6条关于"本法所称保证,是指保证人和债权人约定,当债务人不履行债务时,保证人按照约定履行债务或者承担责任的行为"及《最高人民法院关于适用〈担保法〉若干问题的解释》(以下简称《担保法解释》)第22条第1款关于"第三人单方以书面形式向债权人出具担保书,债权人接受且未提出异议的,保证合同成立"的规定可知,保证人提供保证,是为了保证债权能够得到实现。本案中,高管局并非仅对宜连公司清偿债务承担道义上的义务或督促履行之责,其通过出具《承诺函》的形式为自身设定的代为清偿义务的意思表示具体明确,故《承诺函》具有保证担保性质。该《承诺函》被招行深圳分行接受,双方成立保证合同。

综上,高管局、高速公路总公司上诉主张《承诺函》仅为道义上的安慰函,缺乏事实及法律依据,不能成立。

关于《承诺函》的效力,二审法院认为,根据《担保法》第9条关于"学校、幼儿园、医院等以公益为目的的事业单位、社会团体不得为保证人"的规定,高管局作为湖南基础设施高速公路的建设、管理事业单位,不得作为保证人,《承诺函》因违反法律强制性规定应认定无效。一审判决关于"高管局单方承诺为自己设定前述义务,没有违反法律法规的禁止性规定"的认定,认定事实及适用法律不当,予以纠正。

B. 高管局的责任承担

招行深圳分行共计向宜连公司发放贷款3.6亿元,宜连公司在偿还600万元后,没有依约偿还剩余贷款本息。后招行深圳分行与建行湖南分行提起诉讼向宜连公司主张权利,各方在法院主持下达成调解书。因宜连公司仍未按照调解书内容履行义务,招行深圳分行与建行湖南分行向法院申请强制执行。现调解书的执行程序已经终结,招行深圳分行的债权仍未实现,损失客观存在。《担保法解释》第7条规定:"主合同有效而担保合同无效,债权人无过错的,担保人与债务人对主合同债权人的经济损失,承担连带赔偿责任;债权人、担保人有过错的,担保人承担民事责任的部分,不应超过债务人不能清偿部分的二分之一。"本案中，如前所述，《承诺函》因违反法律强制性规定而无效。高管局作为出具人，明知自身不具备保证人资格仍出具《承诺函》，具有过错。而招行深圳分行作为专业的金融机构，明知高管局作为事业单位，不能成为保证人，其仍要求高管局出具《承诺函》，招行深圳分行亦存在过错。故综合本案成讼原因、当事人的实际损失及过错程度，法院酌定高管局对宜连公司不能偿还招行深圳分行的贷款本息455122158.5元及以3.54亿元为基数按《人民币资金银团贷款合同》的约定计算自2016年4月23日起至付清之日的利息、罚息、复息承担三分之一的赔偿责任。一审判决认定高管局应全额回购宜连高速公路经营权，并以回购款项支付招行深圳分行全部贷款本息，既超出了当事人诉请的范围，亦与查明事实不符，法院予以纠正。

C. 高速公路总公司的连带清偿责任

从主体上看，高管局为事业单位法人，高速公路总公司为企业法人，二者主体性质不同，均具有独立承担民事责任的能力。高管局作为事业单位行使管理职能的目的主要为湖南省高速公路建设、管理、确保畅通提供保障。而高速公路总公司自身具有营业执照，系独立核算、自负盈亏的企业法人，经营范围主要为全省高速公路建设、养护、管理和沿线开发，从事投资经营活动。高管局与高速公路总公司虽为"一套班子、两块牌子"，两单位领导班子成员既担任高管局的职务，同时也担任高速公路总公司相应职务，但此种一人分任多职的行为并不为法律所禁止，不能仅以此作为高管局、高速公路总公司存在人员身份混同的依据。且招行深圳分行亦未提供有效证据证明高管局与高速公路总公司存在财务混同之情形。故一审判决关于高速公路总公司与高管局人员、机构、业务混同，高速公路总公司应承担连带清偿责任的认定，理据不足，法院亦予纠正。

3. 案例评析

(1) 承诺函的法律性质

《承诺函》的法律性质与效力都不能一概而论，要看具体的条款表述及实质安排。案例一认为"《承诺函》的性质应当结合文本名称、出具背景、约定内容等事实综合认定"，实为中肯之论。在分析承诺函性质时，可以从以下几方面入手：

① 文本名称

文本的名称并不能决定合同条款、承诺书的性质，但文本名称本身作为意思表示的一个重要组成部分，蕴含了一定的信息量。案例一的文本名称并未直接表述为"安慰函",这被二审法院用来排除《承诺函》的安慰函性质,为将《承诺函》论证为保证合同打下基础。当然,仅仅文本名称还不能说明问题,需要结合出具背景和约定内容等。

② 出具背景

应当根据"目的解释",着重审查当事人在出具承诺函时的真实目的和该信函出具以后造成的实际后果,而不能机械地认为函件中没有使用"担保""保证"等字眼就一定不构成保证合同。[①] 案例一中《承诺函》签订于项目开工建设之后、签订《人民币资金银团贷款合同》之前,因此法院认为其出具原因是为了保障招行深圳分行信贷资金安全,化解招行深圳分行贷款风险,实质目的则为确保宜连公司获得贷款。这与保证合同的功能一致,因此定性为保证。类似案例有中国银行(香港)有限公司(以下简称"香港中银")与台山市电力发展公司、台山市人民政府、台山市鸿基石油化工有限公司、台山市财政局担保合同纠纷案[②]。台山市政府与香港中银等债权人签订的《和解协议》中的附表二列举了抵押、质押、保证及其他担保,台山市政府出具的《承诺函》即在此附表二中。这种安排表明《承诺函》具有明确的担保意思表示。

也有最高法案例基于《承诺函》出具背景,分析后得出与案例一相反的裁判结论,如佛山市人民政府与交通银行香港分行(以下简称"香港交行")担保纠纷案[③]。该案中最高法认为,在香港交行向中亚公司和景山公司出具的授信函中,《承诺函》均在这些授信函中被列入区别于"保证"的"其他"文件项下,这说明香港交行明知《承诺函》并非保证函。另外,从佛山市政府与香港交行之间的三次座谈会纪要的记载来看,香港交行从未要求佛山市政府承担保证责任或代中亚公司、景山公司还款,佛山市政府也未作出过承担保证责任或代企业还款的意思表示,而双方谈到的解决途径均是政府在适当时机对企业进行资产重组,以解决原有债务。后佛山市政府亦批复同意了佛山市有关企业与香港交行商定的企业重组计划。综上,佛山市政府从向香

[①] 《民法总则》第142条规定:"有相对人的意思表示的解释,应当按照所使用的词句,结合相关条款、行为的性质和目的、习惯以及诚信原则,确定意思表示的含义。无相对人的意思表示的解释,不能完全拘泥于所使用的词句,而应当结合相关条款、行为的性质和目的、习惯以及诚信原则,确定行为人的真实意思。"

[②] 最高人民法院(2011)民申字第1209号。

[③] 最高人民法院(2004)民四终字第5号。

港交行出具的书面文件上，到实际的行动上，从未有过承担保证责任或代所属企业还款的意思表示，其向香港交行出具的《承诺函》并不构成我国担保法意义上的保证。

③ 约定内容

还应当根据"文义解释"，从承诺函的用语措辞和具体内容上探究各方当事人的真实意思表示。若承诺函中明确表达了愿意代债务人清偿债务或承担担保义务、保证债务人还款（承诺的意思需以主债务人不履行债务为前提）等内容的，应当认定为保证；若承诺函中仅表明出具人愿意承担纯粹道义上的督促、支持责任，则不应认定为保证。

承诺函中的用语和措辞越确定、越具体，越有可能构成保证。例如，"如借方出现违约，在接到贵方索赔通知十五个工作日内我方将予以解决"的表述就比"如借方出现违约，我方将在适当时候加以解决"的表述具体得多。因此，前者也更加容易被推定为构成保证合同。[①] 案例一中，高管局承诺"按《特许合同》第15.6条之规定全额回购宜连高速公路经营权"，而《特许合同》第15.6条的约定非常明确具体，因此最高法认为其已经清楚表明保证的意思表示。又如在香港中银与台山市电力发展公司、台山市人民政府、台山市鸿基石油化工有限公司、台山市财政局担保合同纠纷案[②]中，台山市政府出具的《承诺函》中载明"我市人民政府将竭尽所能，确使借款人履行其在贵行所使用的银行便利/贷款的责任及义务。并在贵行要求时，全部承担借款人的有关责任和义务"，亦被最高法认为有着明确的保证意思表示，属于保证性质。而在佛山市人民政府与香港交行担保纠纷案[③]中，《承诺函》载明"如该公司出现逾期或拖欠贵行的贷款本息情况，本政府将负责解决，不让贵行在经济上蒙受损失"。最高法认为"负责解决""不让贵行在经济上蒙受损失"并无明确的承担保证责任或代为还款的意思表示，不构成保证合同。

④ 承诺主体

除了案例一中明确列举的要素外，还须注意，只有主合同之外的第三方作出的回购等承诺才有可能构成保证。担保法意义上保证，是指债的关系之

[①] 董勤:《我国法院在承诺函性质认定中存在的问题及晚上对策》，载《行政与法》2008年第6期。
[②] 最高人民法院（2011）民申字第1209号。
[③] 最高人民法院（2004）民四终字第5号。

外的第三人向债权人承诺债务人肯定会履行自己的债务,当日后债务人不履行债务时,该第三人代替债务人向债权人履行或赔偿债权人的损失。[1] 案例一中《特许合同》第 15.6 条约定的回购主体是湖南省宜章县政府,而非高管局。《特许合同》约定的是出让方的回购义务,而案涉争议是《承诺函》载明的第三方(高管局)的回购义务。这两个回购义务的法律性质是不一样的:前者为主合同约定义务,后者则为第三人保证合同义务。只有后者才会构成保证担保。

承诺主体问题似乎不言而喻,无须过多关注,但实际上很容易被忽略或混淆。比如某篇同样分析案例一的文章[2],对回购条款的法律性质作了很多类案研究。如作者梳理出国际信托公司与三联公司、温商投资公司等借款合同纠纷案[3]将回购定性为借贷,渤海信托与富源城公司、燕港公司借款担保合同纠纷[4]等案将回购定性为独立的合同义务,有色金属公司与信托公司营业信托纠纷案[5]将回购定性为收益权返售回购法律关系等,从而得出回购承诺函可能会被认定为借贷、独立合同义务、保证等多种法律性质。这种类案研究素材确实非常丰富,但却混淆了一个基本问题:即这些案件都是由主合同当事人作出的回购承诺,而非第三方作出,所以这些案件无论如何论证都不可能被定性为保证担保,因而根本就不是类案,也就失去了类案研究的价值。

主合同中的回购承诺条款,与第三方出具的回购承诺函,是两回事。回购承诺若由主合同当事人作出,属于主合同的回购条款或保本保收益条款(对此第一章"资管保本保收益条款的法律效力"部分已进行了分析),有可能被定性为借贷、收益权返售回购、独立的合同义务等。但只有当回购承诺由第三方作出时,才会涉及是否被定性为保证担保的问题。简言之,回购承诺函的法律性质只有三种可能——要么构成保证,要么仅为安慰函(无法律责任),要么构成独立的合同义务(财政支付协议、资产回购协议等)。并不存在被定性为借贷、收益权返售回购等其他法律关系的可能性。

---

[1] 杨会:《担保法》,北京大学出版社 2017 年版,第 27 页。
[2] 《案例评析 | 最高院认定单方回购承诺构成保证担保》,载"金融法律评论与实务"公众号,https://mp.weixin.qq.com/s/nBQUgGRsDagQsyWXJCHSgA,2022 年 3 月 28 日访问。
[3] 重庆市高级人民法院(2015)渝高法民初字第 00025 号。
[4] 河北省高级人民法院(2015)冀民二初字第 14 号。
[5] 最高人民法院(2016)最高法民终 233 号。

有些情况下回购承诺构成安慰函。南京中山园林建设（集团）有限公司、唐山市丰南建设投资有限公司建设工程施工合同纠纷案[①]中，丰南区财政局出具的《承诺函》，案涉项目按照BT模式由丰南建投进行市场化运作，为保证回购资金安排及时到位，丰南区政府承诺"从财政性资金中安排给丰南建投用于支付项目回购款"。法院认为，《承诺函》仅体现丰南区政府对案涉项目的支持，并不能认定丰南区政府自愿承担丰南建投的债务，不构成连带保证。《承诺函》也并未载明丰南区财政局或者丰南区政府承担回购义务，所以无须承担法律责任。

在另一些情况下，承诺函构成了独立的合同义务。在这些承诺函中，国家机关或公益性事业单位、社会团体并非作为第三人出现，而是作为主合同当事人。例如，某些财政《承诺函》的内容主要是"根据XX人大常委会XX号决议，承诺将上述融资本息（回购资金）纳入相应年度（或中长期）财政预算予以安排"。这类承诺的内容是在相应年度的财政预算中进行安排的一种行为，不是担保法上的保证。此类承诺函并未要求融资主体（地方政府平台公司、城投公司）先行还款、不还款才由财政支持或回购，而是直接由财政支出作为还款来源，《承诺函》安排的还款资金对金融机构来说是第一还款来源，而不是第二还款来源（保证、抵押、质押）。所以此类《承诺函》就不应定性为保证担保。同时，该承诺安排经过人大的预算批准，且有具体的本息金额，属于政府基于预算支出的对外承诺，具有合同的法律效力，不属于安慰函。又如，在龙江银行股份有限公司大庆分行、中国建设银行股份有限公司大庆分行民间借贷纠纷案[②]中，银行出具《承诺书》所承诺的内容是用于临时周转和偿还旧借款，然后重新发放贷款，并确保新贷款用于偿还"过桥贷款"。法院认为《承诺书》中并未含有担保的意思表示，形成的是独立合同关系，应承担违约责任。在中国城市建设控股集团有限公司与安信信托股份有限公司营业信托纠纷案[③]中，法院认为《承诺函》载明的中城建公司就河南中城建公司向安信公司支付案涉回购总价款的义务，构成债务加入。

（2）回购承诺函的法律效力

一般而言，关联企业出具的回购承诺函有效，国家机关或公益性事业单

[①] 最高人民法院（2017）最高法民终148号。
[②] 最高人民法院（2017）最高法民申2394号。
[③] 最高人民法院（2018）最高法民终867号。

位、社会团体出具的回购承诺函无效。

《合同法》遵循意思自治的原理，民商事合同中的约定只要不存在《合同法》第52条规定的合同无效情形，合同即为有效。现有的法律、行政法规并不禁止关联企业之间作保证担保，从司法实践来看，法院一般也都认可回购条款的效力。如青海省公路桥梁工程集团有限公司与华勤投资有限公司、王文印信托资产回购纠纷案[1]中的《声明与承诺函》由青海省公路桥梁工程集团有限公司出具，内容为："承诺如果至《信托协议》期满，路桥仍未能获得中国证监会发行审核委员会审核通过其（指路桥股份公司）公开发行股票的申请，则我公司将按贵公司的要求，按此次转让时对等的净资产折扣比例价格，收购《信托协议》项下的信托财产。"法院认定其目的是向接受承诺方直接购买信托财产并支付对价，为独立交易协议，协议有效。上海融泓股权投资基金管理有限公司、上海亚华湖剧院经营发展股份有限公司等与顾蓓君借款合同纠纷案[2]中，关联企业亚华湖公司、福客公司、诚亚公司各出具承诺书一份，载明三家公司未来一年的特定收入优先用于支付上述股权投资基金的本金及收益，法院认可了其法律效力。俞某与浙嘉公司、庸恳公司保证合同纠纷案[3]中，法院认为："被告辩称该承诺函违反《私募投资基金监督管理暂行办法》第15条而无效，本院认为依据《合同法》第52条第5项，违反法律、行政法规的强制性规定的合同无效。本案被告所称的该暂行办法的性质为部门规章，并非法律、行政法规，且第15条为管理性规定而非效力性强制性规定，该条也仅规定私募基金管理人、私募基金销售机构不得向投资者承诺投资本金不受损失或者承诺最低收益，并未限定第三人为之提供担保，故该承诺函具有法律效力，对于被告的此项辩称本院不予采信。"著名的世恒公司、迪亚公司与海富公司、陆波增资纠纷案[4]中，虽然最高法基于资本维持原则否定了投资者与目标公司本身之间对赌协议的效力，但目标公司股东对投资者的补偿承诺或股权回购承诺不违反法律法规的禁止性规定，是有效的。

当作出回购承诺的主体为机关法人、公益法人或非法人组织时，其效力就会被否定。法律依据为《民法典》第683条、《担保制度解释》第5条等，

---

[1] 最高人民法院（2008）民二终字第96号。
[2] 上海市第二中级人民法院（2017）沪02民终1878号。
[3] 上海市浦东新区人民法院（2015）浦民一（民）初字第43690号。
[4] 最高人民法院（2012）民提字第11号。

这些条款属于法律强制性规定，违反则合同无效，如案例一等。需要注意的是，《担保制度解释》第6条也规定了公益法人担保合同无效的例外情形，主要是以公益设施以外的不动产、动产或财产权利设立担保物权的或者是在购入或以融资租赁方式承租公益设施时为出卖人、出租人担保价款或租金实现而设置的保留所有权。

申言之，要避免保证性质的回购承诺函被认定为无效，就应尽量让关联企业或从事经营活动的非营利法人作为《承诺函》的出具人（而非国家机关或公益性事业单位、社会团体）。如在案例一中，若《承诺函》的出具人不是高管局，而是高速公路总公司，其法律效力就极有可能被法院认可。

(3) 回购承诺函无效后的法律责任承担

作为保证合同的承诺函，因违反法律强制性规定而无效，其赔偿责任按照《担保法解释》第7条规定处理。案例一认为，高管局明知自身不具备保证人资格仍出具《承诺函》，具有过错，遂酌定高管局承担三分之一的赔偿责任。注意，《担保制度解释》出台后，对《担保法解释》中关于担保合同无效时的担保人赔偿责任有所修改：一是增加规定了债权人有过错而担保人无过错时，担保人不承担责任的规定；二是担保人有过错而债权人无过错时，担保人对债务人不能清偿的部分承担赔偿责任，其性质属于补充责任而非原《担保法解释》中的连带赔偿责任，同时延续了赔偿责任的上限即债务人不能清偿部分的二分之一或三分之一的规定。因此，往后的案例中，在担保合同无效情形下，担保人的赔偿责任有所减轻。

作为对比案例，香港中银与台山市电力发展公司、台山市人民政府、台山市鸿基石油化工有限公司、台山市财政局担保合同纠纷案[①]同样认定了台山市政府出具的《承诺函》属于无效担保，但却最终判决台山市政府无须承担赔偿责任。其理由是："虽然案涉保证合同为无效合同，但是保证合同约定的或者法律规定的保证期间仍然具有法律意义，债权人在保证期间没有向保证人主张权利的，保证人不再承担无效保证的赔偿责任。因此，新华银行在保证期间没有向台山市政府主张保证责任，则台山市政府对无效保证合同的赔偿责任也相应免除。"该案确立了一个有争议的裁判规则。

笔者认为，以上案例属于常规法律分析，具有参照价值；但台山案的分

---

① 最高人民法院（2011）民申字第1209号。

析争议太大，并无坚实的法律依据，须慎重参照。案例一对是否已经超过保证期间的问题并未加以讨论，采取了回避态度[①]。这是裁判疏忽，还是有意为之，不得而知。

4. 实务建议

（1）就银行而言，不能因为政府机关、事业单位、关联公司出具了《承诺函》，就想当然地认为构成保证担保，直接予以放款。这是风控不到位的表现。

（2）就《承诺函》的出具方而言，若并无保证之意，则应当对《承诺函》的措辞小心斟酌。有两种方案：

第一，如出具方不想承担法律责任，可将《承诺函》的措辞写得模糊一些。承诺函中的用语和措辞越确定、越具体，越有可能构成保证；用词越笼统、越模糊，就越有可能构成安慰函。

第二，如出具方试图体现回购的交易性质（并非不想承担法律责任，而是试图构建资产交易架构），则相关交易术语应避免出现保证担保的语义或措辞。最好采用双方资产转让协议的方式，详细约定回购的期限/条件、标的、价格以及方式等，使用"转让/受让""购买/出售""价格/价款""交割/结算"等术语，避免使用"确保""保证""担保""保障"等容易引起歧义的表述。[②]

（3）就银行而言，要避免保证性质的回购承诺函被认定为无效，就应尽量让关联企业或从事经营活动的事业单位、社会团体作为《承诺函》的出具人（而非国家机关或公益性事业单位、社会团体）。这种事前的风控审查非常重要，可能会影响到数亿损失的挽回，需要高度重视。

当然，就《承诺函》的出具方而言，出具主体的选择依其具体意愿而定。

（4）在诉讼中，要让"一套班子、两块牌子"的两个单位承担连带责任，仅提供领导人兼任的证据还不够，更重要的是提供业务混同与财务混同的证据。

[①] 判决书并未明确主合同的具体履约期限、是否分期还款，只是笼统提及2009年8月20日签订的《人民币资金银团贷款合同》贷款期限为16年、"未能按约偿还贷款本息"，所以我们也无从判断是否已经超过了保证期间。

[②] 王晓明、郭香龙：《担心的事儿还是发生了！最高法院：单方回购承诺构成保证担保，应适用〈担保法〉确定其法律效力！》，载"出庭艺术"公众号，https://mp.weixin.qq.com/s/q7YugftK8VPUQ5Z9RkePQ，2022年3月28日访问。

（二）构成债务加入的认定

商事交往过程中，为了推进交易达成或者作为金融领域增信措施之一，由交易方或者关联方出具《承诺函》的方式非常普遍。单方出具承诺函的法律性质问题颇多争议。上文分析了最高法将承诺函定性为保证担保的案例，但同样是最高法，也有典型案例认为承诺函构成债务加入。下文拟具体阐述这两种定性的裁判理由，并作出实务建议。

1. 裁判规则

① 单方承诺函原则上尊重意思自治，不存在违反法律、行政法规的强制性规定和其他法定无效情形的，均应认定有效。

② 单方承诺函的性质在实践中仍有不同理解，需要根据具体情形进行认定。一般来说，认定承诺构成债务加入或构成保证担保：主要为原债务人的利益而为承担行为的，可以认定为保证；承担人有直接和实际的利益时，可以认定为债务加入。

③ 认定构成债务加入的，独立承担承诺函中允诺的相应法律责任；构成保证担保的，作为主债务的从债务，依法享有担保法的抗辩权利，并在担保无效时承担相应赔偿责任。

2. 典型案例[①]

（1）案情简介

2015年12月9日，河南中城建公司（合同甲方，即转让方）与安信信托股份有限公司（合同乙方，即受让方，以下简称"安信公司"）签订《转让及回购合同》一份，约定：甲方合法持有河南鹤辉高速公路建设有限公司95%股权所对应的股权收益权，乙方受甘肃银行股份有限公司委托设立"河南鹤辉股权收益权单一指定用途资金信托"；由甲方自愿向乙方转让其合法享有的股权收益权，乙方根据本合同约定向甲方支付股权收益权转让价款8亿元（具体以本信托委托人实际交付的信托资金总额为准）；本项目收益权的转让期限为贰年，即自2015年12月9日起至2017年12月9日止，合同中明确核算日指2016年6月20日、2016年12月20日、2017年6月20日以及本信托终止日或提前终止日。同时，合同第1.12条明确，年指360天。合同第4.2.1条约定，甲乙双方同意并确认：转让期限届满，甲方应无条件回购

[①] 中国城市建设控股集团有限公司与安信信托股份有限公司营业信托纠纷案［（2018）最高法民终867号］。

全部股权收益权,并应按本条如下规定向乙方支付回购总价款,回购总价款＝回购价款＋回购溢价款。合同第4.2.2条约定,回购价款金额与股权收益权转让价款一致,为人民币捌亿元整(￥800000000.00元),甲方应于信托到期前一次性支付回购价款。回购溢价款＝甲方实际占用的信托资金×7.5%/年×股权收益权转让价款支付至甲方转让价款使用账户之日起实际存续天数/360。

同日,中国城市建设控股集团有限公司(以下简称"中城建公司")向安信公司出具《承诺函》一份:经认真审阅贵司与河南中城建投资有限公司于2015年12月9日签署的编号为AXXT(2015)DY209-ZRHG的《河南鹤辉股权收益权转让及回购合同》(以下简称《转让及回购合同》)等相关文件,特承诺如下:一、若《转让及回购合同》项下的甲方(河南中城建公司)依据《转让及回购合同》的约定,在向乙方(安信公司)回购股权收益权并支付回购总价款(含回购价款及回购溢价款)过程中的任一约定支付日/核算日/付款日(含提前回购日)之后3个工作日内仍未付款的。二、贵司按照《转让及回购合同》的约定未从河南中城建公司获得股权收益权回购价款和回购溢价款的。发生上述任一情形时,本公司将在贵行发出《股权收益权受让通知书》后5个工作日内无条件收购贵司所持有的上述股权收益权,收购的价格为:(1)贵司受让股权收益权而支付的信托资金;及(2)该信托资金自信托计划运作起始日(若信托计划曾按约定支付收益,则自最近一次支付收益的收益核算日起。如未曾支付收益,则为该运作起始日,含当日)起按年化7.5%标准计算所得的收益。以上为无条件、不可撤销的承诺,本《承诺函》的内容是本公司的真实意思表示,出具程序符合我《公司章程》规定,且本《承诺函》一经作出,中城建公司任何情况下均无权撤回。

合同签订后,安信公司依约支付股权收益权转让款,河南中城建公司在2016年6月20日支付了第一期回购溢价款。2016年12月20日第二期回购溢价款未能全额支付,尚余1250万元。直至2017年5月15日,安信公司依据《承诺函》约定向中城建公司发出《股权收益权受让通知书》,通知中城建公司收到通知书起5个工作日内无条件将《承诺函》中约定的回购总价款支付至安信公司收款账户。中城建公司收函后未付款,安信公司遂提起诉讼,诉请要求中城建公司向安信公司支付回购款人民币824666666.67元,包括回购基本价款800000000.00元和回购溢价款24666666.67元(暂算至2017年11月15日,其后仍按年7.5%不停止计算),并要求中城建公司支付安信公司律师代理费和差旅费。

（2）争议焦点

①《承诺函》的性质及效力如何认定？

② 安信公司诉请的股权收益权回购价款及回购溢价款计算是否准确？

（3）裁判要旨

①《承诺函》的性质及效力认定

安信公司认为，该承诺属于中城建公司单方允诺的民事法律行为，安信公司接受且无异议，具有法律效力，中城建公司应依据《承诺函》承担相应的责任。中城建公司认为，该承诺是一般保证，其与安信公司应当是一般保证法律关系。

一审法院认为，中城建公司所作承诺系其单方允诺的法律行为，所承诺的是其以回购股权收益权的方式，偿付河南中城建公司所欠安信公司的全部股权收益权回购价款及回购溢价款。中城建公司单方承诺为自己设定上述义务，系其真实意思表示，没有违反法律法规的禁止性规定，且该承诺已被安信公司接受，根据《合同法》第8条"依法成立的合同，对当事人具有法律约束力。当事人应当按照约定履行自己的义务，不得擅自变更或者解除合同。依法成立的合同，受法律保护"的规定，承诺一经作出即具有法律效力。

《承诺函》中明确了中城建公司履行义务的前提，现河南中城建公司未按《转让及回购合同》履约，并已存在无法按时付款的情形，中城建公司承诺无条件收购安信公司所持有的股权收益权条件已成就，基于上述对《承诺函》的认定，故安信公司以营业信托纠纷案由起诉要求中城建公司支付回购总价款，包括回购基本价款和回购溢价款的诉讼请求，符合合同约定和法律规定，予以支持。中城建公司关于其诉讼主体不适格及应承担一般保证的抗辩，不予采纳。

二审法院认可《承诺函》系中城建公司的单方允诺，该承诺经安信公司接受，双方达成合意；且二审法院进一步认定，中城建公司就河南中城建公司向安信公司支付案涉回购总价款的义务，构成债务加入。

二审法院认为，《转让及回购合同》签订同日，中城建公司向安信公司出具《承诺函》，约定为保障安信公司实现《转让及回购合同》项下全部股权收益权回购价款及回购溢价款，如河南中城建公司不回购安信公司的股权收益权，则由中城建公司回购。从该约定中可知，中城建公司在河南中城建公未付款或者安信公司按照约定未获得回购总价款时，即负有回购义务，并不以强制执行河南中城建公司无效果为前提。即，中城建公司不享有先诉抗辩权，其在责任承担上不具有顺位性。故中城建公司关于其与安信公司之间成立一般保证法律关系的上诉主张，不能成立。

② 回购价款及回购溢价款的计算方式

安信公司认为，应当按照《转让及回购合同》中明确的计算公式进行计算，即年的定义为 360 天；而中城建公司认为，《承诺函》中无"年 360 天"的约定，应按一年 365 天的标准计算案涉回购价款及回购溢价款，两种计算金额相差 50 万元。

一审二审法院均认为，《承诺函》中明确，"经认真审阅贵司与河南中城建投资有限公司于 2015 年 12 月 9 日签署的编号为 AXXT（2015）DY209-ZRHG 的《河南鹤辉股权收益权转让及回购合同》等相关文件，特承诺如下"，表明其系在对《转让及回购合同》约定知晓并认可的情况下作出的审慎承诺。因此依照《转让及回购合同》计算并无不当，虽《承诺函》中无明确约定计算方式，确认以一年为 360 天计算股权溢价款。

3. 案例评析

（1）《承诺函》的法律效力

结合上述案例以及最高法的其他案例，《承诺函》的效力一般尊重意思自治原则，除非存在违反法律、行政法规的强制性规定的情形而被认定无效外，原则上均应认定合法有效。

（2）《承诺函》的性质认定

案例二中最高法认为中城建公司出具《承诺函》的行为认定构成债务加入更为合适，而案例一中法院则认为高管局的《承诺函》系针对特定的银行贷款出具，应视为提供保证担保。

① 债务加入中的责任承担不具有顺位性，是并存债务；保证债务则是附属于主债务的从债务

我们具体分析两份承诺函的文字表述，案例二中中城建公司在《承诺函》中写明，如河南中城建公司不回购安信公司的股权收益权，则由中城建公司回购。从该约定中可知，中城建公司在河南中城建公司未付款或者安信公司按照约定未获得回购总价款时，即负有回购义务，并不以强制执行河南中城建公司无效果为前提。即，中城建公司不享有先诉抗辩权，其在责任承担上不具有顺位性，是一个并存的债务承担。

案例一中高管局《承诺函》出具原因是为了保障招行深圳分行信贷资金安全，化解招行深圳分行贷款风险，实质目的则为确保宜连公司获得贷款。承诺函中明确表达："我局承诺按《特许合同》第15.6条之规定全额回购宜连高速公路经营权，以确保化解银行贷款风险"，突出强调了附属于主债务的债务性质。

② 债务加入更强调债务履行的独立性，保证担保则旨在保障主债务的履行

案例二中《承诺函》约定："发生上述任一情形时，本公司将在贵行发出《股权收益权受让通知书》（附件一）后【5】个工作日内无条件收购贵司所持有的上述股权收益权，收购的价格为：……"明确了在特定触发条件下承诺人的债务承担，是一个相对独立的债务，有特定的履行条件和具体的债务履行方式。案例一中的承诺函约定表述为"我局所支付款项均先归还贵行贷款本息"，可以看出高管局的债务承担目的是为保障主债务的履行，有较强的担保属性。

两者有极强的相似性，实践中争议也较大。在认定构成担保还是构成债务加入时，需要根据具体情形以及承诺函的出具过程综合判断。

③ 法律责任不同

需要强调的是，认定构成保证担保还是构成债务加入的法律后果不同：债务加入情形下，承担人在承担后对债权人有清偿或者其他免责行为时，对于原债务人有无求偿权及其求偿范围，需要依据承担人与债务人之间内部法律关系而确定；而在承诺函认定构成保证担保的情况下，保证人承担保证责任后，享有法定的向债务人追偿的权利，若出现担保无效情形，依据《担保制度解释》第17条之规定还需承担一定的赔偿责任。

4. 实务建议

（1）鉴于目前对于承诺函的性质认定上有债务加入和保证担保两种观点，在实务操作中需要根据不同的情形从性质角度出发，就承诺函的文字表述做更为明确的表达。一般来说，担保会比单纯债务加入在合法性方面有更多的问题，但对于承担人而言，可以享有担保法上的免除或减轻担保责任的事由，如构成一般保证的先诉抗辩权，或债权人许可债务转让未经保证人同意的免除保证责任等，同时承担人在承担责任后可以享有法定追偿权。

（2）若以构成担保为目的，承诺函应当强调为原债务人的利益而为承担

行为，同时承诺函的文字表述中需要对所担保的债务做明确界定，否则可能因"没有具体债务数量等合同成立要素条款"而被认定不能构成担保合同［如（2018）最高法民申 4458 号案］；同时需要注意避免存在担保无效等情形。

（3）对于法律明确不能对外设立担保的特定主体或有其他可能担保无效的情形下，在承诺函中需要强调债务加入的性质，明确责任承担的同一性，确定触发特定条件即构成债务加入，并且对于负担债务最好强调特定的、相对独立的履行方式。

五、债务加入人能否向债务人或担保人追偿

《民法典》第 552 条首次在立法中明确了债务加入概念。该条规定债务加入人和债务人承担"连带债务"，但并未明确债务加入人承担清偿责任后是否可以向原债务人的其他担保人人追偿。《担保制度解释》第 13 条规定，存在多位担保人情形下，除有约定相互追偿、连带共同担保或在签合同时有意思联络外，担保人之间没有追偿权。该规则能否类推适用于债务加入人与其他担保人之间的追偿关系也不明确。本书拟依托典型案例，就此问题展开分析。

（一）裁判规则

（1）"借新还旧"情形下，银行向过桥资金提供方出具《承诺函》表示"新贷款发放后用于归还过桥资金"会被法院认定为债务加入；

（2）债务加入法律关系中，债务加入人（银行）和债务人承担连带债务；

（3）银行（债务加入人）承担连带债务后，过桥资金借贷关系归于消灭。担保人提供的担保亦随着过桥资金借贷关系的消灭而归于消灭；

（4）银行（债务加入人）承担连带债务后，不构成债权转移，其与债务人之间的关系，按照其与债务人之间法律关系的性质处理，法律未规定债务加入人承担连带债务后可以向债务人的担保人追偿。银行（债务加入人）无权向担保人追偿。

(二) 典型案例[①]

1. 案情简介

2013年3月28日，被告陕西荟鑫源实业有限公司（以下简称"荟鑫源公司"）在原告成都银行西安分行处办理贷款2500万元。贷款到期后，荟鑫源公司无力偿还。

2014年2月，时任原告业务发展七部经理白某某（负责人），向案外人马某某（过桥资金提供人、债权人）提出由马某某向被告荟鑫源公司出借2300万元，用以归还被告荟鑫源公司在原告的到期贷款，并向马某某出具《承诺书》，加盖原告业务发展七部公章。《承诺书》记载："……介绍马某某给该企业借款2300万元归还了此笔贷款，我部承诺贷款还清后七日内我行续做此笔业务，贷款发放后用于归还马某某借款。若贷款不能按时发放则负责将荟鑫源公司此笔贷款的抵押物解押后转抵押给马某某。"2014年2月21日，马某某与债务人荟鑫源公司、保证人杨某1、杨某2签订《借款合同》。2014年2月24日，马某某借给荟鑫源公司2300万元，为荟鑫源公司归还其所欠成都银行西安分行借款。

后成都银行西安分行通过执行程序偿还马某某2037万元。成都银行西安分行后于2018年8月1日向西安中院提起本案诉讼，请求荟鑫源公司及保证人杨某1、杨某2偿还成都银行西安分行代其偿还的2037万元。

2. 争议焦点

成都银行西安分行是否有权向保证人杨某1、杨某2追偿？

3. 裁判要旨

法院认为：第一，成都银行西安分行向马某某出具《承诺书》的行为构成债务加入。成都银行西安分行向马某某提出由其向荟鑫源公司借款，用于归还荟鑫源公司在成都银行西安分行处的到期贷款，以实现其债权债务关系中的债权，并出具了《承诺书》。已经生效的（2017）陕民终174号民事判决结合《承诺书》的内容，认定成都银行西安分行向马某某作出的意思表示即为保证马某某债权的实现，其愿意以第三人的身份加入案涉新债权债务关系，同时（2018）最高法民申988号民事裁定亦对陕西高院（2017）陕民终174号民事判决的认定予以了确认。对此，法院不持异议。

[①] 成都银行股份有限公司西安分行、杨君恒等追偿权纠纷案［最高人民法院（2021）最高法民申1642号］。

第二，关于成都银行西安分行是否有权向杨某1、杨某2追偿的问题。首先，在债务加入法律关系中，债权人可以请求第三人在其愿意承担的债务范围内和债务人承担连带债务。具体到本案，因荟鑫源公司怠于履行债务，马某某向人民法院提起诉讼，要求成都银行西安分行在其愿意承担的债务范围内承担连带债务，成都银行西安分行亦根据人民法院生效判决向马某某支付了相应款项。至此，案涉债权债务关系为马某某（债权人）向荟鑫源公司（债务人）借款（杨某1、杨某2以全部财产为上述债权提供连带责任保证）这一债权债务关系，则基于成都银行西安分行的清偿而归于消灭。此外，保证合同属于从合同，从合同因主合同的无效或消灭而相应地无效或消灭。上述债权债务关系基于成都银行西安分行的清偿归于消灭，杨某1、杨某2提供的保证担保亦随着案涉新债权债务关系的消灭而归于消灭。其次，根据法律规定，在债务加入法律关系中，债务加入人承担连带债务后，不构成债权转移，其与债务人之间的关系，按照其与债务人之间法律关系的性质处理，法律未规定债务加入人承担连带债务后可以向债务人的保证人追偿。故成都银行西安分行无权向杨某1、杨某2追偿，成都银行西安分行关于原审判决认定成都银行西安分行作为债务加入人在向债权人马某某清偿剩余债务后，不能取得对债权人马某某的保证人杨某1、杨某2的追偿权有误的再审请求，法院不予支持。

一审法院判决：一、被告荟鑫源公司于本判决生效之日起10日内偿还原告成都银行西安分行代偿款2037万元，并赔偿该款项占用期间的利息损失（自2018年3月26日起至本判决确定给付之日止，按照年利率6%计算）；二、被告杨某1、杨某2对上述款项承担连带清偿责任；三、驳回原告成都银行西安分行的其余诉讼请求。

二审法院判决：一、维持一审民事判决书第一项；二、撤销一审民事判决书第二项、第三项；三、驳回成都银行西安分行的其余诉讼请求。

再审法院裁定：驳回成都银行西安分行的再审申请。

（三）案例评析

本案可作为研习债务加入制度的经典案例。该案裁判文书在法律关系上的分析论证是十分成功的，逻辑严谨，论证到位。准确把握了《民法典》债务加入的规则核心，但由于溯及力问题又没有胡乱加入《民法典》条款作为裁判依据。

但问题是，从一审、二审到再审的法官们都没有注意到追偿金额的计算问题，直接默认了债务加入人可向原债务人"全额"追偿。这是一种错误理解。该错误对法官而言可能是个疏忽，但对当事人而言却是一千多万元的风险承担错位。当然，彼时《民法典》未出台，相关规则未完善，不能对裁判者求全责备。

1. 债务加入人与债务人之间的追偿关系

（1）债务加入法律关系中，债务加入人可向债务人追偿

债务加入法律关系体现为《民法典》第552条之规定："第三人与债务人约定加入债务并通知债权人，或者第三人向债权人表示愿意加入债务，债权人未在合理期限内明确拒绝的，债权人可以请求第三人在其愿意承担的债务范围内和债务人承担连带债务。"根据该条，债务加入人和债务人承担"连带债务"。

而《民法典》第519条第2款规定："实际承担债务超过自己份额的连带债务人，有权就超出部分在其他连带债务人未履行的份额范围内向其追偿，并相应地享有债权人的权利，但是不得损害债权人的利益。"[①] 因此在债务加入法律关系中，由于债务加入人和债务人承担连带债务，债务加入人可以向债务人追偿。在本案中，成都银行西安分行作为债务加入人，可向债务人荟鑫源公司追偿。

（2）债务加入人不能向债务人全额追偿

本案对具体追偿金额的计算错误。

若债务加入人与原债务人之间未约定分担份额，则应按《民法典》第519条第1款"连带债务人之间的份额难以确定的，视为份额相同"的规定处理。另依《民法典》第519条第2款"实际承担债务超过自己份额的连带债务人，有权就超出部分在其他连带债务人未履行的份额范围内向其追偿"之规定，债务加入人只能向债务人追偿"超出自己份额的部分"。

在本案中，成都银行西安分行与荟鑫源公司之间未约定分担份额，双方

[①] 《民法典》第178条第2款在总则编对连带责任的承担做了类似规定："连带责任人的责任份额根据各自责任大小确定；难以确定责任大小的，平均承担责任。实际承担责任超过自己责任份额的连带责任人，有权向其他连带责任人追偿。"只是两个条款适用范围有些不同。第178条位于总则编，统辖包括合同、侵权等在内的所有分编中的连带责任。而第519条位于合同编通则，仅处理合同编内的连带债务。两个条款为一般法与特别法的关系。

份额难以确定,应视为份额相同,成都银行西安分行与荟鑫源公司各承担50%的内部责任。成都银行西安分行仅可向荟鑫源公司追偿"超出自己份额的部分",因此只能追偿代偿款2037万元中的50%。

本案一审判决书第一项得到了二审、再审的肯定,都没有注意到追偿金额的计算问题,直接默认了债务加入人可向原债务人"全额"追偿。这是一种错误理解。"可以追偿"不等于"可以全额追偿",还须进一步考虑追偿份额问题。这种错误理解源于思维的惯性。

就责任承担的终局性而言,债务加入与保证有着根本区别。债务加入与连带责任保证尤为相似,债务加入人与保证人都对债务承担连带清偿责任,且都对债权人享有原债务人的抗辩权。不同之处在于,保证债务具有从属性,而债务加入的各个债务之间不具有主从关系,为并行关系。

在连带责任保证中,保证人并非债务的终局承担者,保证人承担保证责任后,在自己承担全部责任的范围内,对债务人享有追偿权。而在债务加入中,连带债务中各债务人均为债务的终局承担者,债务加入人承担债务后,仅就超过其应当承担的部分可以向其他债务人进行求偿。[①]

所以,第三人作出债务加入意思表示时,就要充分意识到自己对该笔债务在终局意义上,已默认替原债务人自愿分担了一半甚至更多的风险。这种风险分担,与担保人可向债务人"全额"追偿的安排相比,责任显然要重得多。毕竟担保人只是先承担了清偿责任,这个清偿责任是暂时的、中转的;而债务加入人的责任与原债务人同样是终局的,两者并行,没有先后、主次之分。担保合同之所以强调从属性,而债务加入根本不提这个问题,皆源于此理。

2. 债务加入人与担保人之间的追偿关系

(1)债务加入人与担保人之间不构成连带债务关系

有观点认为,《民法典》第552条规定了债务加入人承担的是连带债务,依据《民法典》第519条连带债务人之间可以相互追偿,因此债务加入人可以向担保人追偿。这种观点似是而非。

首先,连带债务不能泛泛而谈,是有具体的"连带对象"的。《民法典》

---

① 程啸:《保证合同研究》,法律出版社2006年版,第50—54页;韩世远:《合同法总论(第四版)》,法律出版社2018年版,第636页。

第 552 条仅规定了债务加入人"和债务人"承担连带债务,但并未规定债务加入人"和担保人"是否承担连带债务。因此,该条并未涉及债务加入人承担清偿责任后是否可以向原债务人的担保人追偿的问题。我们必须在《民法典》第 552 条之外,单独考察债务加入人和担保人之间的法律关系。

其次,债务加入人与担保人之间的关系并不符合《民法典》第 518 条规定的连带债务构成要件。《民法典》第 518 条第 1 款规定了连带债务的概念:"债务人为二人以上,债权人可以请求部分或者全部债务人履行全部债务的,为连带债务。"该概念下的连带债务构成要件有二:一是债权人行使权利的对象有任意选择权,二是各债务人均需负有清偿全部给付的义务。在债务加入法律关系中,债务人确为两人以上,债权人也可以请求原债务人、债务加入人以及全额担保人的任一或多位债务人履行全部债务(因此债务加入人与原债务人之间确实构成了连带债务)。这就将一般保证的保证人排除出与债务加入人构成连带债务的范围。因为在一般保证中,一般保证的保证人在主合同纠纷未经审判或者仲裁,并就债务人财产依法强制执行仍不能履行债务前,有权拒绝向债权人承担保证责任。此时,债权人在请求权的行使上要遵循一定的先后顺序,并不具有连带债务中的任意选择权利。另外,并非所有担保人提供的都是全额担保,有些担保人提供的是部分担保。从这个意义上讲,债务加入人与部分担保人也不可能构成连带债务。

更为重要的是,《民法典》第 518 条第 2 款规定了连带债务的发生要件:"连带债权或者连带债务,由法律规定或者当事人约定。"民法奉行私法自治原则,每个人都应当对自己的行为负责,而连带之债各多数当事人之间一人的行为能够对其他当事人的行为发生效力,这显然突破了自己责任的内涵。因此这种多数当事人之间的连带关系或者说发生绝对效力的事项的具体范围,应当以法律的特别规定或者当事人约定为前提。[1] 简言之,不连带为原则,连带为例外。

那么,债务加入人和担保人之间的关系是归入原则,还是属于例外?关键看有没有法律的特别规定,以及个案中是否有当事人的约定。我们主要考察前者。从我国现行法观察,法律规定连带债务或连带责任的条款并不算多,主要是侵权法中对共同侵权的规定、因共有或夫妻关系产生的连带责任、公

---

[1] 王利明主编:《中国民法典释评:合同编通则》,中国人民大学出版社 2020 年版,第 271 页。

157

司证券法中的连带责任、票据连带责任、消法食品安全法中的连带责任等。①其中，涉及保证的连带责任有两种：一是连带责任保证（《民法典》第686条），其内容为连带责任保证人与主债务人对债权人承担连带责任；二是连带共同保证（《民法典》第699条），其内容为两个以上保证人对债权人承担连带责任。前者为保证人和债务人承担连带责任，后者是保证人与保证人承担连带责任，都不是债务加入人和保证人之间的连带责任。因此，目前并没有法律规定债务加入人和保证人之间的连带责任。

概言之，除非债务加入人与保证人之间有约定，两者之间不会构成连带债务。本案中债务加入人成都银行西安分行与保证人杨某1、杨某2之间并没有任何约定，他们之间的关系并不属于连带债务关系。基于此，也就不能适用《民法典》第519条来确定他们之间的追偿关系了。因此，前文观点错误。

（2）担保人之间不得相互追偿规则不能类推适用于债务加入人对担保人的追偿

另有观点认为，"一旦债务加入，意味着要与债务人一起承担连带清偿责任，具有明确的担保功能，与连带担保责任没有什么本质区别。正因为如此，民法典及其担保制度司法解释，才会将债务加入与担保进行差不多的规定，例如'参照公司为他人提供担保的有关规则处理'。根据民法典担保制度司法解释，除非存在司法解释第十三条规定的三种共同担保的情形，否则担保人之间不享有追偿权。因此，本案法院判决债务加入人对担保人不享有追偿权，亦是与民法典的规定是一致的。"② 这又是另外一种似是而非的观点。

首先，债务加入与连带责任保证在责任承担的终局性上有着根本区别。具体请参见上文分析。

其次，该观点理解的《民法典》及《担保制度解释》"将债务加入与担保进行差不多的规定"，是一种误解，实际上两者在各种制度安排上有着诸多差异。该观点引用的"参照公司为他人提供担保的有关规则处理"，应该出自《担保制度解释》第12条。该条完整的表述为："法定代表人依照民法典第五

---

① 朱广新、谢鸿飞主编：《民法典评注：合同编·通则》，中国法制出版社2020年版，第410—430页。该书在这条评注中梳理了分布在现行法中的各类连带责任规范，具有参考意义。

② 李小文：《银行败诉：债务加入人不能向债务人的保证人追偿，甚至亦可能无法向债务人追偿【金融裁判规则345】》，载"金讼圈"公众号，https://mp.weixin.qq.com/s/XS2oc8tsr1KFz0JXFG-sZWA，2022年3月28日访问。

百五十二条的规定以公司名义加入债务的,人民法院在认定该行为的效力时,可以参照本解释关于公司为他人提供担保的有关规则处理。"

请注意,此处所谓"债务加入参照担保规则处理"是有适用情形限制的:一是债务加入人为公司,二是仅在"认定行为效力"时可参照,三是参照的仅为"公司为他人提供担保的有关规则"。换言之,此处的"准用担保规则"是指程序性规则,即债务加入也应当符合《公司法》第16条关于公司对外担保需经有权机关决议的相关要求以及《担保制度解释》对此问题的相关规定。此处之参照,并非泛指,而是特指。

该项特指规则的参照适用之所以被最高法用司法解释的方式固定下来,纯粹是一个特例。责任更重的债务加入,不可能在所有情形下都参照责任更轻的担保规则。这种参照适用,仅在公司债务加入情形下、判断行为效力时可用:"债务加入人承担的责任远远重于保证人。根据举轻以明重的原理,既然为他人提供担保都要按照《公司法》第16条的规定经过公司有权机关决议通过,那么债务加入人如果是公司,其加入债务,当然也应当遵守《公司法》第16条的规定。因此,人民法院在认定该行为的效力时,可以参照《担保制度解释》关于公司为他人提供担保的有关规则处理。"[①]

最后,该观点构筑"债务加入参照担保规则处理"的立场,实际上是希望用《担保制度解释》第13条[②]来参照解释债务加入为何不能向担保人追偿:该条规定存有多位担保人情形下,除有约定相互追偿、连带共同担保或在签合同时有意思联络外,担保人之间没有追偿权;而债务加入人可参照担保规则,因此债务加入人对担保人也没有追偿权。

但笔者认为这种解释路径是错误的:一是《担保制度解释》第13条本身

---

① 最高人民法院民事审判第二庭:《最高人民法院民法典担保制度司法解释理解与适用》,人民法院出版社2021年版,第176页。

② 《担保制度解释》第13条:同一债务有两个以上第三人提供担保,担保人之间约定相互追偿及分担份额,承担了担保责任的担保人请求其他担保人按照约定分担份额的,人民法院应予支持;担保人之间约定承担连带共同担保,或者约定相互追偿但是未约定分担份额的,各担保人按照比例分担向债务人不能追偿的部分。

同一债务有两个以上第三人提供担保,担保人之间未对相互追偿作出约定且未约定承担连带共同担保,但是各担保人在同一份合同书上签字、盖章或者按指印,承担了担保责任的担保人请求其他担保人按照比例分担向债务人不能追偿部分的,人民法院应予支持。

除前两款规定的情形外,承担了担保责任的担保人请求其他担保人分担向债务人不能追偿部分的,人民法院不予支持。

争议重重①；二是《担保制度解释》第13条之规则并不能依照第12条参照适用于债务加入人与其他担保人之间的追偿关系（理由见前文）。

（3）债务加入人不得向保证人追偿

在上文批判性讨论的基础上，笔者提出明确观点：债务加入人承担责任后，无权向保证人追偿。

首先，第三人加入债务后，与原债务人实际上处于同一法律地位，可谓是复制出了另一位主债务人。从来只有担保人承担责任后向主债务人追偿的情形，未见有主债务人承担责任后向担保人追偿的操作。类推之，与主债务人地位相同的债务加入人承担责任后，岂有允许其向担保人追偿之理？此为前文所述债务加入人责任的终局性之体现。②

其次，《民法典》明确规定债务加入不影响保证人的保证责任，可推论得出债务加入人不得向保证人追偿的结论。《民法典》第697条第2款规定："第三人加入债务的，保证人的保证责任不受影响。"若允许债务加入人对保证人追偿，则明显不利于保证人，对保证人的权益增加了不利影响，违背了本条意旨。

最后，债务加入人承担清偿责任并非债权转移，而是法律关系消灭意义上的债务清偿。债务加入人承担连带债务后，主债权债务关系归于消灭；担保人提供的担保亦随着主债权债务关系的消灭而消灭。其与债务人之间的关系，按照其与债务人之间法律关系的性质处理，法律未规定债务加入人承担连带债务后可以向债务人的担保人追偿。因此，债务加入人无权向担保人追偿。此即本章案例的说理路径。

申言之，债务加入人仅得向原债务人追偿超出自己份额的部分，且无权向担保人追偿。

---

① 有观点认为，《担保制度解释》第13条违背上位法《民法典》第519条连带债务人有权向其他连带债务人追偿的规定。但根据本章的分析逻辑，债务加入人与担保人之间不构成《民法》第518条规定的连带债务，进而也就无法适用《民法典》第519条连带债务人有权向其他连带债务人追偿的规定了。同理，担保人与担保人之间其实也没有法律规定其构成连带债务，也就无法进一步适用《民法典》第519条的可追偿规则了。当然，在担保人之间有约定的情形下就构成了连带债务，也就可以使用《民法典》第519条的规定进行相互追偿了。只是在这种情形下，恰恰就是《担保制度解释》第13条第1.2款的内容。因此，《担保制度解释》第13条不仅没有违背上位法，而是对上位法做了正确的解释。

② 担保人之间、债务加入人与担保人之间的追偿都被禁止，但理由有所不同：担保人相互之间无追偿权是因为担保人系为债务人提供担保而非为担保人提供担保，而债务加入人不能向担保人追偿是因为债务加入人的清偿责任具有终局性。

（四）实务建议

1. 在"借新还旧"等操作中，作为增信方的银行应谨慎向过桥资金提供方出具《承诺函》表示"新贷款发放后用于归还过桥资金"。这类承诺函容易被认定为债务加入，从而加重银行责任，并增加追偿困难。

2. 作为增信方，应尽量使用传统的担保手段；或在类担保增信措施中明确表达担保的意思表示，以免产生纠纷后被定性为债务加入，从而造成追偿障碍。如银行可以先将旧债的抵押物注销，再抵押给过桥资金提供方；也可承诺新贷如果批不下来，直接受让过桥资金方的债权，成立债权转移法律关系；等等。

3. 银行应与过桥资金提供方、担保方书面约定追偿权与追偿份额。

六、独立保函的认定

独立保函是指银行或非银行金融机构作为开立人，以书面形式向受益人出具的同意在受益人请求付款并提交符合保函要求的单据时，向其支付特定款项或在保函最高金额内付款的承诺。

独立保函作为一种担保形式在商事贸易中被广泛运用，又因其特殊的性质在司法实践中引发了诸多纠纷。独立性是独立保函最重要的特性之一，保函独立于基础合同是其应有之义。然而实践中保函文本常常会出现文义模糊甚至前后矛盾的情形，导致保函相关方就保函的性质产生争议。司法层面上，各级法院存在不一的裁判认定，给实务操作带来了困难。

《民法典》出台后，独立保函的性质及其认定再次引发各方讨论。本书试通过对司法案例的梳理以总结独立保函认定的相应裁判规则。

（一）裁判规则

（1）保函文本中既约定了"见索即付"等独立付款义务，又约定了承担连带责任保证的，应作有利于保函受益人的解释，认定该保函性质为独立保函。

（2）保函文本中为开立方付款义务设定了前提条件的，各地法院对该保函性质的认定存在争议：最高人民法院基于保函设定付款前提条件不符合"见索即付"的特征，认为无法构成独立保函；浙江省高级人民法院认为结合上下文可知该条件不属于履行付款义务的条件，认可构成独立保函。

(二) 典型案例

1. 北京银行股份有限公司绿港国际中心支行与中信国安资本管理有限公司等合同纠纷案[①]

(1) 基本案情

2015年7月，人保公司作为受托人与作为偿债主体的国安集团签订《投资合同》，约定人保公司承诺将按照本投资合同的约定向国安集团投入投资计划本金。2015年7月1日，绿港支行作为授信人与作为受信人的国安集团签订编号为0289351的《综合授信合同》，约定：最高授信额度为30亿元，其中保函额度折合为30亿元。

2015年7月31日，国安集团向绿港支行提交编号为DG00024150036的《开立保函申请书》，载明：申请人为国安集团，受益人为人保公司；《开立保函申请书》背面为《开立保函协议》，协议载明：在保函有效期内，如发生保函项下索款，担保行依据保函条款进行表面的和形式性的审核，如无不符，担保行即可根据保函规定向受益人履行保函项下的付款责任，并进而向申请人和反担保人索偿。一旦担保行依本协议的规定应当或已经支付保函项下款项，申请人即有义务向担保行作出全额偿付。

2015年7月31日，北京银行作为担保人向人保公司出具编号为DG00024150036的《担保函》，载明：鉴于人保公司拟作为受托人发起设立"人保投控—中信国安棉花片危改项目不动产债权投资计划"，并代表投资计划与国安集团签署了《投资合同》，担保人北京银行特此为保证国安集团履行《投资合同》项下全部债务出具本担保函。担保人承担保证的方式为本息全额无条件不可撤销连带责任保证担保。本保函为独立保函，即使《投资合同》被确认为无效或被撤销，对本《担保函》的效力均无任何影响。如《投资合同》被确认为不成立、不生效、无效、部分无效或被撤销、被解除，则北京银行对于国安集团因返还财产或赔偿损失而形成的全部债务也承担连带保证责任，人保公司有权在此情况下立即向北京银行主张保证责任。在投资合同项下任何债务到期时，如偿债主体没有依照投资合同的约定按时全部清偿该债务，人保公司有权要求北京银行承担保证责任，北京银行承诺在收到人保公司法定代表人或授权代表签字并加盖人保公司公章的书面索赔通知及本

[①] 北京市高级人民法院（2019）京民初47号。

《担保函》正本原件后7个工作日内承担保证责任。

2015年7月31日，国安集团向北京银行出具《承诺函》，载明：国安集团向北京银行申请开立以人保公司为受益人，以《人保投控—中信国安棉花片危改项目不动产债权投资计划》为基础交易合同的编号为人保投控金台〔2015〕57号的融资性保函（简称保函），为此国安集团在此不可撤销的同意、承诺并保证如下：在保函有效期内，北京银行在收到来自受益人的针对本保函项下的索赔通知后，国安集团保证放弃一切抗辩并且无条件承担保函项下因北京银行付款而产生的赔付责任。

2019年6月12日，人保公司向北京银行出具《索赔通知》，请北京银行根据《担保函》的约定承担保证责任，在收到本索赔通知后七个工作日内将前述款项和逾期产生的违约金划入本投资计划的托管账户。

2019年6月20日，绿港支行向人保公司指定账户分两笔共计付款2712927375元，转账原因均写明为DG00024150036保函赔付款。

2019年6月14日，绿港支行向国安集团出具《关于保函索赔的告知函》，称：绿港支行有权自主审查判断保函索赔请求是否符合保函的规定，并有权自主决定是否付款。绿港支行向受益人履行保函项下的付款责任后，国安集团应立即向绿港支行履行偿付义务。该函附件为人保公司向北京银行出具的《索赔通知》和北京银行向人保公司出具的《担保函》。

（2）争议焦点

《担保函》的性质是什么？

（3）裁判要旨

绿港支行主张其出具的《担保函》的法律性质为独立保函，属于《独立保函司法解释》第3条第1款第（三）项的规定，即"保函具有下列情形之一，当事人主张保函性质为独立保函的，人民法院应予支持，但保函未载明据以付款的单据和最高金额的除外：……（三）根据保函文本内容，开立人的付款义务独立于基础交易关系及保函申请法律关系，其仅承担相符交单的付款责任。"

对此，本院认为：第一，《独立保函司法解释》第1条第1款、第2款规定："本规定所称的独立保函，是指银行或非银行金融机构作为开立人，以书面形式向受益人出具的，同意在受益人请求付款并提交符合保函要求的单据时，向其支付特定款项或在保函最高金额内付款的承诺。前款所称的单据，是指独立保函载明的受益人应提交的付款请求书、违约声明、第三方签发的文件、法院判决、仲裁裁决、汇票、发票等表明发生付款到期事件的书面文件。"本案中，绿港支行与国安集团签订《综合授信合同》，国安集团向绿港支行提出开立以人保公司为受益人的开立保函申请。北京银行向人保公司出具《担保函》，同意在收到人保公司的约定的单据后向人保公司支付相应款项，且债权本金不超过25亿元。北京银行出具的《担保函》的内容符合《最高人民法院关于审理独立保函纠纷案件若干问题的规定》对独立保函的定义。

第二，《独立保函司法解释》第3条第1款第（一）项规定："保函具有下列情形之一，当事人主张保函性质为独立保函的，人民法院应予支持，但保函未载明据以付款的单据和最高金额的除外：（一）保函载明见索即付；"本案中，北京银行出具的《担保函》仅要求人保公司提交约定的书面单据，符合独立保函见索即付的特征。第三，《独立保函司法解释》第3条第1款第（三）项规定："保函具有下列情形之一，当事人主张保函性质为独立保函的，人民法院应予支持，但保函未载明据以付款的单据和最高金额的除外：……（三）根据保函文本内容，开立人的付款义务独立于基础交易关系及保函申请法律关系，其仅承担相符交单的付款责任。"本案中，北京银行向人保公司出具的《担保函》载明，北京银行为国安集团担保的全部债权本金累计金额不超过25亿元。北京银行为保证国安集团履行《投资合同》项下全部债务出具《担保函》，即使《投资合同》被确认为无效或被撤销，对担保函的效力均无任何影响。在《投资合同》项下债务到期时，如国安集团没有依照约定按时全部清偿债务，人保公司有权要求北京银行承担保证责任。北京银行承诺在收到人保公司法定代表人或授权代表签字并加盖人保公司公章的书面索赔通知及本《担保函》正本原件后7个工作日内承担保证责任。上述条款表明北京银行的付款义务独立于《投资合同》这一基础交易，且北京银行仅承担相符交单的付款责任。在人保公司向北京银行发出索赔通知后，绿港支行亦向人保公司支付了赔付款项。综上，法院确认北京银行出具的《担保函》的法律性质应为独立保函。

2. 大连高金投资有限公司等与大连德享房地产开发有限公司企业借贷纠纷案[①]

（1）基本案情

（具体时间不详）借款人德享公司与贷款人高金公司签订编号为001《借

---

① 最高人民法院（2017）最高法民终647号。

款合同》，约定：德享公司从高金公司处借款2000万元，期限从2010年1月4日至2010年4月3日。德享公司应当按合同的时间、金额和币种偿还合同项下的贷款本金。还约定，德享公司提供编号为001《银行保函》为本合同项下的借款提供连带责任担保，当借款人未按时足额偿还贷款本息时，高金公司有权要求担保银行承担担保责任。该001号《借款合同》尾部的年月日处为空白。

（具体时间不详）应德享公司要求，工行星海支行为高金公司出具编号为001《银行保函》，载明：工行星海支行兹开立以高金公司为唯一受益人，总金额为人民币2000万元整的不可撤销保函。保函项下的责任是：如德享公司出现违约事项，工行星海支行在收到高金公司书面索偿通知后的7个法定工作日内即向高金公司无条件支付总金额不超过人民币2000万元的任何款项。以上担保责任方式为连带责任担保。该保函从2010年1月4日开始生效，有效期至2012年12月31日，该保函到期自动失效。

（具体时间不详）德享公司与高金公司签订编号为018《借款合同》，约定：德享公司向高金公司借款1500万元，期限从2010年2月5日至2010年5月4日。德享公司提供编号为018《银行保函》为本合同项下的借款提供连带责任担保。其他条款与001号《借款合同》一致。该018号《借款合同》尾部的年月日处均为空白。

（具体时间不详）工行星海支行为高金公司出具编号为018《银行保函》，载明：工行星海支行兹开立以高金公司为唯一受益人，总金额为人民币1500万元整的不可撤销保函。该保函从2010年2月5日开始生效，有效期至2012年12月31日，该保函到期自动失效。其他内容同001号《银行保函》一致。

上述合同签订后，高金公司分别于2010年1月4日、2010年2月5日以电汇及转账方式，转入德享公司的账户2000万元和1500万元整。

德享公司收到上述款项后，通过华夏银行支付系统于2010年6月3日付款给高金公司340万元，于2010年6月4日付款给高金公司160万元，德享公司的法定代表人戴芳也通过华夏银行支付系统于2011年1月28日分两笔付款给高金公司各400万元，合计800万元。高金公司认可戴芳的付款系德享公司的付款。上述有银行支付系统凭证证明的付款额为1300万元。

另查明：2012年12月24日，高金公司以特快专递方式向工行星海支行发出《催告函》，内容为：就两笔案涉合同的借款，德享公司未予还款，工行星海支行还余本金1500万、2000万及逾期利息未予偿还。依据工行星海支行签订的保函约定,如德享公司出现违约事项,工行星海支行保证在收到书面索偿通知书后的7个工作日内向高金公司无条件支付欠款。辽宁省大连市西岗区公证处于2012年12月24日出具(2012)西证民字第1113号《公证书》,对上述邮寄过程及《催告函》的内容进行了保全证据公证。

2014年11月15日,辽宁人民律师事务所受高金公司委托,再次以特快专递方式向工行星海支行发出《催告函》,载明:……工行星海支行和德享公司迟迟不履行保函内容和法律规定的义务,未能按保函承诺自收到债权人索偿书面通知后,7个法定工作日内向债权人支付保函项下的款项。……因此向工行星海支行再发催告。

再查明:2012年12月24日,高金公司以特快专递方式向工行星海支行发出《催告函》,载明"向我司出具了一份承担连带责任的银行保函"。高金公司在与工行星海支行的另一件企业借贷纠纷,即辽宁省高级人民法院(2014)辽民二初字第00085号案件中亦提交《催告函》一份,该《催告函》系辽宁人民律师事务所受高金公司委托于2014年6月23日向工行星海支行出具,载明"贵行出具保函,属于《担保法》规定的保证"。

(2)争议焦点

工行星海支行出具的两份《银行保函》的性质及效力。

(3)裁判要旨

一审法院认为:工行星海支行出具的两份《银行保函》载明,其为高金公司开立总额分别为2000万元和1500万元的不可撤销保函。保函项下的责任是:如果德享公司出现违约事项,工行星海支行保证在收到高金公司书面索偿通知书后的7个法定工作日内即无条件支付总金额不超过人民币2000万元和1500万元的任何款项。根据《担保法解释》第22条"第三人单方以书面形式向债权人出具担保书,债权人接受且未提出异议的,保证合同成立"的规定,本案的两份《银行保函》在工行星海支行与高金公司之间分别成立保证合同关系。但该《银行保函》中的"不可撤销""无条件支付"等内容,使得保函具有独立担保的性质,在国内担保中,其独立性并不为法律所认可,银行保函中也写明了保证系"连带责任保证",故应认定为连带责任保证方式。

二审法院认为:案涉《银行保函》不属于独立保函,系《借款合同》的从合同。

独立保函,是指银行或非银行金融机构作为开立人,以书面形式向受益人出具的,同意在受益人请求付款并提交符合保函要求的单据时,向其支付特定款项或在保函最高金额内付款的承诺。《独立保函司法解释》第3条第1款规定:"保函具有下列情形之一,当事人主张保函性质为独立保函的,人民法院应予支持,但保函未载明据以付款的单据和最高金额的除外:(一)保函载明见索即付;(二)保函载明适用国际商会《见索即付保函统一规则》等独立保函交易示范规则;(三)根据保函文本内容,开立人的付款义务独立于基础交易关系及保函申请法律关系,其仅承担相符交单的付款责任。"该条第3款规定:"当事人主张独立保函适用担保法关于一般保证或连带保证规定的,人民法院不予支持"。

第一,工行星海支行出具的两份《银行保函》均载明如德享公司出现违约事项,工行星海支行在收到高金公司索偿通知后的7个法定工作日内无条件支付款项。可见,工行星海支行承担责任以德享公司违约为条件,不符合"见索即付"的法律特征。

第二,独立保函开立人的付款义务独立于基础交易关系及保函申请法律关系,其仅承担相符交单的付款责任。《独立保函司法解释》明确规定,"当事人主张独立保函适用担保法关于一般保证或连带保证规定的,人民法院不予支持"。案涉《银行保函》载明"以上担保责任方式为连带责任担保方式",而连带责任保证为担保法所规制的保证责任承担方式,其前提为担保合同作为借款合同的从合同。因此,在保函开立人的责任承担方式上,案涉《银行保函》也不具有独立保函的法律特征。

第三,高金公司起诉主张工行星海支行承担的也是连带保证责任,其向工行星海支行发出的《催告函》也载明"向我司出具了一份承担连带责任的银行保函""贵行出具保函,属于《担保法》规定的保证"。综上,高金公司上诉主张案涉《银行保函》为独立保函,缺乏法律依据,二审法院不予支持。一审判决认定"保函具有独立担保的性质"有误,二审法院予以纠正。

3. 中国建设银行股份有限公司杭州宝石支行等诉中国机械设备工程股份有限公司保证合同纠纷案[①]

(1)基本案情

2005年11月20日,机械设备工程公司和火电建设公司签订《印尼北苏风港2X115MW燃煤电站项目工程施工合同》(合同号为CMEC-LASPP-CT-

---

① 浙江省高级人民法院(2013)浙商外终字第89号。

ZTPC-033/D），机械设备工程公司作为发包人，将拟建设的印尼北苏风港2X115MW燃煤电站项目的施工、竣工和保修承包给火电建设公司。

2006年1月6日，建行宝石支行和火电建设公司签订《出具保函协议书》，约定火电建设公司因印尼北苏风港2X115MW燃煤电站项目需要，申请建行宝石支行为其出具保函，建行宝石支行经审查，同意出具以机械设备工程公司为受益人的履约保函。其中第4条约定，当受益人按保函约定向建行宝石支行索偿时，建行宝石支行在审查有关索赔文件或证明，确认符合保函约定的索偿条件后，无须事先征得火电建设公司的同意即可对外付款，且该付款行为不受火电建设公司与受益人之间基础合同纠纷的影响。同日，建行宝石支行向机械设备工程公司开具《履约保函》（编号为9130-2006-01），写明：本保函作为你方中国机械设备工程公司（受益人）与火电建设公司（申请人）于2005年11月20日就印尼北苏风港2X115MW燃煤电站项目（以下简称"项目"）工程施工合同（以下简称"合同"）的履约保函。建行宝石支行（以下简称"银行"）已接受申请人的请求，愿就申请人履行上述合同约定的义务向你方开立无条件、不可撤销、连带责任的见索即付的独立保函。本银行、本银行的继承人将无追索地向你方以人民币支付总额不超过合同总金额15%，即人民币56153348.00元，保证申请人履行其合同义务。在本保函有效期内，只要申请人未履行合同及其附件中规定的义务，包括双方就合同条款达成的变更、修改和补充义务，无论申请人是否提出异议，只要本银行收到你方关于申请人违约的书面通知，本银行应放弃一切抗辩并立即按你方提出的要求将不超过上述金额的款项支付给你方。本保函的款项构成本银行无条件的、不可撤销的、连带的直接保证责任。对即将履行的合同条款的任何变更，或由你方采取的任何其他行为，均不能解除或免除本银行在本保函项下的连带保证责任。本保函在自开立之日起生效，至申请人完全履行其合同义务并在你方向申请人签发最终完工证书后第31日并收回该履约保函的原件终止。

2010年7月12日，机械设备工程公司向建行宝石支行发出《索赔通知函》，写明：由于保函申请人火电建设公司未能按照施工合同第51.1款、施工合同的补充协议（一）第八款规定履行其义务，机械设备工程公司要求建行宝石支行在收到索赔函之日起5日内无条件地支付保函的全额共计人民币56153348.00元。

2010年7月20日，火电建设公司向建行宝石支行发出《关于要求拒绝赔付的函》，写明：保函的赔付应建立在双方的基础合同履约情形之上。在火电建设公司业已完成工程施工，与机械设备工程公司未进行工程的最终结算的现状下，机械设备工程公司要求兑付保函是不诚信的行为，故请求建行宝石支行拒绝赔付。

2010年8月4日，建行宝石支行向机械设备工程公司发出《拒付通知函》，写明：建行宝石支行于2010年7月13日收到索赔通知函，其认为保函的赔付应建立在机械设备工程公司与火电建设公司基础合同的履约情形之上，而目前基础合同履约情况尚未查明，数额未定，保函赔付暂不能成立。后机械设备工程公司又向建行宝石支行发出律师函催款，但建行宝石支行未予回复。

另查明，印尼北苏风港2X115MW燃煤电站项目系机械设备工程公司从业主印尼国家电力公司处承包的工程项目，其中土建安装部分由机械设备工程公司分包给火电建设公司。机械设备工程公司和火电建设公司签订《施工合同》及《补充协议（一）》《补充协议（二）》后，火电建设公司实施了施工任务。

2011年2月16日，机械设备工程公司向法院提起诉讼。

（2）争议焦点

涉案保函是否为独立保函？

（3）裁判要旨

一审法院：

一、涉案保函是否为独立保函

建行宝石支行认为涉案履约保函并非独立保函，理由如下：1. 涉案保函规定的付款条件为："在本保函有效期内，只要申请人未履行合同及其附件中规定的义务……无论申请人是否提出异议，只要本银行收到你方关于申请人违约的书面通知，本银行应放弃一切抗辩并立即按你方提出的要求将不超过上述金额的款项支付给你方"。付款条件之一"申请人未履行合同及其附件中规定的义务"并非单据化的条件，而且属于"未来的、不确定行为或事件"，不符合独立保函独立性、单据化的要求；2. 涉案保函在约定其为见索即付独立保函的同时，又约定担保人承担连带责任，两者相互矛盾，因涉案保函是机械设备工程公司提供的格式化模板，按我国合同法的规定，应作出不利于格式合同提供方的解释，故涉案保函应认定为从属性担保。

原审法院认为，独立保函是适应国际商业界和金融界的商业实践和国际惯例而产生的一种新类型的担保方式，其与普通担保的主要区别在于，普通担保具有从属性，而独立保函突破了担保的从属性，其独立于基础合同，只要受益人提供了表面与保函条款相符的单据，担保人就必须承担无条件的偿付责任。在本案中，建行宝石支行系对火电建设公司履行《施工合同》约定义务提供保证。如果是普通担保，建行宝石支行是否承担保证责任取决于火电建设公司是否违约，机械设备工程公司必须证明火电建设公司的违约行为及其相应的损失；如果是独立担保，建行宝石支行一旦收到与保函条款相符的单据，即机械设备工程公司发出的关于火电建设公司违约的书面通知，就必须承担偿付责任。从涉案保函的内容来看，虽然存在"只要申请人未履行合同及其附件中规定的义务"的表述，但机械设备工程公司只要向建行宝石支行发出关于火电建设公司违约的书面通知，无论火电建设公司还是建行宝石支行，均无权提出异议或者抗辩，不能进一步要求机械设备工程公司提供证据证明火电建设公司违约的事实，建行宝石支行就应当承担相应的偿付责任。因此，"申请人未履行合同及其附件中规定的义务"不属于保函中约定的建行宝石支行承担保证责任的条件。同时，建行宝石支行并未提供证据证明涉案保函属于机械设备工程公司提供的格式合同。保函中对于建行宝石支行承担保证责任的单据化条件作出了明确的规定，其独立于基础合同（《施工合同》），涉案保函完全符合独立担保的性质和特征，属于独立保函，关于"连带责任"的表述不影响涉案保函为见索即付的独立保函的属性。

二审法院：

涉案履约保函所保证的对象为火电建设公司与机械设备工程公司在印尼北苏风港 2X115MW 燃煤电站项目，虽然本案各方当事人均为我国国内法人，但该保函服务于国际商事交易，应认定该保函中关于独立性的约定有效。

涉案保函系建行宝石支行应申请人火电建设公司申请，出具给受益人机械设备工程公司，现有证据并不能证明该保函系机械设备工程公司提供的格式范本。保函载明："建行宝石支行已接受申请人的申请，愿就申请人履行上述合同约定的义务向你方开立无条件、不可撤销、连带责任的见索即付的独立保函。本银行、本银行的继承人将无追索地向你方以人民币支付总额不超过合同总金额 15%，即人民币 56153348.00 元，保证申请人履行其合同义务。在本保函有效期内，只要申请人未履行合同及其附件中规定的义务，包括双方就合同条款达成的变更、修改和补充义务，无论申请人是否提出异议，只要本银行收到你方关于申请人违约的书面通知，本银行应放弃一切抗辩并立即按你方提出的要求将不超过上述金额的款项支付给你方"。该保函明确其性质为"无条件的、不可撤销的、见索即付"的独立保函，表明建行宝石支行在机械设备工程公司相符交单时的责任为见索即付独立保证。虽然该保函同时使用了担保行即建行宝石支行的责任为连带责任的措辞，但并不足以否定担保行独立保证的意思表示。

(三) 案例分析

1. 独立保函的性质

由于我国对独立保函缺乏相应的立法规定，长期以来司法实践中对于独立保函的性质形成两种意见：一种意见认为，独立保函的性质是独立担保。《民法典》出台前，学者试图从原《担保法》角度寻求法律上的支撑，原《担保法》第5条第1款关于"担保合同是主合同的从合同，主合同无效，担保合同无效。担保合同另有约定的，按照约定"的规定，独立保函就是属于另有约定的内容。《民法典》出台后，有部分学者将最高法《独立保函司法解释》理解为《民法典》第682条所规定的广义的"法律"，为独立担保理论提供了正当性基础。另一种意见认为，独立保函属于非典型担保，独立于《民法典》规定的典型担保形式，其性质类似于信用证，具有单据性。《独立保函司法解释》采纳了第二种意见，即认定独立保函为非典型担保。

考虑到独立保函的单据性特征，若将独立保函归为非典型担保，则与担保的从属性相冲突。《担保制度解释》第2条明确规定："因金融机构开立的独立保函发生的纠纷，适用《最高人民法院关于审理独立保函纠纷案件若干问题的规定》。"因此，将独立保函定性为独立的合同更符合实际，且能最大限度尊重当事人的意见。

2. 独立保函与保证的区分

司法实践中，金融机构开立的保函文本常常会出现文义模糊甚至前后矛盾等有争议情形，主要是以下两类：（1）既约定了"见索即付"等独立付款义务，又约定承担连带保证责任的，例如案例1和案例2；（2）为开立行的付款义务设立条件，例如案例2和案例3。

根据独立保函特殊的法律特征和性质，区分一份保函的性质是独立保函还是保证，关键在于考察保函文本是否为开立人设定了相符交单情形下的独立付款义务。简而言之，根据《独立保函司法解释》第3条[①]的规定，若要

[①] 第三条　保函具有下列情形之一，当事人主张保函性质为独立保函的，人民法院应予支持，但保函未载明以付款的单据和最高金额的除外：

（一）保函载明见索即付；

（二）保函载明适用国际商会《见索即付保函统一规则》等独立保函交易示范规则；

（三）根据保函文本内容，开立人的付款义务独立于基础交易关系及保函申请法律关系，其仅承担相符交单的付款责任。

当事人以独立保函记载了对应的基础交易为由，主张该保函性质为一般保证或连带保证的，人民法院不予支持。

当事人主张独立保函适用 担保法关于一般保证或连带保证规定的，人民法院不予支持。

认定为独立保函，必须要有三要素：第一，保函载明见索即付、约定适用国际商会《见索即付保函统一规则》或者根据文本内容能够确定开立人付款义务的独立性和跟单性；第二，保函必须记载据以付款的单据；第三，保函要载明最高金额。

针对实务中常常存在的第一种有争议的表述，即既约定了"见索即付"等独立付款义务，又约定承担连带保证责任的情形。一方面，若保函完全符合构成独立保函的法律特征，仅仅因为又载明"承担连带保证责任"等表述而否认其性质，有违公平正义，会实际损害受益人的利益。而另一方面，保函中"承担连带保证责任"等的表述可能还存在涉及格式条款的解释规则。《民法典》第98条规定"对格式条款的理解发生争议的，应当按照通常理解予以解释。对格式条款有两种以上解释的，应当作出不利于提供格式条款一方的解释。"在此种情况下，应作出不利于开立方的解释，即应当认定为独立保函。

针对第二种有争议的表述，即为开立行的付款义务设立条件的情况。法院裁判存在争议：最高人民法院基于保函设定付款前提条件不符合"见索即付"的特征，认为不符合独立性特征，无法构成独立保函；浙江省高级人民法院认为结合上下文可知该条件不属于履行付款义务的条件，认可构成独立保函。

对此，保函作为一种履约担保手段，开立方付款的前提即隐含着申请方违约，否则受益人没有请求付款权利、其索赔也将构成保函欺诈。而在实际操作中，认定是否构成独立保函主要还是按照三要素认定，在符合三要素的情况下，即便在保函中约定"如果申请人违约……"等这样的表述，实际上没有对受益人索赔增加额外的条件，结合保函上下文，不应就此否定保函的独立性。当然，为避免不必要的纠纷，当事人在起草独立保函文本时，最好不要约定"如果……""因为……时"等可能被法院认为给开立行付款义务设立条件的措辞，而是直接约定保函开立行在收到约定的单据即应付款即可。

3. 无法认定为独立保函的担保的法律后果

依据《独立保函司法解释》，独立保函必须由银行或者非银行金融机构开立。《九民纪要》第54条规定，银行或者非银行金融机构之外的当事人开立的独立保函，以及当事人有关排除担保从属性的约定，应当认定无效。但是，根据"无效法律行为的转换"原理，在否定其独立担保效力的同时，应当将其认定为从属性担保。

此时，如果主合同有效，则担保合同有效，担保人与主债务人承担连带保证责任。主合同无效，则该所谓的独立担保也随之无效，担保人无过错的，不承担责任；担保人有过错的，其承担的赔偿责任不应超过主债务人不能清偿部分的三分之一。

（四）实务建议

1. 对被增信方而言，类担保增信措施被认定为债务加入会对其更有保障。但对于增信方而言，认定为保证可减轻其责任承担

在类担保增信措施可能构成债务加入或保证担保的两种情形下，相较而言保证担保会比单纯债务加入在合法性方面有更多的要求。因此对被增信方而言，认定为债务加入会更有保障。但对于增信方而言，认定为保证可减轻责任，如享有担保法上的免除或减轻担保责任事由，构成一般保证的先诉抗辩权，或债权人许可债务转让未经保证人同意的免除保证责任等，同时增信方在承担责任后可以享有法定追偿权。

2. 将类担保增信措施认定为担保的注意要点

增信方若倾向于构成担保，则首先应当在文字表达上明确为担保，其次明确约定从属性、保证责任期间与追偿等区别于债务加入的因素。最后，相应增信措施的文字表达中应当强调为原债务人的利益而为承担行为，同时需要对所担保的债务做明确界定，否则可能因"没有具体债务数量等合同成立要素条款"而被认定不能构成担保合同。当然，还应注意避免存在担保无效等情形。

3. 将类担保增信措施认定为债务加入的注意要点

在某些情况下（如法律禁止特定主体对外设立担保等可能导致担保无效），若双方当事人希望增信措施构成债务加入的，则增信措施文件中需要强调债务加入的性质，明确责任承担的同一性，确定触发特定条件即构成债务加入，并且对于负担债务最好强调特定的、相对独立的履行方式，以避免被定性为保证并被认定为无效。

在合同无效的情况下，债务加入的合同亦属无效，债务加入人与原债务人一般同样承担缔约过失责任；而连带保证在主合同无效的情况下，保证合同也无效，但是保证人需承担不超过主债务人不能清偿部分的三分之一的赔偿责任，要严格区分两者可以在责任后果上做倾向性的表述。

4. 将类担保增信措施认定为独立合同的注意要点

若增信方倾向于将交易中的类担保增信措施被认定为独立的合同，则应当注意合同独立性的形成，如设置结构嵌套，将类担保增信措施与基础资产隔离，引入除类担保增信措施之外的其他措施，如收益权回购等，使得合同本身具有混合合同的性质，或使类担保增信措施责任义务人的履行期限、条件等更独立化。如增信方试图体现回购的交易性质（并非不想承担法律责任，而是试图构建资产交易架构），则相关交易术语应避免出现保证担保的语义或

措辞。最好采用双方资产转让协议的方式，详细约定回购的期限/条件、标的、价格以及方式等，使用"转让/受让""购买/出售""价格/价款""交割/结算"等术语，避免使用"确保""保证""担保""保障"等容易引起歧义的表述，以期明确增信措施的法律定性。

第二节　公益担保

司法实践中，学校、幼儿园、医疗机构、养老机构等主体提供担保的情况愈发常见，《担保法》及相关司法解释对于以上主体的对外担保因其"公益属性"而施加诸多限制。实践中对相关法律适用存在较大的争议。《民法典》及《担保制度解释》中对于提供担保的规定以及相应主体的区分存在变化，本书将结合《民法典》《担保制度解释》的规定及相关案例，对于学校、医疗机构提供担保的效力问题作出分析和梳理。

一、公益属性对保证人资格的影响

新旧法律条文对比	
《民法典》	《担保法》
第七十六条　【营利法人的定义和类型】以取得利润并分配给股东等出资人为目的成立的法人，为营利法人。 营利法人包括有限责任公司、股份有限公司和其他企业法人等。 第八十七条　【非营利法人的定义和范围】为公益目的或者其他非营利目的成立，不向出资人、设立人或者会员分配所取得利润的法人，为非营利法人。非营利法人包括事业单位、社会团体、基金会、社会服务机构等。 第一百零二条　【非法人组织的定义和范围】非法人组织是不具有法人资格，但是能够依法以自己的名义从事民事活动的组织。 非法人组织包括个人独资企业、合伙企业、不具有法人资格的专业服务机构等。 第六百八十三条　【保证人的资格】机关法人不得为保证人，但是经国务院批准为使用外国政府或者国际经济组织贷款进行转贷的除外。 以公益为目的的非营利法人、非法人组织不得为保证人。	第八条　国家机关不得为保证人，但经国务院批准为使用外国政府或者国际经济组织贷款进行转贷的除外。 第九条　学校、幼儿园、医院等以公益为目的的事业单位、社会团体不得为保证人。

(一) 法条解读

相较于《担保法》第 8 条、第 9 条，《民法典》第 683 条修改了相关表述，将"事业单位、社会团体"修改为"非营利法人、非法人组织"，并且删除了"学校、幼儿园、医院"的前缀列举，法人的类别如图 3.11 所示：

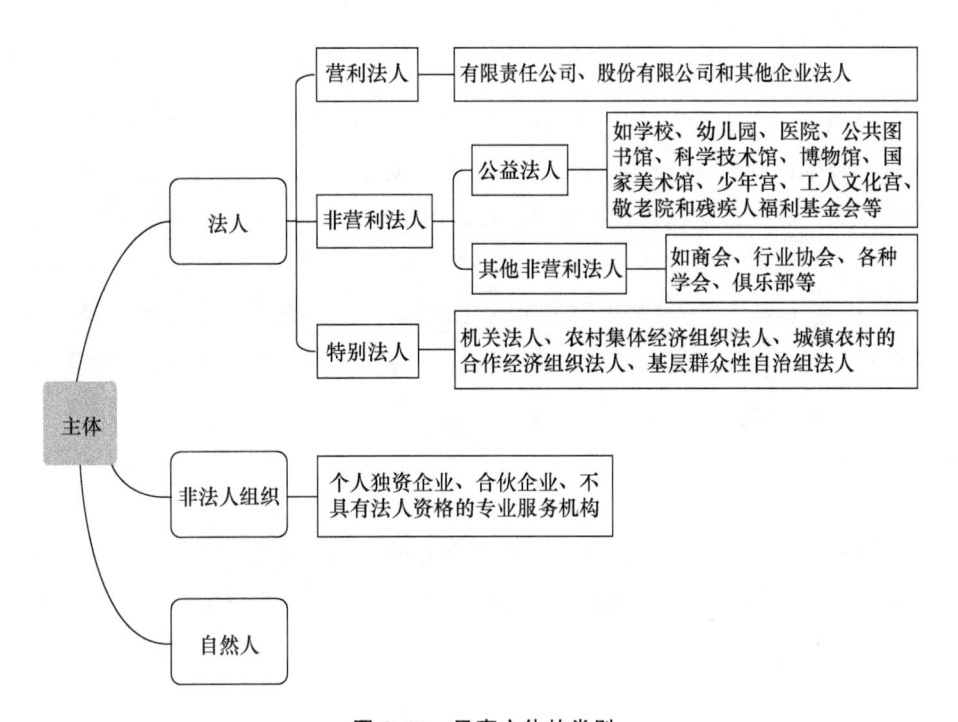

```
主体
├── 法人
│   ├── 营利法人 —— 有限责任公司、股份有限公司和其他企业法人
│   ├── 非营利法人
│   │   ├── 公益法人 —— 如学校、幼儿园、医院、公共图书馆、科学技术馆、博物馆、国家美术馆、少年宫、工人文化宫、敬老院和残疾人福利基金会等
│   │   └── 其他非营利法人 —— 如商会、行业协会、各种学会、俱乐部等
│   └── 特别法人 —— 机关法人、农村集体经济组织法人、城镇农村的合作经济组织法人、基层群众性自治组法人
├── 非法人组织 —— 个人独资企业、合伙企业、不具有法人资格的专业服务机构
└── 自然人
```

图 3.11　民事主体的类别

根据《民法典》第 683 条的规定，以相关主体的性质决定其是否具备保证人资格，列举可以为保证人的主体分类如下：(1) 营利法人；(2) 不以公益为目的的非营利法人；(3) 不以公益为目的的特别法人；(4) 不以公益为目的的非法人组织。[①]

最高人民法院认为：准确认定民办学校、幼儿园、医疗机构、养老机构等法人的性质是营利法人还是非营利法人，在很大程度上取决于登记：在民政部门等部门登记的，往往是非营利法人；而在市场监管部门登记的，则一

[①] 最高人民法院民法典贯彻实施工作领导小组主编：《中华人民共和国民法典合同编理解与适用[二]》，人民法院出版社 2020 年版，第 1299 页。

般是营利法人。

登记为营利法人的学校、幼儿园、医疗机构、养老机构等,即便包含公益属性,其在担保资格上同于一般的公司,可以对外提供担保,包括保证和物保。

(二)典型案例①

1. 案情简介

2013年5月30日,新时代信托公司与中加投资公司签订《信托贷款合同》,约定新时代信托公司以新时代信托·[鑫业536号]中加双语学校扩建信托贷款单一资金信托计划募集的资金,向中加投资公司发放信托贷款。

同日,中加双语学校与新时代信托公司签订《保证合同》约定,为确保《信托贷款合同》项下中加投资公司履行债务,中加双语学校愿意为《信托贷款合同》项下中加投资公司按时依约履行《信托贷款合同》义务提供无限连带责任保证担保。

同日,中加双语学校签署《还款协议书》,自愿为中加投资公司的还款提供无限连带责任担保。

中加双语学校的登记证书显示该学校为民办非企业法人单位,开办资金为2300万元,业务主管单位为马鞍山市教育局,业务范围为九年一贯制学校、普通高级中学。

2. 争议焦点

中加双语学校与新时代信托公司签订的《保证合同》是否有效?《还款协议书》中约定中加双语学校为中加投资公司的还款提供连带责任担保的条款是否有效?

3. 裁判要旨

(1)判断中加双语学校是否具备保证人的主体资格,应以其是否以公益为目的为要件,对此应综合审查其登记情况和实际运行情况。中加双语学校从事办学活动,依法有权向接受教育者收取费用,收取费用是其维持教育教学活动的经济基础,并不能因收取费用而认定其从事营利活动。营利性法人

---

① 马鞍山中加双语学校、新时代信托股份有限公司金融借款合同纠纷[最高人民法院(2017)最高法民终297号]。

区别于非营利性法人的重要特征,不是"取得利润"而是"利润分配给出资人"。中加双语学校章程明确了出资人暂不收取回报,新时代信托公司也未举证证明中加双语学校通过修改章程,报审批机关批准后收取回报。新时代信托公司以民办学校收取费用和合理回报认为中加双语学校具有营利性,最高人民法院不予支持。

(2) 民办非企业单位与事业单位的举办资金来源不同,但均有可能是以公益为目的的,故不能以民办非企业单位并非事业单位、社会团体而当然排除《担保法》第9条的法律适用。本案中,中加双语学校登记证书中记载业务主管单位马鞍山市教育局,业务范围九年一贯制学校、普通高级中学,其招生范围包括义务教育阶段学生。因此,中加双语学校面向社会招生(包括义务教育招生),服务于全体社会成员的利益,是以公益为目的的民办非企业法人。认定其满足《担保法》第9条主体资格的法律要件,符合该条规范的立法目的。

(三) 案例评析

本案系《民法典》及《担保制度解释》实施前作出的判决,但为《最高人民法院民法典担保制度司法解释理解与适用》一书所收录,其裁判规则"判断民办学校是否具有保证人的主体资格,应以其是否以公益目的为要件,对此应综合审查登记情况和实际运行情况。营利性法人区别于非营利性法人的重要特征,不是'取得利润'而是'利润分配给出资人'",与《民法典》以"营利法人""非营利法人"来认定保证人的主体资格的精神一致,并且对于实践中如何判断营利法人或非营利法人,给出了以登记为准的原则性标准。

(四) 实务建议

对于接受学校、医疗机构等提供的担保,建议审查其登记注册机关,以及其章程等文件对于利润分配的约定。

对于登记为有限公司、股份公司类型的学校、幼儿园、医疗机构、养老机构,接受担保应结合《公司法》第16条的规定审查有权机关的决议。

二、禁止抵押的公益设施的范围

新旧法律条文对比		
《民法典》	《物权法》	《担保法解释》
第三百九十九条 【禁止抵押的财产范围】下列财产不得抵押： （一）土地所有权； （二）宅基地、自留地、自留山等集体所有土地的使用权，但是法律规定可以抵押的除外； （三）学校、幼儿园、医疗机构等为公益目的成立的非营利法人的教育设施、医疗卫生设施和其他公益设施； （四）所有权、使用权不明或者有争议的财产； （五）依法被查封、扣押、监管的财产； （六）法律、行政法规规定不得抵押的其他财产。	第一百八十四条 【禁止抵押】下列财产不得抵押： （一）土地所有权； （二）耕地、宅基地、自留地、自留山等集体所有的土地使用权，但法律规定可以抵押的除外； （三）学校、幼儿园、医院等以公益为目的的事业单位、社会团体的教育设施、医疗卫生设施和其他社会公益设施； （四）所有权、使用权不明或者有争议的财产； （五）依法被查封、扣押、监管的财产； （六）法律、行政法规规定不得抵押的其他财产。	第五十三条 学校、幼儿园、医院等以公益为目的的事业单位、社会团体，以其教育设施、医疗卫生设施和其他社会公益设施以外的财产为自身债务设定抵押的，人民法院可以认定抵押有效。

（一）法条解读

关于不能设定抵押的主体，应为非营利法人，且系为公益目成立的非营利法人。

关于禁止抵押的客体，为公益目的非营利法人的教育设施、医疗卫生设施以及其他公益设施，比如教学楼、实验室、实验设备，医院门诊大楼、住院部、X光机、CT机、化验仪器等等[1]。关于如何区分某一设施究竟是公益设施还是非公益设施，一般应当以相关设施的用途来区分：如果某一设施是学校、幼儿园、医疗机构等从事公益活动所必需的，则可以认定属于公益设施[2]。在（2015）民一终字第240号案件中，最高法认为抵押人内蒙古玛拉沁医院提供抵押的国有土地，属于社会公益设施，依法不得抵押；（2016）最高法民再335号中，最高法认为抵押人百盛公司提供抵押的土地属于学校类

---

[1] 最高人民法院民法典贯彻实施工作领导小组主编：《中华人民共和国民法典物权编理解与适用[下]》，人民法院出版社2020年版，第1059页。

[2] 最高人民法院民事审判第二庭：《最高人民法院民法典担保制度司法解释理解与适用》，人民法院出版社2021年版，第129页。

教育公益设施，系法律规定不得抵押的设施。故对于公益设施的区分，并无统一的规定，应从严把握。①

对于被担保人的资格，结合《担保法解释》第53条的规定，非公益设施的抵押，亦应用于为自身债务设定抵押，而不能为他人债务，否则与非营利法人不能为保证人的规定冲突。

三、以公益为目的的非营利法人提供担保的例外

新旧法律条文对比	
《担保制度解释》	《担保法解释》
第六条 以公益为目的的非营利性学校、幼儿园、医疗机构、养老机构等提供担保的，人民法院应当认定担保合同无效，但是有下列情形之一的除外： （一）在购买或者以融资租赁方式承租教育设施、医疗卫生设施、养老服务设施和其他公益设施时，出卖人、出租人为担保价款或者租金实现而在该公益设施上保留所有权； （二）以教育设施、医疗卫生设施、养老服务设施和其他公益设施以外的不动产、动产或者财产权利设立担保物权。 登记为营利法人的学校、幼儿园、医疗机构、养老机构等提供担保，当事人以其不具有担保资格为由主张担保合同无效的，人民法院不予支持。	第五十三条 学校、幼儿园、医院等以公益为目的的事业单位、社会团体，以其教育设施、医疗卫生设施和其他社会公益设施以外的财产为自身债务设定抵押的，人民法院可以认定抵押有效。

（一）法条解读

针对学校、幼儿园、医疗机构等为公益目的成立的非营利法人的教育设施、医疗卫生设施和其他公益设施，《民法典》第399条第3项明确规定禁止抵押，《担保制度解释》第6条规定的例外情形仅限于以上述设施设立融资租赁和所有权保留。此处可能存在争议，即对于融资租赁方式设立的担保，是仅为直租模式，还是包含售后回租模式。售后回租模式当中，出租人与买受人、承租人与出卖人发生竞合，并未新增机构的公益设施，而是以原公益设施融资，那么形式上与以公益设施设定抵押存在重合，存在认定上的疑问。

---

① 以上两则最高法的案例中，内蒙古玛拉沁医院为营利性医疗机构、个人独资企业，百盛公司为有限责任公司，从主体来看，均为《民法典》明确可以提供对外担保的主体。依据《担保制度解释》可能会出现不同的裁判结果。

对于以公益设施以外的不动产、动产设立担保物权。《担保法解释》第53条明确规定为"为自身债务设定抵押",《担保制度解释》第6条第1款规定中并无为自身债务设定抵押的表述,且《最高人民法院民法典担保制度司法解释理解与适用》中对"以公益设施以外的不动产或者动产设定担保物权,是仅限为担保人自身债务提供担保还是可以扩即所有的担保债务?"的问题进行了阐明,明确采纳没有必要进行限制的意见[1]。而《中华人民共和国民法典物权编理解与适用》中,又明确仍应为自身债务设定抵押[2],可见最高法对于该问题的理解存在冲突。

(二)典型案例

私立武穴市百汇学校诉平安国际融资租赁有限公司融资租赁合同纠纷[3]

1. 案情简介

2015年12月29日,平安国际公司与武穴百汇学校签订《售后回租赁合同》,平安国际公司为出租人,武穴百汇学校为承租人,合同约定:由出租人根据承租人要求向其购买合同记载的租赁物,并回租给承租人使用;租赁合同约定租赁期间内承租人应按月向出租人支付租金,每月租金为385700元,租金总额13885200元;租赁期间共36个月,自2016年1月4日至2019年1月4日。

为担保武穴百汇学校履行租赁合同项下各项义务,百汇科贸公司与平安国际公司于2015年12月29日签订《保证合同》。同日,郭峰、胡志敏共同向平安国际公司出具了《保证函》,作为武穴百汇学校履行租赁合同义务的连带责任保证人。

武穴百汇学校登记机关为武穴市民政局,注册资本1000万元人民币,组织类型为民办非企业单位。

2. 裁判要旨

本案系融资租赁合同纠纷。武穴百汇学校与平安国际公司之间所签订的《售后回租赁合同》,以及平安国际公司与百汇科贸公司之间所签订的《保证

---

[1] 最高人民法院民事审判第二庭:《最高人民法院民法典担保制度司法解释理解与适用》,人民法院出版社2021年版,第130页。
[2] 最高人民法院民法典贯彻实施工作领导小组主编:《中华人民共和国民法典物权编理解与适用[下]》,人民法院出版社2020年版,第1060页。
[3] 上海市第一中级人民法院(2018)沪01民终1458号。

合同》和郭峰、胡志敏向平安国际公司出具的《保证函》，均系当事人的真实意思表示，故均为合法有效的合同，相关的融资租赁合同法律关系及保证合同法律关系均应受到法律的保护，各方当事人当恪守履行。武穴百汇学校认为本案的民事法律关系实为民间借贷法律关系，明显与已生效并实际履行的涉案《售后回租赁合同》的相关约定不符，故武穴百汇学校认为其与平安国际公司之间所签订的融资租赁合同当属无效，没有事实依据。

（三）案例评析

本案当中，一、二审法院均认为构成融资租赁法律关系，且未就学校是否可以其教育教学设施等公益设施进行融资租赁展开诉辩和论证，也未就其中可能涉及的担保事项进行效力性的认定，而直接得出了融资租赁合同有效的结论。另外，包括广东省广州市中级人民法院（2020）粤01民终1959号、山西省太原市中级人民法院（2020）晋01民终3857号、广东省深圳市中级人民法院（2015）深中法民商初字第117号、上海市第二中级人民法院（2013）沪二中民六（商）终字第193号等案件，均对采用教学设施设备进行融资租赁合同的效力作出了有效的认定。

原先对于融资租赁合同具有担保功能，更多的是理论上的研讨，而根据《担保制度解释》第1条的规定，对于所有权保留买卖、融资租赁、保理等涉及担保功能发生的纠纷，适用该解释的有关规定，首次将融资租赁的担保功能予以了明确和规制。而《担保制度解释》第6条明确了以公益设施设立融资租赁的有效性，是对实践中案件裁判思路的总结和提炼，亦对于该类机构现实经营中的融资难问题给出了一定的解决路径。

以上是《民法典》《担保制度解释》中关于学校、幼儿园、医疗机构、养老机构等提供担保的规定，相较于《担保法》《物权法》《担保法解释》，更加具体、可辨别。且明确在《担保制度解释》，总结实践中的融资问题，对于例外情形作出了规定。对于接受学校、幼儿园、医疗机构、养老机构的担保，有极强的指导意义。但是上述机构始终存在认定具有公益属性的可能，各级法院适用《民法典》《担保制度解释》的规定作出的判例，需要我们持续关注。

第三节　公司对外担保

公司对外担保效力问题一直是困扰银行等金融机构，核心是公司的担保决议对担保合同效力的影响问题。该类案件的主要争议焦点历经变化，从《公司法》第 16 条是管理性还是效力性强制性法律规范，到公司法定代表人签署对外担保协议是否构成表见代理，再到《九民纪要》中明确"违反《公司法》第 16 条构成越权代表"。《民法典》实施后，配套的《担保制度解释》已出台，公司对外担保的司法裁判规则得到了统一。

最高法民二庭在《最高人民法院民法典担保制度司法解释理解与适用》（以下简称《理解与适用》）一书中准确总结了公司对外担保案件的基本裁判思路：[1]

一是先看有无决议。无决议的，表明法定代表人未经公司决议程序对外提供担保，原则上构成越权代表。但考虑到当前我国公司治理的现状，《担保制度解释》第 8 条规定了三种例外情形。属于该例外情形的，即便未经公司决议程序，公司也应承担担保责任。

二是有决议的，要看是否为适格决议来确定是否构成越权代表。公司为其股东或者实际控制人提供担保的，必须由股东会或股东大会决议；为其他人提供的非关联担保则看章程如何约定。法定代表人提供的决议符合法律规定或者章程约定的，担保行为对公司发生效力；反之，构成越权担保。

三是对于越权担保，要看相对人是否为善意来确定担保行为的效力。相对人善意的，构成表见代表，担保行为对公司发生效力；相对人非善意的，担保行为对公司不发生效力。

四是要根据担保行为的效力确定公司的责任：构成表见代表，对公司发生效力的，公司承担担保责任；反之，担保行为尽管对公司不发生效力，公司不承担基于有效担保而产生的担保责任，但仍要承担缔约过失责任。

我们认为，这个整体分析框架是非常合理的，只是每个环节都还有具体的争议要点需进一步阐释。

---

[1] 最高人民法院民事审判第二庭：《最高人民法院民法典担保制度司法解释理解与适用》，人民法院出版社 2021 年版，第 134 页。

第三章　金融交易中的担保一般规则

一、非上市公司的对外担保

新旧法律条文对比		
《公司法》	《九民纪要》	《担保制度解释》
第十六条　公司向其他企业投资或者为他人提供担保，依照公司章程的规定，由董事会或者股东会、股东大会决议；公司章程对投资或者担保的总额及单项投资或者担保的数额有限额规定的，不得超过规定的限额。 公司为公司股东或者实际控制人提供担保的，必须经股东会或者股东大会决议。 前款规定的股东或者受前款规定的实际控制人支配的股东，不得参加前款规定事项的表决。该项表决由出席会议的其他股东所持表决权的过半数通过。	17.【违反《公司法》第16条构成越权代表】为防止法定代表人随意代表公司为他人提供担保给公司造成损失，损害中小股东利益，《公司法》第16条对法定代表人的代表权进行了限制。根据该条规定，担保行为不是法定代表人所能单独决定的事项，而必须以公司股东（大）会、董事会等公司机关的决议作为授权的基础和来源。法定代表人未经授权擅自为他人提供担保的，构成越权代表，人民法院应当根据《合同法》第50条关于法定代表人越权代表的规定，区分订立合同时债权人是否善意分别认定合同效力：债权人善意的，合同有效；反之，合同无效。 18.【善意的认定】前条所称的善意，是指债权人不知道或者不应当知道法定代表人超越权限订立担保合同。《公司法》第16条对关联担保和非关联担保的决议机关作出了区别规定，相应地，在善意的判断标准上也应当有所区别。一种情形是，为公司股东或者实际控制人提供关联担保，《公司法》第16条明确规定必须由股东（大）会决议，未经股东（大）会决议，构成越权代表。在此情况下，债权人主张担保合同有效，应当提供证据证明其在订立合同时对股东（大）会决议进行了审查，决议的表决程序符合《公司法》第16条的规定，即在排除被担保股东表决权的情况下，该项表决由出席会议的其他股东所持表决权的过半数通过，签字人员也符合公司章程的规定。另一种情形是，公司为公司股东或者实际控制人以外的人提供非关联担保，根据《公司法》第16条的规定，此时由公司章程规定是由董事会决议还是股东（大）会决议。无论章程是否对决议机关作出规定，也无论章程规定决议机关为董事会还是股东（大）会，根据《民法总	第七条　公司的法定代表人违反公司法关于公司对外担保决议程序的规定，超越权限代表公司与相对人订立担保合同，人民法院应当依照民法典第六十一条和第五百零四条等规定处理： （一）相对人善意的，担保合同对公司发生效力；相对人请求公司承担担保责任的，人民法院应予支持。 （二）相对人非善意的，担保合同对公司不发生效力；相对人请求公司承担赔偿责任的，参照适用本解释第十七条的有关规定。 法定代表人超越权限提供担保造成公司损失，公司请求法定代表人承担赔偿责任的，人民法院应予支持。 第一款所称善意，是指相对人在订立担保合同时不知道且不应当知道法定代表人超越权限。相对人有证据证明已对公司决议进行了合理审查，人民法院应当认定其构成善意，但是公司有证据证明相对人知道或者应当知道决议系伪造、变造的除外。

183

(续表)

新旧法律条文对比		
《公司法》	《九民纪要》	《担保制度解释》
	则》第61条第3款关于"法人章程或者法人权力机构对法定代表人代表权的限制，不得对抗善意相对人"的规定，只要债权人能够证明其在订立担保合同时对董事会决议或者股东（大）会决议进行了审查，同意决议的人数及签字人员符合公司章程的规定，就应当认定其构成善意，但公司能够证明债权人明知公司章程对决议机关有明确规定的除外。 债权人对公司机关决议内容的审查一般限于形式审查，只要求尽到必要的注意义务即可，标准不宜太过严苛。公司以机关决议系法定代表人伪造或者变造、决议程序违法、签章（名）不实、担保金额超过法定限额等事由抗辩债权人非善意的，人民法院一般不予支持。但是，公司有证据证明债权人明知决议系伪造或者变造的除外。	

（一）法条解读

1. 区分关联担保与非关联担保

对于有限责任公司而言，对外担保需要区分两种情况：其一是关联担保，其二是非关联担保。

（1）关联担保

所谓关联担保，是指公司为其股东或者实际控制人提供担保。此时，主债务人为公司股东或者实际控制人，公司为担保人。如果公司承担担保责任，可能会存在损害其他股东利益。

第一，该担保决议的作出主体为股东（大）会，而非董事会。根据《公司法》第16条第2款的规定，公司为公司股东或者实际控制人提供担保的，必须经股东（大）会决议。与非关联担保可以由董事会或股东（大）会决议不同，由于存在股东或实际控制人利用关联交易损害公司利益的可能，关联担保决议只能由股东（大）会作出。

第二，被担保的股东或者受被担保的实际控制人支配的股东需要回避表决，以免出现由于被担保主体拥有较高表决权从而使得担保决议通过，产生利益输送，损害其他股东利益。

(2) 非关联担保

所谓非关联担保，是指公司为股东或实际控制人以外的他人提供担保。公司对外提供担保，需公司内部权力机关，即董事会或者股东（大）会，对担保事项进行决议。而究竟是董事会还是股东（大）会，则需要根据公司章程进行确定。《公司法》在非关联担保中对决议主体的确定尊重章程自治。

2. 越权担保下，相对人非善意的担保行为法律效力

《九民纪要》与《担保制度解释》均认为，在没有担保决议的情况下，法定代表人对外签署担保合同构成越权代表。此时若相对人非善意，公司不承担担保责任。只是在法律效力的表述上有所不同：《九民纪要》认为除非债权人善意，否则担保合同"无效"；而《担保制度解释》认为除非相对人善意，否则担保合同"对公司不发生效力"。① 担保合同无效与不发生效力，在学理上而言，是不同的效力形式，同时也决定着是否可以适用关于担保无效的赔偿规则。但一致的是，对于银行等债权人而言，都意味着无法再行向公司主张担保权利。

同时，相对人请求公司承担赔偿责任的，参照适用《担保制度解释》第17条第1款的规定。尽管认为担保合同对公司不发生效力，公司无须承担责任，但依然要承担担保无效时的责任，即债权人与担保人均有过错的，担保人承担的赔偿责任不应超过债务人不能清偿部分的1/2；担保人有过错而债权人无过错的，担保人对债务人不能清偿的部分承担赔偿责任；债权人有过错而担保人无过错的，担保人不承担赔偿责任。需要指出的是，这里规定的是"参照"而并非"依据"。原因在于，本司法解释第17条第1款适用的前提是，担保合同是基于担保人的意思订立的，不存在主体资格确认的问题；而法定代表人越权担保时，不能认定担保合同为公司订立。②

3. 善意的认定

根据《民法典》第504条，法人的法定代表人或者非法人组织的负责人超越权限订立的合同，除相对人知道或者应当知道其超越权限外，该代表行

---

① 《担保制度解释》的表述更为准确，与《民法典》第504条的表述一致。越权代表的法律后果有两种：一是代表行为有效，且合同对法人或非法人组织发生效力；二是代表行为无效，且合同对法人或非法人组织不发生效力。在越权代表情形下，只能说代表行为有效还是无效，并不能说签订的合同是否有效。

② 程啸、高圣平、谢鸿飞：《最高人民法院新担保司法解释理解与适用》，法律出版社2021年版，第52页。

为有效，订立的合同对法人或者非法人组织发生效力。因此，越权代表中的善意，是指相对人不知道且不应当知道法定代表人超越权限。

具体到公司的对外担保。由于公司对外担保需要提供决议是《公司法》的明文规定，而法律规定视为相对人知道、至少是应当知道，因此相对人若未合理审查决议就构成了非善意。换言之，相对人的善意必须是相对人已经对公司对外担保决议进行了合理审查后才可以构成。因此《担保制度解释》第7条第3款规定，"相对人有证据证明已对公司决议进行了合理审查，人民法院应当认定其构成善意"。

与《九民纪要》关于相对人仅负"形式审查"义务的规定不同，《担保制度解释》规定了相对人负有"合理审查"义务。对于"合理审查"，实践中须注意以下问题：

（1）决议伪造或变造

一般而言，相对人并无能力辨别公章、签名的真伪，其不负有决议真伪的合理审查义务。因此，公司以机关决议系法定代表人伪造或者变造等事由抗辩债权人非善意的，人民法院一般不予支持，除非公司有证据证明债权人明知决议系伪造或者变造。

但对于非常明显的问题，相对人如果也未能辨别出来，我们认为，无法构成善意。比如如果出现股东名称中有"无限公司"这类表述。银行作为专业机构，司法实践中一般会被要求承担更高的注意义务，如果对该类表述无法审核出，则很有可能被认为并非善意。

（2）决议不适格

所谓决议不适格，是指决议种类不符合法律要求［有些情况下需股东（大）会决议，另一些情况下仅需由董事会决议］。相对人不知道决议不适格，是否构成善意？实务中也存有争议。

对于关联担保，根据《公司法》第16条第2款的规定，必须经股东（大）会决议，因此担保权人应审查是否存在股东（大）会决议。在关联担保中，如果决议主体错误，应不构成善意。

对于非关联担保，从目前的司法实践来说，并未要求债权人需要审核担保主体的公司章程，因此债权人可能出现无法明确知悉决议主体的情况。但《理解与适用》认为，相对人负有合理审查义务，其中当然就包括了审查章程的义务，在章程明确规定对外担保需由股东会或股东大会决议的情况下，法定代表人仅提交董事会决议，相对人接受的，不能认定其为善意相对人。形式审查与合理审查标准的区别，在很大程度上就在于应否审查章程。①据此，我们建议银行等债权人原则上均要求担保人提供决议和章程以供审查。

（3）对决议的审查内容

当前实务中，对担保决议应进行形式审查还是实质审查存有争议。《理解与适用》认为，就适格决议本身的审查而言，合理审查仍然也只能是形式审查，难以要求相对人进行实质审查，毕竟相对人并非公司的内部人，难以了解公司决议的具体情况。因此，其对公司决议的审查只能是形式审查，基本要求包括：一是审查股东或者董事的身份是否属实；二是在关联担保情况下，应当回避表决的股东是否参与了表决。至于公司以机关决议系法定代表人伪造或者变造、决议程序违法、签章（名）不实、担保金额超过法定限额等事由抗辩债权人非善意的，人民法院一般不予支持，除非公司有证据证明债权人明知决议系伪造或者变造。②

（二）参考案例

1. 裁判规则：

关联担保决议未回避表决，担保并不因此无效

2. 参考案例③

3. 案情简介

2014年10月28日，大酒店公司召开股东会并通过了《股东会决议》，决议内容为会议一致同意以大酒店公司的土地使用权及地上建筑物为国能公司向国开行提供抵押担保。大酒店公司时任股东左二彪、王义、田秀花、彭鹏、新兴公司均在该股东会决议上签字或盖章。2014年12月30日，抵押人大酒店公司与抵押权人国开行签订《抵押合同》，约定大酒店公司以其名下所有财产为国能公司在《借款合同》项下的债务提供担保。新兴公司公司章程（2010年9月28日）载明公司股东有国能公司、王义等。国开行与国能公司

---

① 最高人民法院民事审判第二庭：《最高人民法院民法典担保制度司法解释理解与适用》，人民法院出版社2021年版，第136页。
② 同上。
③ 国家开发银行与内蒙古敕勒川国际大酒店有限责任公司等金融借款合同纠纷［北京市第四中级人民法院（2020）京04民初284号］。

于 2014 年 12 月 30 日签订了《借款合同》，国开行于当日发放贷款。

4. 争议焦点

本案争议焦点为：大酒店公司是否需要承担抵押担保责任。

5. 裁判要旨

本案借款到期后，国能公司未能依约按期偿还借款本息，国开行请求对大酒店公司在《抵押合同》项下提供的抵押物以在担保债权范围内享有优先受偿权，有事实和法律依据，法院予以支持。大酒店公司认为根据国开行提交的《股东会决议》，形成该决议时未排除股东国能公司行使表决权，属于国开行未尽到形式审查义务，故《抵押合同》应为无效合同，该主张依据不足。大酒店公司在签署《抵押合同》之前，于 2014 年 10 月 28 日召开全体股东参加的股东会，并形成《股东会决议》，一致同意为国能公司提供抵押担保。《股东会决议》上有时任股东左二彪、王义、田秀花、彭鹏的签字字样，有国能公司的签章，即大酒店公司的全部股东均一致同意提供抵押担保，即使在排除应当回避的国能公司的表决权后，上述《股东会决议》也是由出席会议的其他股东所持表决权的过半数通过的。国开行作为债权人已尽到了形式审查义务，《抵押合同》系双方当事人的真实意思表示，不存在越权代表的情形，应为合法有效，大酒店公司的抗辩意见依据不足，法院不予采信。国开行北京市分行根据国开行的委托，具体办理抵押物登记事宜并登记为抵押权人，大酒店公司对此亦知情，根据委托关系的法律后果，由委托人国开行作为实际抵押权人行使对抵押物的优先受偿权，依据充分，并无不当。

（三）实务建议

接受非上市公司提供的担保时，需审查内部决议。

《担保制度解释》对未经决议的公司对外担保效力已经有了非常明确的规定，因此，对于银行等金融机构在接受担保时，应当要求公司提供担保决议。同时建议要求公司提供相应的章程，以此来明确相关的决议机构和表决要求等。

二、上市公司的对外担保

新旧法律条文对比		
《公司法》	《九民纪要》	《担保制度解释》
第一百二十一条　上市公司在一年内购买、出售重大资产或者担保金额超过公司资产总额百分之三十的，应当由股东大会作出决议，并经出席会议的股东所持表决权的三分之二以上通过。	22.【上市公司为他人提供担保】债权人根据上市公司公开披露的关于担保事项已经董事会或者股东大会决议通过的信息订立的担保合同，人民法院应当认定有效。	第九条　相对人根据上市公司公开披露的关于担保事项已经董事会或者股东大会决议通过的信息，与上市公司订立担保合同，相对人主张担保合同对上市公司发生效力，并由上市公司承担担保责任的，人民法院应予支持。 相对人未根据上市公司公开披露的关于担保事项已经董事会或者股东大会决议通过的信息，与上市公司订立担保合同，上市公司主张担保合同对其不发生效力，且不承担担保责任或者赔偿责任的，人民法院应予支持。 相对人与上市公司已公开披露的控股子公司订立的担保合同，或者相对人与股票在国务院批准的其他全国性证券交易场所交易的公司订立的担保合同，适用前两款规定。

（一）法条解读

根据《担保制度解释》的规定，担保权人如要接受上市公司提供的担保，则必须查询到上市公司的公告，公告中需明确该担保事项已经获得决议通过。否则，担保权人无法要求上市公司承担担保责任。

对此，《理解与适用》一书中明确了如下事项：

1. 境内上市公司所有担保事项都必须进行公告。《民法典》实施之前，上市公司的相关监管规则就要求上市公司担保需依法决议并对外披露。如《中国证券监督管理委员会、中国银行业监督管理委员会规范上市公司对外担保行为的通知》（证监发〔2005〕120号）、《深圳证券交易所上市公司规范运作指引（2020年修订）》等。但该等规定的效力层级较低，违反该等规定对相关合同的效力并不会产生影响。《民法典》实施后，最高法通过司法解释的明确了如未公告，则该对外担保对上市公司不发生效力。

2.《担保制度解释》第 9 条规定的上市公司范围有较大争议。其中关于注册与上市跨境的上市公司是否适用该条规定，列表如下：

境内注册、在境内证券交易所上市的股份有限公司	属于
境内注册、仅在境外上市的公司	无定论
境内注册、同时在境内境外上市的公司	无定论
境外注册、境外上市的公司	不属于

3. 如果担保事项已经境内上市公司董事会决议通过，但是境内上市公司没有公开披露，那么相对人与境内上市公司订立的担保合同，对境内上市公司不发生效力。

4. 境内上市公司对外担保，虽然其进行了公告，但是公告中没有表明经股东大会或董事会决议通过的内容，该担保对境内上市公司不发生效力。

5. 境内上市公司已公开披露的控股子公司及其具体范围，包括直接或间接控制的子公司，担保人还应属于"上市公司已公开披露的控股子公司"。

6. 股票在国务院批准的其他全国性证券交易场所交易的公司，债权人也应当审查其公告。目前，国务院批准的全国性证券交易场所交易只有全国中小企业股份转让系统，也就是我们通常所说的"新三板"。

7. 相对人与境内上市公司已公开披露的控股子公司订立担保合同，或者相对人与股票国务院批准的其他全国性证券交易场所交易的公司订立担保合同，相对人也应审查境内上市公司公开披露的担保信息。

8. 境内上市公司为自身债务提供担保不适用《担保制度解释》第 9 条的规定。

9. 在担保合同对境内上市公司不发生效力的情况下，境内上市公司既不承担担保责任，也不承担赔偿责任。需注意：

（1）担保合同无效和不发生效力的法律后果并不一致。《民法典》实施前，该类担保合同是无效，其法律后果是上市公司应当根据案件的具体情形承担不超过主债务人不能履行部分的二分之一或者三分之一的赔偿责任；《民法典》实施后，该类担保合同是对上市公司不发生效力，上市公司不承担赔偿责任。

(2) 同样是担保合同对公司不发生效力，对非上市公司不发生效力情形下，该非上市公司参照适用《担保制度解释》第17条承担赔偿责任；而对上市公司不发生效力的情形下，该上市公司不承担赔偿责任。其理由是，上市公司有法定的信息披露要求和平台，相对人查询该类信息相对容易，若相对人没有查询而让上市公司承担赔偿责任，其实质是将部分责任转嫁给了上市公司的中小投资者。

(二) 参考案例

1. 裁判规则

《民法典》生效前，债权人未审查上市公司担保公告并不导致担保合同无效。

2. 参考案例[①]

(1) 案情简介

2017年12月，北京银行向夏长公司发放贷款1.455亿元，期限为1年。尤航公司与北京银行签订《质押合同》，以其大额存单为夏长公司向北京银行提供质押担保。

经查，尤夫公司为A股上市公司，尤航公司为尤夫公司的全资子公司。在办理质押业务时，尤航公司向银行提供了尤夫公司的股东决定，载明尤夫公司同意尤航公司提供案涉担保，但该股东决议并未按照上市公司信息披露规则进行公告。

因夏长公司无法清偿到期债务，北京银行要求就尤航公司的大额存单实现质权。

(2) 争议焦点

本案争议焦点为：《质押合同》是否因债权人未审查上市公司担保公告而无效。

(3) 裁判要旨

首先，关于《质押合同》是否存在法定无效的情形问题。《民法典》生效前，上市公司担保需依法决议并对外披露的规范集中体现在证监会《规范上市公司对外担保行为的通知》（以下简称《通知》）之中，从《通知》的规范

[①] 上海尤航新能源科技有限公司与北京银行股份有限公司上海分行、上海夏长建筑工程有限公司金融借款合同纠纷［上海市高级人民法院（2020）沪民终599号］。

性质和层级来看，其不属于法律或行政法规，故违反该《通知》的相关规定并不直接导致民事行为无效。

其次，关于债权人决议审查标准问题。北京银行根据《公司法》第16条以及尤航公司章程的有关规定，善意审查了担保人股东作出的决议。《通知》规范的主要是上市公司及其子公司的对外担保行为，作为接受担保的外部债权人，如果适用该规定而导致其担保无效，则对外部债权人而言过于严格。

最后，关于《担保制度解释》中上市公司担保新规的适用问题。《担保制度解释》第9条明确，债权人未根据上市公司公开披露的担保事项接受担保的，该担保对上市公司不发生效力。本案系民法典施行前的法律事实引起的纠纷，应当适用当时法律、司法解释的规定，适用《担保制度解释》第9条认定《质押合同》无效，将明显增加北京银行的法定义务，背离其合理预期。

(三) 实务建议

接受上市公司提供的担保，需审查相关担保决议的公告。

目前上市公司对担保决议的公告主要有两类，一类是单项公告，针对每个担保事项进行公告，公告的内容一般担保的基本情况（比如交易背景、担保权人）、担保事项履行的内部决策程序、被担保人、担保的主要内容（包括担保方式、期间、额度）等内容；另一类是集中公告，一般是以年度担保额度公告及年度股东大会决议的形式出现，主要体现在上市公司为子公司提供担保，一般包括被担保人和拟提供担保的额度。

根据《理解与适用》及相关的司法实践，上市公司的担保公告需体现担保事项已经董事会或者股东大会决议通过的信息，具体表现为如下内容：

(1) 董事会或股东大会的决议内容和表决情况（是否通过决议）；

(2) 通过的决议内容：包括担保人（为谁担保）、担保权人（向谁担保）、额度（担保金额多少）、期限等。

至于上市公司公告的时间，一般是当天决议、当天公告，最迟第二天公告。

三、分支机构的对外担保

新旧法律条文对比		
《公司法》	《民法典》	《担保制度解释》
第十四条 公司可以设立分公司。设立分公司，应当向公司登记机关申请登记，领取营业执照。分公司不具有法人资格，其民事责任由公司承担。	第七十四条 法人可以依法设立分支机构。法律、行政法规规定分支机构应当登记的，依照其规定。 分支机构以自己的名义从事民事活动，产生的民事责任由法人承担；也可以先以该分支机构管理的财产承担，不足以承担的，由法人承担。	第十一条 公司的分支机构未经公司股东（大）会或者董事会决议以自己的名义对外提供担保，相对人请求公司或者其分支机构承担担保责任的，人民法院不予支持，但是相对人不知道且不应当知道分支机构对外提供担保未经公司决议程序的除外。 金融机构的分支机构在其营业执照记载的经营范围内开立保函，或者经有权从事担保业务的上级机构授权开立保函，金融机构或者其分支机构以违反公司法关于公司对外担保决议程序的规定为由主张不承担担保责任的，人民法院不予支持。金融机构的分支机构未经金融机构授权提供保函之外的担保，金融机构或者其分支机构主张不承担担保责任的，人民法院应予支持，但是相对人不知道且不应当知道分支机构对外提供担保未经金融机构授权的除外。 担保公司的分支机构未经担保公司授权对外提供担保，担保公司或者其分支机构主张不承担担保责任的，人民法院应予支持，但是相对人不知道且不应当知道分支机构对外提供担保未经担保公司授权的除外。 公司的分支机构对外提供担保，相对人非善意，请求公司承担赔偿责任的，参照本解释第十七条的有关规定处理。

（一）法条解读

公司分支机构对外提供担保的，之前实践中多仅有总公司授权。但根据《担保制度解释》第11条，公司分支机构对外提供担保不仅需要总公司授权，也需要根据《公司法》第16条的规定由公司出具相应的担保决议。

由于分支机构也领取营业执照，其营业执照中记载的经营范围一般为总公司授权其进行经营的事项。因此，对于金融机构分支机构而言，其有权在其营业执照登记的经营范围内开立保函，或者经有权从事担保业务的上级机构授权开立保函，两者择一即可。但如果金融机构的分支机构提供的担保并非保函，那么就不能将营业执照记载的担保或者保函业务理解为金融机构对该分支机构的概括授权，分支机构如对外提供担保，则需取得金融机构的个别授权。

担保公司从事对外担保业务也是属于其在营业执照记载的经营范围内的业务，因此担保公司本身对外提供担保无须公司决议，因此，特别的，担保公司分支机构代表担保公司对外提供担保也不需要公司决议，但需要取得担保公司的授权。

需注意金融机构分支机构与担保公司分支机构提供担保的区别：

（1）金融机构分支机构提供担保，须区分保函和其他担保，有不同的规则要求；

（2）金融机构分支机构的营业执照可以记载的经营范围较大，既可能记载担保业务，也可能不记载担保业务，但担保公司分支机构的营业执照必然都会记载担保业务。因此，金融机构分支机构的营业执照记载的担保业务，可以看作金融机构对其分支机构的概括授权，无须另行特别授权；而担保公司分支机构的营业执照记载的担保业务，则不能看作担保公司对其分支机构的概括授权，担保公司分支机构对外提供担保仍须取得担保公司的个别授权。

同时，一般公司的分支机构对外提供担保的授权也与担保公司分支机构对外提供担保的授权样，须为个别授权，不能通过营业执照进行概括授权。

（二）参考案例

1. 裁判规则

一般公司的分支机构对外担保不仅需要总公司的授权，还需要总公司对该项担保授权作出决议。

2. 典型案例[①]

(1) 案情简介

李春权、肖开兰系夫妻关系，李春权系腾鲁宜宾分公司负责人。金坤公司与李春权、肖开兰签署《个人借款合同》，金坤公司出借800万元用于李春权、肖开兰"个人经营性贷款"。腾鲁公司向腾鲁宜宾分公司出具《授权书》，授权腾鲁宜宾分公司有权将某工程项目应收款出质给金坤公司作为借款担保并签署《质押合同》等相关文件。据此，腾鲁宜宾分公司向工程项目公司出具《委托书》，委托公司将应支付腾鲁宜宾分公司款项直接向金坤公司支付。工程项目公司随后向腾鲁宜宾分公司和金坤公司出具《确认书》和《确认函》，确认上述工程回购款项此后直接支付金坤公司。

后李春权、肖开兰借款到期未能全部还款，金坤公司提起诉讼。

(2) 争议焦点

本案争议焦点为：腾鲁宜宾分公司是否应承担质押担保责任。

(3) 裁判要旨

一审法院认为：腾鲁宜宾分公司依法应承担质押担保责任。《担保法》第10条规定：企业法人的分支机构、职能部门不得为保证人。法律只规定分支机构不能以自己名义对外提供保证担保，而本案腾鲁宜宾分公司向金坤公司提供的担保方式是质押，分支机构以其合法财产对外提供质押担保并不违反法律规定。根据腾鲁公司的授权，金坤公司有理由相信腾鲁宜宾分公司完全有权处分案涉工程应收款，也有理由相信该工程应收款是腾鲁宜宾分公司的合法财产，腾鲁公司授权腾鲁宜宾分公司处分该工程应收款是否有股东会决议是其内部管理问题，且质押设立后腾鲁公司至今未提出过异议，腾鲁宜宾分公司以该应收款向金坤公司提供质押担保并不违反法律规定。故案涉《质押合同》是双方真实意思表示，且已办理了质押登记，该合同合法有效，金坤公司对案涉工程应收款依法享有质权。

二审法院认为：腾鲁宜宾分公司不应承担担保责任。理由主要如下：《公司法》第16条早已规定在公司对外担保的情况下，债权人应审查公司的决议，故本案可适用《担保制度解释》有关分公司担保资质问题的规定。《担保

[①] 宜宾市南溪区金坤小额贷款有限公司、重庆腾鲁建筑安装工程有限公司宜宾分公司民间借贷纠纷［四川省宜宾市中级人民法院（2021）川15民终209号］。

制度解释》第 11 条规定"公司的分支机构未经公司股东（大）会或者董事会决议以自己的名义对外提供担保，相对人请求公司或者其分支机构承担担保责任的，人民法院不予支持，但是相对人不知道且不应当知道分支机构对外提供担保未经公司决议程序的除外。"本案中，腾鲁宜宾分公司以应收账款出质的方式为李春权、肖开兰的债务担保，腾鲁宜宾分公司虽提供了腾鲁公司同意担保的委托书，但未提供腾鲁公司股东（大）会或者董事会决议，金坤公司也未审查上述要求的决议，故金坤公司在本案中不是"不知道且不应当知道分支机构对外提供担保未经公司决议程序"的善意相对人，金坤公司要求腾鲁宜宾分公司承担担保责任不应予以支持，一审法院认为腾鲁宜宾分公司应对本案的债务承担担保责任不当，二审法院予以纠正。

（三）实务建议

接受公司分支机构提供的担保，需区分一般公司、金融机构、担保公司，分别审查总公司的授权、相应决议以及分公司的营业执照：

1. 对于一般公司分支机构提供的担保，不仅需要审查总公司对分公司的授权，还需审查总公司关于担保的决议。

2. 对于金融机构分支机构提供的担保，须区分保函和保函之外的其他担保审查不同的文件：接受金融机构的分支机构开立的保函，须审查该金融机构分支机构的营业执照或金融机构的授权（具备其一即可）；接受金融机构的分支机构提供的其他担保的，只需审查金融机构的授权。

3. 对于担保公司分支机构提供的担保，只需审查担保公司的授权。

列表如下：

担保人	业务	审查文件
一般公司的分支机构	所有担保	总公司授权＋总共公司担保决议
金融机构的分支机构	保函	分支机构营业执照/有权上级金融机构授权
	保函之外的其他担保	金融机构授权
担保公司的分支机构	所有担保	担保公司授权

四、无须决议的情况

新旧法律条文对比	
《担保制度解释》	《九民纪要》
第八条 有下列情形之一，公司以其未依照公司法关于公司对外担保的规定作出决议为由主张不承担担保责任的，人民法院不予支持： （一）金融机构开立保函或者担保公司提供担保； （二）公司为其全资子公司开展经营活动提供担保； （三）担保合同系由单独或者共同持有公司三分之二以上对担保事项有表决权的股东签字同意。 上市公司对外提供担保，不适用前款第二项、第三项的规定。 第十条 一人有限责任公司为其股东提供担保，公司以违反公司法关于公司对外担保决议程序的规定为由主张不承担担保责任的，人民法院不予支持。公司因承担担保责任导致无法清偿其他债务，提供担保时的股东不能证明公司财产独立于自己的财产，其他债权人请求该股东承担连带责任的，人民法院应予支持。	19.【无须机关决议的例外情况】存在下列情形的，即便债权人知道或者应当知道没有公司机关决议，也应当认定担保合同符合公司的真实意思表示，合同有效： （1）公司是以为他人提供担保为主营业务的担保公司，或者是开展保函业务的银行或者非银行金融机构； （2）公司为其直接或者间接控制的公司开展经营活动向债权人提供担保； （3）公司与主债务人之间存在相互担保等商业合作关系； （4）担保合同系由单独或者共同持有公司三分之二以上有表决权的股东签字同意。

（一）法条解读

《担保制度解释》第 8 条、第 10 条规定了可以不经内部权力机关决议的担保情形。

1. 无须担保决议的一般情形

无论是《九民纪要》还是《担保制度解释》，我们可以发现，之所以要求公司对外担保必须经过担保决议，否则法定代表人签署担保合同可能构成越权代表，其实质是要探求公司的真实意思表示，而决议是公司意思表示最直观的表现形式。但是，由于目前实践中存在大量公司治理并不规范的情况，这种情况下，即使对外担保是公司真实的意思表示，但如果因为没有决议就导致公司不承担担保责任，未免有损担保权人的利益，容易扰乱交易秩序。因此，《担保制度解释》中规定了相关无须决议的情形。

《担保制度解释》第 8 条无须担保决议的例外情形的规定中，与《九民纪要》相比有如下变化：

(1) 删除了《九民纪要》中"公司与主债务人之间存在相互担保等商业合作关系"的情形。

我们认为,《九民纪要》的该规定的确存在不甚明了之处。比如,互保这个关系容易识别,但是互保的担保范围是否要求具有相当性?比如A公司为B公司提供了10万元的担保,而B公司为A公司提供1亿元的担保,按照这一规定,这种情形无须决议,但我们可以发现,B公司的担保并不具有相应的合理性,这一规定容易被滥用。另外,"等商业合作关系"应如何界定也不明确。

互保容易导致一家公司出问题后,一连串存在互保关系的公司全部陷入危机,容易产生严重后果。若互保不需要决议,那么势必造成更多互保的情况出现,不利于经济社会的稳定。

(2) 第二项中的被担保主体,由《九民纪要》中"直接或者间接控制的公司"调整为"全资子公司"。

这一变化限缩了例外情形的范围。控制关系的存在并不一定是股权关系,也有可能是通过协议控制,而相关的控制协议一般为公司的机密文件,并不一定提供给担保权人。因此,担保权人并无有效手段验证控制关系。《担保制度解释》规定为全资子公司,这种股权关系较易核查。

对于公司来说,全资子公司也可视为其财产,为自身财产提供担保无须决议,具有合理性。

(3) 明确上市公司对外担保不适用第1款第2、3项的规定。

根据《理解与适用》,上市公司能否适用无须担保决议相关情形的规定,目前还存在较大的争议,司法实践中出现的案例裁判尺度并不一致,因此明确上市公司不适用该等规定。[①]

(4) 第一项中的情形,虽然与《九民纪要》有文字表述上的差别,但无实质变动。

金融机构开立保函、担保公司提供担保,这本来就是这两个主体的主营业务,在其经营范围中有相关规定,这类主体就其业务的经营应当制定相关的规章制度并遵照执行。

(5) 第3项的规定并无变化,担保合同系由单独或者共同持有公司三分

[①] 最高人民法院民事审判第二庭:《最高人民法院民法典担保制度司法解释理解与适用》,人民法院出版社2021年版,第142—143页。

之二以上对担保事项有表决权的股东签字同意。

《理解与适用》认为，该规定不仅适用于非关联担保，同样适用于关联担保。①

在关联担保的情况下，根据《公司法》规定，关联股东应当回避表决，应视为该等关联股东无表决权。而关联担保是需要有表决权的股东过半数同意，因此，第3项的规定当然应当适用于关联担保。

在非关联担保的情况下，虽然可以通过章程来约定决议主体，决议主体可能是董事会，也可能是股东（大）会。但股东（大）会为公司最高权力机构，因为我们认为经三分之二以上股东同意后，也可形成股东（大）会决议，也可视为公司的真实意思表示。

另外，如果公司章程约定公司的对外担保需要有表决权的股东一致同意，那这项规定是否合适？对此，根据《理解与适用》的相关内容②，在非关联担保的情况下，三分之二以上对担保事项有表决权的股东可通过股东会议来修改公司章程，那就意味着这些股东已经决定公司的一切重要事项的，前述的限制也可以解除。

2. 一人有限责任公司为股东提供担保

根据《担保制度解释》第10条之规定，一人有限责任公司为股东提供担保，担保权人即使无担保决议，也可以主张一人有限责任公司承担担保责任。这是因为，一人有限公司即使具有独立人格，但其所有的权益均为股东一人享有，其为股东提供担保，可以视为股东以自身权益为自己债务提供担保，无须决议，也不存在损害其他股东权益的情况。

但是，一人有限责任公司为股东提供担保，在承担担保责任后，财务状况可能发生恶化，这就会损害其他债权人利益。因此，如果一人有限责任公司因为股东提供担保并承担担保责任而导致无法清偿其他债权人债务的，提供担保时的股东不能证明公司财产独立于自己的财产，其他债权人请求该股东承担连带责任。这需要把握以下几个要素：

（1）股东承担连带责任的前提是"公司因承担担保责任导致无法清偿其他债务，提供担保时的股东不能证明公司财产独立于自己的财产"。

---

① 最高人民法院民事审判第二庭：《最高人民法院民法典担保制度司法解释理解与适用》，人民法院出版社2021年版，第144页。

② 同上。

注意，这并非要证明"公司因承担担保责任导致无法清偿其他债务"且"提供担保时的股东不能证明公司财产独立于自己的财产"，而是只要证明"公司因承担担保责任导致无法清偿其他债务"即可。如果"公司因承担担保责任导致无法清偿其他债务"，则可视为"提供担保时的股东不能证明公司财产独立于自己的财产"，两者是因果关系，并非需要同时证明。根据《理解与适用》①，一人有限责任公司为股东提供担保，本身就是人格混同的重要证据，在这种情况下，股东已经无法证明一人有限责任公司的财产与股东的财产相互独立。

（2）承担连带责任的股东是"提供担保时的股东"。这是为了避免有些股东在一人有限责任公司提供担保之后进行股权转让，规避承担连带责任。

（3）本条规则的一人公司既包括自然人设定的公司，也包括母公司的全资子公司。值得注意的是，依据这一规定，上市公司的全资子公司也可以为母公司提供担保，但须对外公告。实践中，尤其是在公司集团结构中，母公司对全资子公司的过度控制、以牺牲后者的利益为代价来实现集团整体利益的现象普遍存在。在公司人格独立、股东有限责任两大基石原则的制度框架下，全资子公司的债权人成为最终的唯一受害人、孤立无援的受害人、难获救济的受害人。② 此时法人人格否认制度就成了公司债权人维权的重要武器。

（二）参考案例

1. 裁判规则

上市公司对外担保不适用无决议担保的例外情形。

2. 典型案例③

（1）案情简介

2015年12月27日，委托人某融资租赁公司、受托人某银行分行、借款人某机械公司签订《委托贷款合同》，约定某融资租赁公司委托某银行分行向某机械公司发放贷款2亿元。同日，贷款人某融资租赁公司、借款人某机械公司、保证人某环保股份公司签订《保证合同》，约定某环保股份公司为上述《委托贷款合同》项下某机械公司对某融资租赁公司所负全部债务提供不可撤

---

① 最高人民法院民事审判第二庭：《最高人民法院民法典担保制度司法解释理解与适用》，人民法院出版社2021年版，第163页。

② 李建伟、林斯韦：《全资子公司债权人保护的公司法特殊规则研究》，载《社会科学研究》2019年第2期。

③ 《北京市第三中级人民法院公司类纠纷审判白皮书（2013—2020）》——某融资租赁公司诉某环保股份公司、王某、第三人某机械公司、某银行分行保证合同纠纷一案。

销的连带责任保证。

经查，某环保股份公司在深圳证券交易所创业板 A 股上市。某环保股份公司未就案涉担保进行董事会或股东大会决议，也未对案涉担保对外公告。某环保股份公司、某机械公司存在互相担保关系，二公司的实际控制人均为王某。某环保股份公司因向某机械公司等关联公司提供担保被深圳证券交易所处分。庭审经询，某融资租赁公司表示没有证据证明在签订案涉《保证合同》时其曾审核了某环保股份公司的董事会决议或股东会决议。

(2) 裁判要旨

生效判决认为，某环保股份公司为上市公司，考虑到上市公司属于公众公司，上市公司对外担保会影响到股东和潜在股东的利益，如果其违规担保，会影响到证券市场的健康发展，故一般公司对外担保无须机关决议的例外情况并不能当然适用于上市公司这类公众公司。根据在案证据，案涉《保证合同》中约定的担保内容未经某环保股份公司内部决议，某环保股份公司为实际控制人王某控制的某机械公司提供担保属于实际控制人非经营性占用上市公司资金的违规对外担保行为，违反了《公司法》第 16 条、《证券法》第 80 条等规定，且该行为已受到深圳证券交易所处分。综合上文分析，案涉《保证合同》并非某环保股份公司的真实意思表示，该保证合同不成立，不应对某环保股份公司发生法律效力。某融资租赁公司并未提交证据证明其在签订案涉《保证合同》前曾对某环保股份公司的董事会决议或股东会决议进行过审查，某融资租赁公司并非善意相对人，其对于王某超越法定代表人的权限订立担保合同应属明知，故某环保股份公司不应就案涉《保证合同》承担责任。

(3) 典型意义

公司对外担保无须机关决议仍有效的例外情况并不能当然适用于上市公司，在相对人未根据上市公司披露的内部决议订立担保合同的情况下，上市公司主张不承担担保责任的，应予支持。这是因为在为他人提供担保方面，上市公司与非上市公司存在明显区别：一是违规签订担保合同的社会影响不一样，影响的利益主体不同。上市公司如违规对外担保，将影响广大股民的利益，阻碍我国证券市场的健康发展，上市公司中小投资者的权益保障将受到威胁。而非上市公司不是公众公司，一般不会对社会造成重大影响；二是在担保合同是否需要公开披露方面规定不同，上市公司所有为他人提供担保的事项都必须公开披露。而对非上市公司而言，鉴于合同具有相对性，非上市公司对外担保不影响其他人的利益，所以并无要求公开的规定。因此，考虑到上市公司属于公众公司，上市公司对外担保会影响到股东和潜在股东的利益，如果其违规担保，会影响到证券市场的健康发展，因此，公司对外担保无须机关决议的例外情况并不能当然适用于上市公司这类公众公司。2021年开始实施的《担保制度解释》第8条、第9条对于上市公司对外担保问题已经作了新的规定，对于该问题应以该司法解释为准。

（三）实务建议

区分公司类型，审查是否符合无须决议的情形。《担保制度解释》有关无须决议的情形标准较为明确，银行等金融机构在实践中也可进行相关的操作。当然，对于是否为全资子公司，是否为具有表决权三分之二以上股东（特别是在关联担保中），这些都需要进行严格的审核。如无法确定或不具备审核能力，建议要求提供相关的担保决议。

第四节　担保物权代持

实践中，因合同债权交易的特殊设计或登记机关的因素导致无法登记在实际债权人名下等，担保物权登记人与实际的担保物权人不一致的情况时有发生，此时应如何确定担保物权的归属，又由谁来行使权利？《担保制度解释》首次明确了担保物权代持的效力问题和适用情形，本书为大家详细解读。

一、担保物权代持的概念分析

担保物权代持即担保物权登记在担保物权人之外的第三人名下，由第三人代为持有，担保物权人和第三人之间构成委托关系。此处的担保物权显然仅限于"以登记作为公示方法的担保物权"，以交付作为公示方法的动产质权、留置权等不存在代持一说，自然不适用。

当登记的担保物权人与实际的担保物权人不一致时，谁是真正的担保物权人？登记生效主义中认为，登记是物权的设立要件，因此只有登记的担保物权人才是实际权利人，若登记和实际权利不一致时往往是基于委托关系，而委托关系属于债的关系，即委托人通过债的主张请求显名，但不能直接请求确权。另一种观点则认为，应当根据当事人之间的真实权利义务关系来确定实际权利人。《担保制度解释》持第二种观点。

《担保制度解释》第4条规定，有下列情形之一，当事人将担保物权登记在他人名下，债务人不履行到期债务或者发生当事人约定的实现担保物权的情形，债权人或者其受托人主张就该财产优先受偿的，人民法院依法应予支持：（一）为债券持有人提供的担保物权登记在债券受托管理人名下；（二）为委托贷款人提供的担保物权登记在受托人名下；（三）担保人知道债权人与他人之间存在委托关系的其他情形。

《担保制度解释》此条在权利归属问题上，根据当事人之间的权利义务关系，确定债权人而非登记的名义权利人为真正的担保物权人，且原则上只能由债权人来行使权利，但考虑到实践中行使权利的情形，例外的规定了受托人（暗含基于委托授权行使之意）也可主张担保物的优先受偿权。此外，《最高人民法院关于适用〈民法典〉物权编的解释（一）》（以下简称《物权编解释》）第2条规定："当事人有证据证明不动产登记簿的记载与真实权利状态不符、其为该不动产物权的真实权利人，请求确认其享有物权的，应予支持。"据此可见，民法典对物权公示原则的理解并不是机械的，更侧重探究真实的权利义务关系。在委托代持关系中，各方当事人均知晓委托关系存在的情况下，则各方当事人不可能信赖登记簿记载的担保物权人是真实的权利人，此时应当保障真实权利人的合法权益。

此外，《民法典》第925条规定："受托人以自己的名义，在委托人的授权范围内与第三人订立的合同，第三人在订立合同时知道受托人与委托人之间的代理关系的，该合同直接约束委托人和第三人；但是，有确切证据证明该合同只约束受托人和第三人的除外。"第927条规定："受托人处理委托事务取得的财产，应当转交给委托人。"根据委托代理关系的法律逻辑，在委托担保物权代持关系中，担保物权应当归属于委托方。

当然，为了避免过于开放导致名义抵押权人和实际抵押权人的分离成为常态，还可能为流通式甚至证券化抵押权的广泛运用大开方便之门，从而损害登记制度的公信力，导致背离担保物权的从属性。因此《担保制度解释》仅以"列举＋概括"的方式，列举了两种典型情形，并以兜底条款进行概括。

二、担保物权代持的适用情形

根据《担保制度解释》第4条的上述条款，确认了两类担保物权代持的适用场景，并以兜底条款的形式进一步扩张了担保物权代持的普遍适用。

（一）债券发行中，担保物权登记在受托管理人名下

《公司债券发行与交易管理办法》（2021年2月26日公布施行）确立了

债券发行受托管理人制度，该办法第 59 条规定的债券受托管理人职责中明确列明，发行人为债券设定担保的，债券受托管理人应在债券发行前或债券募集说明书约定的时间内取得担保的权利证明或其他有关文件，并在增信措施有效期内妥善保管。2020 年 7 月 15 日，最高法公布的《全国法院审理债券纠纷案件座谈会纪要》第 18 条确认了前述代持的法律效力，即担保物权可以登记于债券受托管理人名下，债券受托管理人可以主张担保物权。但纪要并未明确债券持有人的担保物权人地位，以及其是否有权直接向法院主张登记在受托管理人名下的担保物权。

此次《担保制度解释》在纪要的基础上，肯定了债券持有人的债权人地位，赋予其选择以自身名义实现担保物权的权利，有效规避了因受托管理人怠于行使权利等可能阻碍其实现担保物权的不利影响。

（二）委托贷款中，担保物权登记在受托银行名下

委托贷款，是指委托人提供资金，由商业银行（受托人）根据委托人确定的借款人、用途、金额、币种、期限、利率等代为发放、协助监督使用、协助收回的贷款。一方面，由于非金融机构办理担保物权登记尤其是土地使用权和在建工程的抵押登记往往存在障碍，例如登记部门拒绝工业用地抵押情形下将自然人登记为担保物权人等；另一方面，企业之间借贷的效力也有争议，因此委贷作为银行中间业务十分常见。最高法曾在 1996 年 5 月 16 日发布《最高人民法院关于如何确定委托贷款协议纠纷诉讼主体资格的批复》，确认委托人可以自行向债务人提起诉讼主张权利，但对于登记在受托人名下的担保物权归属，司法实践中一直存在争议。

在委托贷款交易模式中，非金融机构委托专业银行向借款人发放贷款，专业银行是受托人，既受托发放贷款，也受托持有担保该贷款清偿的担保权。实践中，多数担保物权是直接登记在专业银行名下。这样就出现了登记的担保物权人和真实的担保物权人不一致的情况。对这个问题，原来大都是借助《合同法》第 402 条、403 条来进行处理。但是在新《担保制度解释》出台前，司法实践中对此问题存在不同的认识。例如：吉林粮食集团米业有限公司、海南屯昌颐和酒店投资有限公司金融借款合同纠纷案[1]认定委托人为担保物权人；最高法在（2015）民一终字第 107 号民事判决书中指出，因抵押登记制度不健全等原因导致债权人与登记的抵押权人不一致的，并不产生抵押权与债权实质上分离，实质上债权人和抵押权人仍为同一。而张惠珍

---

[1] 最高人民法院（2018）最高法民终 673 号。

与秦小鸽、眉县御景豪门置业有限公司、徐尉军、中国光大银行股份有限公司西安新城支行破产债权确认纠纷案[①]却认定登记的受托人为担保物权人。

正是基于司法实践中对此问题的不同认识，为了统一裁判尺度，本次《担保制度解释》对担保物权的代持问题予以明确规定，确认了委托人作为真正担保物权人有权主张担保物权的司法实践，有效尊重和保护了当事人的商业自治安排。

（三）兜底情形：担保人明知代持的存在

实践中，基于因登记部门的一些理解，拒绝将自然人登记为担保物权人，或者不接受非金融企业间借贷的抵押登记等原因，会存在委托其他如典当公司等代为持有抵押不动产的情形，此时抵押登记各方均知晓实际债权人才是抵押权人。近年大规模发展的网贷平台，出借人也往往并不实际办理抵押登记，而是将抵押权登记在网贷平台公司名下，此时也出现债权人与登记担保物权人不一致的情形。《担保制度解释》明确了，此类情形下，只要各方明知担保物权代持人是基于受托关系而作为登记的担保物权人的，债权人和受托人均有权主张担保物权。

另外，在债权转让情形下，也容易出现债权已转让而受让人暂未办理担保物权变更登记的场景。由于担保物权变更登记是个费时费力的工作，债权转让后担保物权仍登记在原债权人名下的情况并不少见。《九民纪要》第62条明确债权转让后抵押人以受让人不是抵押合同的当事人、未办理变更登记等为由提出抗辩的，人民法院不予支持，即是针对司法实践在担保物权代持法律效力方面存在的不同认知并因此导致的不同裁判结果进行的纠偏。《民法典》第547条的规定肯定了这一思路。《担保制度解释》在此基础上，更进一步地为担保物权代持的普遍适用设定兜底条款，即只要担保人知晓委托关系，就可以通过将担保物权登记在受托人名下的方式创设担保物权，且债权人及受托人均有权就担保财产主张优先受偿。

三、实务建议

1. 实务中，如开展债券承销、委托贷款之外的其他业务，业务部门应注意通过书面形式将各方权利义务固定，并注意明确担保权利的实际归属、各

[①] 最高人民法院（2020）最高法民申2782号。

方当事人是否同意作出代持的安排、代持的原因等问题。

2. 代持并不意味着仅做形式上的登记而无须履行相关义务，作为受托代持担保物权的受托人，需要注意履行勤勉尽责的义务，否则有可能就未及时或未妥善办理担保物权登记而承担合同约定的违约责任，或依过错程度承担相应赔偿责任。在李本琼与广汉珠江村镇银行股份有限公司委托合同纠纷案[①]中，最高法即以"珠江银行未按照规范办理土地抵押登记及未按照约定办理土地保险"为由，认定珠江银行在委托贷款业务中存在过错，判决其承担 20% 的赔偿责任。

第五节　担保合同无效的法律后果与责任承担

一、担保合同无效的情形下担保人承担责任

新旧法律条文对比	
《担保制度解释》	《担保法解释》
第十七条　主合同有效而第三人提供的担保合同无效，人民法院应当区分不同情形确定担保人的赔偿责任： （一）债权人与担保人均有过错的，担保人承担的赔偿责任不应超过债务人不能清偿部分的二分之一； （二）担保人有过错而债权人无过错的，担保人对债务人不能清偿的部分承担赔偿责任； （三）债权人有过错而担保人无过错的，担保人不承担赔偿责任。 主合同无效导致第三人提供的担保合同无效，人民法院应当区分不同情形确定担保人的赔偿责任： （一）债权人与担保人均有过错的，担保人承担的赔偿责任不应超过债务人不能清偿部分的二分之一； （二）担保人有过错而债权人无过错的，担保人对债务人不能清偿的部分承担赔偿责任； （三）债权人有过错而担保人无过错的，担保人不承担赔偿责任。 主合同无效导致第三人提供的担保合同无效，担保人无过错的，不承担赔偿责任；担保人有过错的，其承担的赔偿责任不应超过债务人不能清偿部分的三分之一。	第七条　主合同有效而担保合同无效，债权人无过错的，担保人与债务人对主合同债权人的经济损失，承担连带赔偿责任；债权人、担保人有过错的，担保人承担民事责任的部分，不应超过债务人不能清偿部分的二分之一。 第八条　主合同无效而导致担保合同无效，担保人无过错的，担保人不承担民事责任；担保人有过错的，担保人承担民事责任的部分，不应超过债务人不能清偿部分的三分之一。

---

① 最高人民法院（2016）最高法民再 303 号。

(一) 法条解读

关于担保合同无效情形下担保人的责任，《担保制度解释》的规定，如图 3.12 所示：

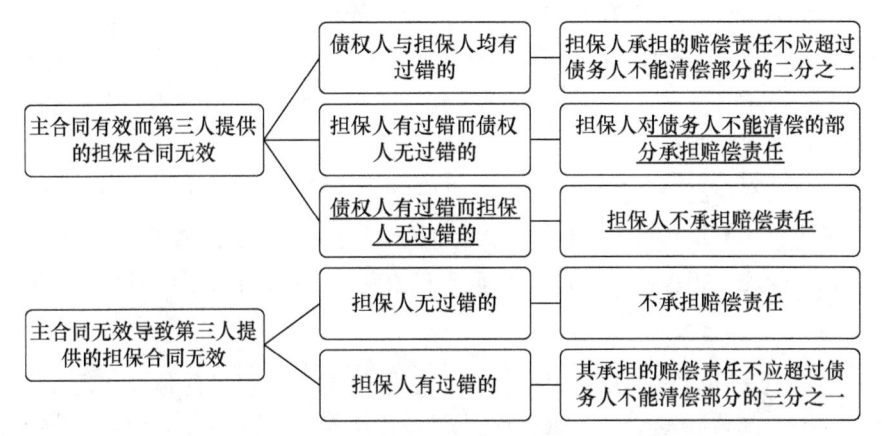

图 3.12 《担保制度解释》规定的担保合同无效担保人的责任

- 主合同有效而第三人提供的担保合同无效
  - 债权人与担保人均有过错的 → 担保人承担的赔偿责任不应超过债务人不能清偿部分的二分之一
  - 担保人有过错而债权人无过错的 → 担保人对债务人不能清偿的部分承担赔偿责任
  - 债权人有过错而担保人无过错的 → 担保人不承担赔偿责任
- 主合同无效导致第三人提供的担保合同无效
  - 担保人无过错的 → 不承担赔偿责任
  - 担保人有过错的 → 其承担的赔偿责任不应超过债务人不能清偿部分的三分之一

关于担保合同无效情形下担保人的责任，《担保法解释》的规定，如图 3.13 所示：

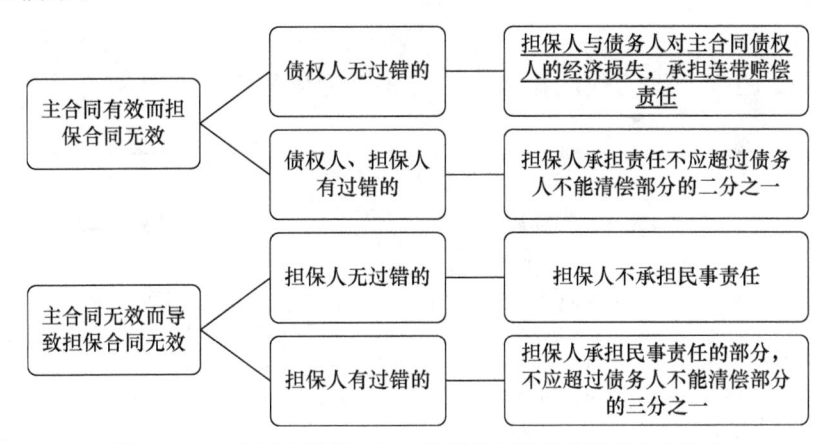

图 3.13 《担保法解释》规定的担保合同无效担保人的责任

- 主合同有效而担保合同无效
  - 债权人无过错的 → 担保人与债务人对主合同债权人的经济损失，承担连带赔偿责任
  - 债权人、担保人有过错的 → 担保人承担责任不应超过债务人不能清偿部分的二分之一
- 主合同无效而导致担保合同无效
  - 担保人无过错的 → 担保人不承担民事责任
  - 担保人有过错的 → 担保人承担民事责任的部分，不应超过债务人不能清偿部分的三分之一

在主合同有效的情形下，《担保法解释》第 7 条中实际上推定了担保人有过错，在条文中没有对担保人无过错的情况进行说明，而实际上，此类情形可能出现在债权人与债务人恶意串通骗取担保的场合，或者债权人未告知担保人借新还旧事实导致担保人提供担保的场合等。在本次修改中，《担保制度解释》第 17 条增加了担保人无过错而债权人有过错的情形，此时担保人不承

担责任。除此以外，在担保人有过错而债权人无过错的情况下，原《担保法解释》第7条要求担保人和债务人承担连带责任，这实际上并没有具体的法律依据。在《担保制度解释》中对此进行了修正，直接规定在主合同有效担保合同无效时，担保人有过错而债务人无过错的时候，担保人对债务人不能清偿的部分承担赔偿责任。根据《民法典》第682条第2款的规定，保证合同被确认无效后，债务人、保证人、债权人有过错的，应当根据其过错各自承担相应的民事责任。由此可见，合同被确认无效之后，当事人的责任承担应依据其是否存在过错及过错的程度承担相应的民事责任。因担保合同无效，担保人所承担的是缔约过失责任，性质上属于补充责任，责任范围小于一般的违约责任，因此《担保制度解释》中将责任范围限定为债务人不能清偿的部分。

（二）实务建议

金融机构在具体处理担保合同无效的情形下应当积极向债务人与担保人主张权利。主张担保人承担责任的，应当首先对担保合同无效的原因予以审查，并结合债权人、债务人和担保人是否存在过错以及过错程度，合理确定担保人应当承担的具体份额。在分析当事人过错程度时，应重点对当事人存在过错的原因、内容、程度等具体问题进行分析。

二、担保合同无效后担保人向债务人追偿的问题

新旧法律条文对比	
《担保制度解释》	《担保法解释》
第十八条　承担了担保责任或者赔偿责任的担保人，在其承担责任的范围内向债务人追偿的，人民法院应予支持。 同一债权既有债务人自己提供的物的担保，又有第三人提供的担保，承担了担保责任或者赔偿责任的第三人，主张行使债权人对债务人享有的担保物权的，人民法院应予支持。 第十九条　担保合同无效，承担了赔偿责任的担保人按照反担保合同的约定，在其承担赔偿责任的范围内请求反担保人承担担保责任的，人民法院应予支持。 反担保合同无效的，依照本解释第十七条的有关规定处理。当事人仅以担保合同无效为由主张反担保合同无效的，人民法院不予支持。	第九条　担保人因无效担保合同向债权人承担赔偿责任后，可以向债务人追偿，或者在承担赔偿责任的范围内，要求有过错的反担保人承担赔偿责任。 担保人可以根据承担赔偿责任的事实对债务人或者反担保人另行提起诉讼。

(一) 法条解读

1. 关于承担担保责任或者赔偿责任的担保人向债务人追偿

《担保制度解释》第 18 条是关于承担担保责任或者赔偿责任的担保人向债务人追偿的规定。鉴于担保人承担担保责任实际上是为了清偿主债务人的债务，债务人应当是最终义务人，鉴于此，第 18 条第 1 款规定担保人有权在承担担保责任的范围内向债务人追偿。同样也正因如此，担保合同无效时，担保人承担相应赔偿责任之后，也可以向债务人进行追偿。

《民法典》第 700 条规定了保证人的追偿权，保证人承担保证责任后，除当事人另有约定外，有权在其承担保证责任的范围内向债务人追偿，享有债权人对债务人的权利，但是不得损害债权人的利益。《担保制度解释》第 20 条规定，人民法院在审理第三人提供的物的担保纠纷案件时，可以适用民法典第 695 条第 1 款、第 696 条第 1 款、第 697 条第 2 款、第 699 条、第 700 条、第 701 条、第 702 条等关于保证合同的规定。因此，第三人提供的物的担保纠纷及人保纠纷，可以适用《民法典》第 700 条，因此，第 18 条第 2 款中第三人承担担保责任或者赔偿责任后享有债权人对债务人的权利，其中包括对债务人财产的抵押权等担保物权。

2. 担保合同无效时，反担保合同的效力认定以及反担保人责任承担的规定

根据原《担保法解释》第 9 条之规定，反担保人在有过错时才承担责任，而若没有过错，则即便担保合同无效，担保人有过错，承担了赔偿责任的，而反担保人也不承担责任。而《担保制度解释》第 19 条第 2 款规定"反担保合同无效的，依照本解释第一条的有关规定处理。当事人仅以担保合同无效为由主张反担保合同无效的，人民法院不予支持。"区别于《担保法解释》的内容，明确了若担保合同无效，因担保人有过错承担相应责任后，即便反担保人无过错，仍然应当承担相应责任。

两者之间差别的实质在于对反担保性质认定的分歧，《担保法解释》第 9 条的立论基础是反担保合同是担保合同的从合同，担保合同无效则反担保合同亦无效。《担保制度解释》的原理则在于反担保所担保的对象是担保人向债务人的追偿权，因此担保合同并非反担保合同的主合同，担保合同无效并不必然导致反担保合同无效。目前法律接受了后者的观点。

根据前述分析担保合同无效不能影响反担保合同的效力，此时担保人因担保合同无效仅在其过错的范围内承担缔约过失的民事赔偿责任，在其实际承担赔偿责任后要求反担保人承担责任时，应当根据反担保合同的效力确定反担保人是否承担民事责任及责任的范围。

具体担保合同无效情况下，反担保人责任承担如图 3.14 所示：

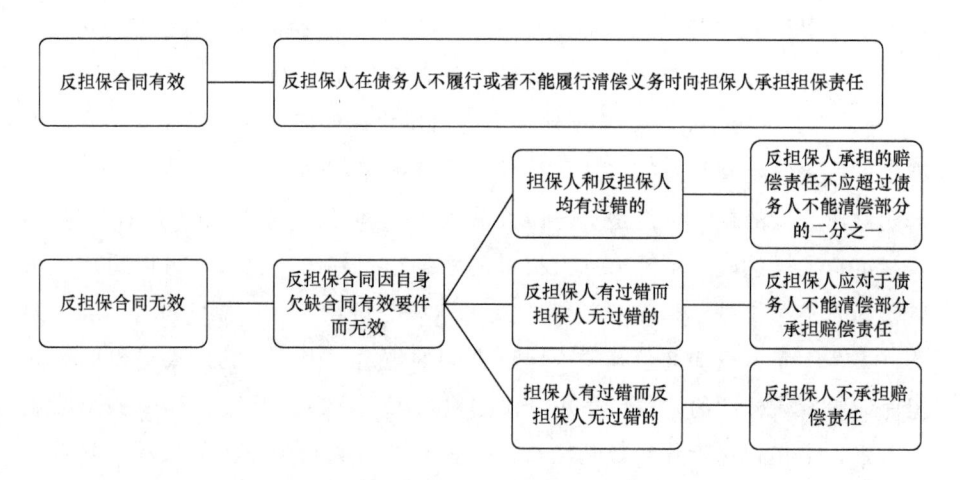

反担保合同效力	条件	过错情况	责任承担
反担保合同有效			反担保人在债务人不履行或者不能履行清偿义务时向担保人承担担保责任
反担保合同无效	反担保合同因自身欠缺合同有效要件而无效	担保人和反担保人均有过错的	反担保人承担的赔偿责任不应超过债务人不能清偿部分的二分之一
		反担保人有过错而担保人无过错的	反担保人应对于债务人不能清偿部分承担赔偿责任
		担保人有过错而反担保人无过错的	反担保人不承担赔偿责任

图 3.14　担保合同无效时反担保人的责任承担

3. 反担保的保证期间

反担保所担保的主债权是担保人对主债权的追偿权，为在担保人实际承担担保责任后才发生的权利。如果反担保合同没有特别约定，那么这一追偿权的履行期限就属于"没有约定或者约定不明确"的情形，应当适用《民法典》第 692 条第 3 款的规定，从担保人实际承担了担保责任再向主债务人追偿且从"宽限期"届满之日后开始起算六个月。

（二）实务建议

若金融机构作为担保人承担了担保责任或者赔偿责任的，应当及时向债务人追偿，且可以主张行使债权人对债务人享有的担保物权，或者可以积极请求反担保人承担担保责任。

第六节 担保物权的实现程序

一、我国实现担保物权特别程序的发展历程

实现担保物权的特别程序肇始于2012年8月31日修订的《中华人民共和国民事诉讼法》(以下简称《民诉法》),但由于《民诉法》对此仅有两条原则性规定,在这一时期几乎难以在实践中找到申请适用该程序的案例。

2014年12月18日,最高人民法院通过并公布《最高人民法院关于适用〈民事诉讼法〉的解释》[以下简称《民诉法解释(2014)》][1],对实现担保物权案件的一些实践问题进行了规定,如申请实现担保物权的主体、特定情况的管辖、案件申请材料要求、案件费用承担、案件审理及裁定、救济程序等。

自2021年1月1日起开始施行的《民法典》和《担保制度解释》对融资租赁、所有权保留买卖、保理等业务的担保功能加以认定,并规定所有权保留买卖(《民法典》第642条)、融资租赁(《担保制度解释》第65条)可参照适用实现担保物权的规则。

二、实现担保物权案件程序的适用

(一)实现担保物权特别程序中实质性争议的界定

在申请实现担保物权的案件中,法院仅进行形式审查:一是担保物权是否有效存在;二是担保物权实现的条件是否成就;三是担保财产是否能被执行。此为实现担保物权的三要件。若当事人对此提出异议:对实现担保物权有部分实质性争议的,可以就无争议部分裁定准许拍卖、变卖担保财产;对实现担保物权有实质性争议的,裁定驳回申请,并告知申请人向人民法院提起诉讼。

何谓实质性争议?浙江省高级人民法院于2020年12月10日发布的《浙江省高级人民法院关于审理实现担保物权案件若干问题的解答》对此作出了

---

[1] 该司法解释于2020年和2022年进行了两次修正。但本书中进行新旧法律条文对比时,引用的是2014年《民诉法解释》。

解读:"是指法院在综合审查的基础上,对主合同和担保合同的订立、生效、履行、债权额确定等影响担保物权实现的事实认定还存有疑问,无法在该特别程序中形成内心确信。实践中,要注意防止被申请人滥用异议权利。除非案件明显存在民事权益争议,被申请人对所提出的异议,一般应提供初步证据,作为法院综合审查判断的依据。被申请人没有明确依据、仅笼统表示异议的情形,显然不足以构成'实质性争议',不宜简单地据此驳回申请。"

具体来说,以下三类争议一般而言将构成实质争议:其一,通过核实证据或者运用证据规则无法核实的事实,需要通过第三方机构鉴定等方式确定的事实争议问题将构成实质争议。其二,根据法律、法规的规定或一般的法律原则无法直接得出确定性判决,需要法官行使自由裁量权得出判决的事项。其三,争议事项实践中存在观点争议,根据法律、法规的规定或一般的法律原则无法直接得出确定性判决,需要法官通过结合案件证据材料,综合论证得出相应结论的事项。

(二)实现担保物权特别程序在人保、物保并存案件中的适用

新旧法律条文对比	
《民法典》	《民诉法解释(2014)》
第三百九十二条 被担保的债权既有物的担保又有人的担保的,债务人不履行到期债务或者发生当事人约定的实现担保物权的情形,债权人应当按照约定实现债权;没有约定或者约定不明确,债务人自己提供物的担保的,债权人应当先就该物的担保实现债权;第三人提供物的担保的,债权人可以就物的担保实现债权,也可以请求保证人承担保证责任。提供担保的第三人承担担保责任后,有权向债务人追偿。	第三百六十五条 依照物权法第一百七十六条的规定,被担保的债权既有物的担保又有人的担保,当事人对实现担保物权的顺序有约定,实现担保物权的申请违反该约定的,人民法院裁定不予受理;没有约定或者约定不明的,人民法院应当受理。

根据《民诉法解释(2014)》第365条的规定,被担保的债权既有物的担保又有人的担保,当事人对实现担保物权的顺序有约定,实现担保物权的申请违反该约定的,法院裁定不予受理;没有约定或者约定不明的,法院应当受理。债权人对物保部分向法院提出实现担保物权申请的,可同时对承担连带责任保证的保证人提起民事诉讼。两个程序的裁判及执行应依法做好衔接。主债务人自己提供物保的情形下,除当事人另有约定外,由于保证人应承担的保证责任范围仅是物的担保以外的债权额,故对保证人提起的民事诉讼,应待实现担保物权特别程序终结后,继续审理并依法作出裁判。浙江高院在

212

2020年12月10日发布的《关于审理实现担保物权案件若干问题的解答》中也秉持这一观点。

（三）担保合同约定仲裁条款对实现担保物权特别程序的影响

新旧法律条文对比	
《担保制度解释》	《民诉法解释（2014）》
第四十五条　当事人约定当债务人不履行到期债务或者发生当事人约定的实现担保物权的情形，担保物权人有权将担保财产自行拍卖、变卖并就所得的价款优先受偿的，该约定有效。因担保人的原因导致担保物权人无法自行对担保财产进行拍卖、变卖，担保物权人请求担保人承担因此增加的费用的，人民法院应予支持。 当事人依照民事诉讼法有关"实现担保物权案件"的规定，申请拍卖、变卖担保财产，被申请人以担保合同约定仲裁条款为由主张驳回申请的，人民法院经审查后，应当按照以下情形分别处理： （一）当事人对担保物权无实质性争议且实现担保物权条件已经成就的，应当裁定准许拍卖、变卖担保财产； （二）当事人对实现担保物权有部分实质性争议的，可以就无争议的部分裁定准许拍卖、变卖担保财产，并告知可以就有争议的部分申请仲裁； （三）当事人对实现担保物权有实质性争议的，裁定驳回申请，并告知可以向仲裁机构申请仲裁。 债权人以诉讼方式行使担保物权的，应当以债务人和担保人作为共同被告。	第三百七十二条　人民法院审查后，按下列情形分别处理： （一）当事人对实现担保物权无实质性争议且实现担保物权条件成就的，裁定准许拍卖、变卖担保财产； （二）当事人对实现担保物权有部分实质性争议的，可以就无争议部分裁定准许拍卖、变卖担保财产； （三）当事人对实现担保物权有实质性争议的，裁定驳回申请，并告知申请人向人民法院提起诉讼。

在《担保制度解释》出台之前，对于在当事人已约定仲裁的情况下，能否适用担保物权特别程序的问题，在司法实践中一直存在两种互斥的观点。一种观点认为，当事人的约定在事实上已经排除了法院的管辖。北京市西城区人民法院在（2020）京0102民特2945号民事裁定书中即秉持这一观点。另一种观点则认为，实现担保物权的特别程序是一项独立的程序，应当与诉讼、仲裁并驾齐驱，即使当事人已约定了仲裁，亦不妨碍实现担保物权特别程序的适用，如（2017）闽0902民特监1号民事裁定。

《担保制度解释》的出台为这一长期以来的争议提供了明确的解决路径。其第45条第2款的规定，并未将约定仲裁作为不适用实现担保物权特别程序的充分条件，而是延续了《民诉法解释（2014）》第372条的思路，将是否具有实质性争议作为评判的核心。因此，这一条款所列举的无争议、有部分实质性争议以及有实质性争议三种情况，也正与《民诉法解释（2014）》第372条一一对应。由此也可看出，事实上，是否约定仲裁并不会影响实现担保物权案件的审理，其影响力仅体现在当事人对实现担保物权有实质性争议的，则审理机关由法院变更为仲裁机构。但其实，在案件具有实质性争议的情况下，实现担保物权的特别程序本就没有适用的空间。

（四）在融资租赁纠纷中参照适用实现担保物权程序的受偿范围

《担保制度解释》

第六十五条　在融资租赁合同中，承租人未按照约定支付租金，经催告后在合理期限内仍不支付，出租人请求承租人支付全部剩余租金，并以拍卖、变卖租赁物所得的价款受偿的，人民法院应予支持；当事人请求参照民事诉讼法"实现担保物权案件"的有关规定，以拍卖、变卖租赁物所得价款支付租金的，人民法院应予准许。

出租人请求解除融资租赁合同并收回租赁物，承租人以抗辩或者反诉的方式主张返还租赁物价值超过欠付租金以及其他费用的，人民法院应当一并处理。当事人对租赁物的价值有争议的，应当按照下列规则确定租赁物的价值：

（一）融资租赁合同有约定的，按照其约定；

（二）融资租赁合同未约定或者约定不明的，根据约定的租赁物折旧以及合同到期后租赁物的残值来确定；

（三）根据前两项规定的方法仍然难以确定，或者当事人认为根据前两项规定的方法确定的价值严重偏离租赁物实际价值的，根据当事人的申请委托有资质的机构评估。

《担保制度解释》第65条第1款仅规定，"出租人请求承租人支付全部剩余租金，并以拍卖、变卖租赁物所得的价款受偿的，人民法院应予支持"。若严格依照文义解释来理解该条文，是否租赁物价款受偿范围应仅限定在"租金"，而不包括罚息、违约金等其他一切费用呢？

对此，不应拘泥于司法解释在单一条款上的用词，而应当从整体的角度加以理解。首先，《民法典》第389条规定："担保物权的担保范围包括主债权及其利息、违约金、损害赔偿金、保管担保财产和实现担保物权的费用。当事人另有约定的，按照其约定。"在此前提下，若当事人没有约定租赁物价款担保的范围不包括罚息、违约金和其他费用，则租赁物的价款担保范围自然应当包括前述相关费用。其次，从体系解释的角度来看，《民法典》第758条[1]和《担保

---

[1] 《民法典》第758条：当事人约定租赁期限届满租赁物归承租人所有，承租人已经支付大部分租金，但是无力支付剩余租金，出租人因此解除合同收回租赁物，收回的租赁物的价值超过承租人欠付的租金以及其他费用的，承租人可以请求相应返还。当事人约定租赁期限届满租赁物归出租人所有，因租赁物毁损、灭失或者附合、混合于他物致使承租人不能返还的，出租人有权请求承租人给予合理补偿。

制度解释》第 65 条第 2 款均明确规定，对租赁物价值超过"租金以及其他费用"的部分才予以返还承租人，故而理解租赁物的价款抵扣范围应当包括租金外的其他费用。最后，从司法实践的操作层面来看，若强行将租金和其他费用割裂处理，仅将拍卖、变卖租赁物所得价款用于清偿租金，如果租赁物价款还存在剩余，如何进行后续处置将面临争议。因此，法院倾向于一并处理，如北京二中院即在（2020）京 02 民初 608 号、（2020）京 02 民初 610 号案件中支持了原告方对逾期利息的诉请。

三、实务建议

1. 因适用实现担保物权特别程序，一旦出现实质性争议则可能出现申请被法院驳回的后果，造成期限利益的损失，因此应当审慎考虑，不建议在仍存一定争议的情况下提出此申请。

2. 对于租赁物价款受偿的债权范围问题，由于《担保制度解释》的条文并未明确"其他费用"，为避免相关风险，建议在开展融资租赁业务时，在合同中明确约定租赁物价款的抵扣范围包括罚息、违约金等其他一切费用，并对具体的抵扣顺序作出约定。

第四章
金融交易中的保证规则

第一节　保证合同概念及其从属性

2021年1月1日起施行的《民法典》对我国民商事法律实务影响深远。其中诸多条款涉及金融实践，与原法律规定相较，修订、新增、体系变化者不在少数。就担保部分而言，《担保制度解释》的规定与原先司法实践相比变化也较大。通过几个月的持续研读与学习，我们在全面比较《民法典》涉金融条款及《担保制度解释》《合同法》《物权法》《担保法》《九民纪要》等的基础上，结合金融实务进行了逐条分析，以期给读者献上一份扎实的解读文本。

金融本身具有高度的复杂性，金融法亦随之具有高度复杂性。金融法的研习不仅要读"法"，更重要的是去理解和掌握背后的"金融"运转机理。因此我们的解读文本致力于兼顾"法"与"金融"，同时说清楚法律实务与金融实务，并提出中肯的实务操作建议。

一、承担保证责任的情形

<table>
<tr><td colspan="2" align="center">新旧法律条文对比</td></tr>
<tr><td align="center">《民法典》</td><td align="center">《担保法》</td></tr>
<tr><td>第六百八十一条　保证合同是为保障债权的实现，保证人和债权人约定，当债务人不履行到期债务或者发生当事人约定的情形时，保证人履行债务或者承担责任的合同。</td><td>第六条　本法所称保证，是指保证人和债权人约定，当债务人不履行债务时，保证人按照约定履行债务或者承担责任的行为。</td></tr>
</table>

（一）法条解读

现行《担保法》中保证人承担保证责任的前提条件仅为"债务人不履行债务"一种情形，而《民法典》拓展了范围。《民法典》第681条规定，不仅在债务人不履行到期债务的情形下保证人需要承担责任，而且在发生当事人约定的情形下，保证人也需承担责任。

本条表述实际上沿用了《物权法》第170条的规定："担保物权人在债务人不履行到期债务或者发生当事人约定的实现担保物权的情形，依法享有就担保财产优先受偿的权利。"虽然该条的表述并非针对保证合同，但《民法典》将之移植至保证合同。

（二）实务建议

建议金融机构进一步细化保证合同的相应条款，明确约定保证人承担保证责任的情形。金融机构在保证合同中可以根据行业和机构需求增加要求保证人承担责任的情形的约定。比如，虽然当下并未发生不履行债务的情形，但是债务人或保证人的某些行为，或者出现了一些其他可能影响债务人偿债能力的情形，金融机构也可以要求保证人提前承担责任。

二、保证合同的从属性

新旧法律条文对比			
《民法典》	《担保制度解释》	《担保法》	《九民纪要》
第六百八十二条 保证合同是主债权债务合同的从合同。主债权债务合同无效的，保证合同无效，但是法律另有规定的除外。 保证合同被确认无效后，债务人、保证人、债权人有过错的，应当根据其过错各自承担相应的民事责任。	第二条 当事人在担保合同中约定担保合同的效力独立于主合同，或者约定担保人对主合同无效的法律后果承担担保责任，该有关担保独立性的约定无效。主合同有效的，有关担保独立性的约定无效不影响担保合同的效力；主合同无效的，人民法院应当认定担保合同无效，但是法律另有规定的除外。 因金融机构开立的独立保函发生的纠纷，适用《最高人民法院关于审理独立保函纠纷案件若干问题的规定》。	第五条 担保合同是主合同的从合同，主合同无效，担保合同无效。担保合同另有约定的，按照约定。 担保合同被确认无效后，债务人、担保人、债权人有过错的，应当根据其过错各自承担相应的民事责任。	54.【独立担保】从属性是担保的基本属性，但由银行或者非银行金融机构开立的独立保函除外。独立保函纠纷案件依据《最高人民法院关于审理独立保函纠纷案件若干问题的规定》处理。需要进一步明确的是：凡是由银行或者非银行金融机构开立的符合该司法解释第1条、第3条规定情形的保函，无论是用于国际商事交易还是用于国内商事交易，均不影响保函的效力。银行或者非银行金融机构之外的当事人开立的独立保函，以及当事人有关排除担保从属性的约定，应当认定无效。但是，根据"无效法律行为的转换"原理，在否定其独立担保效力的同时，应当将其认定为从属性担保。此时，如果主合同有效，则担保合同有效，担保人与主债务人承担连带保证责任。主合同无效，则该所谓的独立担保也随之无效，担保人无过错的，不承担责任；担保人有过错的，其承担民事责任的部分，不应超过债务人不能清偿部分的三分之一。

(一)法条解读

1.《民法典》规定改变了《担保法》关于保证合同从属性例外的情形,从原来的约定排除变更为法律规定才能排除。因此,以往金融机构在保证合同中往往有保证独立性条款的约定,即在保证合同中明确"保证合同的效力独立于主合同,主合同不成立、不生效、无效、部分无效或被撤销、被解除等并不影响本合同的效力"。在《民法典》施行后,该约定无效,实质上已经不能通过该约定来排除保证合同的从属性。

2.对于金融机构而言,其经营业务中常常会涉及开立的各类保函。《民法典》的这一条款变化引起了广泛的讨论:独立保函的效力在《民法典》下如何认定?

原《独立保函司法解释》承认了金融机构独立保函的效力,《担保制度解释》第2条亦明确独立保函的认定及产生的纠纷等问题仍然适用该规定。因此,金融机构出具的保函,只要符合独立保函的特性,就可独立于基础合同,为有效的独立保函。但是金融机构之外的其他主体开立的独立保函则会被认定无效,若有连带责任保证的意思表示的,在否定其独立担保效力的同时,应当将其认定为从属性担保,并承担相应的连带保证责任。

需注意的是,《九民纪要》出台以后,一些专家学者认为独立保函属于担保从属性的例外,从《担保法》第5条第1款的但书"当事人另有约定的除外"中去寻找正当性。但无论是依据《民法典》第388条,还是第682条,都将保证合同从属性的例外局限在"法律另有规定的除外",故而一部分专家学者转而从《民法典》第682条的扩大解释来寻求独立保函在《民法典》中的正当性和合法性,即认为《民法典》第682条第1款中"法律另有规定的除外",这里的"法律"包括独立保函司法解释在内。但按照《民法典合同编理解与适用》的观点,金融机构开立的各类独立保函并不是《民法典》所调整的保证合同,性质不是独立担保,其独立性并不需要从《民法典》第682条第1款中得到解释和论证,而应当将其理解为一种非典型担保。《担保制度解释》则直接明确了独立保函适用《独立保函司法解释》,符合《民法典》"法律另有规定的除外"情形。

3.《民法典》第682条第2款是对保证合同无效后责任分配的规定。根据本款规定,保证合同被确认无效后,债务人、保证人、债权人有过错的,应当根据其过错各自承担相应的民事责任。关于各个主体应当承担责任的具体份额，可以适用《担保制度解释》第 17 条的相关规定。

(二) 实务建议

1. 在《民法典》施行后，虽然保证合同中担保独立性条款可能会受到法律效力上的挑战，但是出于司法解释及司法实践变化的考虑，金融机构保证合同中的此类条款不妨保留。即便此类条款被法院认定为无效，也不会减损金融机构利益。若措辞得当，今后司法解释又对独立条款作效力肯定解释，那么此类条款的保留，会让金融机构利益得到多一重的保障。

2. 金融机构若要开立独立保函的，需注意以下要点：

第一，确保保函文本具有以下三要素：(1) 保函载明见索即付、约定适用国际商会《见索即付保函统一规则》或者根据文本内容能够确定开立人付款义务的独立性和跟单性；(2) 保函必须记载据以付款的单据；(3) 保函要载明最高金额。

第二，为避免产生纠纷，建议金融机构开立的独立保函文本不要约定"如果……""因为……时"等可能被法院认为给开立行付款义务设立条件的措辞，而是直接约定保函开立行在收到约定的单据即应付款即可；也不要同时约定"承担连带责任保证"等表述。

第二节 保证方式

一、对保证方式没有约定或者约定不明确时，推定为一般保证

新旧法律条文对比			
《民法典》	《担保制度解释》	《担保法》	《九民纪要》
第六百八十六条 保证的方式包括一般保证和连带责任保证。	第二十五条 当事人在保证合同中约定了在债务人不能履行债务或者无力偿还债务时才承担保证责任等类似内容，具有债务人应当先承担责任的意思表示的，人民法院	第十六条 保证的方式有： (一) 一般保证；	91.【增信文件的性质】信托合同之外的当事人提供第三方差额补足、代为履行到期回购

219

(续表)

新旧法律条文对比			
《民法典》	《担保制度解释》	《担保法》	《九民纪要》
当事人在保证合同中对保证方式没有约定或者约定不明确的，按照一般保证承担保证责任。	应当将其认定为一般保证。 当事人在保证合同中约定了保证人在债务人不履行债务或者未偿还债务时即承担保证责任、无条件承担保证责任等类似内容，不具有债务人应当先承担责任的意思表示的，人民法院应当将其认定为连带保证。 第三十六条　第三人向债权人提供差额补足、流动性支持等类似承诺文件作为增信措施，具有提供担保的意思表示，债权人请求该第三人承担保证责任的，人民法院应当依照保证的有关规定处理。 第三人向债权人提供的承诺文件，具有债务加入或者与债务人共同承担债务等意思表示的，人民法院应当认定为民法典第五百五十二条规定的债务加入。 前两款中第三人提供的承诺文件难以确定是保证还是债务加入的，人民法院应当将其认定为保证。 第三人向债权人提供的承诺文件不符合前三款规定的情形，债权人请求第三人承担保证责任或者连带责任的，人民法院不予支持，但是不影响其依据承诺文件请求第三人履行约定的义务或者承担相应的民事责任。	（二）连带责任保证。 第十九条　当事人对保证方式没有约定或者约定不明确的，按照连带责任保证承担保证责任。	义务、流动性支持等类似承诺文件作为增信措施，其内容符合法律关于保证的规定的，人民法院应当认定当事人之间成立保证合同关系。其内容不符合法律关于保证的规定的，依据承诺文件的具体内容确定相应的权利义务关系，并根据案件事实情况确定相应的民事责任。

（一）法条解读

1.《民法典》明确规定，当事人在保证合同中对保证方式没有约定或者约定不明确的，保证人按照一般保证来承担保证责任。

实践中，存在合同中并未约定保证条款、但有第三人以保证人身份在主债权债务合同上的签名、盖章或按指印的情形，此时应按照本条规定推定为一般保证。

2.《担保制度解释》第 25 条对担保方式的认定做了进一步明确。该条第 1 款规定,当事人在保证合同中约定了"在债务人不能履行债务或者无力偿还债务时才承担保证责任"等类似内容,应认定其"具有债务人应当先承担责任的意思表示",进而认定其为一般保证。该条第 2 款规定,当事人在保证合同中约定了"保证人在债务人不履行债务或者未偿还债务时即承担保证责任、无条件承担保证责任"等类似内容,应认定其"不具有债务人应当先承担责任的意思表示",进而认定其为连带保证。

需注意,该条并非是对《民法典》第 686 条第 2 款中的"没有约定或者约定不明"作出解释。恰恰相反,《担保制度解释》第 25 条实际上是对合同条款中没有明确写"一般保证"或"连带责任保证"、但合同条款对保证方式的约定意思表示又非常明确的情况下,认为此时属于"明确约定了保证方式",排除了《民法典》第 686 条第 2 款的适用。换言之,合同条款中不一定要明确写明"一般保证/连带责任保证"字样,只要文义清晰,即可界定为"约定明确",进而依据文义认定保证方式(排除一般保证推定)。

3.《民法典》第 686 条除了直接影响保证合同之外,还对差额补足、流动性支持承诺等第三方增信文件认定产生了影响。根据《九民纪要》第 91 条规定:"信托合同之外的当事人提供第三方差额补足、代为履行到期回购义务、流动性支持等类似承诺文件作为增信措施,其内容符合法律关于保证的规定的,人民法院应当认定当事人之间成立保证合同关系。"在实务中,此类增信文件的性质有可能会被认定为保证、债务加入或者独立的合同。若被认定为保证,在缺乏保证方式的明确约定情况下,可能会被推定为一般保证,这对于作为债权人的金融机构而言是较为不利的。根据《担保制度解释》第 36 条规定,该类增信文件若存在补足、支持等意思表示的应当认定为保证,若有加入、共同承债等意思表示的应当视为债务加入。

(二)实务建议

1. 建议金融机构在保证合同或其他有保证意思表示的合同中明确具体的保证方式,尽量直接约定为连带责任保证。

2. 建议金融机构注意如差额补足、流动性支持等非标类增新文件的具体条款约定,在接受该类增信措施前做好审查,尽量避免被认定为构成一般保证。

二、一般保证人的免责情形

新旧法律条文对比	
《民法典》	《担保法解释》
第六百九十八条 一般保证的保证人在主债务履行期限届满后，向债权人提供债务人可供执行财产的真实情况，债权人放弃或者怠于行使权利致使该财产不能被执行的，保证人在其提供可供执行财产的价值范围内不再承担保证责任。	第二十四条 一般保证的保证人在主债权履行期间届满后，向债权人提供了债务人可供执行财产的真实情况的，债权人放弃或者怠于行使权利致使该财产不能被执行，保证人可以请求人民法院在其提供可供执行财产的实际价值范围内免除保证责任。

本条和《担保法解释》规定相比并无实质改变。需要提示的一点是实践中，针对保证人提供的可供执行财产的真实情况，金融很难进行判断。为此若 保证人基于此不再承担保证责任，不利于金融机构利益，因此建议金融机构在合同中约定"一般保证的保证人，在保证人向债权人提供债务人可供执行财产的真实情况后，债权人未执行到相应财产的，保证人仍应在其提供执行财产的价值范围内承担保证责任。"

三、一般保证先诉抗辩权的例外情形

新旧法律条文对比		
《民法典》	《担保制度解释》	原法规
第六百八十七条 当事人在保证合同中约定，债务人不能履行债务时，由保证人承担保证责任的，为一般保证。 一般保证的保证人在主合同纠纷未经审判或者仲裁，并就债务人财产依法强制执行仍不能履行债务前，有权拒绝向债权人承担保证责任，但是有下列情形之一的除外： （一）债务人下落不明，且无财产可供执行；	第二十六条 一般保证中，债权人以债务人为被告提起诉讼的，人民法院应予受理。债权人未就主合同纠纷提起诉讼或者申请仲裁，仅起诉一般保证人的，人民法院应当驳回起诉。 一般保证中，债权人一并起诉债务人和保证人的，人民法院可以受理，但是在作出判决时，除有民法典第六百八十七条第二款但书规定的情形外，应当在判决书主文中明确，保证人仅对债务人财产依法强制执行后仍不能履行的部分承担保证责任。	《担保法》 第十七条 当事人在保证合同中约定，债务人不能履行债务时，由保证人承担保证责任的，为一般保证。 一般保证的保证人在主合同纠纷未经审判或者仲裁，并就债务人财产依法强制执行仍不能履行债务前，对债权人可以拒绝承担保证责任。 有下列情形之一的，保证人不得行使前款规定的权利： （一）债务人住所变更，致使债权人要求其履行债务发生重大困难的； （二）人民法院受理债务人

(续表)

新旧法律条文对比		
《民法典》	《担保制度解释》	原法规
（二）人民法院已经受理债务人破产案件； （三）债权人有证据证明债务人的财产不足以履行全部债务或者丧失履行债务能力； （四）保证人书面表示放弃本款规定的权利。	债权人未对债务人的财产申请保全，或者保全的债务人的财产足以清偿债务，债权人申请对一般保证人的财产进行保全的，人民法院不予准许。 第二十七条　一般保证的债权人取得对债务人赋予强制执行效力的公证债权文书后，在保证期间内向人民法院申请强制执行，保证人以债权人未在保证期间内对债务人提起诉讼或者申请仲裁为由主张不承担保证责任的，人民法院不予支持。	破产案件，中止执行程序的； （三）保证人以书面形式放弃前款规定的权利的。 《担保法解释》 第二十五条　担保法第十七条第三款第（一）项规定的债权人要求债务人履行债务发生的重大困难情形，包括债务人下落不明、移居境外，且无财产可供执行。

（一）法条解读

1.《民法典》第687条规定了一般保证先诉抗辩权的例外，其中新增了"债务人下落不明，且无财产可供执行"和"债权人有证据证明债务人的财产不足以履行全部债务或者丧失履行债务能力"的情形。前种情形对于债权人来说更为严格，后种情形则相应更能保护债权人利益。

但如何认定"无财产可供执行"以及"不足以履行全部债务或者丧失履行能力"？根据《担保法解释》第131条规定，"不能清偿"是指对债务人的存款、现金、有价证券、成品、半成品、原材料、交通工具等可以执行的动产和其他方便执行的财产执行完毕后，债务仍未能得到清偿的状态。最高人民法院发布的指导案例（2017）最高法执复38号中明确，"无财产可供执行"并不代表没有任何财产，也包括财产不方便执行的状态。对于作为债权人的金融机构而言，若债务人的财产不方便处置，即可及时追究一般保证人的保证责任。

2.《担保制度解释》第26条新增了对一般保证人财产"不予保全"的操作规定，对金融机构较为不利，容易出现一般保证人转移资产以逃避保证责任的情形。但同时也开了一道口子，规定只要金融机构能举证证明债务人存在《民法典》第687条第2款规定情形，金融机构就可以对一般保证人的财

223

产进行保全。

3.《担保制度解释》第 27 条新增了依据赋予强制执行效力的公证债权文书而申请强制执行的，视为一般保证人先诉抗辩权的例外情形。

(二) 实务建议

对于金融机构而言，在要求一般保证人承担保证责任时，面对一般保证人提出的先诉抗辩，要注意审查是否存在《民法典》第 687 条第 2 款规定的例外情形，着重关注债务人财产情况，并注意提前搜集债务人无财产可供执行或者丧失履行能力等的相关证据，及时做好保全措施。

当然，最彻底的解决方案是事先在保证合同中明确约定连带责任保证，排除一般保证的适用。

金融机构可以增加赋予强制执行效力的公证文书的适用，有利于缩短诉讼执行流程。

四、最高额保证

新旧法律条文对比	
《民法典》	《担保法》
第六百九十条　保证人与债权人可以协商订立最高额保证的合同，约定在最高债权额限度内就一定期间连续发生的债权提供保证。 最高额保证除适用本章规定外，参照适用本法第二编最高额抵押权的有关规定。	第十四条　保证人与债权人可以就单个主合同分别订立保证合同，也可以协议在最高债权额限度内就一定期间连续发生的借款合同或者某项商品交易合同订立一个保证合同。

(一) 法条解读

相较于原《担保法》，《民法典》对于最高额保证条款修改最大之处在于增加了第 2 款规定，即"最高额保证除适用本章规定外，参照适用本法第二编最高额抵押权的有关规定"。相应的，最高额保证的债权的范围、确定、转让等方面的规定均与最高额抵押权保持一致，适用《民法典》第 420 至第 423 条的规定。需注意以下要点：

第一，参照《民法典》第 420 条第 2 款的规定，最高额保证设立前已经存在的债权，经当事人同意，可以转入最高额保证担保的债权范围。

第二，参照《民法典》第 421 条的规定，最高额保证担保的债权确定前，部分债权转让的,原则上最高额保证担保权利不得转让,但当事人可以对此作出约定。

第三,参照《民法典》第422条的规定,最高额保证担保的债权确定前,债权人与保证人可以通过协议变更决算期、债权范围以及最高债权额。

第四,若出现《民法典》第423条规定的情形,最高额保证担保的债权确定。

第三节 保证期间与诉讼时效

一、保证期间

新旧法律条文对比		
《民法典》	《担保制度解释》	原法规
第六百九十二条 保证期间是确定保证人承担保证责任的期间,不发生中止、中断和延长。 债权人与保证人可以约定保证期间,但是约定的保证期间早于主债务履行期限或者与主债务履行期限同时届满的,视为没有约定;没有约定或者约定不明确的,保证期间为主债务履行期限届满之日起六个月。 债权人与债务人对主债务履行期限没有约定或者约定不明的,保证期间自债权人请求债务人履行债务的宽限期届满之日起计算。	第三十条 最高额保证合同对保证期间的计算方式、起算时间等有约定的,按照其约定。 最高额保证合同对保证期间的计算方式、起算时间等没有约定或者约定不明的,被担保债权的履行期限均已届满的,保证期间自债权确定之日起开始计算;被担保债权的履行期限尚未届满的,保证期间自最后到期债权的履行期限届满之日起开始计算。 欠款所称债权确定之日,依照民法典第四百二十三条的规定认定。 第三十一条 一般保证的债权人在保证期间内对债务人提起诉讼或者申请仲裁后,又撤回起诉或者仲裁申请,债权人在保证期间届满前未再行提起诉讼或者申请仲裁,保证人主张不再承担保证责任的,人民法院应予支持。	《担保法》 第二十五条 【一般保证的保证期间】一般保证的保证人与债权人未约定保证期间的,保证期间为主债务履行届满之日起六个月。在合同约定的保证期间和前款规定的保证期间,债权人未对债务人提起诉讼或者申请仲裁的,保证人免除保证责任;债权人已提起诉讼或者申请仲裁的,保证期间适用诉讼时效中断的规定。 第二十六条 【连带责任的保证期间】连带责任保证的保证人与债权人未约定保证期间的,债权人有权自主债务履行届满之日起六个月内要求保证人承担保证责任。在合同约定的保证期间和前款规定的保证期间,债权人未要求保证人承担保证责任的,保证人免除保证责任。 第二十七条 【最高额保证的保证期间】保证人依照本法第十四条规定就连续发生的债权作保

(续表)

新旧法律条文对比		
《民法典》	《担保制度解释》	原法规
	连带责任保证的债权人在保证期间内对保证人提起诉讼或者申请仲裁后,又撤回起诉或者仲裁申请,起诉书副本或者仲裁申请书副本已经送达保证人的,人民法院应当认定债权人已经在保证期间内向保证人行使了权利。 第三十二条 保证合同约定保证人承担保证责任直至主债务本息还清时为止等类似内容的,视为约定不明,保证期间为主债务履行期限届满之日起六个月。 第三十三条 保证合同无效,债权人未在约定或法定的保证期间内依法行使权利,保证人主张不承担赔偿责任的,人民法院应予支持。 第三十四条 人民法院在审理保证合同纠纷案件时,应当将保证期间是否届满、债权人是否在保证期间内依法行使权利等事实作为案件基本事实予以查明。 债权人在保证期间内未依法行使权利的,保证责任消灭。保证责任消灭后,债权人书面通知保证人要求承担保证责任,保证人在通知书上签字、盖章或者按指印,债权人请求保证人继续承担保证责任的,人民法院不予支持,但是债权人有证据证明成立了新的保证合同的除外。	证,未约定保证期间的,保证人可以随时书面通知债权人终止保证合同,但保证人对于通知到债权人前所发生的债权,承担保证责任。 《担保法解释》 第三十二条 保证合同约定的保证期间早于或者等于主债务履行期限的,视为没有约定,保证期间为主债务履行期限届满之日起六个月。 保证合同约定保证人承担保证责任直至主债务本息还清时为止等类似内容的,视为约定不明,保证期间为主债务履行期届满之日起二年。 第三十三条 主合同对主债务履行期限没有约定或者约定不明的,保证期间自债权人要求债务人履行义务的宽限期届满之日起计算。

(一)法条解读

1. 关于保证期间的规定,《民法典》最大的变化就是将约定不明确情况下的保证期间修改为主债务履行期限届满之日起六个月。故《民法典》施行后,无论是没有约定还是约定不明的情况下,保证期间均统一为主债务履行期限届满之日起六个月。对于金融机构而言，因其常常处于债权人地位，若保证合同中保证期间约定不明确的，则金融机构向主张保证人承担保证责任的时限相应就会缩短。因此，金融机构需要在合同中明确约定保证期间。

2. 根据《担保制度解释》第30条的规定，最高额保证合同中，当事人可以对所担保的逐笔债务保证期间或者起算日期进行约定。在最高额保证中，保证人对在最高债权额度内一定期间连续发生的债权余额承担保证责任。一般而言，只有债权确定期间届满后才能确定最终债权金额，单笔债务的履行期间届满并不能确定最终的债权金额。相应的，如果单笔债务的保证期间从该笔债务履行期间届满即开始计算，可能存在早于债权确定期间届满之日的情形。不仅最终债权金额尚未确定，而且金融机构主张保证责任的期限也较短。对于金融机构而言，最高额保证的债权确定期间届满后再开始计算保证期间更为有利。故而金融机构需严格把控最高额保证中保证期间条款和相应的保证期间，在最高额保证合同中应明确约定单笔债务保证期间的起算日，确保保证期间起算日不早于债权确定期间。

3.《担保制度解释》第33条规定，"保证合同无效，债权人未在约定或者法定的保证期间内依法行使权利，保证人主张不承担赔偿责任的，人民法院应予支持。"该条将保证合同无效情形下，保证人的赔偿责任也纳入了保证期间的约束范围内。如若作为债权人的金融机构在保证期间内未行使相应权利，则之后若保证合同被确认无效，其主张按照《担保制度解释》第17条的规定向保证人主张赔偿责任将无法得到支持。

4. 根据《担保制度解释》第34条的规定，人民法院在审理涉及保证合同的有关纠纷案件时，应当主动审查保证期间是否已经届满。此前法律法规并没有规定法院对保证期间届满的查明义务，可见《民法典》规定整体上更倾向于保护保证人的利益。并且《担保制度解释》对于撤诉是否影响保证期间的问题进行了明确规定，因保证期间是除斥期间，不发生中止、中断和延长情形，因此此条没有实质变化。

（二）实务建议

1. 建议金融机构在保证合同中约定好适宜的保证期间，通常与诉讼时效一致，为3年。

2. 对于最高额保证，建议金融机构在保证合同中约定如下条款："每一笔债务合同项下的保证期间单独计算。保证期间起算日按如下方式确定：（1）任意一笔债务的履行期限届满之日早于或等于债权确定期间届满之日的，保证期间自债权确定期间届满之日起算。（2）任意一笔债务的履行期限届满之日晚于债权确定期限届满之日的，保证期间自该笔债务履行期限届满之日起算。（3）若债务按照法律规定或合同约定提前到期的，保证期间自提前到期之日起算。"

3. 金融机构应通过风控系统等技术手段对到期债务的担保关系、时限及时进行梳理和提醒，避免发生错过保证期间的情形。

4. 在约定好的保证期间内，金融机构一定要及时行使自身权利，并保留相应证据，避免出现当保证合同无效、被撤销或者确定不发生效力时，出现无法向保证人主张赔偿责任的情形。

二、保证债务的诉讼时效

新旧法律条文对比		
《民法典》	《担保制度解释》	《担保法解释》
第六百九十四条　一般保证的债权人在保证期间届满前对债务人提起诉讼或者申请仲裁的，从保证人拒绝承担保证责任的权利消灭之日起，开始计算保证债务的诉讼时效。 连带责任保证的债权人在保证期间届满前请求保证人承担保证责任的，从债权人请求保证人承担保证责任之日起，开始计算保证债务的诉讼时效。	第二十八条　一般保证中，债权人依据生效法律文书对债务人的财产依法申请强制执行，保证债务诉讼时效的起算时间按下列规则确定： （一）人民法院作出终结本次执行程序裁定，或者依照民事诉讼法第二百五十七条第三项、第五项的规定作出终结执行裁定，自裁定送达债权人之日起开始计算； （二）人民法院自收到申请执行书之日起一年内未作出前项裁定的，自人民法院收到申请执行书满一年之日起开始计算，但是保证人有证据证明债务人仍有财产可供执行的除外。 一般保证的债权人在保证期间届满前对债务人提起诉讼或者申请仲裁，债权人举证证明存在民法典第六百八十七条第二款但书规定情形的，保证债务的诉讼时效自债权人知道或者应当知道该情形之日起开始计算。	第三十四条　一般保证的债权人在保证期间届满前对债务人提起诉讼或者申请仲裁的，从判决或者仲裁裁决生效之日起，开始计算保证合同的诉讼时效。 连带责任保证的债权人在保证期间届满前要求保证人承担保证责任的，从债权人要求保证人承担保证责任之日起，开始计算保证合同的诉讼时效。

（一）法条解读

《民法典》修改了关于一般保证的诉讼时效的起算点，《担保法解释》第34条规定："从判决或者仲裁裁决生效之日起，开始计算保证合同的诉讼时效。"而《民法典》修改为："从保证人拒绝承担保证责任的权利消灭之日起，开始计算保证债务的诉讼时效。"

按照原《担保法解释》的规定实质上并不能很好的保障一般保证人的先诉抗辩权。因为在判决或者裁决生效之日其实并不能确定债务人是否有可执行的财产，如果债务人还有可执行的财产，此时直接让保证人承担担保责任是不公平的。因此《民法典》对本条规定的修改更加有利于保障保证人的先诉抗辩权。

《民法典》施行后，金融机构向一般保证人主张承担保证责任的保证期间起算点晚于原法律规定，须要等到以诉讼或者仲裁方式向债务人主张并就债务人财产依法强制执行仍不能获得债权实现之日。这也督促金融机构即便获得了对债务人的生效判决或裁决，也要积极向法院申请执行，以尽快要求一般保证人承担保证责任。本条款中"先诉抗辩权消灭之日"相较于原规定"判决或仲裁裁决生效之日"而言，是一个不太确定的时间点。《担保制度解释》对此进行了释明，"先诉抗辩权消灭之日"指的是人民法院作出终结执行裁定或者终结本次执行裁定生效之日，或者人民法院自收到申请执行书之日起一年内未作出裁定的，自法院收到申请执行书之日起一年届满之日，或知道和应当知道《民法典》第687条第2款但书规定情形之日。此处但书规定情形包括：（1）债务人下落不明，且无财产可供执行；（2）人民法院已经受理债务人破产案件；（3）债权人有证据证明债务人的财产不足以履行全部债务或者丧失履行债务能力；（4）保证人书面表示放弃先诉抗辩权利的。

（二）实务建议

对于一般保证，若主债务届满但债务人未按约定履行义务或者发生其他约定情形的，金融机构应在保证期间届满前及时向债务人提起诉讼或者仲裁，在获得生效判决或者裁决后，也应积极申请执行；对于连带责任保证，金融机构在保证期间届满前应及时向保证人主张保证责任。

同样，最彻底的解决方案是事先在保证合同中明确约定连带责任保证，排除一般保证的适用。

图4.1、图4.2分别为一般保证和连带责任保证的保证期间、诉讼时效的示意图：

图 4.1　一般保证的保证期间、诉讼时效

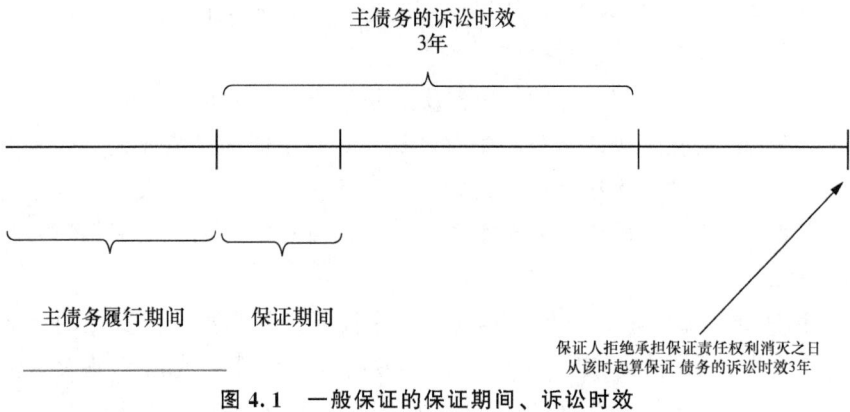

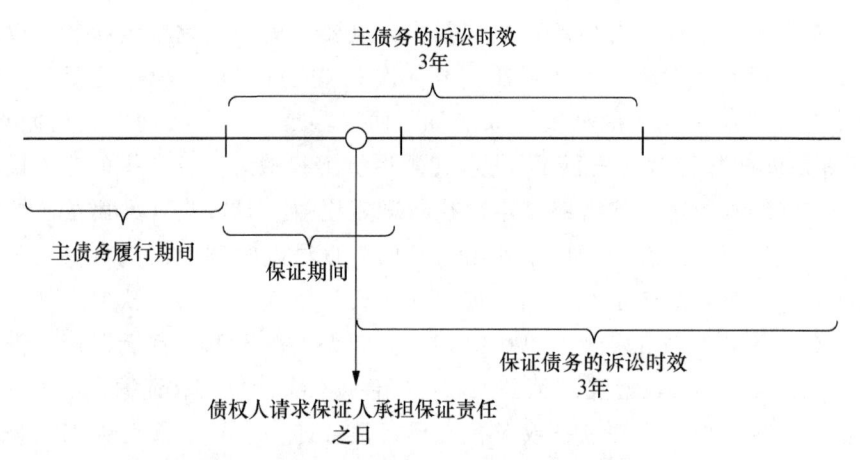

图 4.2　连带责任保证的保证期间、诉讼时效

第四节　债权转让与债务转移中的保证责任

一、债权转让中的通知与保证的效力

新旧法律条文对比	
《民法典》	《担保法》
第六百九十六条　债权人转让全部或者部分债权，未通知保证人的，该转让对保证人不发生效力。 保证人与债权人约定禁止债权转让，债权人未经保证人书面同意转让债权的，保证人对受让人不再承担保证责任。	第二十二条　保证期间，债权人依法将主债权转让给第三人的，保证人在原保证担保的范围内继续承担保证责任。保证合同另有约定的，按照约定。

（一）法条解读

1.《民法典》第696条明确规定债权转让必须通知保证人，否则转让行为对保证人不发生效力。这与原《担保法》规定有明显差别。对于金融机构而言，一般情况下金融机构作为债权人，出于理财（比如发行资产支持专项计划等）或转让不良资产的目的，会将债权对外转让。而关于通知的主体和方式，《民法典》并无具体规定。

第一，通知的主体。本条并未规定仅能由债权转让人作为通知主体。从促进交易便捷的角度，可以允许债权的受让人成为通知的主体。当然，受让人作为通知主体应属于例外情形。特别是在某些情况下，转让人可能无法对债务人作出通知，在受让人能够提供充足的证据证明债权转让的事实，也可以允许其对债务人作出通知。特别是在商业保理中，一般都由作为受让人的专业保理公司进行通知。

最高法在（2016）最高法民申3020号裁定书中也明确"虽然该款法律规定的债权转让通知行为人，从文义上应理解为债权转让人，但在可以确认债权转让行为真实性的前提下，亦不应否定债权受让人为该通知行为的法律效力。"

第二，通知的方式。本条虽然没有明确必须是书面通知，但从避免后续争议角度而言，还是建议采取书面方式及时进行通知。最高法在（2016）最高法民申3020号裁定书中也明确，即使债权人在债权转让时没有通知债务人，但债权的受让人直接以债务人为被告提起诉讼，并借助人民法院送达起诉状的方式，向债务人送达债权转让通知，亦可以发生通知转让的法律效力。

2.《民法典》第547条规定"债权人转让债权的，受让人取得与债权有关的从权利，但是该从权利专属于债权人自身的除外。受让人取得从权利不因该从权利未办理转移登记手续或者未转移占有而受到影响。"该条规定对于抵押、质押等担保物权来说是没有争议的，一旦债权转让，抵押、质押等担保质押无须变更登记即随之一并转让。但是结合《民法典》本条关于保证合同的规定，有部分专家学者认为两个条款之间是存在矛盾的。

按照《民法典》第547条的逻辑，保证作为主债务的从属关系，债权人转让的同时，受让人自动取得原债权人相应的从权利。无论是否通知了保证人，债权受让人均能取得作为从属权利的保证权利，《民法典》第696条名存实亡。

关于这两条法条之间的关系，其实可以这样理解：第547条是从法律地位角度来确定的，一旦债权转让合同合法生效后，转让行为已经完成，在法律地位上受让人取代转让人成为新的债权人，而债务人、保证人的法律地位不变。但该债权转让合同毕竟是转让人和受让人之间订立的，具有相对性。

若要使该转让行为对债务人、保证人发生效力就必须履行通知义务,也就第696条规定的内容,因此第696条其实是从产生效力角度来进行规定的。

(二)实务建议

金融机构在对外转让债权时,应及时对保证人进行通知与送达。并且,在相关的保证合同中应明确约定通知与送达条款,明确合同中约定的地址即为送达地址,并对送达地址等进行确认,避免产生无法送达的情况。

二、债务转移中保证人责任的承担

新旧法律条文对比	
《民法典》	原法规
第六百九十七条 债权人未经保证人书面同意,允许债务人转移全部或者部分债务,保证人对未经其同意转移的债务不再承担保证责任,但是债权人和保证人另有约定的除外。 第三人加入债务的,保证人的保证责任不受影响。	《担保法》第二十三条 保证期间,债权人许可债务人转让债务的,应当取得保证人书面同意,保证人对未经其同意转让的债务,不再承担保证责任。 《担保法解释》第二十九条 保证期间,债权人许可债务人转让部分债务未经保证人书面同意的,保证人对未经其同意转让部分的债务,不再承担保证责任。但是,保证人仍应当对未转让部分的债务承担保证责任。

(一)法条解读

《民法典》第697条是关于债务转移对保证责任的影响,相较于原《担保法》,增加了"但是债权人和保证人另有约定的除外"和第2款"第三人加入债务的,保证人的保证责任不受影响"规定。

债务转移需要取得保证人书面同意本质上是因为免责的债务转移对保证人有较大的负面影响,一方面保证担保是基于保证人与债务人之间的信任关系而产生的,保证人与新的债务人之间并没有信任关系,债务转移行为会直接影响其后续的追偿,从公平诚信角度考虑,债务转移必须要取得保证人书面同意。但是本条第一款也明确了如果债权人和保证人事先约定,债务转移无须保证人同意的,是可以直接转移的。而第三人加入债务,对于保证人没有实质负面影响,也就不要求取得保证人的同意。

（二）实务建议

建议金融机构可以在保证合同中约定如下条款，"在债权人允许债务人转移全部或者部分债务的情况下，保证人均同意继续承担保证责任。"但是需要注意，这样的约定属于格式条款，在合同文本中须加以提示。

第五节 担保竞存下的权利顺位及保证人相互追偿

一、混合担保中担保权利实现顺序、担保人之间的追偿权

新旧法律条文对比			
《民法典》	《担保制度解释》	《物权法》	《九民纪要》
第三百九十二条 被担保的债权既有物的担保又有人的担保的，债务人不履行到期债务或者发生当事人约定的实现担保物权的情形，债权人应当按照约定实现债权；没有约定或者约定不明确，债务人自己提供物的担保的，债权人应当先就该物的担保实现债权；第三人提供物的担保的，债权人可以就物的担保实现债权，也可以请求保证人承担保证责任。提供担保的第三人承担担保责任后，有权向债务人追偿。	第十三条 同一债务有两个以上第三人提供担保，担保人之间约定相互追偿及分担份额，承担了担保责任的担保人请求其他担保人按照约定分担份额的，人民法院应予支持；担保人之间约定承担连带共同担保，或者约定相互追偿但是未约定分担份额的，各担保人按照比例分担向债务人不能追偿的部分。 同一债务有两个以上第三人提供担保，担保人之间未对相互追偿作出约定且未约定承担连带共同担保，但是各担保人在同一份合同书上签字、盖章或者按指印，承担了担保责任的担保人请求其他担保人按照比例分担向债务人不能追偿部分的，人民法院应予支持。 除前两款规定的情形外，承担了担保责任的担保人请求其他担保人分担向债务人不能追偿部分的，人民法院不予支持。	第一百七十六条 被担保的债权既有物的担保又有人的担保的，债务人不履行到期债务或者发生当事人约定的实现担保物权的情形，债权人应当按照约定实现债权；没有约定或者约定不明确，债务人自己提供物的担保的，债权人应当先就该物的担保实现债权；第三人提供物的担保的，债权人可以就物的担保实现债权，也可以请求保证人承担保证责任。提供担保的第三人承担担保责任后，有权向债务人追偿。	56.【混合担保中担保人之间的追偿问题】被担保的债权既有保证又有第三人提供的物的担保的，担保法司法解释第38条明确规定，承担了担保责任的担保人可以要求其他担保人清偿其应当分担的份额。但《物权法》第176条并未作出类似规定，根据《物权法》第178条关于"担保法与本法的规定不一致的，适用本法"的规定，承担了担保责任的担保人向其他担保人追偿的，人民法院不予支持，但担保人在担保合同中约定可以相互追偿的除外。

（一）法条解读

1.《民法典》第392条对混合担保作出了规定，在同一债权债务关系下既有物的担保，又有人的担保，债权人实现担保权利的顺序为何？《民法典》采用和《物权法》一致的观点。若有约定的，则债权人应当按照约定实现债权；若没有约定或约定不明，债权人则应先实现债务人提供的物保，之后可选择就保证或是第三人提供的物保实现债权。在没有约定的情况下，如果债权人首先要求保证人或者其他物上担保人承担担保责任，保证人和提供物保的第三人是享有抗辩权的。

对于金融机构而言，应当在担保合同中提前约定好混合担保情况下，金融机构有优先选择实现担保顺序的权利。

2. 至于混合担保情况下，各个担保人之间是否享有追偿权的问题。《民法典》第392条仅规定了有权向债务人追偿，并未提及各个担保人之间是否可以相互追偿。根据《九民纪要》第56条的规定，除非各个担保人之间约定了可以相互追偿，否则人民法院不予支持。《担保制度解释》第13条延续了这一思路并予以细化：（1）除非以下两种情形外，承担了担保责任的担保人不能请求其他担保人分担向债务人不能追偿部分；（2）担保人之间明确约定追偿权的前提下，则明确约定分担份额的可按照约定份额向其他担保人追偿，未约定分担份额或各担保人之间约定连带共同担保的，则承担了担保责任的担保人可向其他担保人主张按照比例分担债务人不能承担部分。（3）担保人之间没有明确约定追偿权的，则仅有担保人之间构成连带共同担保的情况下，或虽未约定连带共同担保但在同一份合同书上签字、盖章或按指印的情况下，承担担保责任的担保人可向其他担保人追偿，要求其他担保人按照比例分担债务人不能承担的部分。

（二）实务建议

1. 存在混合担保情形的，建议金融机构在合同中就实现担保物权的顺序约定金融机构具有优先选择权。

具体条款可表述为："无论债权人对主合同项下的债权是否拥有其他担保（包括但不限于保证、抵押、质押、保函、备用信用证等担保方式），不论上述其他担保何时成立、是否有效、债权人是否向其他担保人提出权利主张，也不论是否有第三方同意承担主合同项下的全部或部分债务，也不论其他担保是否由债务人自己提供，保证人在本合同项下的保证责任均不因此减免，债权人可直接要求保证人依照本合同约定在其保证范围内承担保证责任,保证人将不提出任何异议。"①

2. 至于各个担保人之间追偿权的问题,金融机构不宜在合同中对担保人相互之间的追偿权问题进行约定。另,金融机构须重点审查借款人及其担保人为其他债权人提供的担保是否约定了追偿权。

二、多个保证人情况下的保证人责任和追偿问题

新旧法律条文对比			
《民法典》	《担保制度解释》	原法规	《九民纪要》
第六百九十九条 同一债务有两个以上保证人的,保证人应当按照保证合同约定的保证份额,承担保证责任;没有约定保证份额的,债权人可以请求任何一个保证人在其保证范围内承担保证责任。 第七百条 保证人承担保证责任后,除当事人另有约定外,有权在其承担保证责任的范围内向债务人追偿,享有债权人对债务人的权利,但是不得损害债权人的利益。	第二十九条 同一债务有两个以上保证人,债权人以其已经在保证期间内依法向部分保证人行使权利为由,主张已经在保证期间内向其他保证人行使权利的,人民法院不予支持。 同一债务有两个以上保证人,保证人之间相互有追偿权,债权人未在保证期间内依法向部分保证人行使权利,导致其他保证人在承担保证责任后丧失追偿权,其他保证人主张在其不能追偿的范围内免除保证责任的,人民法院应予支持。	《担保法》第十二条 同一债务有两个以上保证人的,保证人应当按照保证合同约定的保证份额,承担保证责任。没有约定保证份额的,保证人承担连带责任,债权人可以要求任何一个保证人承担全部保证责任,保证人都负有担保全部债权实现的义务。已经承担保证责任的保证人,有权向债务人追偿,或者要求承担连带责任的其他保证人清偿其应当承担的份额。 第三十一条 保证人承担保证责任后,有权向债务人追偿。 《担保法解释》第四十三条 保证人自行履行保证责任时,其实际清偿额大于主债权范围的,保证人只能在主债权范围内对债务人行使追偿权。	56.【混合担保中担保人之间的追偿问题】被担保的债权既有保证又有第三人提供的物的担保的,担保法司法解释第 38 条明确规定,承担了担保责任的担保人可以要求其他担保人清偿其应当分担的份额。但《物权法》第 176 条并未作出类似规定,根据《物权法》第 178 条关于"担保法与本法的规定不一致的,适用本法"的规定,承担了担保责任的担保人向其他担保人追偿,人民法院不予支持,但担保人在担保合同中约定可以相互追偿的除外。

---

① 最高人民法院(2019)最高法民终103号。

(一) 法条解读

1. 根据原《担保法》第 12 条的规定，同一债务有多个保证人的情况下，保证人之间若没有约定保证份额的，保证人之间承担连带责任，任何一个保证人都需向债权人承担担保全部债权实现的义务。而《民法典》699 条则改为没有约定保证份额的，债权人可以请求任何一个保证人"在其保证范围内"承担保证责任，去掉了没有约定保证份额的情况下"保证人承担连带责任"的表述。

两个或两个以上的保证人为同一债权人的同一债权向债权人所提供的保证担保，即共同保证。共同保证可以分为按份共同保证和连带共同保证。根据《民法典》第 699 条并结合民法典《理解与适用》的观点，若共同保证的保证人之间没有对保证责任的份额作出明确约定的，则应推定成立连带共同保证。且当各保证人之间构成连带共同保证的情况下，可能存在各保证人保证债权额并不相同的情况，此时保证人对共同担保的部分仍可成立连带共同保证。

2. 根据原《担保法解释》第 43 条的规定，保证人向债务人行使追偿权的范围应当以主债权为限。实践中，保证人承担保证责任的范围可能大于主债权，因为保证人往往需要就利息、违约金、损害赔偿金等承担保证责任。《民法典》第 700 条改变了《担保法解释》的规定，只要保证人承担的是债务人本应履行的债务，其对债务人就享有追偿权。

其中，按份共同保证中，各保证人只能在保证约定的范围内并基于实际承担的保证责任分别对债务人行使追偿权，而连带共同保证向债务人追偿的范围则仅需基于其实际承担保证责任的范围为限即可。

3. 保证人之间是否可以追偿的问题，《民法典》并未予以明确。但结合前文论述，保证人之间明确约定追偿权的前提下，则明确约定分担份额的可按照约定份额向其他保证人追偿，未约定分担份额或约定连带共同保证的，则可按照比例要求其他保证人分担债务人不能承担部分，而在保证人之间没有明确约定追偿权的情况下，则仅有保证人之间构成连带共同保证的，或虽未约定连带共同保证但在同一份合同书上签字、盖章或按指印的情况下，承担保证责任的保证人可向其他保证人追偿，要求其他保证人按照比例分担债务人不能承担的部分。

4. 基于《担保制度解释》第 29 条的规定，存在多个保证人的情况下，债权人必须向全部保证人主张权利，否则会面临免除部分保证人责任的后果。

(二) 实务建议

1. 金融机构若接受两个以上保证人提供共同保证的，不宜在合同中对保证人相互之间的追偿权问题进行约定，可以直接约定"若保证人为两人以上的，各保证人均对主债务承担连带责任保证，保证人相互之间责任的承担由其自行约定"。

2. 在对外借款情况下，金融机构特别是银行，须重点审查借款人及其保证人为其他债权人提供的保证是否约定了追偿权，并以此确认相应的借款额度。

第五章
金融交易中的传统担保物权规则

涉及物权的问题与人们的生活息息相关，物权编作为《民法典》的第二编，其重要性毋庸置疑。

物权主要包括所有权、用益物权、担保物权。对于商业银行等金融机构而言，主要涉及的问题是担保物权。本书以此为出发点展开讨论，比如担保合同范围的扩张、抵押物的范围、担保物权竞存的清偿顺序等；对新增的物权类型也主要从担保的角度进行解读，比如土地经营权、居住权等。对于某些问题，虽然《民法典》条款发生了变化，但由于对金融机构的实操并不会产生太大影响，本书未进行详细讨论，比如流质条款的效力、最高额抵押的债权确定等。

《民法典》及相应的司法解释，比如《物权编解释》《担保制度解释》已经发布实施。本书将对《民法典》的相关条款及对应的司法解释内容一并进行讨论分析。

第一节 担保物的范围

一、抵押物范围的变化

新旧法律条文对比	
《民法典》	《物权法》
第三百九十五条 债务人或者第三人有权处分的下列财产可以抵押： （一）建筑物和其他土地附着物；	第一百八十条 债务人或者第三人有权处分的下列财产可以抵押： （一）建筑物和其他土地附着物；

(续表)

新旧法律条文对比	
《民法典》	《物权法》
（二）建设用地使用权； （三）海域使用权； （四）生产设备、原材料、半成品、产品； （五）正在建造的建筑物、船舶、航空器； （六）交通运输工具； （七）法律、行政法规未禁止抵押的其他财产。 抵押人可以将前款所列财产一并抵押。	（二）建设用地使用权； （三）以招标、拍卖、公开协商等方式取得的荒地等土地承包经营权； （四）生产设备、原材料、半成品、产品； （五）正在建造的建筑物、船舶、航空器； （六）交通运输工具； （七）法律、行政法规未禁止抵押的其他财产。 抵押人可以将前款所列财产一并抵押。

（一）法条解读

《民法典》在《物权法》的基础上，删除了"以招标、拍卖、公开协商等方式取得的荒地等土地承包经营权"，新增了"海域使用权"。

1. 关于"以招标、拍卖、公开协商等方式取得的荒地等土地承包经营权"。

"三权分置"下，土地经营权从土地承包经营权中分离出来，成为一项单独的、可流转的权利。《民法典》第342条明确了"通过招标、拍卖、公开协商等方式承包农村土地，经依法登记取得权属证书的，可以依法采取出租、入股、抵押或者其他方式流转土地经营权"。《民法典》将抵押权利从土地承包经营权缩减至土地经营权。从这一条来看，在土地经营权可自由流转的情况下，属于抵押财产范围的土地似乎不再局限于通过其他方式取得的"四荒地"，而是扩及所有的农地。我们认为，这一条与《民法典》第339、342条存在一定的差异，《中华人民共和国民法典物权编理解与适用》（以下简称《民法典物权编理解与适用》）前后也存在一定矛盾。这些矛盾和冲突还有待司法实践给出进一步的解答，目前不建议接受家庭承包方式取得的土地经营权作为抵押物。

2. 关于"海域使用权"。

近年来，在沿海地区，海域使用权抵押贷款兴起并发展，三亚市2015年9月6日通过《三亚市海域使用权抵押贷款实施意见》明确了海域使用权可抵押贷款，江苏、山东等多地都开展了海域使用权抵押贷款。《最高人民法院关于海事法院受理案件范围的规定》（法释〔2016〕4号）中规定了海域使用权纠纷包含承包、转让、抵押等合同纠纷及相关侵权纠纷。国家海洋局曾发布《海域使用权登记办法》（现已失效），明确了海域使用权抵押登记相关事项。由此可以发现，实践中海域使用权已经成为可接受的抵押物。《民法典》通过立法形式确定"海域使用权"为可抵押物，亦是适应了当前经济社会的发展。

3. 关于"法律、行政法规未禁止抵押的其他财产"。

根据《物权编理解与适用》，这些财产包括准物权，如矿业权、取水权、养殖权、捕捞权等。其中，捕捞权是否可以作为抵押物还存在探讨空间；矿业权、取水权在履行报批手续后可以抵押，养殖权也应允许设定抵押。实践中还出现了比如排污权的抵押。浙江省台州市天台县于2019年6月4日发布了《天台县排污权抵押贷款管理办法》，其中第四章"贷款程序"中明确"生态环境主管部门对排污权抵押的持有主体、价值、有效期限等进行确认，作出审批意见并向贷款人出具天台县排污权抵押审查表"。因此，这一排污权的抵押也需要得到主管部门的确认和审批。

（二）参考案例

1. 裁判规则

海域使用权可以作为抵押物，经抵押登记后，抵押权人就其拍卖、变卖所得价款享有优先受偿权。

2. 参考案例[①]

（1）案情简介

2014年1月6日，被告长岛县大钦岛海洋科技有限公司与原告中国民生银行股份有限公司青岛分行签订《综合授信合同》。

同日，被告与原告签订《最高额抵押合同》，被告提供的抵押财产为海域使用权。依照该抵押合同，被告在长岛县海洋与渔业局就国海证2013D37063402063号海域使用权办理了抵押权登记。

后，原告与被告签署了具体业务合同，原告发放了贷款，被告未按期归还。

[①] 中国民生银行股份有限公司青岛分行与长岛县大钦岛海洋科技有限公司船舶抵押、海域使用权抵押、动产抵押借款合同纠纷［青岛海事法院（2015）青海法商初字第756号］。

(2) 争议焦点

原告对抵押物是否优先受偿？

(3) 裁判要旨

债务人被告长岛县大钦岛海洋科技有限公司作为抵押人，债权人原告为抵押权人，债务人提供担保的财产为抵押财产。债务人为担保债务的履行，将有权处分的财产海域使用权用于抵押，债务人不转移财产的占有，将财产抵押给债权人的，债务人不履行到期债务，债权人有权就该财产优先受偿。

被告长岛县大钦岛海洋科技有限公司按照《最高额抵押合同》的约定，为主合同的履行提供担保。抵押物已在海域使用权登记机关长岛县海洋与渔业局办理了抵押权登记。故在该被告不履行到期债务的情况下，原告对抵押物海域使用权享有拍卖变现时的优先受偿权。

(三) 实务建议

1. 接受建筑物和其他土地附着物、建设用地使用权和海域使用权的抵押时，应当办理抵押登记，抵押权自登记时设立。

《民法典》第 402 条规定，"以本法第三百九十五条第一款第一项至第三项规定的财产或者第五项规定的正在建造的建筑物抵押的，应当办理抵押登记。抵押权自登记时设立"。这些物的抵押前提是登记生效，因此必须在相应的登记机关进行登记。

另外，在接受建设用地使用权抵押时，需注意其取得方式。建设用地使用权的取得方式包括划拨和出让。对于出让取得的建设用地使用权，可以进行抵押；对于划拨取得的建设用地使用权，无论在抵押前是否需要转换为出让土地使用权，需明确的是：划拨土地使用权不能单独设定抵押，但其上有附着物的可以设定抵押。由于我国实行"房地一体"，实现抵押权时需一并处分建设用地使用权，但应将所得价款优先用于缴纳应缴的出让金。

2. 接受其他动产抵押时，也应要求办理抵押登记，登记具有对抗效力。

《民法典》第 403 条规定，"以动产抵押的，抵押权自抵押合同生效时设立；未经登记，不得对抗善意第三人"。为确保抵押权的实现，银行等金融机构在接受动产担保时，也应当办理抵押登记。

3. 对特定的权利抵押，接受抵押前应履行报批手续，并办理相关抵押登记。

241

如接受矿业权、取水权的抵押，则应在接受抵押前到相应的主管部门履行报批手续。其他出现的各种权利抵押，如排污权抵押，金融机构应注意各地主管部门的相关要求，确认在抵押前是否应当履行相关的报批、审批、备案等手续。同时也必须确保完成相关的抵押登记。

二、禁止抵押的财产

新旧法律条文对比		
《民法典》	《担保制度解释》	原法规
第三百九十九条 下列财产不得抵押： （一）土地所有权； （二）宅基地、自留地、自留山等集体所有土地的使用权，但是法律规定可以抵押的除外； （三）学校、幼儿园、医疗机构等为公益目的成立的非营利法人的教育设施、医疗卫生设施和其他公益设施； （四）所有权、使用权不明或者有争议的财产； （五）依法被查封、扣押、监管的财产； （六）法律、行政法规规定不得抵押的其他财产。	第六条 以公益为目的的非营利性学校、幼儿园、医疗机构、养老机构等提供担保的，人民法院应当认定担保合同无效，但是有下列情形之一的除外： （一）在购入或者以融资租赁方式承租教育设施、医疗卫生设施、养老服务设施和其他公益设施时，出卖人、出租人为担保价款或者租金实现而在该公益设施上保留所有权； （二）以教育设施、医疗卫生设施、养老服务设施和其他公益设施以外的不动产、动产或者财产权利设立担保物权。 登记为营利法人的学校、幼儿园、医疗机构、养老机构等提供担保，当事人以其不具有担保资格为由主张担保合同无效的，人民法院不予支持。	《物权法》 第一百八十四条 下列财产不得抵押： （一）土地所有权； （二）耕地、宅基地、自留地、自留山等集体所有的土地使用权，但法律规定可以抵押的除外； （三）学校、幼儿园、医院等以公益为目的的事业单位、社会团体的教育设施、医疗卫生设施和其他社会公益设施； （四）所有权、使用权不明或者有争议的财产； （五）依法被查封、扣押、监管的财产； （六）法律、行政法规规定不得抵押的其他财产。 《担保法解释》 第五十三条 学校、幼儿园、医院等以公益为目的的事业单位、社会团体，以其教育设施、医疗卫生设施和其他社会公益设施以外的财产为自身债务设定抵押的，人民法院可以认定抵押有效。

（一）法条解读

本条在实践中存在较大争议的问题是民办学校、民办医院能否提供担保。

根据《民法典》第 399 条第 3 项的规定，公益法人①的公益设施是禁止抵押物。也就是说，同时符合公益法人和公益设施两个条件的抵押物才是禁止的，有一个条件不符合就是可抵押物。

《民法典》实施之前，民办医院、民办学校的公益设施不得抵押，根据《担保法解释》，非公益设施不得对外抵押，仅可为自身债务设定抵押。

《民法典》规定，民办医院、民办学校的公益设施不得抵押，非公益设施可抵押；《担保制度解释》进一步明确了非公益设施可抵押，且不再区分是否为自身债务，同时还规定公益设施可以提供非典型担保的情形，即"在购入或者以融资租赁方式承租教育设施、医疗卫生设施、养老服务设施和其他公益设施时，出卖人、出租人为担保价款或者租金实现而在该公益设施上保留所有权"。我们理解，这一所有权保留的担保方式是为了促进相关教育、医疗事业的发展，相关的教育、医疗机构得以正常开展业务。

因此，《民法典》对民办医院、民办学校的担保行为进行了一定的"松绑"。详见本书第三章第二节"公益担保"。

（二）参考案例

1. 最高人民法院（2015）民一终字第 240 号：营利性医疗机构以其自身所有的土地使用权对外担保，担保无效。

2. 最高人民法院（2018）最高法民申 1927 号：筹建中的民办医院（尚未取得执业许可证，并未实际开展医疗服务）以其自身所有的土地使用权为自身债权担保，担保有效。

3. 浙江省高级人民法院（2016）浙民再 21 号：民办幼儿园的房屋（教育用房）非该民办幼儿园所有，其所有权人以该等房屋对外担保，担保有效。

4. 江西省抚州市（地区）中级人民法院（2015）抚民二初字第 20 号：某国际学校（民办非企业单位）以其自身所有的学校宾馆为自身债务提供担保，担保有效。

5. 贵港市中级人民法院（2016）桂 08 民终 559 号：民办学校以其自身所有的房屋（宿舍楼、教学楼、综合楼）对外担保，担保无效。

（三）案例评析

就查询到的诸多案例可发现，民办学校、民办医院的抵押财产主要分为

---

① 根据《民法典》关于法人类型的分类，法人分为营利法人和非营利法人，非营利法人分为公益法人和其他非营利法人。

两类，一类是土地使用权，一类是房产。

1. 关于土地使用权，目前大部分案件的判决结果是抵押无效

（2018）最高法民申 1927 号案件有一定的特殊性，该案中的民办医院尚在筹建中，未取得医疗执业许可证，未实际开展医疗服务，故法院认定判决抵押有效不会损害社会公共利益。实践中较多的都是已经建成状态的土地使用权抵押。故我们建议，不应接受民办学校、民办医院的土地使用权抵押。

2. 关于房屋，目前大部分案件的判决也是房屋抵押无效

根据已有案例，在民办学校以公益设施提供抵押担保的情况下，抵押无效。在民办学校以非公益设施提供抵押担保的情况下，如为自身债务提供担保则担保有效，对外担保则担保无效；在以公益设施提供抵押担保的情况下，担保无效。这些案例是根据《担保法解释》第 53 条进行判决的，《民法典》实施后对非公益设施担保的效力，将不再区分是否为自身债务。

同理，如果民办医院是以自身的医疗设施及其配套设施进行抵押，抵押无效。

3. 非自有财产

另外还有一点值得关注，浙江高院在（2016）浙民再 21 号中认为，如果民办学校的教育设施并非自身所有，则该等设施等所有权人以该等设施进行的抵押有效（由于该类情况较少，该案例的判决是否为通说还无法确定）。在抵押有效的情况下，抵押权人可以行使自己的抵押权，这与公报案例最高人民法院（2015）执申字第 55 号有相同的观点，即即便是教育设施也不得豁免执行。但在抵押权实现的时候不得影响学校正常办学活动，不扰乱社会秩序，不破坏社会稳定。这在一定程度上限制了抵押权的行使。因此，商业银行等在接受抵押时，必须对抵押物进行必要尽调，可以实地查看确认抵押物的状态，避免出现该等抵押物存在被民办学校、民办医院使用的情况，保证抵押的效力和抵押权的有效性。

（四）实务建议

1. 如接受抵押，应严格认定是否属于公益法人

如果在工商部门登记，组织类型为公司，则一般为营利法人。如果在民政等部门登记，则需要注意其是否属于公益法人。

2. 如接受抵押，应严格认定是否属于公益设施

目前，公益法人的非公益设施可以进行抵押。司法审判中对公益设施的

认定比较严格，土地使用权、教育房屋等属于公益设施基本已无争议，而相关的宾馆、小卖部等在司法实践中存在未被认定为公益设施的案例。

三、作为抵押物的土地经营权

新旧法律条文对比	
《民法典》	《物权法》
第三百三十九条　土地承包经营权人可以自主决定依法采取出租、入股或者其他方式向他人流转土地经营权。 第三百四十一条　流转期限为五年以上的土地经营权，自流转合同生效时设立。当事人可以向登记机构申请土地经营权登记；未经登记，不得对抗善意第三人。 第三百四十二条　通过招标、拍卖、公开协商等方式承包农村土地，经依法登记取得权属证书的，可以依法采取出租、入股、抵押或者其他方式流转土地经营权。	第一百二十九条　土地承包经营权人将土地承包经营权互换、转让，当事人要求登记的，应当向县级以上地方人民政府申请土地承包经营权变更登记；未经登记，不得对抗善意第三人。 第一百三十三条　通过招标、拍卖、公开协商等方式承包荒地等农村土地，依照农村土地承包法等法律和国务院的有关规定，其土地承包经营权可以转让、入股、抵押或者以其他方式流转。

（一）法条解读

1."三权分置"

2018年12月29日修正的《中华人民共和国农村土地承包法》（以下简称《农村土地承包法》）第9条明确："承包方承包土地后，享有土地承包经营权，可以自己经营，也可以保留土地承包权，流转其承包地的土地经营权，由他人经营。"由此，土地经营权的概念首次在法律中得到明确，也即修改后的《农村土地承包法》明确了"三权分置"中除所有权、承包权外的第三个权利——土地经营权。土地经营权是基于土地承包权而派生的一种权利。

2. 土地承包经营权的取得方式

《农村土地承包法》第3条规定："国家实行农村土地承包经营制度。农村土地承包采取农村集体经济组织内部的家庭承包方式，不宜采取家庭承包方式的荒山、荒沟、荒丘、荒滩等农村土地，可以采取招标、拍卖、公开协商等方式承包。"

由此，我们可以得出，土地承包经营权的取得方式包括家庭承包和其他方式（招标、拍卖、公开协商等）承包（见表5.1）。

表 5.1　土地承包经营权的取得方式

取得方式	家庭承包	其他方式
流转对象	本集体经济组织分配的农业用地，包括耕地、林地、草地等	"四荒"地：荒山、荒沟、荒丘、荒滩（包括荒地、荒坡、荒沙、荒草和荒水）
流转方式	出租、入股、其他方式（土地托管、农地信托、代耕代种、反租倒包等）	出租、入股、抵押、其他方式
价值理念	兼具生产经营性质和社会保障性质	市场化原则
是否支付对价	无偿	有偿
流转要求	自由流转	依法登记取得权属证书

3. 土地经营权的流转

《民法典》第 339 条和第 342 条约定了不同取得方式情况下土地经营权的流转方式。对于金融机构而言，由此可能产生的问题是：根据《民法典》第 342 条，其他取得方式（招标、拍卖、公开协商等）下，土地经营权的流转方式包括抵押，那么家庭承包取得方式下，土地经营权的流转方式是否包括抵押？抵押是否属于《民法典》第 339 条规定的"其他方式"呢？

根据《民法典物权编理解与适用》，抵押发生创设他物权效果，这种流转方式并不符合法律规定的本意，因此不能纳入"其他方式"之列。第 339 条中的"采取出租、入股或其他方式向他人流转土地经营权"中的"其他方式"，应不包括抵押。

2021 年 1 月 26 日，农业农村部发布了《农村土地经营权流转管理办法》，其中关于土地经营权的流转方式与《民法典》一脉相承，采用家庭承包方式取得的土地经营权流转方式并不包括抵押。

因此，可以得出结论，其他取得方式（招标、拍卖、公开协商等）下，土地经营权可以抵押；家庭承包取得方式下，土地经营权不得抵押。

4. 土地经营权设立时间和对抗效力

流转期限为 5 年以上的土地经营权，流转合同生效，土地经营权设立；登记产生对抗效力。

《民法典》对流转期限在 5 年及以下的土地经营权的设立方式和对抗效力并未明确规定。我们认为，对于金融机构而言，基于权利的保护，可以参考流转期限在 5 年以上的土地经营权的设立和对抗方式，如登记机关允许进行登记，则应进行登记。

5. 流转土地经营权的备案问题

《农村土地承包法》在规定流转土地经营权的方式的同时，亦要求向发包方备案。《民法典》已经删除了"并应向发包方备案"的规定。

根据《民法典物权编理解与适用》，备案是强化对流转土地经营权的监督。实践中需注意的是，备案属于事后监督性质，关于备案的规定属于管理性强制性规定，是否备案不影响当事人之间所订立的流转土地经营权合同的效力。当事人根据《农村土地承包法》第36条规定，以该土地经营权流转合同未向发包人备案为由向人民法院起诉请求确认合同无效的，不应获得支持。

6. 多个土地经营权流转合同的处理

《最高人民法院关于审理涉及农村土地承包纠纷案件适用法律问题的解释（2020修正）》第19条规定："发包方就同一土地签订两个以上承包合同，承包方均主张取得土地经营权的，按照下列情形，分别处理：（一）已经依法登记的承包方，取得土地经营权；（二）均未依法登记的，生效在先合同的承包方取得土地经营权；（三）依前两项规定无法确定的，已经根据承包合同合法占有使用承包地的人取得土地经营权，但争议发生后一方强行先占承包地的行为和事实，不得作为确定土地经营权的依据。"

（二）参考案例

1. 裁判规则

采用家庭承包方式取得的土地承包经营权不得抵押。

2. 参考案例[①]

（1）案情简介

张秀涛原系三岭村村委会主任，任职期间因村里修户户通工程缺少资金，于2016年12月向本村村民刘清国借用现金22万元。2017年10月1日，三岭村村委会向刘清国出具借款协议一份，协议约定："村委会与刘清国协商所借款项等户户通工程拨付到位后立即还款，但工程款至今未到位，借款至今未还，现经村委会研究，拿村东机动地来作为抵押，村东机动地到2018年10月1号到期后不管任何地全部包括在内都由刘清国种植使用（东邻五里河、西邻外环路、南邻岭东地、北邻水泥路），直到村委会还清借款后，机动地由村委会收回。"协议由张清涛签字捺印，三岭村村委会盖章，证明人刘克

[①] 山东省临沂市中级人民法院（2020）鲁13民终1755号。

军、申风兰、刘清永签字捺印。

（2）争议焦点

本案关于土地承包经营权抵押合同效力的认定。

（3）裁判要旨

一审法院认为：本案系土地承包经营权抵押合同纠纷。国家对于农村集体经济组织所有的土地实行农村土地承包经营制度。农村土地承包采取农村集体经济组织内部的家庭承包方式，不宜采取家庭承包方式的荒山、荒沟、荒丘、荒滩等农村土地，可以采取招标、拍卖、公开协商等方式承包。《物权法》第180条规定："债务人或者第三人有权处分的下列财产可以抵押：（一）建筑物和其他土地附着物；（二）建设用地使用权；（三）以招标、拍卖、公开协商等方式取得的荒地等土地承包经营权……"第184条规定："下列财产不得抵押：（一）土地所有权；（二）耕地、宅基地、自留地、自留山等集体所有的土地使用权，但法律规定可以抵押的除外……"本案中，三岭村村委会向刘清国出具的借款协议约定抵押的案涉村东机动地不属于以招标、拍卖、公开协商等方式登记取得土地承包经营权的荒地，关于抵押耕地的约定违反了国家法律的强制性、禁止性规定，应属无效。

二审法院认为：被上诉人三岭村村委会向原审第三人刘清国出具的借款协议约定抵押案涉村东机动地，违反了国家法律强制性规定，一审法院认定无效，并无不当。

（4）案例评析

关于土地经营权抵押问题，《民法典》的规定是允许通过其他方式（招标、拍卖、公开协商等）取得的土地经营权可以抵押。但实践中由此出现一个问题，如果用家庭承包方式取得的土地经营权抵押，该抵押是否有效？根据检索案例，我们发现，法院认为由于违反国家强制性、禁止性规定，抵押合同无效，后续各方的权利义务就根据合同无效的法律后果来确定。

与此同时，我们也发现浙江省有多个案例认定土地经营权抵押有效，抵押权人享有优先受偿权，如浙江省长兴县人民法院（2019）浙0522民初7291号、浙江省武义县人民法院（2019）浙0723民初3112号等案例。由于该等案件判决书中未明确土地经营权的取得方式是否为家庭承包，故我们无法据此判断浙江省司法裁判是否认可家庭承包方式取得的土地经营权抵押的效力。因此，为确保银行等金融机构的担保权利的实现，我们建议在接受土地经营权时应当审核土地经营权的取得方式，不宜接受家庭承包取得的土地经营权为抵押物。

（三）实务建议

1. 能用来抵押的土地经营权仅限于以其他方式（招标、拍卖、公开协商等）承包的土地经营权，这些土地经营权的对象为"四荒"地。银行等金融机构接受抵押时需审核土地经营权的取得方式。

2. 在接受土地经营权抵押时，需注意取得土地经营权的权属证书。

3. 在接受土地经营权抵押时，需进行抵押权登记。

四、商铺租赁权质押的法律效力

商铺租赁权质押，是部分大型市场（比如海宁皮革城、常熟服装城）所在地市金融机构贷款业务实践中发展出来的新担保模式，以具有财产价值同时可以转让的商铺租赁权作为债权实现的保障。目前并无法律、行政法规、司法解释直接对商铺租赁权质押效力的问题作出规定，各级法院对于《民法典》等法律规定仍然存在截然不同的理解与适用。

本书将结合相关案例，对于商铺租赁权质押等新类型担保的效力问题进行分析讨论。

（一）裁判规则

观点一：商铺租赁权出质经过所有权人备案登记，本身具有经济价值和可让与性，可以作为出质标的物，质权依法设立，债权人有权以商铺租赁权拍卖、变卖后的价款优先受偿。

观点二：《民法典》第116条明确物权的种类和内容由法律规定，而商铺租赁权尚无法律规定可以作为质押标的，债权人无法主张优先受偿权。

（二）司法判例

1. 海宁嘉丰担保有限公司与吴明楚、董相红追偿权纠纷[①]

（1）案情简介

2014年9月16日，吴明楚向绍兴银行股份有限公司海宁小微企业专营

---

① 海宁市人民法院（2015）嘉海商初字第492号。

支行（以下简称"绍兴银行"）借款500000元，借期至2015年3月13日，年利率为7.84％，按月结息，每月20日为结息日。海宁嘉丰担保有限公司（以下简称"嘉丰公司"）系担保人，为上述借款本息等提供连带责任保证。对担保人的上述担保，董相红自愿提供连带责任保证，并以其皮革城商铺的租赁权提供质押反担保，质押及保证反担保的范围均包括借款本息、代偿资金占用费、实现债权费用等。在借款期限尚未届满时，因吴明楚延期支付利息等原因，绍兴银行宣告贷款提前到期并要求海宁嘉丰担保有限公司履行保证义务。

嘉丰公司2015年2月28日代偿本金及利息合计504142.93元。对上述代偿款，吴明楚未归还，董相红也未履行反担保义务，故嘉丰公司起诉请求被告归还款项，并有权对董相红质押的海宁中国皮革城商铺租赁权行使质押权，并就质押物处置所得款项享有优先受偿权。

（2）争议焦点

本案争议焦点为：嘉丰公司是否可以就案涉商铺租赁权行使质押权并就质押物处置所得款项享有优先受偿权。

（3）裁判要旨

董相红自愿向嘉丰公司提供反担保，故嘉丰公司要求董相红对上述款项承担连带责任的诉讼请求，法院予以支持。被告董相红以其享有的海宁中国皮革城商铺租赁权为嘉丰公司的债权提供权利质押反担保，法院认为上述商铺租赁权出质经过商铺所有权人备案登记，租赁权本身具有经济价值和可让与性，具有变价可能，可以作为出质的标的物。故本案中质权依法设立，原告有权以上述商铺租赁权拍卖、变卖后的价款优先受偿。

2. 招商银行股份有限公司小企业信贷中心与杨雄卫、朱连军、符丹萍、王荷秀金融借款合同纠纷[1]

（1）案情简介

2011年12月27日，招商银行股份有限公司小企业信贷中心（以下简称"招行小贷中心"）与常熟市服装城绅士兔童装经营部（个体工商户，业主杨雄卫）签订《借款合同》一份，约定常熟市服装城绅士兔童装经营部向招行小贷中心借款人民币450万元，借款期限自2011年12月27日至2012年6月27日，借款利率以定价日中国人民银行公布的六个月利率为基准利率上浮33％。合同第6条约定的保证方式为：（1）常熟市服装城童哥童装经营部

---

[1] 苏州工业园区人民法院（2012）园商初字第0913号。

(业主符丹萍)、常熟市服装城天添靓童装经营部（业主王荷秀）、朱连军、杨雄卫作为保证人；(2) 杨雄卫以其所有或依法有处分权的商铺作抵（质）押。

同日，杨雄卫与招行小贷中心签订《质押合同》一份，约定杨雄卫以其向常熟服装城租赁的 3-029、3-010 商铺的使用权及 40 年的优先续租权向招行小贷中心提供质押担保。质押担保的范围包括主合同项下的债务本金、利息、罚息、复利和实现质权的费用。2012 年 1 月 4 日，甲方常熟服装城、乙方常熟市服装城绅士兔童装经营部（杨雄卫）、丙方招行小贷中心签订三方协议一份，确认杨雄卫以承租的常熟服装城时装中心 3-029、3-010 号营业用房的使用权及优先续租权作为向丙方借款的担保。协议第 3 条约定，乙方向甲方申请对乙方承租的商业用房发放贷款监管登记卡，并自愿交纳登记服务费。登记卡仅限本次贷款使用，下次贷款或转贷时须重办登记手续。甲方根据《公司法》第 14 条及相关规定进行登记。在乙方与丙方借款协议（或合同）正常履行期间，乙方保证该营业用房的使用权及优先续租权不转让，同时，甲方也有权拒办转让过户手续。甲方擅自办理过户手续，造成丙方损失的，甲方承担赔偿责任。协议第 4 条约定，当乙方不能按期清偿贷款本息或丙方认为乙方有危及丙方债权安全的行为时，丙方将以书面方式通知乙方，并抄送甲方。如乙方不能按通知要求还款，甲方可以接受丙方处理该营业用房的书面申请，终止与乙方的租赁关系。协议第 5 条约定，甲方收到丙方申请后，乙方无条件同意，甲方有权单方面决定提前终止甲乙双方原所签订的租赁合同，收回营业用房的使用权，取消原租赁合同到期后的优先续租权，甲方并有权对该营业用房进行公开处置，已处置所得扣除有关费用后，优先偿还丙方的贷款本息。不足部分，甲方不承担责任，处置多余部分，归甲方所有，乙方不得以任何理由抗辩，同时放弃任何权利（包括优先续租权）。三方协议签订后，原告招行小贷中心与被告杨雄卫至出租方常熟服装城办理了质押登记手续即"贷款监管登记卡"。登记卡中"发放单位审查意见"一栏载明：同意接受申请，给予登记。在登记期间，该营业用房的使用权及优先续租权不办理转户手续。本次登记卡额度为 450 万元。

杨雄卫向常熟服装城承租 3-029（3-010）号商业店铺租赁合同约定：本店属于定价发租的店铺，40 年优先续租权起始日期从 2007 年 1 月 1 日开始，租赁期限为一年一签。

借款到期后，被告常熟市服装城绅士兔童装经营部未能按期归还贷款，招行小贷中心起诉请求被告归还款项，并就债权对被告杨雄卫所质押的位于常熟市服装城时装中心 3-029、3-010 商铺使用权及优先续租权享有优先受偿权。

(2) 争议焦点

本案争议焦点为：招行小贷中心是否对案涉商铺的使用权及优先续租权享有优先受偿权。

(3) 裁判要旨

杨雄卫以向常熟服装城承租的两间营业用房的使用权及优先续租权向招行小贷中心提供质押担保，已经在出租方常熟服装城办理质押登记手续，招行小贷中心按照质押合同约定请求对质押权利变现所得价款优先受偿符合双方合同约定，亦不违反强制性法律规定，相应请求法院予以支持。常熟服装城提出应由其对质押权利进行处分的意见，符合三方协议约定，原告对此亦表示认可，应予采信。

3. 太原市御都服饰有限公司、中信银行股份有限公司太原分行与林威鸣、林清雄借款合同纠纷[①]

(1) 案情简介

2015 年 6 月 11 日，原告中信银行股份有限公司太原分行（以下简称"中信银行太原分行"）与被告林威鸣签订了《中信银行个人经营借款合同》一份，合同约定：借款本金为 320000 元，借款期限自 2015 年 6 月 11 日起至 2016 年 5 月 30 日。2015 年 6 月 11 日，原告依约向被告林威鸣发放 320000 元贷款。2015 年 6 月 11 日，原告与被告林威鸣签订了编号为（2015）信并银权质字第 999840 号的《权利质押合同》，合同约定：被告林威鸣将其在御都新天地市场 4 层 10 号商铺的经营权质押给原告，为其在原告处的 320000 元贷款本金、利息及罚息等提供质押担保，该权利质押已在御都服饰公司进行了质押登记。2015 年 6 月 11 日，原告与被告御都服饰公司、被告林清雄签订了《保证合同》两份，约定保证方式为连带责任保证及相应的保证范围。

被告林威鸣承租的位于御都新天地 4 层 10 号商铺的店面使用期为 2013 年 10 月 1 日至 2023 年 9 月 30 日，已交付租金 766500 元。2016 年 5 月 29 日，被告御都服饰公司以被告林威鸣拖欠物业费为由收回商铺。

截至 2017 年 6 月 26 日，被告林威鸣欠原告本金人民币 303892.2 元，逾期利息、罚息及复利 36431.25 元，共计人民币 340323.45 元。中信太原分行

[①] 山西省太原市中级人民法院（2018）晋 01 民终 5010 号。

起诉请求被告归还款项并对被告林威鸣质押的财产享有优先受偿权。

(2) 争议焦点

本案争议焦点为：中信太原分行是否可以按照《权利质押合同》约定就质押商铺经营权处置后所得价款优先受偿。

(3) 裁判要旨

一审法院认为，本案所涉《中信银行个人借款合同》《保证合同》系双方真实的意思表示，不违反法律法规的强制性规定，合法有效。合同签订后，合同当事人负有按照合同约定全面履行自己义务的责任，在原告依约履行了发放贷款义务之后，被告林威鸣未按合同约定履行还款义务、拖欠应付借款本息，原告中信太原分行要求被告林威鸣按照约定清偿全部借款本息，理由正当，本院予以支持。被告御都服饰公司应按照签订的《保证合同》对被告林威鸣的上述债务承担连带清偿责任，其承担保证责任后，有权向被告林威鸣追偿。被告林清雄在保证合同中的手印经鉴定不是其本人所留，不承担相应保证责任。原告与被告林威鸣签订的《权利质押合同》不符合相关法律规定，本院不予支持。原告中信太原分行要求三被告支付代理费用的诉讼请求，证据不足，本院不予支持。

二审法院认为：中信太原分行主张按《权利质押合同》就质押商铺经营权拍租或协议转租后所得价款优先受偿的请求无相关法律依据，本院不予支持。

(三) 案例评析

1. 质押合同的效力

根据《合同法》的规定，依法成立的合同，对当事人具有法律约束力。当事人应当按照约定履行自己的义务，不得擅自变更或者解除合同。依法成立的合同，受法律保护。《物权法》第15条规定应当区分合同效力和物权效力，当事人之间订立有关设立、变更、转让和消灭不动产物权的合同，除法律另有规定或者合同另有约定外，自合同成立时生效；未办理物权登记的，不影响合同效力。

商铺租赁权质押合同如果不存在《合同法》第52条等违反法律、行政法规效力性禁止性规定的情形，即便司法实践中部分判例未认可质押权的设立及物权效力，在当事人之间的合同效力应予认可。

2. 物权法定原则

根据《民法典》第116条规定，物权的种类和内容，由法律规定。即"物权法定原则"。而《物权法》第395条【抵押财产的范围】第7项为"法律、行政法规未禁止抵押的其他财产"；第440条【权利质权的范围】中，第7项为"法律、行政法规规定可以出质的其他财产权利"。不同的文字表述体现了对于抵押权设立和质押权设立不同的要求。物权的类型、客体和内容及效力均应由法律规定，因此，如其不能归入《民法典》第440条有关质押权利的范围之内，其并不具备物权效力，也无法产生对抗效力和优先效力。

目前，商铺租赁权不属于《民法典》第440条列明的质押权利，也没有法律、行政法规规定其属于可以作为出质的其他财产。故部分司法判例（如案例三）以不符合法律规定即违反物权法定原则为由驳回质权人关于商铺租赁权质押优先受偿的诉讼请求。

3. 质押权设立的要件

《民法典》第440条至446条对于各项权利质权的设立作了明确的规定，其中包括出质人与质权人应签署书面合同，并交付权利凭证或者到有关部门办理质押登记。

案例一、案例二认为，出质人（承租人）与质权人就商铺租赁权质押签署书面的权利质押合同，且向商铺的所有权人（出租人）办理登记，符合设立质权的要件。商铺租赁权本身亦具备相应的财产属性及可以转让和处置的性质，故质权设立。

通过对比《物权法》的规定我们可以发现，案例一、案例二在认定质权设立的构成要件时，形式上参照了权利质押的设立。但是《物权法》规定的登记机关为工商行政管理部门、信贷征信机构等政府机关或有关部门，而上述案例将商铺的所有权人也认定为登记部门并赋予该登记以确认物权的效力，我们认为是有待商榷的。

4. 最高法意见

最高法民二庭新类型担保调研小组曾就新类型担保进行调研并发表文章《新型担保的法律效力及其裁判观点》，其中将商铺承租权（租赁权、使用权）质押、出租车经营权质押、银行理财产品质押、排污权质押等表述为新类型担保。文章归纳总结各地实践，其中金融机关、法院及相关各方倾向于不否认新型担保的法律效力。但是囿于新类型担保是否具有担保物权效力的法律适用问题，地方法院存在是否会因突破物权法定原则而被认定为错判的顾虑，倾向于以调解的方式结案。

《最高人民法院印发〈关于进一步加强金融审判工作的若干意见〉的通知》(法发〔2017〕22号)中认为,"除符合合同法第五十二条规定的合同无效情形外,应当依法认定新类型担保合同有效;符合物权法有关担保物权的规定的,还应当依法认定其物权效力"。但该意见仍以《物权法》为基础且并未明确新类型担保的种类,也并未得出包括商铺租赁权在内的新型质押权是否设立的直接结论。

(四)实务建议

1. 商铺租赁权质押虽然已经在商事实践中得到广泛应用,特别是在浙江、江苏等大型专业市场繁荣的省市。但是因该质押权是否具备物权效力以及实践中的处置问题,建议如案例三追加第三人连带责任保证,借款人、第三人抵押等担保措施,避免出现驳回案例中质押权落空影响受偿的情况。

2. 商铺租赁权质押,除质权人与出质人签署书面质押合同外,目前认可质权设立的案例中包括了"质权人、出质人与商铺所有权人签署三方协议"的做法。

如案例二,该三方协议明确该出质商铺的租赁关系、期限,所有权人对出质的同意,案涉商铺在合同期限内处置需质权人同意,后续出质人无法偿还款项的处置事项等。

即三方协议中,对于质押商铺的权属进行明确。后期如果债务人逾期还款,避免处置方式和主体的争议。

五、未过限售期的质押股权能否强制执行

股权质押作为担保方式之一,被越来越多地运用到公司借款融资中。当债权无法实现时,被质押的股权常常作为执行标的面临司法强制执行。《担保法解释》第103条规定:"以股份有限公司的股份出质的,适用《公司法》有关股份转让的规定。"而《公司法》第141条规定:"发起人持有的本公司股份,自公司成立之日起一年内不得转让。公司公开发行股份前已发行的股份,自公司股票在证券交易所上市交易之日起一年内不得转让。公司董事、监事、高级管理人员应当向公司申报所持有的本公司的股份及其变动情况,在任职期间每年转让的股份不得超过其所持有本公司股份总数的百分之二十五;所

持本公司股份自公司股票上市交易之日起一年内不得转让。上述人员离职后半年内,不得转让其所持有的本公司股份。"同时,证监会出台的各项部门规章例如《上市公司股东、董监高减持股份的若干规定》(以下简称《减持新规》)、《上市公司董事、监事和高级管理人员所持本公司股份及其变动管理规则》、《上市公司非公开发行股票实施细则》也对特定人员股份规定了限售条件。限售期是指公司股东、董事、监事及高级管理人员在一定期限内不得转让其持有的本公司股份。由此带来一个问题,当作为执行标的的质押股权未过限售期,司法强制执行能否进行?

(一)裁判规则

1. 股权质押的司法强制执行可对抗对赌协议中的业绩补偿限售期的约定。

2. 股权质押的司法强制执行可对抗《减持新规》《上市公司非公开发行股票实施细则》等监管规则中规定的限售期。

3. 全国范围内目前尚无案例直接说明股权质押司法强制执行与《公司法》规定的限售期之间的关系。深圳中院2019年11月7日发布《关于强制执行上市公司股票的工作指引(试行)》,明确强制执行不得对抗《公司法》第141条规定的限制条件。

(二)典型案例

1. 银江股份有限公司、浙江浙商证券资产管理有限公司、李欣案外人执行异议之诉[①]

(1)案情简介

2013年8月,银江公司及其全资孙公司北京银江、李欣及其他12名交易相对方、亚太安讯签署了《购买资产协议》以及《盈利预测补偿协议》,各方约定如下主要内容:银江公司通过发行股份的方式,向李欣及其他12名交易相对方新发行股份用于受让李欣及其他12名交易相对方持有的亚太安讯83.3333%的股份;李欣承诺,本次交易中取得的甲方银江公司的股份自本次发行结束之日起12个月内不得转让,自法定禁售期12个月届满后,分5年分批解禁;2013—2015年为李欣业绩承诺期,李欣承诺亚太安讯2013年、2014年和2015年实现的净利润(扣除非经常性损益后归属于母公司所有者

---

① 浙江省高级人民法院(2017)浙民终247号。

的净利润）分别不得低于5000万元、5750万元和6613万元，如亚太安讯实现的净利润在2013年至2015年的任一年度低于该年度的承诺盈利数，李欣愿意按照《盈利预测补偿协议》的约定对银江公司进行补偿，即双方按照协议约定计算应收回公司股份数后，由李欣将该等股份（包括该等股份所获得的现金分红）返还给银江公司，由银江公司作为实际权利人将该等股份予以注销。同时，银江公司为防止李欣将该等股份予以对外转让或进行其他处置，将该等股份设置了禁售期，该等股份的禁售期起始自2014年3月26日，到期分别为2017年3月26日、2018年3月26日及2019年3月26日，该限售内容经中登深圳分公司予以登记。银江公司在中国证监会指定的信息披露网站就上述股份的回购补偿及禁售期事宜进行了正式公告披露。

2015年4月22日，亚太安讯2014年度归属于母公司股东的扣除非经常性损益的净利润未达到李欣的承诺利润数，银江公司要求李欣补偿银江公司5074307股，并于2015年9月17日将李欣交付的银江公司股票予以注销。同时银江公司并就上述股份补偿并回购注销事宜在中国证监会指定的信息披露网站进行了正式公告披露。

2015年4月28日，浙商资管公司与李欣签订了《浙商聚银1号银江股份股票收益权1.2.3号专项资产管理计划的股票收益权买入回购合同》及《股票质押合同》，并在浙江省杭州市钱塘公证处办理了具有强制执行效力的债权公证文书[①]；同年4月30日，双方在中登公司办理了证券质押登记，质权人为浙商资管公司，出质人为李欣，质押物为李欣持有的银江公司限售股12642655股。浙商资管公司通过发行专项资管计划募集资金，并依约将从232名自然人投资者处募集的约21270万元的投资款支付给李欣。2015年8月4日，银江公司在2015年半年度报告中，披露了李欣所持银江公司限售股27813840股（银江公司期间1送1.2股）已质押的事实。

2016年4月14日，李欣向浙商资管公司确认将预期违约，同意浙商资管公司依约强制执行质押的标的股票。之后，浙商资管公司向浙江省杭州市钱塘公证处申请办理强制执行证书。同年5月3日，浙江省杭州市钱塘公证处出具了公证执行证书。浙商资管公司据此向该院申请强制执行。该院立案执行，并于2016年5月9日，作出了（2016）浙01执字第306、307、308

[①] 《司法部关于公证执业"五不准"的通知》（司发通〔2017〕83号）发布后，这类强制执行公证业务已经停止办理。

号执行裁定及协助执行通知书,在中国证券登记结算有限公司深圳分公司对被执行人李欣所持的银江公司限售股27813840股进行冻结。

此后,银江公司作为案外人以"亚太安讯2015年度业绩承诺未达到李欣的承诺利润数,有权要求李欣补偿银江公司25240153股予以回购注销"为由,向该院提出执行异议。该院经审查后依法驳回了银江公司的执行异议。银江公司不服,向该院提起案外人执行异议之诉。

(2) 争议焦点

银江股份是否对执行标的即案涉李欣所持有的银江股份限售股享有阻止其转让交付的权利,并可排除法院强制执行。

(3) 裁判要旨

一审法院认为,李欣在中国证券登记结算有限公司深圳分公司持有银江股份限售股27813840股的事实清楚,证据充分,该登记对社会具有公示公信效力。虽然,李欣与银江股份约定有"李欣所持股份在限售期内未经银江股份同意不得用于质押",但该约定只能约束合同相对方,对浙商资管并不具有约束力。李欣根据其与浙商资管签订的合同约定,将案涉股票质押给浙商资管,双方依法办理了证券质押登记手续,浙商资管则从232名自然人投资者处募集的约21270万元的投资款支付给李欣,在银江股份2015年半年度报告中也载明了李欣所持银江股份限售股27813840股(银江股份期间1送1.2股)已质押的情况。案涉质押股票系限售股属实,但仅是禁售期内限制在二级市场买卖的流通股,并非法律、法规禁止流通的财产,并具有可转让性,因此浙商资管与李欣之间的质押融资行为系双方真实意思表示,也未违反法律法规的强制性规定,不存在无效的情形。且根据银江股份与李欣签订的《盈利预测补偿协议》约定的补偿方式,银江股份需回购的股份并未特定化,其享有的是债权请求权。而浙商资管依法享有对案涉股票的质权,具有优先效力。综上,原告银江股份所持证据不足以排除法院对案涉执行标的的强制执行,其诉讼请求不能成立,应予驳回。

二审法院维持了原判。二审法院认为,在亚太安讯对应年度的实际盈利数不足李欣承诺盈利数的情况下,银江公司享有要求李欣交付所持股份并予以回购的权利。银江公司能否实际回购,也有赖于李欣能否将所持股份交付给银江公司,双方并办理股份变更登记手续。故该权利只是一种债权请求权。银江公司主张其与李欣通过《资产购买协议》及《盈利预测补偿协议》已经达成了附生效条件的物权合意,缺乏合同依据和法律依据。原判据此认定银江公司所持证据不足以排除法院对案涉股份的强制执行,并驳回其诉讼请求,并无不当。

2. 吴长江、新世界策略(北京)投资顾问有限公司等与山东雷士照明发展有限公司、重庆恩纬西实业发展有限公司借款合同纠纷执行裁定书[①]

(1)案情简介

珠海市中级人民法院依据已经发生法律效力的湖北省武汉市长江公证处(2014)鄂长江内证字第3226、3227、3231.3233号公证书及(2014)鄂长江内证字第6682号执行证书,受理新世界策略(北京)投资顾问有限公司(以下简称新世界公司)申请执行吴长江等借款纠纷一案,并于2016年1月18日作出(2014)珠中法执字第869号之二执行裁定。现吴长江向本院提出书面异议,请求中止执行对尚在限售期的上市公司限售股票的评估、拍卖行为,待上市公司股票解禁后,依法进行减持变现后再恢复执行,以保证执行的合法性和公正性。[②]

经查,2014年5月22日,债权人新世界公司与债务人吴长江等分别签订了《借款合同》《股票质押合同》《保证合同》及《担保函》,上述合同经湖北省武汉市长江公证处办理具有强制执行效力的公证。吴长江于2014年6月17日在中国证券登记结算有限责任公司深圳分公司办理了质押手续。2014年9月10日,经新世界公司申请,湖北省武汉市长江公证处作出以上合同的执行证书。因上述被执行人至今仍未自觉履行生效法律文书确定的义务,经新世界公司申请,法院立案执行。

另查明,债务人吴长江质押的股票系其于2014年公司非公开发行股票时认购的。吴长江在认购时根据《上市公司非公开发行股票实施细则》的相关规定作出承诺,自上市首日起36个月内不进行转让,并已申请国证券登记结

[①] 广东省珠海市中级人民法院(2016)粤04执异21号。

[②] 理由为:第一,2015年6、7、8、月,中国股票市场发生了历史上罕见的股灾,导致股价非理性下跌,超出市场运行规律,市场不确定性因素太多,评估缺乏合理性和科学性。因此坚持通过市场正规操作变现再执行的意见。第二,2015年11月27日,借款纠纷执行一案的被执行人重庆恩纬西实业发展有限公司向本院提出了不予执行的申请,本院作出了(2015)珠中法民执证字第1号受理通知书,受理了此案,在未依法作出结论前应当中止执行。第三,2014年2月珠海中院执行局法官就《关于限售股性质等有关问题》向中国证监会发出调查函,2014年12月31日,中国证监会发行监管部就珠海中院调查函正式复函明确指出:对于限售股的限制性规定,有利于资本市场运行秩序,保护投资者合法权益。为此不建议以拍卖等方式将处在"不得转让"期间的股份强行过户。第四,申请执行人已将股票进行首轮冻结,完全可以在股票解除限售措施后通过二级市场的交易实现变现执结之目的,不仅有法律保障而且有事实保障,可以充分保障双方当事人的合法权益。

算有限责任公司深圳分公司进行相关股份锁定程序。

再查明，中国证券监督管理委员会发行监管部在 2014 年 12 月 31 日向本院《关于限售股性质等有关问题的复函》中称："我会接受司法机关咨询，只对证券期货业务知识和证券期货法律、法规、规章和中国证监会规范性文件的相关规定作一般性解释和答复，不对特定行为人或特定案件涉及的事实、行为性质、处理进行认定或提供倾向性意见或建议。""不建议以拍卖等方式将处在不得转让期间的股份强行过户。"

（2）争议焦点

本案争议焦点为：被执行人能否基于所持有的上市公司股票（执行标的）处于限售期而请求暂缓强制执行（评估、拍卖）。

（3）裁判要旨

法院认为，首先，对限售股转让权进行限制，是为了防止限售股持有人通过转让股权牟利，损害其他投资者的利益。从维护资本市场运行秩序，保护投资者的合法权益的角度，对限售股持有人转让股权进行了一定条件的限制。但人民法院强制执行不存在这一问题。限售股转让的限制应当针对当事人自主协议转让行为，而非同样规范法院的执行行为。《最高人民法院关于冻结、拍卖上市公司国有股和社会法人股若干问题的规定》及最高人民法院执行工作办公室《关于执行股份有限公司发起人股份问题的复函》均明确限售股可以予以司法强制执行。其次，吴长江已于 2014 年将其持有的 57777778 股德豪润达的股票质押给申请执行人新世界公司，作为债务履行的担保，异议人吴长江应当知道上述股票存在被强制执行的风险。最后，中国证券监督管理委员会发行监管部在 2014 年 12 月 31 日向本院《关于限售股性质等有关问题的复函》明确了该复函不对特定行为人或特定案件涉及的事实、行为性质、处理进行认定或提供倾向性意见或建议。故该复函不能作为本案争议处理的依据。关于异议人吴长江提出的现在市场存在不确定性因素太多、执行标的现处于首轮冻结，在股票解除限售后通过二级市场的交易实现变现执结的目的最为合理以及被执行人重庆恩纬西实业发展有限公司向本院提出了不予执行的申请且本院已受理了此案等主张，并非中止对（2014）珠中法执字第 869 号之二执行裁定执行的法定理由。综上，吴长江提出的异议请求缺乏理据，本院不予支持。

3. 孟凯、中信证券股份有限公司保证合同纠纷执行审查类执行裁定书[①]

(1) 案情简介

申请执行人与被执行人实现担保物权纠纷一案，福田区人民法院（2015）深福法民二担字第 6 号民事裁定书已发生法律效力，已立案执行，案件编号为（2015）深福法执字第 8881 号。执行过程中，法院依法冻结并拟拍卖被执行人名下的中科云网科技集团股份有限公司（以下简称"中科云网公司"）的股票 18156 万股（以下简称"涉案股票"）。异议人对法院拍卖行为提出异议，请求涉案股票的司法强制拍卖、变卖依法暂停。

异议人认为，《减持新规》第 4 条规定："上市公司股东、董监高可以通过证券交易所的证券交易卖出，也可以通过协议转让及法律、法规允许的其他方式减持股份。因司法强制执行、执行股权质押协议、赠与、可交换债换股、股票权益互换等减持股份的，应当按照本规定办理。"第 6 条规定："具有下列情形之一的，上市公司大股东不得减持股份：（一）上市公司或者大股东因涉嫌证券期货违法犯罪，在被中国证监会立案调查或者被司法机关立案侦查期间，以及在行政处罚决定、刑事判决作出之后未满 6 个月的……"中科云网公司及作为中科云网公司第一大股东的异议人，目前均正被中国证券监督管理委员会立案调查。根据《减持新规》，异议人在上述调查期间不得减持中科云网公司股份，包括以司法强制执行的形式减持。因此，在上述立案调查期间，法院应依法暂停对涉案股票的司法强制拍卖、变卖。如现阶段法院继续以拍卖、变卖方式等司法强制执行方式处置涉案股票，一方面，该行为与《减持新规》内容相冲突，严重违反《减持新规》；另一方面，该等行为将可能导致中科云网公司实际控制人的变更，影响现中科云网公司投资者对中科云网公司投资的信心，将对中科云网公司股票的二级市场造成严重冲击，损害众多持有中科云网公司股票投资者的利益，极易产生社会不稳定因素。

(2) 争议焦点

本案争议焦点为：现阶段对涉案股票进行拍卖是否合法。

(3) 裁判要旨

法院认为，申请执行人向本院申请强制执行，本院依法对涉案股票进行

[①] 广东省深圳市福田区人民法院（2018）粤 0304 执异 1 号。

变价处分以清偿申请执行人的债权，符合法律规定。而本院采用在淘宝网拍平台上整体处分涉案股票，拍卖成交的买受人将取得涉案股票的所有权益，包括大股东的身份及控股权，不属于减持的情形。此外，中国证监会发布的《减持新规》系规范性化文件，效力低于法律规定，异议人不得以此为由要求暂缓执行。

（三）案例评析

1. 对赌协议中的业绩补偿禁售期约定只能约束合同当事人，不能对抗经登记的股权质押

案例一中，尽管银江公司和李欣之间签订的《盈利预测补偿协议》中对限售期进行了约定，但根据合同相对性原则，只能约束合同当事方，无法约束作为第三方的浙商资管公司。并且浙商资管公司与李欣已经办理了股权质押登记，质权已经依法设立。同时，银江公司需回购的股份并未特定化，其享有的是债权请求权，而浙商资管依法享有对案涉股票的质权，属于物权范畴，具有优先效力。因此，尽管质押股权未过双方约定的限售期，法院依然能进行司法强制执行程序。

2. 股权质押的司法强制执行可对抗证监会等发布的监管规则规定的限售期

证监会发布的监管规则，例如《减持新规》《上市公司董事、监事和高级管理人员所持本公司股份及其变动管理规则》《上市公司非公开发行股票实施细则》等均规定了上市公司大股东、董监高所持的上市公司股份属于限售股，也即上市公司大股东、董监高所持上市公司股份的转让受到一定的时间、数量等方面的限制。其中《减持新规》第4条规定"因司法强制执行、执行股权质押协议、赠与、可交换债转股、股票权益互换等减持股份的，应当按照本规定办理"，明确司法强制执行应当受到《减持新规》的约束。但司法裁判中，股权质押的司法强制执行往往可以对抗这些监管规则规定的限售期。

第一，《最高人民法院执行工作办公室关于执行股份有限公司发起人股份问题的复函》（〔2000〕执他字第1号）指出："《公司法》第一百四十七条（现为第一百四十一条）中关于发起人股份在三年（现为一年）内不得转让的规定，是对公司创办者自主转让其股权的限制，其目的是为防止发起人借设立公司投机牟利，损害其他股东的利益。人民法院强制执行不存在这一问题。被执行人持有发起人股份的有关公司和部门应当协助人民法院办理转让股份

的变更登记手续……该股份受让人应当继受发起人的地位,承担发起人的责任。"虽然该文件的性质并非为司法解释,但表明了最高法对于限售股司法强制执行问题的态度,具有一定实践指导意义。案例二中,法院即援引该份文件作进行裁判。

第二,从效力层级来看,证监会等发布的监管规则为部门规章,效力层级远低于法律法规。我国《中华人民共和国立法法》(以下简称《立法法》)根据法的效力原理规定了法的位阶问题,详细规定了属于不同位阶的上位法与下位法之间的效力关系。即下位法不得与上位法的规定相抵触。《立法法》第79条规定:"法律的效力高于行政法规、地方性法规、规章。"《物权法》第219条第2款规定:"债务人不履行到期债务或者发生当事人约定的实现质权的情形,质权人可以与出质人协议以质押财产折价,也可以就拍卖、变卖质押财产所得的价款优先受偿。"可见,法律赋予了质权人通过拍卖质押财产获得清偿的权利。案例三中,法院按照下位法不得与上位法的规定相抵触的原则,裁定继续司法强制执行。或许是对此作出的回应,正在征求意见的《证券法》(三审稿)第44条第2款、第3款、第4款将减持限制规定固定下来,拟从证券市场基本法的层面固化减持规则。

3. 全国范围内股权质押的司法强制执行是否可对抗《公司法》第141条规定的限售期的规定,目前尚不明确;深圳市范围内明确强制执行不得对抗《公司法》第141条规定的限制条件

根据《担保法司法解释》第103条规定"以股份有限公司的股份出质的,适用《公司法》有关股份转让的规定。"而《公司法》第141条规定,"发起人持有的本公司股份,自公司成立之日起一年内不得转让。公司董事、监事、高级管理人员应当向公司申报所持有的本公司的股份及其变动情况,在任职期间每年转让的股份不得超过其所持有本公司股份总数的百分之二十五;所持本公司股份自公司股票上市交易之日起一年内不得转让。上述人员离职后半年内,不得转让其所持有的本公司股份。"笔者通过北大法宝数据库进行案例检索,截至目前,尚未找到相关案例,故结论并不明确。

2019年11月7日,深圳市中级人民法院出台了《关于强制执行上市公司股票的工作指引(试行)》,其第16条明确,在《公司法》第141条规定的前提下,"执行中可以向上市公司、证券公司或者证券登记结算机构查询该董事、监事、高级管理人员的可用额度,执行时以该可用额度为限"。可见,在深圳市两级法院范围内,司法强制执行并不能对抗《公司法》规定的限售期

263

以及限售比例。但因为该指引的效力层级较低，并不具有大范围的指导意义。

应收账款的债务人并非合同的当事人，只是在应收账款质押通知书上盖章作出确认债务、承诺还款的意思表示。但无论如何，债务人作出的意思表示应当是真实的、可实现的，如其故意作出虚假的意思表示，则相对方的信赖利益必须得以保障。

出质人为了获得商业银行的贷款等授信额度，会向商业银行质押应收账款。商业银行对该应收账款的了解显然低于出质人及其债务人。在此种情况下，商业银行的尽调结果是基于出质人及其债务人所提供的资料均为真实的前提。如果因债务人故意提供虚假信息导致商业银行的尽调结果失实，则债务人应承担提供虚假信息的后果，在应收账款额度范围内对出质人未偿还部分承担赔偿责任。

（四）实务建议

1. 质权人在接受质押之前应谨慎核实应收账款的真实性和准确数额

在实践中，商业银行并非全部能在质权已经登记公示的情况实现质权，这与应收账款不真实有很大的关系。因此，商业银行等接受应收账款质押前应谨慎核实应收账款的真实性和准确数额。其中，最基本的方式是要求出质人提供与该应收账款的相关资料，包括交易合同、合同履行情况、款项支付等相关情况；其次，商业银行可向应收账款的债务人核实该应收账款的情况。需明确的是，应收账款质押通知并非质权成立的要件，而是作为质权人的商业银行等的风控手段，核实应收账款是否真实存在，以确保质权的实现。

2. 要求债务人回复应收账款质押通知并承诺还款

案例一中，商业银行未发送应收账款质押通知，应收账款质权未实现；案例二中，商业银行发送应收账款质押通知，债务人未明确回复以确认债权，应收账款质权未实现；案例三中，商业银行发送应收账款质押通知，债务人明确回复确认应收账款债务，并承诺向指定账户还款，即使应收账款并非真实存在，应收账款质权实现。在上述三个案例中，我们可以发现，债务人回复确认应收账款的存在对实现应收账款质权有着非常重要的作用。

因此，实践中，商业银行等质权人应当向债务人发送应收账款质押通知，在通知中应明确还款账户、时间以及还款金额；并要求债务人对该通知明确回复，以确定应收债款的真实存在。

3. 及时在中国人民银行征信中心办理应收账款质押登记

在确认完毕应收账款真实存在之后，质权人应及时办理应收账款质押登记。

中国人民银行发布的《应收账款质押登记办法》第4条规定："中国人民银行征信中心（以下简称征信中心）是应收账款质押的登记机构。征信中心建立基于互联网的登记公示系统（以下简称登记公示系统），办理应收账款质押登记，并向社会公众提供查询服务。"第7条规定："应收账款质押登记通过登记公示系统办理。"

根据《国务院关于实施动产和权利担保统一登记的决定》，应收账款质押纳入动产和权利担保统一登记范围，由当事人通过中国人民银行征信中心动产融资统一登记公示系统自主办理登记。

目前中国人民银行征信中心办理应收账款质押的平台为中征动产融资统一登记公示系统。质权人应当在签署应收账款质押协议后，及时与出质人签订登记协议，并负责办理应收账款质押登记。该登记是质权人质权生效的前提，因此质权人必须及时办理。

六、应收账款质押中"通知"的法律意义

根据我国《民法典》第440条的规定，应收账款属于可出质的权利范围。应收账款质押是指债务人或者第三人为担保债务的履行，将其合法享有的应收账款质押给债权人；当债务人到期不履行债务时，债权人可就应收账款及其附属收益优先受偿。

根据《民法典》第445条规定，"以应收账款出质的，质权自办理出质登记时设立"。根据中国人民银行发布的《应收账款质押登记办法》第8条规定，"应收账款质押登记由质权人办理。质权人办理质押登记的，应当与出质人就登记内容达成一致。"

由上述规定可知，应收账款质押是否向应收账款的债务人进行通知并不会影响应收账款质权的设立。但在实践中，应收账款质押未经通知导致质权人无法实现自己的质权的情况屡见不鲜。本书将通过对最高法相关案例的分析来归纳应收账款质押通知的相关裁判规则。

(一) 典型案例

1. 中国信达资产管理股份有限公司江苏省分公司与江苏兴达利纺织科技有限公司、江苏意邦清洁用品有限公司等金融借款合同纠纷[①]

(1) 案情简介

2013年7月2日、7月4日，兴达利公司和兴业银行苏州分行签订了两份《流动资金借款合同》，约定兴业银行苏州分行提供兴达利公司借款人民币1800万元、1000万元。兴业银行苏州分行于合同签订当日发放完毕贷款。

2013年9月10日，兴达利公司与兴业银行苏州分行签订《商业汇票银行承兑合同》，约定兴业银行苏州分行同意为兴达利公司办理商业汇票银行承兑业务。同日，兴业银行苏州分行开立了票号为30900053/25519039的银行承兑汇票，到期日为2014年3月10日，金额1000万元。

兴达利公司和兴业银行苏州分行签订《应收账款最高额质押合同》，约定兴达利公司为兴业银行苏州分行给予兴达利公司的融资服务提供应收账款质押担保，质押额度有效期自2013年月26日至2014年6月16日，质押最高本金限额为4000万元，质押物为兴达利公司自愿提供自己拥有并有权处分的应收账款设定质押。2013年11月27日，兴业银行苏州分行在中国人民银行征信中心办理了应收账款质押最高额贷款业务登记，登记的最高债权额为4000万元，质押财产价值46533238.97元。

意邦公司和兴业银行苏州分行签订《应收账款最高额质押合同》，约定意邦公司为兴业银行苏州分行给予兴达利公司的融资服务提供应收账款质押担保，质押额度有效期自2013年月26日至2014年6月16日，质押最高本金限额为4000万元，质押物为意邦公司自愿提供自己拥有并有权处分的应收账款设定质押。2013年11月27日，兴业银行苏州分行在中国人民银行征信中心办理了应收账款质押最高额贷款业务登记，登记的最高债权额为4000万元、质押财产价值为27887400元。

2013年9月21日以后，兴达利公司未能按约付息。

(2) 争议焦点

兴业银行苏州分行是否对兴达利公司、意邦公司的应收账款享有优先受偿权。

[①] 江苏省高级人民法院（2015）苏商终字第00021号。

(3) 裁判要旨

本案中，兴业银行苏州分行虽然与兴达利公司、意邦公司签订了《应收账款最高额质押合同》，但是上述两份合同中并无应收账款的债务人盖章确认，且合同附件中的质押物清单上应收账款的债务人名称、权利证书编号、金额、期限等内容均为空白。兴业银行苏州分行虽然在中国人民银行征信中心办理了出质登记，但办理该登记是兴业银行苏州分行单方即可完成，且中国人民银行征信中心对于用于出质的应收账款是否客观真实并不作实质审查。在兴业银行苏州分行不能进一步举证证实其所享有的应收账款的具体权利内容要素的情形下，其主张对兴达利公司、意邦公司出质的应收账款享有优先受偿权，缺乏事实依据和法律依据。

2. 中国民生银行股份有限公司武汉分行与湖北宏鑫工贸有限公司、李有全金融借款合同纠纷[①]

(1) 案情简介

2013年12月6日，金石公司与民生银行武汉分行签订了《综合授信合同》，约定金石公司自2013年12月6日至2014年12月6日可向民生银行武汉分行申请使用23000万元的最高授信额度。

2013年12月17日，金石公司与民生银行武汉分行签订《应收账款最高额质押合同》，约定金石公司提供因与东风公司、宏鑫实业公司签订购销合同项下应收账款债务人享有的2013年12月16日至2015年12月16日发生的全部合格应收账款为上述《综合授信合同》项下的债务提供质押担保。《应收账款最高额质押合同》后附《应收账款债务人确认函》，为空白格式函件。

宏鑫实业公司、金石公司与民生银行武汉分行签订《款项支付合作协议》，约定协议签订之日起宏鑫实业公司支付给金石公司的应收账款只能唯一地支付至金石公司在民生银行武汉香港路支行的账户中。

2013年12月16日，宏鑫实业公司出具三份《收货确认书》，分别载明根据《款项支付合作协议》，截至2013年12月16日，宏鑫实业公司现有库存2645万元、3725万元及2766万元钢材是由金石公司供应。同日，金石公司与民生银行武汉分行签订《应收账款质押登记协议》，约定由民生银行武汉分行办理质押登记，且民生银行武汉分行在中国人民银行征信中心办理了登记。宏鑫实业公司再次出具《收货确认书》，载明根据三方签订的《款项支付

[①] 湖北省高级人民法院（2016）鄂民终972号。

合作协议》，截至 2014 年 2 月 13 日，宏鑫实业公司现有库存 7007 万元钢材是由金石公司供应。2013 年 7 月至 9 月，宏鑫实业公司向金石公司转账付款共计 9150 万元。2013 年 10 月 24 日、11 月 22 日金石公司向宏鑫实业公司开具该公司购买热卷的增值税专用发票 79 张，总金额为 9140 余万元。

2013 年 12 月 16 日，金石公司与民生银行武汉分行签订《银行承兑协议》。2013 年 12 月 19 日，金石公司向民生银行武汉分行申请承兑。根据承兑协议及承兑申请，民生银行武汉分行向金石公司签发金额总计为 2600 万元的银行承兑汇票两张，并到期支付。金石公司对民生银行武汉分行的垫付款及罚息均未偿还。

(2) 争议焦点

本案争议焦点为：宏鑫实业公司是否应当根据《款项支付协议》，在《收货确认书》确认的货款金额范围内向民生银行武汉分行承担付款责任或者赔偿责任。

(3) 裁判要旨

法院认为，应收账款质权的存在以真实的应收账款存在为前提，债权人接受质押之前应当谨慎核实应收账款的真实性和准确数额。本案中，民生银行武汉分行提供的证据尚不足以证明其主张的应收账款实际存在，其要求宏鑫实业公司向其付款缺乏事实和法律依据。宏鑫实业公司也未在作为《应收账款最高额质押合同》附件的《应收账款债务人确认函》上签章确认，仅向民生银行武汉分行出具了《收货确认书》。从《收货确认书》的文义看，只是表明金石公司向宏鑫实业公司供应的钢材库存量及价值，没有欠付金石公司货款或向民生银行武汉分行履行付款义务的意思表示。故民生银行武汉分行要求宏鑫实业公司向其承担付款责任或者赔偿责任无事实和法律依据，法院不予支持。

3. 湖南新华联国际石油贸易有限公司、中信银行股份有限公司黄石分行金融借款合同纠纷二审民事判决书[①]

(1) 案情简介

泰信公司与新华联公司于 2014 年 4 月 15 日签订了编号为 TXXHL20140414-01 的《燃料油销售合同》，泰信公司向新华联公司供应价值 6030 万元的燃料油。同月 16 日，新华联公司将 6030 万元的国内信用证交付泰信公司，

[①] 湖北省高级人民法院（2017）鄂民终 238 号。

同月 22 日泰信公司承兑该信用证项下款项。

2014 年 4 月 15 日，中信银行黄石分行与泰信公司、新华联公司三方签订《贷款支付合作协议》，约定：泰信公司同意将其对新华联公司的应收款账质押给中信银行黄石分行，新华联公司同意该应收账款质押；中信银行黄石分行届时将具体每笔应收账款向新华联公司递送《应收账款回款付款通知书》（以下简称《通知》），新华联公司回递《应收账款回款付款通知书（回执）》（以下简称《回执》）。

随后，中信银行黄石分行向新华联公司递送编号为 HSTX201401 的《通知》，请新华联公司按相关合同约定按时足额将应付给泰信公司的已质押应收账款按《贷款支付合作协议》约定的方式支付。新华联公司在该《通知》所附《回执》上加盖印章，确认已收到该《通知》，知悉有关质押安排，同意并承诺按《通知》要求支付，未经中信银行黄石分行许可不改变付款账户、金额及付款时间。上述《通知》及《回执》落款时期均为 2014 年 4 月 18 日。

2014 年 4 月 21 日，中信银行黄石分行与泰信公司签订 2014 鄂银最权质第 0093 号《最高额应收账款质押合同》，泰信公司将与新华联公司签订的购销合同（编号 TXXHL20140414-01）项下应收账款 6030 万元作为 2014 鄂银承字第 1467 号《银行承兑汇票承兑协议》项下的抵押物交给中信银行黄石分行进行质押。中信银行黄石分行于 2014 年 5 月 30 日，在中国人民银行征信中心办理了相应应收账款质押登记。

2014 年 4 月 22 日，中信银行黄石分行与泰信公司签订 2014 鄂银承字第 1467 号《银行承兑汇票承兑协议》。中信银行黄石分行为泰信公司办理了出票人为泰信公司，票面金额为 3000 万元的银行承兑汇票，并到期解付。但 TXXHL20140414-01 购销合同项下应收账款并未回款至《贷款支付合作协议》中指定的账户，且泰信公司亦未对该汇票承兑金额予以清偿。

（2）争议焦点

本案争议焦点为：新华联公司是否应在应收账款额度范围内，对泰信公司授信债务未偿还部分承担赔偿责任。

（3）裁判要旨

《回执》上加盖的新华联公司印章为其真实意思表示。《物权法》并未规定应收账款质押办理程序中询证核实账款和登记公示的先后顺序。为保障应收账款的真实性，质权人通常先行通知账款债务人并取得债务人确认及承诺后，再行办理质押登记。此种办理流程符合商事交易的诚信原则，亦可证明质权人已尽审慎的注意义务。新华联公司认为中信银行黄石分行先发《通知》后办登记的做法违反《物权法》规定，《通知》内容属无效要约无事实和法律依据。新华联公司关于中信银行黄石分行在未办理应收账款质押登记的情况下承兑票据属违规放贷，无事实依据。

新华联公司在实际支付完毕，已无对泰信公司应收账款的情况下，仍依《货款支付合作协议》约定在《回执》上确认应收账款债务，并承诺向指定账户还款，违反缔约时应遵循的诚实信用原则，并直接导致中信银行黄石分行之后签订的《银行承兑汇票承兑协议》中应收账款质权的风控手段失灵，质权实现的信赖利益落空。根据《合同法》第42条第2项"当事人在订立合同过程中故意隐瞒与订立合同有关的重要事实或者提供虚假情况，给对方造成损失的，应当承担损害赔偿责任"的规定，新华联公司应在应收账款额度范围内对泰信公司授信债务未偿还部分承担赔偿责任。

（二）案例评析

1. 应收账款质押是否通知，不属于应收账款质权设立的必要构成要件

我国《民法典》第445条规定，"以应收账款出质的，质权自办理出质登记时设立"。中国人民银行发布的《应收账款质押登记办法》第8条规定："应收账款质押登记由质权人办理。质权人办理质押登记的，应当与出质人就登记内容达成一致。"

根据我国目前的法律规定，应收账款质押以登记的方式设立，质权的设立并不要求必须通知质押债权的债务人。

2. 对质押债权的债务人进行通知确认，是核实应收账款真实性的重要手段

即使质权已经登记完成，但质权能否实现还是一个不确定事件。应收账款质权实现的前提是应收账款必须真实存在。商业银行作为专业的金融机构，其在接受应收账款质押时需尽到审慎的注意义务，核实应收账款的真实性。

对质押债权的债务人进行通知，向债务人发送应收账款债务人确认函并要求其回复，是核实应收账款真实性的重要手段。在案例一和案例三中，质权人均向债务人发送了通知函并要求回复，但在案例一中，债务人回复的内容只是以收货单等确定双方之间存在一定的交易往来，并未明确对出质人存在债务或者向质权人履行付款义务，并未明确回复该应收账款的真实性。这种模棱两可的回复应当引起质权人的注意，质权人应当进一步核查应收账款

是否存在,否则质权人在主张质权的时候就会因证据不足处于不利境地。因此质权人必须要求债务人对债权的内容进行确认并回复,包括债权的时间、金额等具体的权利义务,如此才可保障质权的实现。

3. 如质押债权的债务人对债务进行确认并承诺,则质权应得以实现

我们可以发现,在案例三中,在债务人对债务进行确认并承诺向指定账户还款的情况下,即使该应收账款并非真实存在,但依据《合同法》第42条(现《民法典》第500条)的规定,为保护质权人的信赖利益,维护正常的交易秩序,债务人依然需要向质权人偿还款项。但需注意的是,应收账款质押合同的当事人为出质人和质权。

第二节 抵押物的流转

新旧法律条文对比	
《民法典》	《物权法》
第四百零六条 抵押期间,抵押人可以转让抵押财产。当事人另有约定的,按照其约定。抵押财产转让的,抵押权不受影响。 抵押人转让抵押财产的,应当及时通知抵押权人。抵押权人能够证明抵押财产转让可能损害抵押权的,可以请求抵押人将转让所得的价款向抵押权人提前清偿债务或者提存。转让的价款超过债权数额的部分归抵押人所有,不足部分由债务人清偿。	第一百九十一条 抵押期间,抵押人经抵押权人同意转让抵押财产的,应当将转让所得的价款向抵押权人提前清偿债务或者提存。转让的价款超过债权数额的部分归抵押人所有,不足部分由债务人清偿。 抵押期间,抵押人未经抵押权人同意,不得转让抵押财产,但受让人代为清偿债务消灭抵押权的除外。

一、法条解读

对抵押财产的转让,从《物权法》的需要抵押权人同意,到《民法典》中通知抵押权人即可,这是一个较大的改变。《民法典》在承认抵押权具有追及力的基础上,认可抵押人有权转让抵押财产。[①] 要点如下:

1. 除非另有约定,抵押人可以转让抵押财产,抵押人只需要通知抵押权

[①] 最高人民法院民法典贯彻实施工作领导小组主编:《中华人民共和国民法典物权编理解与适用[下]》,人民法院出版社2020年版,第1091页。

人即可。

2. 即使抵押财产被转让，抵押权也不受影响，即抵押权人可以向抵押财产的受让方主张抵押权。

3. 如果抵押权人认为转让行为损害其利益，抵押权人需要自行承担举证责任。

对于商业银行等金融机构而言，一般都会在协议中约定未经抵押权人同意，不得转让抵押财产，并且严格约定相应的违约责任。在已经有协议约定的情况下，我们需要关注实践中登记部门的相关做法。

根据《担保制度解释》第43条之规定，在抵押登记的时候可以将禁止或限制转让的约定进行登记。只有在有约定且已将约定登记的情况下，抵押权人才可以主张未经同意的转让行为不发生物权效力。因此，必须重视抵押登记和禁止或限制转让抵押财产的协议约定登记。特别地，如抵押物是动产，抵押权的设立虽然不以登记为要件，但仍必须进行抵押登记，否则如果发生转让，抵押权就将丧失，当然，也需要将禁止或限制转让的约定一并进行登记。不动产抵押的转让约定登记，详见本章第五节。

二、参考案例

（一）裁判规则

抵押权具有追及效力。

（二）参考案例[①]

1. 案情简介

2011年11月14日，陈某某与彭某某签署《抵押借款协议》，约定陈某某向彭某某借款200万，陈某某以系争房屋向彭某某提供抵押担保，并进行了抵押登记。

2013年10月12日，陈某某与吴某某签署《房地产买卖合同》。吴某某支付了部分房款，双方对房屋过户时间、违约责任进行了多次补充约定，并

[①] 彭茵、唐锦雯与吴剑骏等抵押权纠纷［上海市第二中级人民法院（2019）沪02民终8110号］。最高人民法院司法案例研究院编：《民法典新规则案例适用》，中国法制出版社2020年版，第116—119页。

于 2014 年 3 月通过签署房屋交接书的方式对房屋进行了验收交接，但始终未完成房屋产权的过户。

2016 年 5 月 23 日，唐某某与陈某某在长宁法院达成民事调解书，确认陈某某应于 2016 年 6 月 15 日前向唐某某归还借款本息，否则唐某某可以对系争房屋进行折价或者申请拍卖、变卖后所得价款行使优先受偿权。

2017 年 7 月 4 日，长宁法院就吴某某与唐某某、陈某某关于前述民事调解书的撤销权之诉作出民事判决，认为因唐某某并非系争房屋抵押权人，其在陈某某已将房屋向吴某某出售并由吴某某付款且对房屋实现占有使用后，再与陈某某达成对系争房屋优先受偿的协议损害了吴某某的民事权益，故将民事调解书中赋予唐某某对系争房屋的优先受偿权撤销。

2017 年 12 月，吴某某向普陀法院提起诉讼，请求判令陈某某继续履行买卖合同并支付违约金，该案除查明了吴某某与陈某某就系争房屋的买卖关系，吴某某履行了部分付款义务、房屋已完成交接等事实外，还查明陈某某为系争房屋的产权人，彭某某为房屋的抵押权人之一，长宁法院对房屋采取了司法限制措施。2018 年 8 月 15 日，普陀法院就该案作出判决，以系争房屋已被采取司法限制措施而不具备过户条件为由对吴某某诉情不予支持。

2018 年 12 月 7 日，吴某某提起本案诉讼，请求判令彭某某、陈某某办理抵押权登记解除手续。

2. 争议焦点

（1）如何认定案涉被"代持"抵押权的法律效力；

（2）抵押权追及效力的司法适用。

3. 裁判要旨

一审法院认为：一、吴某某作为买受方已履行了大部分付款义务并实际占有房屋，其有权要求出售方陈某某履行房屋产权过户并在此过程中排除相应的隐患或侵害；二、系争房屋得以办理抵押登记手续并以彭某某为抵押权人显然是基于其与陈某某签订的抵押借款协议，现彭某某自认其本人并未按合同约定向陈某某出借钱款，故彭某某取得该抵押权缺乏约定或法定依据；三、对不动产享有抵押权应以具有公示公信效力的登记手续为依据，唐某某并非系争房屋的登记抵押权人，而民事活动中所谓的"隐名"或"委托"均以不侵害善意第三方为前提，目前并无证据证实吴某某在购房时明确知晓彭某某对系争房屋的抵押权系代唐某某行使,房屋产权人陈某某对此亦未予以确认。

一审法院判决:撤销设定在系争房屋之上的、抵押权人为彭某某的抵押登记。

二审法院认为:本案中,彭某某与陈某某签订《抵押借款协议》后登记为系争房屋抵押权人,且彭某某认可其向陈某某转账系代唐某某出借资金,加之另案生效调解书也已确认唐某某对陈某某享有债权,因此案涉抵押权实质上是为了担保唐某某所享有的债权能顺利实现而设立。针对抵押权人与债权人不一致的情形,该不一致仅是登记上的形式不一致,而实质上的抵押权人与债权人仍相统一,只是债权人须通过登记的抵押权人来实现其抵押权利。由此可见,案涉抵押权的设立具有相应的债权债务基础,并未突破抵押权的从属性,符合法律规定。

案涉抵押权登记时吴某某尚未购买系争房屋,该抵押权的设立显然不存在侵害其合法权益的情形。同时,吴某某作为购房人,其在交易时应对设定于系争房屋上的抵押权尽到审慎的注意义务,并据此作出购买与否的决定。本案中,吴某某称其签约时并不知晓案涉抵押权的存在,对此其应承担相应责任。现系争房屋因该抵押权而无法完成过户,房屋买卖合同履行受阻,根据合同相对性,吴某某仅有权向陈某某主张权利。据此,吴某某作为房屋买卖合同当事人一方,起诉主张撤销设立在先的案涉抵押权缺乏法律依据,法院对此无法支持。

二审法院判决:撤销一审判决,驳回吴某某的全部诉讼请求。

三、实务建议

1. 在抵押协议的条款中约定:未经抵押权人同意,抵押人不得转让抵押财产。同时,约定相应的违约责任,比如宣布债务提前到期。

2. 重视登记。所有的抵押均需进行登记,同时,注意各地登记部门的做法,需要将禁止或限制转让抵押财产的约定进行登记。

第五章　金融交易中的传统担保物权规则

第三节　担保物权竞存

一、担保物权竞存的清偿顺序

新旧法律条文对比	
《民法典》	原法规
第四百一十四条　同一财产向两个以上债权人抵押的，拍卖、变卖抵押财产所得的价款依照下列规定清偿： （一）抵押权已经登记的，按照登记的时间先后确定清偿顺序； （二）抵押权已经登记的先于未登记的受偿； （三）抵押权未登记的，按照债权比例清偿。 其他可以登记的担保物权，清偿顺序参照适用前款规定。 第四百一十五条　同一财产既设立抵押权又设立质权的，拍卖、变卖该财产所得的价款按照登记、交付的时间先后确定清偿顺序。	《物权法》第一百九十九条　同一财产向两个以上债权人抵押的，拍卖、变卖抵押财产所得的价款依照下列规定清偿： （一）抵押权已登记的，按照登记的先后顺序清偿；顺序相同的，按照债权比例清偿； （二）抵押权已登记的先于未登记的受偿； （三）抵押权未登记的，按照债权比例清偿。 《担保法解释》第七十九条　同一财产法定登记的抵押权与质权并存时，抵押权人优先于质权人受偿。 同一财产抵押权与留置权并存时，留置权人优先于抵押权人受偿。

（一）法条解读

2019年11月，最高法发布《九民纪要》，其第65条明确了动产抵押权与质权并存情况下的权利顺位，确认按照是否完成公示以及公示的顺序来确定清偿顺序。该会议纪要明确提出《担保法解释》第79条第1款不再适用。作为一个会议纪要，对明文发布的司法解释条款进行废止，似乎不符合法律体系效力位阶的规定，这在当时引起了争议。

《民法典》对抵押权和质权竞存情况下的清偿顺序作出了明确规定，相应的思路与《九民纪要》一致，即按照公示与否及其先后顺序来确认清偿顺位：在担保物权均设立的情况下，从抵押权优先于质权转变为按照登记、交付的时间先后确定清偿顺序。

登记使动产抵押权具有对抗效力；交付是动产质权设立的要求。动产如果同时存在抵押权和质权，按照动产抵押权的登记时间、动产交付设立质权的时间这两个时间的先后确定清偿顺序。

我们知道，动产质权的设立要件是交付，那么动产质权登记是否具有对抗效力？《民法典》没有规定动产质权登记具有对抗效力；司法实践认为，质权自出质人交付质押财产时设立。动产质权自出质人交付质物时发生对抗效力。《民法典》在抵押权均登记的情况下，删除"顺序相同的，按照债权比例清偿"的表述。抵押权已经登记的，按照登记的时间先后确定清偿顺序。这是《民法典》和《物权法》的规定一致的地方。而在实务中，登记时间应以登记簿中记载的登记时间为准，以登记簿记载的顺位为真实顺位。

《不动产登记暂行条例实施细则》第67条规定："同一不动产上设立多个抵押权的，不动产登记机构应当按照受理时间的先后顺序依次办理登记，并记载于不动产登记簿。当事人对抵押权顺位另有约定的，从其规定办理登记。"按照该条规定，实务中，登记机构应严格按受理时间先后顺序依次办理登记，并记载于登记簿，故以登记簿记载时间确定登记时间符合登记实践和各方当事人利益。

由此，实践中，不会出现同时登记的不动产抵押登记。即使存在登记机关有分支机构可以同时办理抵押登记，电脑系统里登记时间也会有先后。

综上，担保物权竞合后的清偿顺序如下：

1. 留置权优先于抵押权、质权。同一动产上已经设立抵押权或者质权，该动产又被留置的，留置权人优先受偿。

2. 质权有效设立、抵押权办理了登记的，以登记、交付先后确定清偿顺序；顺序相同的，按照债权比例清偿。

3. 质权有效设立，抵押权未办理抵押登记，质权＞未经登记的抵押权。

(二) 参考案例

1. 裁判规则

质权自出质人交付质押财产时设立。动产质权自出质人交付质物时发生对抗效力。

2. 参考案例[①]

根据《物权法》第188条的规定，动产抵押权未经登记，不得对抗善意

[①] 江西赣县农村商业银行股份有限公司、中国建设银行股份有限公司赣州赣县支行第三人撤销之诉［最高人民法院（2017）最高法民终216号］。

第三人。动产抵押权登记后发生对抗效力，抵押权人可排除就同一动产享有担保物权的第三人对该动产优先受偿的权利要求。但在登记之前，抵押权人不得对已经取得具备对抗效力之担保物权的权利人主张优先受偿的权利。根据《物权法》第 212 条的规定，质权自出质人交付质押财产时设立。动产质权自出质人交付质物时发生对抗效力，质权人自取得占有时起可排除享有担保物权的第三人对该动产优先受偿的权利要求。由上，《物权法》虽未明确规定同一动产上依法成立的抵押权与质权竞存时的受偿顺序，但结合《物权法》关于动产抵押权与动产质权对抗效力产生时间的规定，应以动产抵押权和动产质权具备对抗效力的时间先后顺序，决定同一动产上抵押权和质权竞存时的顺位。抵押登记在先则抵押权顺位在先，动产占有在先则质权顺位在先。

二、购买价款超级优先权

新旧法律条文对比	
《民法典》	原法规
第四百零三条　以动产抵押的，抵押权自抵押合同生效时设立；未经登记，不得对抗善意第三人。 第四百一十六条　动产抵押担保的主债权是抵押物的价款，标的物交付后十日内办理抵押登记的，该抵押权人优先于抵押物买受人的其他担保物权人受偿，但是留置权人除外。	无

（一）法条解读

本条明确了动产购买价款的抵押权优先于其他抵押权。之所以称其为"超级优先权"，是因为《民法典》在多个抵押权竞存的情况下，确立了以"公示（登记）在前，顺位在前"的原则，而本条是这一原则的例外；即无论是否有在先的抵押权，无论在先的抵押权是否已经完成登记，购买价款的抵押权均具有优先效力。当然，抵押权和留置权竞存的时候，留置权仍然优先。

（二）实务建议

如果被担保的主债权为抵押物的购买价款，则应当在动产交付后十日内办理抵押登记。

目前这一条款规定比较明确。实践中可能出现动产交付，但无法办理抵押登记的情况，比如购车后，虽然车辆已经交付，但是车辆的行驶证等抵押登记所需证照未在交付后十日内办理完成从而无法办理抵押登记。对于此，建议银行等与抵押人、车辆销售方进行沟通，确保购买价款抵押权的设立。

第四节　担保物权与其他权利竞存

一、正常经营买受人规则

新旧法律条文对比		
《民法典》	《物权编解释》	原《物权法》
第四百零四条　以动产抵押的，不得对抗正常经营活动中已经支付合理价款并取得抵押财产的买受人。 第二百二十五条　船舶、航空器和机动车等的物权的设立、变更、转让和消灭，未经登记，不得对抗善意第三人。	第六条　转让人转让船舶、航空器和机动车等所有权，受让人已经支付合理价款并取得占有，虽未经登记，但转让人的债权人主张其为民法典第二百二十五条所称的"善意第三人"的，不予支持，法律另有规定的除外。	第一百八十一条　经当事人书面协议，企业、个体工商户、农业生产经营者可以将现有的以及将有的生产设备、原材料、半成品、产品抵押，债务人不履行到期债务或者发生当事人约定的实现抵押权的情形，债权人有权就实现抵押权时的动产优先受偿。 第一百八十九条　企业、个体工商户、农业生产经营者以本法第一百八十一条规定的动产抵押，应当向抵押人住所地的工商行政管理部门办理登记。抵押权自抵押合同生效时设立；未经登记，不得对抗善意第三人。 依照本法第一百八十一条规定抵押的，不得对抗正常经营活动中已支付合理价款并取得抵押财产的买受人。

（一）法条解读

就正常经营买受人规则而言，《民法典》并非首创。相较于原《物权法》而言，《民法典》扩大了该规则的适用范围，从浮动抵押扩及至全部的动产抵押。这一规则需要满足如下条件：

1. 正常经营活动。对于是否属于正常经营活动需要根据实际情况来确定，可以结合其经营范围、商业上的合理性。比如说如果是生产制造型企业，其生产设备的出售一般不应视为正常经营活动。

2. 已经支付合理价款。该动产的转让价款需要定价合理，同时不能支付很少一部分价款，需要已经实际支付了一定的价款。

3. 取得抵押财产。该动产需要已经完成交付。

根据《民法典物权编理解与适用》①，综合了善意买受人和正常经营买受人的相关规则，在动产抵押权人与买受人之前出现权利竞存的情况时，相应的优先顺序如下：正常经营买受人＞已登记的抵押权人＞善意买受人＞未登记的抵押权人＞恶意买受人＞未取得所有权的买受人。

根据《物权编解释》，船舶、航空器和机动车等需要登记确认所有权的特殊动产，其应当也适用正常经营买受人规则。

（二）参考案例②

1. 案情简介

2016年3月25日，徐立挺和大器公司、王鹏程、方虹签订了借款合同。同日，徐立挺和大器公司、王鹏程、方虹办理了动产抵押登记书，该登记书约定了被担保债权种类为借贷合同，担保范围为借款本息、违约金及实现债权的费用，抵押物为大功率数控激光切割主机系统1台、大族激光切割控制软件V5.01台、折弯机2台。后徐立挺通过转账方式向王鹏程提供了借款。

另查明，2015年12月，合创公司成立，当时股东为王鹏程、张卫东、甘文银、陈小露；2016年10月，股东变更为张卫东、甘文银、陈小露。王鹏程和甘文银之间有多次款项往来，其中，王鹏程于2016年5月9日汇款给甘文银6200元（备注货款）。

合创公司主张，其与大器公司已于2015年12月31日就涉案设备达成了买卖协议，并已支付了合理对价且实际已占有使用（大器公司在2016年3月25日前已经将涉案抵押物转移给了第三人），故该设备应归合创公司所有。

2. 争议焦点

本案争议焦点为：抵押权人是否对抵押物享有优先受偿权。

3. 裁判要旨

一审法院查明：第一，合创公司和大器公司之间的合同仅仅约定了机器设备的价值和型号，双方之间并没有约定款项如何支付及所有权如何转移交付；第二，关于设备的款项支付，按照结算单及银行转账明细来看，款项支付既有其他人现金支付，又有银行转账，银行转账又杂乱无规律，且合创公司自己也说王鹏程个人陆陆续续向甘文银借款并且未能清偿，很多款项又是

---

① 最高人民法院民法典贯彻实施工作领导小组主编：《中华人民共和国民法典物权编理解与适用[下]》，人民法院出版社，第1083页。

② 宁波合创金属制品有限公司、徐立挺民间借贷纠纷［浙江省宁波市中级人民法院（2018）浙02民终4218号］。

在涉案设备抵押登记办理后才产生，因此，关于货款已经付清，难以认定，至少在2016年3月25日，合创公司就涉案设备的款项并未付清，合创公司还在庭审中陈述哪些款项对应支付的哪些设备无法确认；第三，大器公司仍登记在册，2015年12月份至2016年10月份，王鹏程既是大器公司的股东又是合创公司的股东，大器公司的该机器设备在2016年3月25日仍旧在大器公司所在地。

二审法院认为，本案大器公司、王鹏程、方虹于2016年3月25向徐立挺借款500000元，大器公司以存在于其住所的涉案设备作为抵押，并于同日办理了动产抵押登记，抵押权依法设立。合创公司主张，其与大器公司已于2015年12月31日就涉案设备达成了买卖协议，并已支付了合理对价且实际已占有使用，故该设备应归合创公司所有，徐立挺要求享有优先权不应得到支持。对此，本院认为，首先，合创公司于2015年12月22日设立，王鹏程系该公司股东，合创公司所提供的与大器公司之间的买卖协议的签订时间是2015年12月31日，大器公司的签约代表显示也是王鹏程；其次，根据合创公司提供的证据，也难以认定其在2016年3月25日（设立抵押时）前已就涉案设备支付了合理的对价；最后，合创公司主张当时已租用大器公司原租赁的生产场所，因而实际已占有使用涉案设备，但其主张的租赁关系即使真实，也缺乏公示性。综合上述情形，本院认为，即使合创公司与大器公司之间买卖协议真实，但徐立挺作为善意抵押权人，有权行使抵押权，依法享有对涉案设备折价或者以拍卖、变卖所得价款享有优先受偿权。

（三）案例评析

在本案中，相关权利主体以正常经营买受人规则来对抗抵押权人。法院按照法律规定对各个要件进行了严格审核，包括买卖合同的内容、价款的支付和占有的转移等。其中，对于是否"已支付合理价款"，本案的依据包括"涉案设备的款项并未付清"，虽然案件并未明确多少比例才属"合理"，但在存在众多怀疑的情况下，法院按照最严格的"付清"来认定。

在这个案例中，我们可以发现，正常经营买受人规则作为对抵押权的"突破"，法院会严格查明案件事实，避免出现可能的"恶意"对抗抵押权行为。且我们认为，按照民诉法"谁主张谁举证"的原则，主张适用正常经营买受人规则的主体应当承担举证责任，证明相关事实是否已经满足法律规定的各个构成要件。

（四）实务建议

动产抵押需要加强贷后管理，核实抵押物的状态。正常经营买受人规则的适用范围从浮动抵押扩展至全部的动产抵押，对于商业银行而言，其动产抵押权将面临更大的风险。而银行能做的，就是加强贷后管理，定期查看抵押物的状态。目前《民法典》这些变化增加了动产抵押的风险，银行可以考虑谨慎接受动产抵押。

二、抵押不破租赁

新旧法律条文对比	
《民法典》	《物权法》
第四百零五条　抵押权设立前，抵押财产已经出租并转移占有的，原租赁关系不受该抵押权的影响。	第一百九十条　订立抵押合同前抵押财产已出租的，原租赁关系不受该抵押权的影响。抵押权设立后抵押财产出租的，该租赁关系不得对抗已登记的抵押权。

（一）法条解读

原《物权法》第190条对租赁和抵押并存的情况下权利对抗进行了明确，主要涉及"先租后抵"和"先抵后租"两种情形。

《民法典》继续坚持"抵押不破租赁"的原则，并进一步明确了适用条件：第一，可对抗抵押的租赁需已经转移占有。在司法处置的实践中，可能出现即使房屋是空置的，但依然有承租人依据租赁协议来主张权利、提出执行异议，抵押权人的权益将因此受损。第二，租赁可对抗的抵押是指抵押权，而非抵押合同的订立。对于不动产而言，权利的确认方式为登记；对于动产而言，抵押权在合同生效时设立。故此处明确为抵押权，更加规范合理。《民法典》的这些规定可以防止当事人之间恶意倒签租赁合同、抵押合同而法院又难以判断，从而对抵押权的实现、租赁权的保护造成挑战。

关于"抵押不破租赁"的法律后果，即"原租赁关系不受该抵押权的影响"。这一条可以理解为，第一，原承租人可以继续按照租赁合同的约定占有、使用租赁物；第二，抵押权实现时，受让人继续承继原所有权人在租赁合同中的权利义务，比如继续收取尚未支付的租金。

《民法典》对"先抵后租"的情况未进行明确规定。《民法典物权编理解与适用》中明确了"在租赁权设立在后,在先的不动产抵押权已经设立或者动产抵押已经办理登记的情况,抵押权均可以对抗租赁权"。原《物权法》并未区分抵押物是动产还是不动产,而是统一要求抵押登记;这一理解与原《物权法》无实质变动,对不动产而言,抵押权的设立需进行登记;对动产而言,根据《民法典》第403条,未经登记,不得对抗善意第三人。

(二)参考案例

1. 裁判规则

(1)先租后抵,抵押不破租赁,租赁合同继续履行,但租赁合同不能阻却抵押权的行使,可以折价或者拍卖、变卖抵押物或者;

(2)先抵后租,租赁合同无法继续履行,如租赁物为房产,则承租人需要迁出。

2. 参考案例

案例一 苏玉梅、中国农业银行股份有限公司酒泉分行金融借款合同纠纷[1]

(1)案情简介

2014年10月17日,玉门宾馆与农行酒泉分行签订《最高额抵押合同》并出具《抵押承诺书》,承诺以其某国有土地使用权及商业用房为甘来矿业公司前述贷款提供抵押担保。

2016年,甘来矿业公司分别与农行酒泉签订三份《借款合同》,约定甘来矿业公司向农行酒泉分行借款300万元、2000万元和700万元。借款期限均为一年,借款用途均为借新还旧。

2017年,农行酒泉分行向玉门宾馆送达《担保人履行责任通知书》,要求其履行担保责任。该行另向甘来矿业公司送达《债务逾期催收通知书》《债务提前到期通知书》,要求甘来矿业公司立即履行还款义务,甘来矿业公司签收并盖章。

法院另查明,玉门宾馆与苏玉梅于2013年3月9日签订《租赁合同》,租赁期限15年,自2013年4月18日至2028年4月17日止。2015年6月16日,玉门宾馆与苏玉梅共同向农行酒泉分行出具《承租人出租人承诺书》,承诺在房屋租赁期间,如农行酒泉分行行使抵押权处置承租房产,则房屋租赁

---

[1] 最高人民法院(2019)最高法民终1206号。

合同于该行通知之日提前终止，因租赁合同履行或解除发生的争议由租赁双方自行协商解决。后玉门宾馆、苏玉梅拒绝在农行酒泉分行发送的《贷款抵押权行使通知书》上签章。

(2) 争议焦点

本案争议焦点为：农行酒泉分行主张的抵押权与苏玉梅的租赁权是否存在冲突。

(3) 裁判要旨

《物权法》第190条规定："订立抵押合同前抵押财产已出租的，原租赁关系不受该抵押权的影响。抵押权设立后抵押财产出租的，该租赁关系不得对抗已登记的抵押权。"此条规定可以看出，法律未限制在已出租的标的物上设定抵押。抵押权系担保物权，所追求的是标的物的交换价值；租赁权系债权，所追求的是标的物的使用价值，二者在同一标的物上同时设立并不冲突。虽然在抵押权人实现抵押权时，租赁在先的承租人可以"抵押不破租赁"对抗抵押权人或者标的物受让人，在租赁期限内继续承租标的物，但承租人不享有以在先租赁权阻却抵押权人以折价、拍卖或变卖等方式处置抵押物并就价款优先受偿的权利。无论租赁在先还是租赁在后，均不影响抵押权人请求人民法院对依法设立的抵押权进行确认。因此，一审法院在查明事实的基础上，判决农行酒泉分行可就案涉房屋和土地使用权折价或拍卖、变卖价款在主债权范围内优先受偿，有事实和法律依据。苏玉梅请求撤销一审判决该项判决内容并确认农行酒泉分行对案涉房屋和土地使用权折价或拍卖、变卖价款不享有优先受偿权的主张不能成立。

案例二　德州圣洁路桥工程材料有限公司与山东由尼机械电力设备有限公司侵权责任纠纷[①]

(1) 案情简介

2003年4月18日，伟达电力向中国农业银行武城支行借款500万元，并以其房产、设备作为抵押，签订的《抵押合同》第5条第2款约定"在合同有效期内，未经抵押权人书面同意，抵押人不得对抵押物作出馈赠、转让、出售、出租、再抵押或其他任何方式的处分。"经法院调查得知伟达电力又将该笔借款展期到2005年4月18日。此后，伟达电力又多次向中国农业银行武城县支行借款，并在其所有的土地使用权、机械设备等财产上设定多项最

[①]　山东省高级人民法院（2014）鲁民一终字第69号。

高额抵押。2010年3月24日，伟达电力因未能支付上述到期借款，将其已设定抵押的财产抵偿在中国农业银行武城支行的借款。

2011年6月30日，原告圣洁路桥公司通过拍卖的方式取得原属于中国农业银行武城支行的上述房地产及机器设备一宗。

另查明，2004年2月20日，由尼机械公司与伟达电力签订了一份《租赁协议》，协议约定由被告由尼机械公司承租伟达电力院内共3456㎡车进啊，租赁期暂定为五年。同年8月16日，双方又签订了一份《增加场地、车间、设备租赁补充协议》，协议约定在原租赁基础上增加两个车间，租赁面积变更为约7000平方米，租赁期限为16年，自2004年2月20日起至2020年2月19日止。由尼机械公司依约支付了相应租金，并在承租期间对租赁物进行了维修和整改。

(2) 争议焦点

本案争议焦点为：关于被告由尼机械公司是否应从圣洁路桥公司所有的土地和房屋中迁出的问题。

(3) 裁判要旨

虽然本案存在着将房屋和土地分别抵押的实际情况，但由于房屋与土地具有物理上的不可分割性，由尼机械公司要求保护其继续租赁土地的权利，而将房产分割开来，显然是无法实际履行的，亦不符合法律规定。即使土地使用权是在出租给由尼机械公司之后设定的抵押，由于伟达电力公司与由尼机械公司签订《租赁协议》所出租的租赁物并非单独的土地使用权，而是车间、场地、设备，而房产、设备已在出租之前即已抵押给了中国农业银行武城支行，对房产设定抵押权时间在前，出租时间在后，所以，由尼机械公司主张应适用《最高人民法院关于适用〈担保法〉若干问题的解释》第65条的规定，理由是不能成立的。因为如前所述，本案并不属于单纯的"抵押人将已出租的财产抵押"这一情形，而恰恰相反，抵押人是先在房产上设定了抵押权，而后才进行的出租。所以原审法院根据《最高人民法院关于审理城镇房屋租赁合同纠纷案件具体应用法律若干问题的解释》第20条的规定，判决由尼机械公司从涉案房屋及土地中迁出，本院认为并无不当，应予维持。

(三) 实务建议

1. 商业银行等在接受抵押前应实地考察标的的状态，确认其是否存在租赁情况以及是否已经转移占有，可以通过拍照录像保留核查记录，也可核查水电、物业费用支付情况。

2. 目前，房屋租赁备案登记并未做到严格规范化管理的程序，故查询租赁备案登记的准确性不高。

三、抵押权和居住权冲突

居住权是根据合同约定或遗嘱设立、由居住权人为满足生活居住需要对他人所有的房屋进行居住使用的权利。我国《民法典》在物权编首次确立了居住权制度。作为新设用益物权，居住权对司法实践影响巨大。

目前，相关立法说明、理解与适用中均未提到抵押权与居住权竞合的问题。"抵押不破租赁"的规则在一定程度上赋予了出租作为债权享有物权的内容。那么，在当前的立法和司法情形下，我们将居住权这个新的法定用益物权参考出租来进行讨论。因此，我们需要讨论的情形有两种，包括在抵押权在居住权设立前设立和抵押权在居住权设立后设立。

（一）抵押权居住权设立前设立

1. 居住权是否可以设立

举重以明轻。根据《民法典》第406条，在抵押期间，抵押人可以转让抵押财产（处分抵押物），那么抵押人在抵押财产中创设一个用益物权，让渡物权的部分权能（占有、使用）应当也是为法律所许可的。

虽然抵押财产被转让，抵押权不受影响依然有效，那么抵押财产被设立居住权后抵押权依然有效。

2. 居住权的设立是否需要得到抵押权人的同意或者通知抵押权人

根据《民法典》第406条，如果抵押财产转让，抵押人应当通知抵押权人；从法律权利的角度来看，设立居住权相较于转让对抵押物价值的影响要小一些，那么是否需要通知呢？目前法律没有明确定论。我们建议抵押权人在抵押合同中约定如果抵押人在抵押物上创设其他物权（包括但不限于居住权等用益物权、其他物权的），应当征得抵押权人的事先书面同意。

3. 如果要设立居住权，抵押权人的救济路径

我们认为，如果设立居住权，那么抵押物的价值基本都会减少；因此，抵押权人应当根据《民法典》第408条采取相应的救济措施：在居住权设立之前，要求抵押人停止设立居住权；在居住权设立之后，要求解除居住权

（恢复抵押财产的价值），或者要求补充提供担保，当然，也可以要求提前清偿债务。

（二）抵押权在居住权设立后设立

《民法典》第405条：抵押权设立前，抵押财产已经出租并转移占有的，原租赁关系不受该抵押权的影响。

因此，在这种情形下，居住权不应受到抵押权的影响，继续有效。在这种情况下，抵押物的价值将大打折扣。

（三）其他问题

1. 居住权是否独属于权利人所有，还是可以作为夫妻共同财产；

2. 居住权合同对价没有约定或约定不明的处理；

3. 居住权能否善意取得：对于婚姻家庭领域无偿或明显低于市场价格设立的居住权，不适用；

4. 居住权设立后不能进行出租，那设立前已经出租的，居住权和出租的竞合问题；

5. 居住权经登记生效，当事人约定居住权人可以将住宅出租的，是否应当登记公示？

6. 房屋灭失后居住权人是否应当得到补偿？

7.《最高人民法院关于适用〈中华人民共和国婚姻法〉若干问题的解释（一）》第27条赋予法官可以在判决中直接设定居住权的权利；在司法实践中，法院通过裁判创设居住权的领域已经扩展到房屋的同住人等领域。而《民法典》目前仅规定了合同和遗嘱两种居住权的设立方式，司法中是否还可以进行设定？

根据《民法典新规则案例适用》一书，其中关于居住权的案例就选取了一个在执行程序中为被执行人设立居住权的案例。因此，我们倾向性认为，司法裁判和执行过程中可以设定居住权。

（四）参考案例

1. 裁判规则

执行程序中，可以通过设定居住权而强制执行被执行人唯一住房的所有权。[①]

[①] 最高人民法院司法案例研究院编：《民法典新规则案例适用》，中国法制出版社2020年版，第110—111页。

2. 参考案例[①]

（1）案情简介

某某公司与牟某某、李某某承揽合同纠纷一案，经二审，法院判决牟某某、李某某应向某某公司支付款项。由于牟某某、李某某在履行期限后未履行给付义务，某某公司向法院申请强制执行。

法院查明：一审诉讼保全时，对被执行人的23号房屋未采取保全措施，以保障被执行人居住需要。一审判决后，牟某某将该房屋转让他人，致使84号房屋成为李某某名下的唯一住房。执行中，被执行人无其他财产可供执行，某某公司请求执行84号房屋的所有权，并承诺拍卖、变卖或以物抵债后继续由李某某（申请执行时李某某年满71岁，牟某某已死亡）继续居住直至李某某死亡时止，不收取李某某租金。

后法院裁定续封84号房屋并作出执行裁定：拍卖84号房屋。李某某以该房屋是其唯一住房为由提出执行行为异议，请求撤销执行裁定，终止对该房屋的执行程序。

（2）争议焦点

本案争议焦点为：在执行程序中能否通过设定居住权而强制执行被执行人唯一住房的所有权。

（3）裁判要旨

执行法院审查认为，某某公司在执行程序中作出承诺，其取得84号房屋后保证被执行人继续居住直至被执行人死亡或自愿交出房屋，不收取租金等，确保原被执行人原有的居住条件不受影响。执行法院可以按照法律规定并根据个案的具体情况在保证被执行人生活基本条件的前提下实现债权。李某某的异议理由不成立，遂作出裁定：驳回李某某的执行异议申请。

李某某不服该裁定，申请复议。

执行法院上级法院审查认为，84号房屋虽为李某某唯一住房，但在保证被执行人原有居住条件下，执行法院对房屋作出有限制条件的处置，不违背法律规定的立法精神。为此，裁定驳回申请复议人李某某的复议申请。

（五）实务建议

实务中需进行是否已经设立居住权的尽职调查。如果已经设立居住权，

[①] 某某公司申请执行李某某承揽合同案〔重庆市第五中级人民法院（2015）渝五中法执复字第00207号〕。

建议不要接该抵押,更换担保方式;如还要提供抵押,则需综合考量:如果是婚姻家庭关系下,一般情况下,居住权人可以终身享有居住权,则抵押物的价值被架空;如果是商业投资关系,一般情况下居住权人的权利有一定期间,需要综合考虑这一情况对抵押物的价值进行评估,并在抵押合同中约定居住权期限届满后不得再设立,如设立可以要求补充提供担保等。

如果是未设立居住权的抵押财产,在抵押合同中约定如果抵押人在抵押物上创设其他物权(包括但不限于居住权等用益物权、其他物权的),应当征得抵押权人的事先书面同意;否则有权要求恢复抵押物价值、补充提供担保,有权宣布债权提前到期。

四、承包人放弃建设工程价款优先受偿权的法律效力

《民法典》第807条规定了建设工程款优先权:"发包人逾期不支付的,除根据建设工程的性质不宜折价、拍卖外,承包人可以与发包人协议将该工程折价,也可以请求人民法院将该工程依法拍卖。建设工程的价款就该工程折价或者拍卖的价款优先受偿。"且《最高人民法院关于建设工程价款优先受偿权问题的批复》(法释〔2002〕16号)明确,建设工程价款优先受偿权优于抵押权和其他债权。

因此银行等金融机构在向建设工程发包方贷款时,虽有抵押权等担保物权对贷款回收加以保障,但抵押权等仍然劣后于建设工程价款优先受偿权。因此在实践中银行往往在发放贷款前要求建设工程承包人出具声明、承诺书或协议,放弃建设工程价款优先受偿权,以保障自身贷款的优先收回。承包人基于发包方的要求或工程资金周转要求等压力,也会答应出具放弃优先权的声明。

司法实践对建设工程价款优先受偿权放弃声明或承诺的法律效力颇有争议。

(一)裁判规则

1.建设工程价款优先受偿权属于性质为具有担保性质的民事财产权利,属于私权范畴,承包人有权选择行使或放弃。原则上,放弃优先受偿权的声明或承诺有效,承包人不再享有建设工程价款优先受偿权。

2.如放弃建设工程价款优先受偿权的声明或承诺书中对放弃权利的对象、范围、先决条件等有具体约定的,要审查其具体约定条件是否已成就;

条件不成就的，放弃优先受偿权的声明或承诺不生效，承包人仍享有建设工程价款优先受偿权。

3. 根据2019年2月1日起施行的《建设工程施工合同司法解释（二）》第23条规定，发包人与承包人约定放弃或者限制建设工程价款优先受偿权，损害建筑工人利益，发包人根据该约定主张承包人不享有建设工程价款优先受偿权的，人民法院不予支持。该司法解释施行后，这类案件的司法裁判争议焦点将围绕"是否损害建筑工人利益"展开。

（二）典型案例

1. 大连友兰建筑工程有限公司、庄河市林茵置业有限公司建设工程施工合同纠纷案[①]

（1）案情简介

2012年3月13日和3月15日，友兰公司与林茵公司分别签订两份《建设工程施工合同》。合同约定，友兰公司为林茵公司建设河东休闲购物中心与农副产品批发中心工程。

2012年8月20日，友兰公司在林茵公司见证下向农行庄河支行出具无条件不可撤销《承诺书》承诺：自愿放弃案涉工程的全部工程款优先受偿权，农行庄河支行上述抵押受偿权为第一权利人；友兰公司保证案涉工程的工人工资及相关税费不拖欠，按时结清，保证农行庄河支行在受偿借款时为第一优先权。

后友兰公司与林茵公司因合同履行产生纠纷诉至法院，并诉请行使建设工程价款优先受偿权。农行庄河支行作为第三人参加诉讼，不同意友兰公司工程价款优先受偿权的上诉请求。

（2）争议焦点

本案争议焦点为：友兰公司主张对案涉工程价款享有优先受偿权，应否支持？

（3）裁判要旨

法院认为，建设工程价款优先受偿权的性质为具有担保性质的民事财产权利，属于私权范畴，友兰公司有权选择行使或放弃。根据《最高人民法院关于建设工程价款优先受偿权问题的批复》第3条关于"建筑工程价款包括承包人为建设工程应当支付的工作人员报酬、材料款等实际支出的费用，不

[①] 最高人民法院（2018）最高法民终99号。

包括承包人因发包人违约所造成的损失"的规定，工程价款优先受偿权虽然旨在赋予承包人优于抵押权的法定优先权进而间接保障建筑工人、材料商的合法权益，但并未规定该优先权的行使、放弃需征得建筑工人、材料商的同意，友兰公司主张因其未征得上述人员同意，放弃优先权的意思表示无效，缺乏法律依据。友兰公司放弃优先受偿权系自愿，应为真实意思表示，也不违反法律行政法规的效力性强制性规定，本案也不存在《合同法》第52条规定的无效情形，故《承诺书》合法有效，对友兰公司依法具有约束力。友兰公司以其放弃该工程款优先权可能侵害建筑工人的合法权益为由主张无效，请求判令其享有优先受偿权，缺乏事实和法律依据，原审未予支持，并无不当。

2. 南通四建集团有限公司诉南通润通置业有限公司、江苏南通农村商业银行股份有限公司建设工程施工合同纠纷案[①]

(1) 案情简介

2011年4月14日，润通公司（发包人）与四建公司（承包人）签订《凯伦大酒店工程施工总承包合同》，约定由四建公司承建施工凯伦大酒店土建及安装工程。2012年1月20日，润通公司与农商行公司签订固定资产借款合同和最高额抵押合同，约定润通公司向农商行观音山支行借款4000万元，以涉案工程土地使用权及凯伦商务大酒店在建工程作抵押担保，办理了抵押登记手续。借款合同签订同日，四建公司向农商行公司出具承诺函一份，内容为："因四建公司通州凯伦项目部之需要，润通公司特向贵行贷款4000万元。本公司承诺：在润通公司不能按约定履行偿还贵行4000万元贷款及其利息的情况下，放弃该项目在本次贵行确认的贷款及利息范围内的优先受偿权。"2012年1月21日，农商行公司向润通公司发放了4000万元贷款，润通公司分别向农商行公司出具了1000万元和3000万元的借款借据各一份。同日，润通公司将该两笔款项共计4000万元汇入四建公司账户。

一审法院判决南通四建集团有限公司在江苏南通农村商业银行股份有限公司实现4000万元贷款本息后，对凯伦大酒店工程享有建设工程价款优先受偿权。判决后，南通四建集团公司提出上诉，后撤回。

(2) 争议焦点

南通四建公司出具承诺函放弃建设工程价款优先受偿权是否有效？

---

① 江苏省南通市中级人民法院（2013）通中民初字第46号。

(3) 裁判要旨

本案中，在润通公司无力支付工程款、农民工为索要工资到政府信访的背景下，从各方的行为看，农商行公司、润通公司、四建公司三方达成润通公司以在建工程抵押给农商行公司，四建公司承诺放弃4000万元贷款本息范围内的优先受偿权，农商行公司通过受托支付的方式将4000万元贷款直接支付给润通公司的一致意见。由此可见，四建公司放弃该部分建设工程价款优先受偿权，本身就是为了保障这些特定法益得以实现，其承诺放弃工程款优先受偿权的条件，即润通公司向农商行公司贷款4000万元用于支付其工程款，已于承诺函出具之次日成就，故其放弃优先受偿权的行为应为有效。否则，如其在农商行公司抵押权之前实现工程款权利，事实上属于对同一法益进行了重复保护，会导致四建公司与农商行公司之间的权利义务明显失衡，有违公平原则与诚实信用原则。

此外，四建公司作为建筑行业的大型企业，本身具备一定的风险控制与防范能力，其在案涉工程中垫付大量资金施工作业，应当考虑到工程款不能如期到位的风险；其在放弃部分建设工程价款优先受偿权时，应当考虑到相应的法律后果；其有实力和能力，也有义务和责任确保在案涉工程款未到位的情况下先行支付农民工工资。综上，本院认定四建公司出具给农商行公司的承诺函有效。

3. 贵州建工集团第一建筑工程有限责任公司、松原市金滩源房地产开发有限公司建设工程施工合同纠纷[①]

(1) 案情简介

2010年12月23日，金滩源公司与贵州一建签订《建设工程施工合同》。2012年12月13日，贵州一建吉林分公司向九台商业银行出具《放弃优先受让权承诺书》，内容主要为：金滩源公司将案涉124798.81平方米在建工程抵押给该行贷款8000万元，贵州一建吉林分公司保证在金滩源公司未结清银行贷款前，放弃对该工程的优先受让权。2016年3月28日，一审法院庭审调查贵州一建向九台商业银行出具《放弃优先受让权承诺书》后，金滩源公司是否偿还该承诺书项下贷款。金滩源公司经核实，于2016年3月31日向一审法院出具《金滩源公司对2016.3.28开庭中几个问题的说明》载明，"关于当时向九台商业银行的贷款，是以在建工程做抵押，该笔贷款已经清偿。"

[①] 最高人民法院（2017）最高法民终225号。

(2) 争议焦点

贵州一建对案涉工程款是否享有优先受偿权？

(3) 裁判要旨

贵州一建吉林分公司虽曾向九台商业银行出具《放弃优先受让权承诺书》，承诺在金滩源公司结清该行贷款 8000 万元前，放弃工程优先受让权，但金滩源公司在原审中自认上述贷款已经清偿，贵州一建放弃工程受让权或者放弃工程价款优先受偿权的前提条件已经不存在，本案没有证据证明原审判令贵州一建对其承建的工程享有优先受偿权可能损害九台商业银行的合法权益，金滩源公司主张贵州一建不享有优先受偿权，缺乏事实和法律依据。

金滩源公司上诉还主张，由于贵州一建中途退场，案涉工程由其他施工队继续施工完成，原审判令贵州一建享有优先受偿权会损害其他施工人权益。根据本案查明的事实，贵州一建已经完成合同约定的大部分工程内容，原审判令贵州一建对其承建的工程享有工程价款优先受偿权，并无不当，金滩源公司的此项主张不能成立。

4. 上海锦浩建筑安装工程有限公司、昆山纯高投资开发有限公司建设工程施工合同纠纷案[①]

(1) 案情简介

2009 年 9 月 16 日，锦浩公司向安信信托公司和昆山纯高公司出具了《承诺函》，其内容主要为："截至该承诺函出具之日，锦浩公司对昆山纯高公司享有五千万元债权，对于以上所列之债权和自本承诺函出具之日起锦浩公司对昆山纯高公司新发生的债权，在安信信托投资股份有限公司与昆山纯高公司之间编号为 AXXT（2009）JH06DK01《信托贷款合同》项下的贷款本金、利息及其他相关费用未获全部清偿之前，锦浩公司承诺不向昆山纯高投资开发有限公司要求偿还该等债权项下的任何本金，利息或其他相关费用。"之后，安信信托投资股份有限公司与昆山纯高公司间的《信托贷款合同》并未实际放款。

(2) 争议焦点

锦浩公司对于涉案工程是否享有优先受偿权？

(3) 裁判要旨

建设工程价款优先受偿权的放弃系基于贷款合同履行的，当贷款合同未

---

① 最高人民法院（2015）民一终字第 86 号。

获实际履行的情况下,放弃的承诺亦失去了履行的依据和对象,该项放弃承诺既无必要也无可能履行,故此时不应认定放弃优先受偿权生效。

从《承诺函》的内容看,其针对的对象十分明确,系针对安信信托公司与昆山纯高公司之间签订的编号为 AXXT(2009)JH06DK01《信托贷款合同》作出的,《承诺函》是对该合同项下债权的保护性承诺,即承诺在昆山纯高公司全部偿还该《信托贷款合同》项下的相关款项之前,锦浩公司不向昆山纯高公司主张相应债权。从本案的实际情况看,在安信信托公司和昆山纯高公司之间,既签订了《信托贷款合同》,还签订了《资产收益财产权信托合同》。而从已经生效的(2013)沪高民五(商)终字第 11 号民事判决书的认定看,《信托贷款合同》并未实际履行。该判决书认定:"原告(即安信信托公司)与被告(即昆山纯高公司)签订《信托贷款合同》,与信托合同存在冲突,因为案外投资人的一笔款项,不能既作为案外投资人购买收益权份额的款项,又作为原告的放贷款项","应认定《信托贷款合同》仅作为表面形式,其实质在于实现信托合同中所约定的抵押权登记。安信信托公司与昆山纯高公司之间的权利义务以及违约责任,应以《信托合同》为准"。

从上述内容看,安信信托公司并未依据《信托贷款合同》将贷款实际发放给昆山纯高公司,即《信托贷款合同》并未实际履行,《信托贷款合同》项下的债权并未实际发生。《承诺函》的效力依附于《信托贷款合同》,在《信托贷款合同》未获实际履行的情况下,《承诺函》失去了履行的依据和对象,其既无必要也无可能履行。在此情况下,一审判决依据《承诺函》的内容认定锦浩公司放弃了优先受偿权错误,应予纠正。锦浩公司对于涉案工程享有优先受偿权。

(三)案例评析

1. 承包人放弃建设工程价款优先受偿权,并非一定对承包人不利、间接损害建筑工人利益

建设工程价款优先受偿权是否可以放弃,有两种观点。反对观点认为,建设工程价款优先受偿权的制度设计是从保护承包人的利益,最终保障民工等劳动者生存利益考虑,体现了生存利益优先于经营利益的指导思想,体现了维护社会稳定、维护劳动者权益的政策考量,不应认定放弃承诺有效。赞同观点认为,优先权目的在于优先保障民工工资等权益的实现,但该类权益的保障也可以通过当事人其他筹集资金的措施予以实现。作为财产性民事权利,权利人可以处分,对于自己作出的民事行为应承担相应后果,放弃承诺有效。

在反对观点中，通常认为承包人并非出于心甘情愿，而是在谈判压力或胁迫之下为了承接工程，在当前"僧多粥少"的市场条件之下，只能接受发包人或金融机构的无理要求。接受这种无理要求放弃优先受偿权的结果，会损害建筑工人权益，违背《民法典》第807条的立法原意。

实践中确实存在被迫放弃优先受偿权的情形，但从笔者检索的案例及建设工程实务来看，承包人放弃优先受偿权的后果，并非一定不利于承包人。承包人放弃优先权，有很多情况下对工程款债权的实现是有利的。如商品房尾款只差少量资金，开发商贷款取得该部分资金及时收尾，促进商品房销售，销售款又解决了欠付工程款，形成良性循环。在这个流程中，商业贷款起到了撬动销售、资金回笼的杠杆作用。施工方放弃优先权，实际上是对工程款回笼的一种保障。比如前文第二个案例。在判断优先受偿权放弃是否有效的问题上，要充分认识到商务实践中金融机构、发包人、承包人、建筑工人利益博弈的复杂性，不能想当然地认为承包人就一定处于弱势不利地位。

2. 建设工程价款优先受偿权属于属于私权范畴，承包人有权选择行使或放弃（但受具体生效条件限制）

在承认承包人与金融机构、发包人法律地位平等的前提下，我们应当尊重当事人之间的意思自治。建设工程价款优先受偿权属于性质为具有担保性质的民事财产权利，属于私权范畴，承包人有权选择行使或放弃。前文第一个案例中，最高法认为，法律并未禁止承包人放弃建设工程价款优先受偿权。承包人自愿放弃建设工程价款优先受偿权的，该放弃行为有效。

持同样观点的最高法案例还可以检索到很多，如湖南园艺建筑有限公司与广发银行股份有限公司长沙分行、湖南鸿进置业有限公司其他合同纠纷申请再审民事裁定书[1]、大连安泰建设有限公司与大连中裕嘉合房地产开发有限公司建设工程施工合同纠纷二审民事判决书[2]等。因此，放弃建设工程价款优先受偿权有效，应为一般裁判原则。

但需注意也有例外。承包人以附条件形式放弃工程款优先受偿权，条件未成就的，承包人在工程款范围内对所建工程仍然享有优先受偿权。如前文第三、四两个案例。《最高人民法院建设工程施工合同司法解释（二）理解与适用》一书认为，如承包人与发包人约定的建设工程价款优先受偿权行使的时间和条件，则需要约定的时间届至或者约定的条件成就后，承包人才能行使建

---

[1] 最高人民法院（2015）民申字第3139号。
[2] 最高人民法院（2016）最高法民终532号。

设工程优先受偿权。而且，这类约定主要为保护发包人特定债权人的利益，发包人的其他债权人或者建设工程的其他抵押权人不能以此类约定对抗承包人。

综观上文提到的四个典型案例，裁判规则可归纳为两条：（1）原则上承认放弃优先受偿权有效；（2）声明或承诺中有特别约定条件的，条件不成就时放弃优先受偿权不生效。几个案例案情与结论虽各有不同，但裁判思路基本一致：即在强调当事人意思自治的前提下，考察具体的声明与承诺内容、具体资金走向，综合判断放弃优先受偿权的法律效力。换言之，目前所有的裁判案例都只是围绕着"意思自治"展开分析，并未直接讨论"损害建筑工人利益"的判断标准（这些案例实际上都默认建设工程价款优先权的放弃并不必然损害建筑工人利益）。

3. 发包人与承包人约定放弃或者限制建设工程价款优先受偿权"损害建筑工人利益"的无效

在案例检索之外，我们必须注意到最新出台的司法解释对今后裁判规则的影响。2019年2月1日起施行的《建设工程施工合同司法解释（二）》第23条规定："发包人与承包人约定放弃或者限制建设工程价款优先受偿权，损害建筑工人利益，发包人根据该约定主张承包人不享有建设工程价款优先受偿权的，人民法院不予支持。"依文义解释，该条有两层含义：（1）发包人与承包人有权约定或放弃建设工程价款优先受偿权；（2）"损害建筑工人利益"的除外。此司法解释施行后，这类案件的司法裁判争议焦点将围绕"是否损害建筑工人利益"展开。

在笔者检索范围内，何种情况属于第23条所涉的"损害建筑工人利益"情形，现有案例均未涉及。那么，"损害建筑工人利益"该如何界定？

最高法民一庭《建设工程施工合同司法解释（二）理解与适用》一书认为，建筑工人利益是否受损，要看承包人放弃或限制的行为是否影响其整体清偿能力，"要将承包人整体的资产负债情况以及现金流情况是否因此恶化到影响建筑工人工资支付的程度作为主要考虑因素"。

"不能以是否欠某一建筑工人的工资为判断标准"。发包人与承包人约定放弃或者限制建设工程价款优先受偿权是否损害建筑工人利益，应当从承包人整体的资产负债状况、现金流情况等作出判断，而不能以是否欠某一建筑工人的工资为判断标准。如果仅以承包人存在个别的欠薪行为，就认定其与发包人约定放弃或者限制建设工程价款优先受偿权损害了建筑工人利益，进而认定该约定无效，则可能会对承包人产生负面激励，使其恶意拖欠建筑工人工资，以达到继续行使建设工程价款优先受偿权的目的。因此，对承包人恶意拖欠工资、滥用本条解释的行为，人民法院不应予以支持。

（四）实务建议

1. 对承包人的建议：在放弃优先权的承诺书中写明生效条件

目前不论发包人还是承包人，资金紧张是普遍现象。放弃建设工程价款优先权，承包人需慎重考虑。如果确实需要放弃优先权，建议在承诺书中写明放弃优先权的生效条件。附生效条件的法律行为，自条件成就时生效。

如前文案例二，承包人在材料款、工人工资等费用支付存在困难时，可同发包人积极协商，通过预先放弃相应的建设工程价款优先受偿权的方式，通过向第三方以工程抵押融资获得工程款。此时承包人可在出具的承诺书中可写明："相应借款须作为工程款支付给承包人，若借款未支付给承包人，预先放弃建设工程价款优先受偿权不生效。"这样既能保障承包人、建筑工人利益，也平衡了银行利益（在借款已支付给承包人的情况下、银行的抵押权顺位提前）。当然，此时银行也须采取对抵押贷款控制使用措施，确保发包人贷款用于工程的承诺落到实处，防范贷款被挤占、挪用。

再如案例三、四，可在放弃优先权的范围、对象上设计生效条件。如在承包人出具的承诺书中写明："承包人保证在发包人未结清某银行贷款前，放弃对该工程的优先受让权。本放弃承诺仅对某银行生效，不对其他债权人产生效力。"这也是一种多方利益的博弈平衡。

承包人还可以设计其他类型的生效条件。但具体商业实践中的谈判地位千差万别，放弃优先权的生效条件能否被采纳，还得看具体案件中谈判的多方力量对比。

2. 对放贷机构的建议：注意放弃优先权声明中的具体表述

银行等放贷机构应当明确，并非所有承包人承诺放弃或者限制建设工程价款优先受偿权都是有效的。作为银行法务，应当仔细斟酌承包人出具的承诺书中的用词，判断是否不利于银行的权利优先顺位的实现。

首先，如前所述，附生效条件的放弃优先权承诺，自条件成就时生效。

其次，"损害建筑工人利益"的无效。但这个标准目前看来还比较模糊，主要须考察承包人的"整体清偿能力"。让银行来做尽职调查，显然成本太高；让承包人在商业交易过程中提交相应证明材料，似乎也有损交易效率。如果设计交易模式，还有待市场发展。

最后，要注意实践中承包人和实际施工人有可能不是一个主体。当承包人和实际施工人不一致时，且实际施工人对承包人放弃优先权不知情的情况下，该放弃行为对实际施工人不产生效力。银行要对此事项作尽职调查。

第五节　不动产抵押登记

《民法典》施行后，不动产抵押制度发生了诸多变化，如不动产抵押范围变化、抵押财产转让无须经抵押权人同意等。不动产物权的设立、变更等都采用登记方式，因此不动产抵押登记相关规则也需要进行调整。

自然资源部于 2021 年 4 月 6 日发布《自然资源部关于做好不动产抵押权登记工作的通知》（以下简称《不动产抵押登记通知》），对《民法典》实施后不动产抵押登记制度的相关要点进行了明确。

一、不予办理抵押登记的不动产范围

新旧法律条文对比		
《民法典》	《担保制度解释》	《不动产抵押登记通知》
第三百九十九条　下列财产不得抵押： （一）土地所有权； （二）宅基地、自留地、自留山等集体所有土地的使用权，但是法律规定可以抵押的除外； （三）学校、幼儿园、医疗机构等为公益目的成立的非营利法人的教育设施、医疗卫生设施和其他公益设施； （四）所有权、使用权不明或者有争议的财产； （五）依法被查封、扣押、监管的财产； （六）法律、行政法规规定不得抵押的其他财产。	第六条　以公益为目的的非营利性学校、幼儿园、医疗机构、养老机构等提供担保的，人民法院应当认定担保合同无效，但是有下列情形之一的除外： （一）在购入或者以融资租赁方式承租教育设施、医疗卫生设施、养老服务设施和其他公益设施时，出卖人、出租人为担保价款或者租金实现而在该公益设施上保留所有权； （二）以教育设施、医疗卫生设施、养老服务设施和其他公益设施以外的不动产、动产或者财产权利设立担保物权。 登记为营利法人的学校、幼儿园、医疗机构、养老机构等提供担保，当事人以其不具有担保资格为由主张担保合同无效的，人民法院不予支持。	一、依法确定不动产抵押范围。学校、幼儿园、医疗机构、养老机构等为公益目的成立的非营利法人的教育设施、医疗卫生设施和其他公益设施，以及法律、行政法规规定不得抵押的其他不动产，不得办理不动产抵押登记。

（一）法条解读

《不动产抵押登记通知》明确了不予办理抵押登记的不动产范围，包括

两类：

第一类为法律、行政法规禁止抵押的不动产，主要是《民法典》第399条规定的范围。

第二类为公益法人的公益设施。第二类其实也包含在第一类中，即《民法典》第399条的第3项，当然，《担保制度解释》第6条进一步完善了这一项的范围，将列举的公益主体增加了"养老机构"，相应地，列举的公益设施也增加了"养老设施"。

可以说，《不动产抵押登记通知》对《民法典》实施后的立法和司法变化都进行了回应。

（二）实务建议

对于本条而言，银行等金融机构需要注意无法办理抵押登记的不动产的范围。当然，该注意义务应当早已体现在抵押合同的签署过程中。

二、抵押物的转让登记规则

新旧法律条文对比		
《民法典》	《担保制度解释》	《不动产抵押登记通知》
第四百零六条 抵押期间，抵押人可以转让抵押财产。当事人另有约定的，按照其约定。抵押财产转让的，抵押权不受影响。 抵押人转让抵押财产的，应当及时通知抵押权人。抵押权人能够证明抵押财产转让可能损害抵押权的，可以请求抵押人将转让所得的价款向抵押权人提前清偿债务或者提存。转让的价款超过债权数额的部分归抵押人所有，不足部分由债务人清偿。	第四十三条 当事人约定禁止或者限制转让抵押财产但是未将约定登记，抵押人违反约定转让抵押财产，抵押权人请求确认转让合同无效的，人民法院不予支持；抵押财产已经交付或者登记，抵押权人请求确认转让不发生物权效力的，人民法院不予支持，但是抵押权人有证据证明受让人知道的除外；抵押权人请求抵押人承担违约责任的，人民法院依法予以支持。 当事人约定禁止或者限制转让抵押财产且已经将约定登记，抵押人违反约定转让抵押财产，抵押权人请求确认转让合同无效的，人民法院不予支持；抵押财产已经交付或者登记，抵押权人主张转让不发生物权效力的，人民法院应予支持，但是因受让人代替债务人清偿债务导致抵押权消灭的除外。	二、保障抵押不动产依法转让。当事人申请办理不动产抵押权首次登记或抵押预告登记的，不动产登记机构应当根据申请在不动产登记簿"是否存在禁止或限制转让抵押不动产的约定"栏记载转让抵押不动产的约定情况，有约定的填写"是"，抵押期间依法转让的，应当由受让人、抵押人（转让人）和抵押权人共同申请转移登记；没有约定的填写"否"，抵押期间依法转让的，应当由受让人、抵押人（转让人）共同申请转移登记。约定情况发生变化的，不动产登记机构应当根据申请办理变更登记。 《民法典》施行前已经办理抵押登记的不动产，抵押期间转让的，未经抵押权人同意，不予办理转移登记。

第五章　金融交易中的传统担保物权规则

(一) 法条解读

根据《民法典》及《担保制度解释》，可就抵押物的转让得出如下规则：

(1) 除非另有约定，抵押物可以进行转让；即使抵押财产被转让，抵押权也不受影响，即抵押权人可以向抵押财产的受让方主张抵押权。

(2) 如果约定抵押物禁止转让，需要禁止转让的约定进行登记。

如有禁止转让的约定且已登记，抵押物转让合同有效，但抵押物的物权没有发生变动，仍为抵押人所有；如有禁止转让的约定但未登记，抵押物转让合同有效，抵押物的物权发生变动，为受让人所有，除非受让人为恶意。

由于不动产抵押物的转让发生上述变化，因此，不动产登记簿增加"是否存在禁止或限制转让抵押不动产的约定"一栏。

具体的业务规则如下：

(1) 如果有禁止转让约定的，则应当填写"是"，如果抵押期间发生抵押物的转让的，则需要抵押权人、抵押人、受让人共同申请转移登记。

这是因为原则上，该抵押物已经不可以转让，但如果抵押权人与抵押人、受让人共同申请转移登记，那么也视为抵押权人已经作出了同意抵押物转让的意思表示，改变了之前在抵押合同中禁止转让的意思表示，因此登记部门可以据此办理抵押物的转让手续。

(2) 如果没有禁止转让约定的，则应当填写"否"，如果抵押期间发生抵押物的转让的，则需要抵押人、受让人共同申请转移登记，无须抵押权人在场。

这是因为《民法典》在原则上规定了抵押物可以转让，抵押权人对抵押物的转让也无特殊约定，那么无须抵押权人在场，登记部门即可以办理抵押物的转让手续。

(3) 在《民法典》施行前已经办理抵押登记的不动产，如要转让抵押物，则必须得到抵押权人的同意，否则不予办理转让登记。

这是因为，《民法典》实施以前，根据《担保法》第 49 条之规定，抵押物转让未经过抵押权人同意，转让行为无效。根据相关《民法典》时间效力的规定，以及当时登记部门未设置"是否存在禁止或限制转让抵押不动产的约定"一栏，抵押登记中无法得知抵押权人是否同意转让，因为如果要转让抵押物，必须得到抵押权人的同意。如此，也是保障抵押权人的权利。

(二) 实务建议

银行等金融机构的相关合同中一般都存在禁止抵押物转让的约定，因此，

299

在办理抵押登记的时候,需要选择存在禁止转让的约定,填写"是"。

三、增加"抵押担保范围"为登记事项

新旧法律条文对比	
《民法典》	《不动产抵押登记通知》
第三百八十九条 担保物权的担保范围包括主债权及其利息、违约金、损害赔偿金、保管担保财产和实现担保物权的费用。当事人另有约定的,按照其约定。	二、明确记载抵押担保范围。当事人对一般抵押或者最高额抵押的主债权及其利息、违约金、损害赔偿金和实现抵押权费用等抵押担保范围有明确约定的,不动产登记机构应当根据申请在不动产登记簿"担保范围"栏记载;没有提出申请的,填写"/"。

(一)法条解读

《不动产抵押登记通知》规定,应当明确抵押担保范围,新增了"担保范围"的登记内容。如果合同对抵押担保范围明确的,则应当申请在"担保范围"中予以记载。

一般而言,抵押担保范围不仅包括主债权,还包括利息、违约金、损害赔偿金、保管抵押物的费用和实现债权或抵押权费用等。对于银行等金融机构而言,还可能包括复利、罚金等。根据《不动产抵押登记通知》的规定,这些不仅需要在合同中约定,还需要再将这些约定进行登记。

《九民纪要》第58条中提到,由于部分地区的登记系统未设置"担保范围"栏目,实践中会出现合同约定的担保范围与登记不一致,这种情况下担保范围以合同约定为准;而在不动产登记系统设置与登记规则比较规范的情况下,担保范围以登记为准。《不动产抵押登记通知》中的这个措施可以改变合同约定的担保范围与登记不一致的情况,同时也可以避免出现部分案例的担保范围以合同约定为准、部分以登记为准的不同裁判情况。

(二)实务建议

在当前登记制度和规则已经完善的情况下,司法裁判中将根据不动产抵押登记的内容确认抵押权人优先受偿的范围。因此,银行等金融机构务必将合同中约定的担保范围进行登记。

四、最高额抵押中的"最高债权额"非本金最高额

新旧法律条文对比	
《担保制度解释》	《不动产抵押登记通知》
第十五条 最高额担保中的最高债权额，是指包括主债权及其利息、违约金、损害赔偿金、保管担保财产的费用、实现债权或者实现担保物权的费用等在内的全部债权，但是当事人另有约定的除外。 登记的最高债权额与当事人约定的最高债权额不一致的，人民法院应当依据登记的最高债权额确定债权人优先受偿的范围。	四、完善不动产登记簿。 2. 将"抵押权登记信息"页的"最高债权数额"修改为"最高债权额"并独立为一个栏目，填写最高额抵押担保所对应的最高债权数额。

（一）法条解读

《不动产抵押登记通知》明确将最高额抵押登记事项中的"最高债权数额"修改为"最高债权额"，明确了应填写最高额抵押担保范围所对应的最高债权数额。因此，如果利息、违约金、赔偿金等纳入了抵押担保范围，则将包括在最高债权数额之中。这与《担保制度解释》第15条"最高额担保中的最高债权额，是指包括主债权及其利息、违约金、损害赔偿金、保管担保财产的费用、实现债权或者实现担保物权的费用等在内的全部债权，但是当事人另有约定的除外"的规定是一致的。

这也解决了实践中出现最高额抵押债权是否包括利息、违约金、赔偿金等。当然，这也表明目前最高额抵押的债权范围是债权最高额，而非本金最高额。

（二）实务建议

对于银行等金融机构而言，目前在放贷的时候合同条款中只有本金可以确定，同时合同中会约定抵押担保的范围包括利息、违约金等。那此时最高债权额的确定就需要银行估算利息、违约金等之后再进行确定，这一金额应当高于本金的金额；同时银行在登记的时候应注意填入的是最高债权额而非本金最高额，两个数字不能混淆。

以上是《民法典》施行后不动产抵押登记制度改革的主要内容，解决了实践中一直存在的争议问题，也适应了《民法典》的相关变化。银行等金融机构应当对此予以关注，注意实践中的操作变化。

五、房地分别抵押的登记问题

新旧法律条文对比	
《民法典》	《物权法》
第三百五十六条　建设用地使用权转让、互换、出资或者赠与的，附着于该土地上的建筑物、构筑物及其附属设施一并处分。 第三百五十七条　建筑物、构筑物及其附属设施转让、互换、出资或者赠与的，该建筑物、构筑物及其附属设施占用范围内的建设用地使用权一并处分。 第四百一十四条　同一财产向两个以上债权人抵押的，拍卖、变卖抵押财产所得的价款依照下列规定清偿： （一）抵押权已经登记的，按照登记的时间先后确定清偿顺序； （二）抵押权已经登记的先于未登记的受偿； （三）抵押权未登记的，按照债权比例清偿。 其他可以登记的担保物权，清偿顺序参照适用前款规定。	第一百八十二条　以建筑物抵押的，该建筑物占用范围内的建设用地使用权一并抵押。以建设用地使用权抵押的，该土地上的建筑物一并抵押。 抵押人未依照前款规定一并抵押的，未抵押的财产视为一并抵押。 第一百九十九条　同一财产向两个以上债权人抵押的，拍卖、变卖抵押财产所得的价款依照下列规定清偿： （一）抵押权已登记的，按照登记的先后顺序清偿；顺序相同的，按照债权比例清偿； （二）抵押权已登记的先于未登记的受偿； （三）抵押权未登记的，按照债权比例清偿。 第二百条　建设用地使用权抵押后，该土地上新增的建筑物不属于抵押财产。该建设用地使用权实现抵押权时，应当将该土地上新增的建筑物与建设用地使用权一并处分，但新增建筑物所得的价款，抵押权人无权优先受偿。

（一）法条解读

无论是原《物权法》，还是《民法典》，我国均坚持"房地一体"的原则，房随地走、地随房走，在抵押物的处分时，土地使用权和房屋所有权将一并进行处分，抵押权人将对全部处分所得享有优先受偿权。因此，如果房地分别且均进行了抵押，也有可能出现即使被登记为土地/房屋第一顺位抵押权人，但在实际分配过程中，仍然无法保证在第一顺位获得清偿，抵押权人的权利将得到减损。

对于土地和房屋，实践中出现过两个登记主管部门不一致的情形，由此导致两个抵押权人同一天在不同登记机关办理登记，无法确认登记的先后顺序。而随之不动产统一登记制度的实施，登记的先后顺序应当可以确认。

(二) 参考案例

1. 案例一

西安经发融资担保有限公司与王应虎，王辉，陕西华江新材料有限公司等追偿权纠纷①。

裁判要旨：在房地分别抵押的情况下，基于《物权法》第182条，房产的抵押权人对抵押房产所占范围内的土地使用权抵押权，其与其他已经登记的土地使用权抵押权人按照《物权法》第199条规定确定清偿顺序。

2. 案例二

中国华融资产管理股份有限公司江西省分公司与江西君融华业置业有限公司、鹰潭隆鑫商贸投资运营建设有限公司合同纠纷②。

裁判要旨：《物权法》第200条规定：建设用地使用权抵押后，该土地上新增的建筑物不属于抵押财产。该建设用地使用权实现抵押权时，应当将该土地上新增的建筑物与建设用地使用权一并处分，但新增建筑物所得的价款，抵押权人无权优先受偿。

因此，即使在建工程的土地使用权已先行设定抵押，并不导致在后设定的在建工程抵押无效，土地使用权抵押与在建工程抵押分别对各自抵押财产优先受偿。

(三) 实务建议

在接受抵押时，需注意查询抵押登记，并一并抵押土地使用权和房屋所有权

商业银行等在接受土地使用权或者房屋所有权的抵押时，需要注意查询其对应的房屋或者土地是否已经存在抵押或者权利限制。

同时要注意，房屋和土地需要一并进行抵押登记。如果抵押时仅有土地使用权，贷后管理中需及时追加在建工程和房屋所有权抵押登记。

---

① 最高人民法院第六巡回法庭2019年度巡回区典型参考案例2号；陕西省高级人民法院（2019）陕民终995号。
② 江西省高级人民法院（2017）赣民初69号。

第六章
金融交易中的非典型担保规则之一：融资租赁

融资租赁业务近年来蓬勃发展，同时融资租赁纠纷的发生也越发频繁，法律规范及监管规则相应作出了诸多修改。这些与融资租赁合同相关的变化及新规，将对融资租赁的实务产生实质影响。就从业者而言，在积极拓展业务的同时，需对融资租赁业务中的法律风险、合规经营要求有一个系统的理解。本章拟在全面梳理现行法律法规、监管文件的基础上，对融资租赁业务中的法律风险给出切实可行的风险防范、合规经营建议。

融资租赁业务的合规开展须先理解现行的融资租赁法律法规体系：

在司法层面，融资租赁业务须遵守《民法典》及配套司法解释的相关规则。在《民法典》施行前，融资租赁合同主要受《合同法》第十四章与《最高人民法院关于审理融资租赁合同纠纷案件适用法律问题的解释》（法释〔2014〕3号，以下简称《融租解释（2014）》）调整。2021年开始施行的《民法典》将融资租赁合同作为典型合同规定于合同编第15章，共计26条。相对《合同法》关于融资租赁合同的规定，《民法典》实质性修改1条，新增2条，引入《融租解释（2014）》10条。为配合《民法典》施行，2020年底最高人民法院发布《担保制度解释》，涉及多处融资租赁规则，并修订《融租解释（2014）》形成《融租解释（2020）》重新发布。

就中央金融监管而言，需关注监管部门发布的监管文件。2020年5月，银保监会正式发布《融资租赁公司监督管理暂行办法》（以下简称《融租新规》）。相较于商务部2013年的《融资租赁企业监督管理办法》（以下简称《融租办法》），《融租新规》在融资租赁业务规范和监管等方面作出了诸多明确与厘清，且有较多数条款借鉴了2014年《金融租赁公司管理办法》（以下简称《金租办法》）的相关规定，进而从监管规则上使融资租赁公司与金融租赁公司监管纳入银保监会的统一规则监管。

此外，地方金融监管部门的融资租赁工作指引文件同样需仔细研读。2020年开始，北京、厦门、广西、湖南、山东和浙江等地相继出台融资租赁公司监管工作指引。这些文件结合地方特色，对上述司法规范、监管规则作了细化落实。

第一节　融资租赁业务范围

一、融资租赁的概念与业务模式

从当前融资租赁的相关规定看，我国实务界对融资租赁的认识比较统一（见表6.1）。从主体上看，融资租赁涉及三方主体，出租人、承租人与出卖人。从交易形式上看，融资租赁是出租人与出卖人间的买卖合同、出租人与承租人间的租赁合同构成的三方交易。从租赁物权属分配上看，出租人享有租赁物的所有权，承租人享有租赁物的使用权。随着我国经济活跃发展，围绕着出租人、承租人与出卖人三方主体而展开的融资租赁业务类型日益多样化与多元化。这便捷了融资，拉动了经济发展，但也造成了融资租赁业务边界的不断扩展与模糊化，故立法机关、银保监会与商务部等纷纷出台相关规定，通过融资租赁业务的正面列举与负面清单的方式规范融资租赁的业务范围。

表6.1　融资租赁的概念

融资租赁的概念	
《民法典》	第七百三十五条　融资租赁合同是出租人根据承租人对出卖人、租赁物的选择，向出卖人购买租赁物，提供给承租人使用，承租人支付租金的合同。
《融租新规》	第二条第二款　本办法所称融资租赁业务，是指出租人根据承租人对出卖人、租赁物的选择，向出卖人购买租赁物，提供给承租人使用，承租人支付租金的交易活动。
《金租办法》	第三条　本办法所称融资租赁，是指出租人根据承租人对租赁物和供货人的选择或认可，将其从供货人处取得的租赁物按合同约定出租给承租人占有、使用，向承租人收取租金的交易活动。

(续表)

	融资租赁概念
《浙江省融资租赁公司监督管理工作指引（试行）》	第二条第二款　本指引所称融资租赁业务，是指出租人根据承租人对出卖人、租赁物的选择，向出卖人购买租赁物，提供给承租人使用，承租人支付租金的交易活动。

实践中，融资租赁业务模式层出不穷。法律法规仅规定了核心要素，但实践中有诸多变化。试列举于表6.2：

表6.2　融资租赁业务模式

	融资租赁业务模式
直接融资租赁	界定：承租人选择需要购买的租赁物件，出租人通过对租赁项目风险评估后购入租赁物件并出租给承租人使用。在整个租赁期间承租人没有所有权但享有使用权，并负责维修和保养租赁物件。 适用：适用于固定资产、大型设备购置，企业技术改造和设备升级。
售后回租	界定：承租人将自制或外购的资产出售给出租人，然后向出租人租回并使用的租赁模式。租赁期间，租赁资产的所有权发生转移，承租人只拥有租赁资产的使用权。双方可以约定在租赁期满时，由承租人继续租赁或者以约定价格由承租人回购租赁资产。 适用：适用于流动资金不足的企业、具有新投资项目而自有资金不足的企业、持有快速升值资产的企业。
联合租赁	界定：联合租赁的做法类似银团贷款，是一种专门做大型租赁项目的有税收好处的融资租赁，主要是由一家租赁公司牵头作为主干公司，为一个超大型的租赁项目融资。 适用：一般用于飞机、轮船、通信设备和大型成套设备的融资租赁。
委托租赁	界定：委托租赁是拥有资金或设备的人委托非银行金融机构从事融资租赁，第一出租人同时是委托人，第二出租人同时是受托人。出租人接受委托人的资金或租赁标的物，根据委托人的书面委托，向委托人指定的承租人办理融资租赁业务。在租赁期内租赁标的物的所有权归委托人，出租人只收取手续费，不承担风险。 适用：这种委托租赁的一大特点就是让没有租赁经营权的企业，可以"借权"经营。
转租赁	界定：指以同一物件为标的物的融资租赁业务。在转租赁业务中，上一租赁合同的承租人同时也是下一租赁合同的出租人，称为转租人。转租人从其他出租人处租入租赁物件再转租给第三人，转租人以收取租金差为目的，租赁物的所有权归第一出租方。 适用：转租至少涉及四个当事人：设备供应商、第一出租人、第二出租人（第一承租人）、第二承租人。转租至少涉及三份合同：购货合同、租赁合同、转租赁合同。

(续表)

融资租赁业务模式	
结构化共享式租赁	界定：结构化共享式租赁是指出租人根据承租人对供货商、租赁物的选择和指定，向供货商购买租赁物，提供给承租人使用，承租人按约支付租金。 适用：通常适用于通信、港口、电力、城市基础设施项目、远洋运输船舶等合同金额大、期限较长，且有较好收益预期的项目。
风险租赁	界定：出租人以租赁债权和投资方式将设备出租给承租人，以获得租金和股东权益收益作为投资回报的租赁交易。 适用：这种业务形式为高科技、高风险产业开辟了一种吸引投资的新渠道。
捆绑式融资租赁	界定：又称三三融资租赁。是指承租人的首付金（保证金和首付款）不低于租赁标的价款的30%，厂商在交付设备时所得货款不是全额，大体上是30%左右，余款在不长于租期一半的时间内分批支付，而租赁公司的融资强度差不多30%即可。 适用：厂商、出租方、承租人各承担一定风险，命运和利益"捆绑"在一起，以改变以往那种所有风险由出租人一方独担的局面。
融资性经营租赁	界定：是指在融资租赁的基础上计算租金时留有超过10%的余值，租期结束时，承租人对租赁物件可以选择续租、退租、留购。 适用：出租人对租赁物件可以提供维修保养，也可以不提供，会计上由出租人对租赁物件提取折旧。
项目融资租赁	界定：以项目自身的财产和效益为保证，与出租人签订项目融资租赁合同，出租人对承租人项目以外的财产和收益无追索权，租金的收取也只能以项目的现金流量和效益来确定。 适用：出卖人（即租赁物品生产商）通过自己控股的租赁公司采取这种方式推销产品，扩大市场份额。通信设备、大型医疗设备、运输设备甚至高速公路经营权实践中会采用这种方法。
结构式参与融资租赁	界定：这是以推销为主要目的的融资租赁新方式，它是吸收了风险租赁的一部分经验，结合行业特性新开发的一种租赁产品。 适用：融资不需要担保，出租人是以供货商为背景组成的；没有固定的租金约定，而是按照承租人的现金流折现计算融资回收，因此没有固定的租期；出租人除了取得租赁收益外还取得部分年限参与经营的营业收入。
销售式租赁	界定：在这种销售式租赁中，租赁公司作为一个融资、贸易和信用的中介机构，自主承担租金回收的风险。通过综合的或专门的租赁公司采取融资租赁方式，配合制造商促销产品。 适用：生产商或流通部门通过自己所属或控股的租赁公司采用融资租赁方式促销自己的产品。这些租赁公司依托母公司能为客户提供维修、保养等多方面的服务。出卖人和出租人实际是一家，但属于两个独立法人。

二、融资租赁业务范围的正面列举

2013年,商务部发布《融租办法》对融资租赁企业的业务形式进行正面列举。但为了活跃社会经济发展,立法在正面列举的同时,也为界定融资租赁业务范围留下灵活性处理的余地,即可以明列之外的形式开展融资租赁业务和经审批部门批准的其他业务。2014年,银监会发布《金租办法》,明确了金融租赁公司的业务范围。2020年4月,北京市地方金融监督管理局发布《北京市融资租赁公司监督管理指引(试行)》对融资租赁业务范围进行规范。2020年5月,银保监会正式发布《融租新规》。而后,厦门、广西、湖南、山东和浙江等地相继出台融资租赁公司监管工作指引,有关融资租赁业务范围的规范均承继了《融租新规》的界定(见表6.3)。

表6.3 融资租赁业务范围(正面列举)

	融资租赁业务范围(正面列举)
《融租新规》	第五条 融资租赁公司可以经营下列部分或全部业务: (一)融资租赁业务; (二)租赁业务; (三)与融资租赁和租赁业务相关的租赁物购买、残值处理与维修、租赁交易咨询、接受租赁保证金; (四)转让与受让融资租赁或租赁资产; (五)固定收益类证券投资业务。
《融租办法》	第八条 融资租赁企业可以在符合有关法律、法规及规章规定的条件下采取直接租赁、转租赁、售后回租、杠杆租赁、委托租赁、联合租赁等形式开展融资租赁业务。 第九条 融资租赁企业应当以融资租赁等租赁业务为主营业务,开展与融资租赁和租赁业务相关的租赁财产购买、租赁财产残值处理与维修、租赁交易咨询和担保、向第三方机构转让应收账款、接受租赁保证金及经审批部门批准的其他业务。
《金租办法》	第二十六条 经银监会批准,金融租赁公司可以经营下列部分或全部本外币业务: (一)融资租赁业务; (二)转让和受让融资租赁资产; (三)固定收益类证券投资业务; (四)接受承租人的租赁保证金; (五)吸收非银行股东3个月(含)以上定期存款;

(续表)

	融租租赁业务范围（正面列举）
《金租办法》	（六）同业拆借； （七）向金融机构借款； （八）境外借款； （九）租赁物变卖及处理业务； （十）经济咨询。
《浙江省融资租赁公司监督管理工作指引（试行）》	第十九条　融资租赁公司可以经营下列部分或全部业务： （一）融资租赁业务； （二）租赁业务； （三）与融资租赁和租赁业务相关的租赁物购买、残值处理与维修、租赁交易咨询、接受租赁保证金； （四）转让与受让融资租赁或租赁资产； （五）固定收益类证券投资业务。
《北京市融资租赁公司监督管理指引（试行）》	第十九条　融资租赁公司可以经营下列部分或全部业务： （一）融资租赁业务； （二）经营租赁业务； （三）与融资租赁和经营租赁业务有关的租赁物购买、残值处理与维修、租赁交易咨询、接受租赁保证金； （四）转让与受让融资租赁资产； （五）固定收益类证券投资业务。

相较于《融租办法》，《融租新规》第 5 条将经营性租赁纳入融资租赁公司的业务范围，但删去了转租赁、委托租赁、联合租赁等租赁形式的规定。此为语词表述上的变化，没有实质变更。

《融租新规》第 5 条第 4 项规定可以经营"转让与受让融资租赁或租赁资产"。这一项相较于《金租办法》第 26 条以及先前的征求意见稿均有所扩大，明确融资租赁公司可以对融资租赁[①]进行转让与受让，而非仅仅对融资租赁项下的资产进行转让与受让。

但是，第 5 条的正面业务列举也有不明确或有待银保监会或地方融资租赁监管部门实施细则确定的业务范围。例如，相较于《融租办法》，《融租新规》删除了"租赁交易的担保"。此条尚待明确，有待于监管机构的澄清以及具体项目中的窗口指导。再如，《融租新规》相较于《融租办法》删除了"开

[①]　对于该融资租赁，并没有具体的解释，是否意味着该融资租赁为融资租赁项下的合同权利义务，还有待进一步研究。

展与融资租赁和租赁业务相关的向第三方机构转让应收账款"。2015年《国务院办公厅关于加快融资租赁业发展的指导意见》中明确的"允许融资租赁公司兼营与主营业务有关的商业保理业务"似乎在《融租新规》中也没有得到明确的体现。融资租赁公司是否可以经营商业保理业务还有待澄清[①]。

三、融资租赁业务范围的负面清单

《融租办法》与《融租新规》在正面明确列举融资租赁业务范围的同时，也通过反面规定融资租赁禁止业务，制定了负面清单。而《金租办法》没有制定负面清单。北京、厦门、广西、湖南、山东和浙江等地相继出台的融资租赁公司监督管理工作指引中，也制定了融资租赁业务负面清单制度。不同于各地在融资租赁业务范围（正面列举）上的一致性，各地在负面清单内容的认定上有很多不同之处（见表6.4）。

表 6.4 融资租赁业务范围（负面清单）

融资租赁业务范围（负面清单）	
《融租办法》	第十条 融资租赁企业开展融资租赁业务应当以权属清晰、真实存在且能够产生收益权的租赁物为载体。 融资租赁企业不得从事吸收存款、发放贷款、受托发放贷款等金融业务。未经相关部门批准，融资租赁企业不得从事同业拆借等业务。严禁融资租赁企业借融资租赁的名义开展非法集资活动。
《融租新规》	第八条 融资租赁公司不得有下列业务或活动： （一）非法集资、吸收或变相吸收存款； （二）发放或受托发放贷款； （三）与其他融资租赁公司拆借或变相拆借资金； （四）通过网络借贷信息中介机构、私募投资基金融资或转让资产； （五）法律法规、银保监会和省、自治区、直辖市（以下简称省级）地方金融监管部门禁止开展的其他业务或活动。

---

① 从发文机构看，《融租新规》由银保监会发布，其效力层级属于部门规章；而允许融资租赁公司兼营商业保理业务的规范性文件，均由国务院或国务院办公厅发布，其效力层级属于行政法规。从法律位阶来看，行政法规的位阶高于部门规章，新发布的部门规章的效力和解释并不优先于旧的行政法规。虽然《融租新规》第55条规定，"本办法自印发之日起施行。本办法施行前有关规定与本办法不一致的，以本办法为准"，但《融租新规》中对融资租赁经营范围作出的限定并不必然取代国务院发布的一系列允许融资租赁公司兼营商业保理的行政法规。

(续表)

融资租赁业务范围（负面清单）	
《北京市融资租赁公司监督管理指引（试行）》	第二十三条　融资租赁公司应当坚守法律法规底线： （一）不得从事吸收或变相吸收存款、发放贷款、受托发放贷款等金融业务； （二）严禁融资租赁企业借融资租赁的名义开展非法集资等非法金融活动； （三）不得与其他融资租赁公司拆借或变相拆借资金； （四）不得违反国家有关规定向地方政府、地方政府融资平台公司提供融资或要求地方政府为租赁项目提供担保、承诺还款等； （五）不得虚拟出资，不得虚构租赁物，不得以不符合法律规定的、无处分权的、已经设立抵押的、已经被司法机关查封扣押的或所有权存在其他瑕疵的标的为租赁物，租赁物合同价值不得与实际价值明显不符； （六）不得与关联公司之间进行租赁物低值高买、高值低租等明显不符合市场规律的交易行为； （七）不得虚假宣传或误导性宣传，不得故意虚构融资租赁项目通过公开渠道进行融资； （八）不得以暴力或其他非法手段进行清收； （九）不得向明显缺乏偿付能力的客户开展融资租赁业务； （十）不得通过网络借贷信息中介机构、地方各类交易场所、资产管理机构以及私募投资基金等机构融资或转让资产； （十一）不得有其他违反相关规定的行为。
《厦门市融资租赁公司监督管理指引（试行）》	第二十条　融资租赁公司不得从事下列活动： （一）非法集资、吸收或变相吸收存款； （二）发放或受托发放贷款； （三）与其他融资租赁公司拆借或变相拆借资金； （四）通过网络借贷信息中介机构、私募投资基金融资或转让资产； （五）国家规定不得从事的其他活动。
《广西壮族自治区融资租赁公司监督管理实施细则（暂行）》	第二十三条　融资租赁公司不得有下列业务或活动： （一）非法集资、吸收或变相吸收存款、发放或受托发放贷款； （二）与其他融资租赁公司拆借或变相拆借资金； （三）虚假宣传或误导性宣传，虚构融资租赁项目通过公开渠道进行融资； （四）以非法手段进行清收； （五）通过网络借贷信息中介机构、私募投资基金融资或转让资产； （六）法律法规、金融监管部门禁止开展的其他业务或活动。

(续表)

	融资租赁业务范围（负面清单）
《湖南省融资租赁公司监督管理指引（试行）》	第二十七条　融资租赁公司不得有下列业务或活动： （一）从事吸收或变相吸收存款、发放或受托发放贷款等业务； （二）借融资租赁的名义开展非法集资等非法金融活动； （三）向其他融资租赁公司拆借或变相拆借资金； （四）违反国家有关规定向地方政府、地方政府融资平台公司提供融资或要求地方政府为租赁项目提供担保、承诺还款等； （五）虚拟出资，虚构租赁物，以已设置抵押、权属存在争议、已被司法机关查封、扣押的财产或所有权存在瑕疵的标的为租赁物，租赁物合同价值与实际价值明显不符； （六）与关联公司之间进行租赁物低值高买、高值低租等明显不符合市场规律的交易行为； （七）虚假宣传或误导性宣传，故意虚构融资租赁项目通过公开渠道进行融资； （八）以暴力或其他非法手段进行催收； （九）与明显缺乏偿付能力的客户开展融资租赁业务； （十）通过网络借贷信息中介机构、私募投资基金融资或转让资产； （十一）其他违反相关法律法规和监管部门规定的行为。
《山东省融资租赁公司监督管理暂行办法》	第十九条　融资租赁公司不得有下列业务或活动： （一）非法集资、吸收或变相吸收存款； （二）发放或受托发放贷款； （三）与其他融资租赁公司拆借或变相拆借资金； （四）通过网络借贷信息中介机构、私募投资基金融资或转让资产； （五）违反国家有关规定向地方政府、地方政府融资平台公司提供融资或要求地方政府为租赁项目提供担保、承诺还款等； （六）虚拟出资，虚构租赁物，以不符合法律规定的、无处分权的、已经设立抵押的、已经被司法机关查封扣押的或所有权存在其他瑕疵的标的为租赁物，租赁物合同价值不得与实际价值明显不符； （七）与关联公司之间进行租赁物低值高买、高值低租等明显不符合市场规律的交易行为； （八）虚假宣传或误导性宣传，故意虚构融资租赁项目通过公开渠道进行融资； （九）以暴力或其他非法手段进行清收； （十）其他违反相关规定的行为。

(续表)

	融资租赁业务范围（负面清单）
《浙江省融资租赁公司监督管理工作指引（试行）》	第二十二条　融资租赁公司不得有下列业务或活动： （一）非法集资、吸收或变相吸收存款； （二）发放或受托发放贷款； （三）与其他融资租赁公司拆借或变相拆借资金； （四）通过网络借贷信息中介机构、私募投资基金融资或转让资产； （五）法律法规、金融监管部门禁止开展的其他业务或活动。

《融租新规》第 8 条第 3 项规定融资租赁公司一律不得与其他融资租赁公司拆借或变相拆借资金，而《融租办法》为"未经相关部门批准"融资租赁企业不得从事同业拆借等业务。本次新规强调了融资租赁公司不得开展同业拆借或变相拆借的绝对性。

《融租新规》第 8 条第 4 项规定融资租赁公司不得通过网络借贷信息中介机构、私募投资基金融资或转让资产，这一负面条款明确了融资租赁公司不得以该等渠道进行融资或转让资产。但融资租赁公司是否可以通过地方融资平台或者资产管理公司（AMC）进行融资，可能还有待明确。表 6.4 中可见，北京、湖北、山东的融租监管工作指引明确禁止"违反国家有关规定向地方政府、地方政府融资平台公司提供融资或要求地方政府为租赁项目提供担保、承诺还款"。

四、融资租赁争议模式之一：售后回租

售后回租是指租赁物的所有权人首先与出租人签订买卖合同，将租赁物卖给出租人，取得现金。租赁物的原所有权人作为承租人，与出租人签订回租合同，将该租赁物租回，承租人按回租合同支付全部租金并付清租赁物的残值以后，重新取得租赁物的所有权。售后回租业务与传统融资租赁一样，具备融资、设备买卖和租赁三个法律关系，只是三方主体中的承租人和出卖人往往为同一人。

2014 年之前，实践中对售后回租模式存在一定争议，部分观点认为售后回租并不构成融资租赁，实际上是一种民间借贷。《融租解释（2014）》第 2 条对该模式的效力进行了明确认可："人民法院不应仅以承租人和出卖人系同一人为由认定不构成融资租赁法律关系"。但 2020 年通过的《民法典》融资

租赁专章延续了《合同法》关于融资租赁的基本定义，却删除了《民法典（草案）》中关于售后回租部分的内容。这一删除重新引起了融资租赁行业部分从业人员的担心：这是否意味着对售后回租这一交易模式的否定？

新旧法律条文对比			
《民法典》	《民法典（草案）》	《合同法》	《融租解释（2014/2020）》
第七百三十五条 融资租赁合同是出租人根据承租人对出卖人、租赁物的选择，向出卖人购买租赁物，提供给承租人使用，承租人支付租金的合同。	第七百三十五条 融资租赁合同是出租人根据承租人对出卖人、租赁物的选择，向出卖人购买租赁物，提供给承租人使用，承租人支付租金的合同。~~承租人将其自有物出卖给出租人，再通过融资租赁合同将租赁物从出租人处租回的，承租人和出卖人系同一人不影响融资租赁合同的成立。~~	第二百三十七条 融资租赁合同是出租人根据承租人对出卖人、租赁物的选择，向出卖人购买租赁物，提供给承租人使用，承租人支付租金的合同。	第二条 承租人将其自有物出卖给出租人，再通过融资租赁合同将租赁物从出租人处租回的，人民法院不应仅以承租人和出卖人系同一人为由认定不构成融资租赁法律关系。

我们认为，《民法典》删除了《民法典（草案）》中关于售后回租部分的内容，并不意味着对售后回租这一交易模式的否定。第一，售后回租作为融资租赁的一种交易模式，在司法层面以及租赁公司实际操作中，已经广为接受。售后回租模式在很多融资租赁公司的业务中已占有相当大的比例。从维护交易安全、促进融资租赁行业发展的角度来看，立法机构不应否定售后回租构成融资租赁法律关系。《融租解释（2014）》之所以专门就售后回租加以说明，是因为当时在实践中，就出卖人和出租人为同一主体是否构成融资租赁法律关系产生了争议。但融资租赁业发展至今，对于售后回租属于融资租赁的主流观点已经非常明确，不再存在争议。

第二，《民法典》并未禁止或限制承租人和出卖人为同一主体的情形，售后回租的法律性质也符合《民法典》第735条对融资租赁合同的定义。只是在这一融资租赁法律关系中的三方当事人有两方（即出卖人和出租人）合二为一，没有必要在《民法典》中就售后回租进行特别说明。从立法技术来说，《民法典》无须事无巨细地罗列各种融资租赁具体模式，只需就融资租赁的一般特征作出定义。随着融资租赁行业的发展，除直租、售后回租、杠杆租赁、联合租赁外，可能还会发展出其他业务形式。如果引发争议，可通过司法解释的方式予以释明、引导。2020年底，为配合《民法典》的施行，最高法对《融租解释（2014）》进行了修订，但其第2条关于售后回租的表述得到了保留。

第三，目前司法裁判案例一般也不轻易否定售后回租的交易模式。如在（2019）最高法民终484号融资租赁合同纠纷案中，最高法认为，合同意思表示真实，不违反法律、行政法规强制性规定，融资租赁关系成立。

第四，各类监管文件也都承认了售后回租模式的合规性。从《融租新规》到北京、厦门、广西、湖南、山东、浙江等地方融租指引文件，都在加强对售后回租的规范化指引。

综上，对于售后回租模式的合法性不存在疑问。但仍有售后回租模式在司法个案中被认定为"名租实贷"。售后回租与民间借贷极为相似，如何区别两者，详见本章第三节。

五、融资租赁争议模式之二：自抵押

为防止租赁物被承租人擅自处置，并规避部分资产（如不动产）的所有权转让涉及的高额税赋[①]，对于可以办理动产抵押的租赁物，融资租赁公司在实践中逐渐形成了"自抵押"的做法。即出租人作为租赁物的所有权人，授权承租人将租赁物抵押给自己，用于担保出租人对租赁物享有的所有权不受侵害。以车辆融资租赁为例，实践中，由于车辆的特殊性，融资租赁公司往往允许承租人在车辆管理部门登记为租赁车辆的车主，并将通过抵押合同将其自身登记为车辆的抵押权人。

自抵押模式并非融资租赁的正常操作。无论《民法典》《融租新规》还是《浙江省融资租赁公司监督管理工作指引（试行）》（以下简称《浙江融租指引》）等地方指引，都确立了"出租人应当合法取得租赁物的所有权"的原则。但司法实践对该模式的合法性态度不一。

自抵押模式在司法实践中得到部分法院的裁判认可。（2017）最高法民终897号融资租赁合同纠纷案即为典型。其裁判依据为《融租解释（2014）》第9条第2款的规定，即承租人或者租赁物的实际使用人，未经出租人同意转让租赁物或者在租赁物上设立其他物权，第三人善意取得租赁物的所有权或

[①] 国家税务总局2010年发布的第13号公告明确了融资性售后回租业务中承租方出售资产行为有关税收问题，融资性售后回租业务中承租方出售资产的行为，不属于增值税和营业税征收范围，不征收增值税和营业税。根据现行企业所得税法及有关规定，融资性售后回租业务中，承租人出售资产的行为，不确定为销售收入。但实践中该政策的执行情况各地不一，且其他税收负担也具有不确定性。

者其他物权，出租人主张第三人物权权利不成立的，人民法院不予支持，但"出租人授权承租人将租赁物抵押给出租人并在登记机关依法办理抵押权登记的"除外。此外，《公安部关于确定机动车财产所有权人问题的复函》《最高人民法院关于执行案件中车辆登记单位与实际出资购买人不一致应如何处理问题的复函》也作了类似规定。

但也有法院对自抵押模式持否定态度。有法院裁判观点认为，基于出租人已经享有租赁物的所有权，所有权与抵押权的权能不能兼得，因此不能主张优先受偿权。另有法院认为，即使认可所有权与抵押权可以兼得，《融租解释（2014）》第9条的立法原意在于保护出租人的所有权（增强融资租赁交易的公示效力），而并非一般意义上为主债权设定担保物权，因此行使优先受偿权缺乏法律依据。如在（2017）京02民终5051号融资租赁合同纠纷案中法院认为，"因涉案租赁物办理抵押并非为《融资租赁合同》项下的债权提供担保，故正和公司主张中车公司应先就该租赁物行使优先受偿权，缺乏依据，本院不予支持"。

2020年最高人民法院对《融租解释（2014）》进行修正，将第9条自抵押的依据删除，此项删除增加了自抵押模式的不确定性。有人认为此条款被完全删除，由《民法典》第745条取代，即出租人对租赁物享有的所有权，未经登记，不得对抗善意第三人。这一条文变动大大改变了动产融资租赁的公示方式及效力。2020年12月29日国务院发布的《国务院关于实施动产和权利担保统一登记的决定》（国发〔2020〕18号）在全国范围内实施动产和权利担保统一登记，登记类型包括但不限于生产设备、原材料、半成品、产品抵押和融资租赁，对于登记予以规范。

另外，《民法典》第406条改变了原来《物权法》规定的抵押物转让须抵押权人同意的做法，《民法典》施行后抵押物的转让除非另有约定，可以自由转让。如此一来，自抵押操作也就失去了其设计初衷，无法对抗善意第三人取得租赁物（抵押物）的所有权，自抵押操作在实践中会逐渐减少。[①]

基于此，自物抵押似乎已经没有存在的必要性。但需注意到，动产融资统一登记公示系统的融资租赁业务登记并非所有权登记，并不能产生《民法典》第745条规定的所有权登记对抗效力（参见本章第四节第一部分的分

[①] 如果一定要做自抵押操作，建议出租人根据《担保制度解释》第43条的规定在融资租赁合同中约定禁止或者限制租赁物转让的特约条款，并在办理融资租赁登记时将该特约条款一并予以登记。

析）。在动产融资统一登记公示系统的融资租赁业务登记的对抗效力明确之前，自抵押模式仍有一定的存在必要性。

第二节 融资租赁物的范围

一、租赁物的监管规定

新旧法律条文对比		
《金租办法》	《融租新规》	《浙江融租指引》
第四条 适用于融资租赁交易的租赁物为固定资产，银监会另有规定的除外。 第三十二条 金融租赁公司应当合法取得租赁物的所有权。 第三十三条 租赁物属于国家法律法规规定所有权转移必须到登记部门进行登记的财产类别，金融租赁公司应当进行相关登记。租赁物不属于需要登记的财产类别，金融租赁公司应当采取有效措施保障对租赁物的合法权益。	第七条 适用于融资租赁交易的租赁物为固定资产，另有规定的除外。 融资租赁公司开展融资租赁业务应当以权属清晰、真实存在且能够产生收益的租赁物为载体。融资租赁公司不得接受已设置抵押、权属存在争议、已被司法机关查封、扣押的财产或所有权存在瑕疵的财产作为租赁物。 第九条 融资租赁公司进口租赁物涉及配额、许可等管理的，由租赁物购买方或产权所有方按有关规定办理手续，另有约定的除外。 融资租赁公司经营业务过程中涉及外汇管理事项的，应当遵守国家外汇管理有关规定。 第十四条 融资租赁公司应当合法取得租赁物的所有权。 第十五条 按照国家法律法规规定租赁物的权属应当登记的，融资租赁公司须依法办理相关登记手续。若租赁物不属于需要登记的财产类别，融资租赁公司应当采取有效措施保障对租赁物的合法权益。	第二十一条 融资租赁公司应当合法取得租赁物的所有权。融资租赁公司开展融资租赁业务应当以权属清晰、真实存在且能够产生收益的租赁物为载体。 融资租赁公司不得接受已设置抵押、权属存在争议、已被司法机关查封、扣押的财产或所有权存在瑕疵的财产作为租赁物。 第二十三条 融资租赁公司进口租赁物涉及配额、许可等管理的，由租赁物购买方或产权所有方按有关规定办理手续，另有约定的除外。 融资租赁公司经营业务过程中涉及外汇管理事项的，应当遵守国家外汇管理有关规定。 第二十八条 按照国家法律法规规定租赁物的权属应当登记的，融资租赁公司须依法办理相关登记手续。若租赁物不属于需要登记的财产类别，融资租赁公司应当采取有效措施保障对租赁物的合法权益。

以上规定，须注意如下要点：

1.《融租办法》仅将租赁物范围界定为"权属清晰、真实存在且能够产生收益权",而《融租新规》第 7 条则采用了《金租办法》的表述,将租赁物范围限定为"固定资产"(仍然要求"权属清晰、真实存在且能够产生收益")。

2.《融租新规》虽将租赁物的范围限于"固定资产",但该条有个但书,即"另有规定的除外"。这个但书相较于《金租办法》有所不同:该条表述为"另有规定的除外",而《金租办法》则表述为"银监会另有规定的除外"。《融租新规》并未明确"另有规定"的发布主体及效力层级,这对各地方金融监管部门结合本地融资租赁行业特点留下了操作空间。若想在"固定资产"范围之外经营融资租赁业务,可密切关注地方金融监管部门的融资租赁规定。比如,《浙江融租指引》并未明确提及是否将租赁物限定于固定资产。这就引发想象空间:《浙江融租指引》是否属于《融租新规》第 7 条第 1 款所说的"另有规定",从而可以允许经营固定资产之外的融资租赁?

3.《融租新规》与《融租办法》《金租办法》一致,都需要融资租赁公司"合法取得租赁物的所有权",权属登记要求也相同。

此处一个重要问题是"固定资产"概念的界定。"固定资产"属于会计概念,而非法律概念。《企业会计准则第 4 号——固定资产》第 3 条规定:"固定资产,是指同时具有下列特征的有形资产:(一)为生产商品、提供劳务、出租或经营管理而持有的;(二)使用寿命超过一个会计年度。"可从以下方面理解固定资产:

首先,固定资产具有生产性高价值。作为资产的一种[①],它是由企业过去的交易或者事项形成的、由企业拥有或者控制的、预期会给企业带来经济利益的资源。固定资产在使用过程中,它本身的实物形态不构成产品的实体,而是通过其对产品形成过程中不断作用,使其价值部分逐步地渗透到产品中去,即固定资产本身不为产品。固定资产是劳动工具或手段,而不能是劳动对象,其价值通过分期转化到劳动产品当中。[②] 所以,固定资产应当是生产使用的设备,而不是出售的产品或投资。

其次,固定资产具有稳定性。不同于低值易耗品,固定资产一般使用年

[①]《企业财务会计报告条例》第 9 条规定:"在资产负债表上,资产应当按照其流动性分类分项列示,包括流动资产、长期投资、固定资产、无形资产及其他资产。"

[②] 陆挺仪:《浅谈对名为融资租赁实为借贷的认定和法律处理》,载"数字经济法治评论"公众号,https://mp.weixin.qq.com/s/oDZx6YzV-8c0kcmZGR0JgQ,2020 年 7 月 16 日访问。

限较长（超过一个会计年度），并且在使用过程中保持原有实物形态，包括建筑物、机械仪器、运输工具以及其他与生产经营有关的工具、器具和设备等。

最后，固定资产在会计科目上具有主观性。法律上的"物"是以其客观状态为判断标准的，不以人的意志为转移；而"固定资产"这一概念在会计上更多是从经济目的或职能角度考虑，具有主观性。某物是否属于固定资产不取决于它的实物属性，而是取决于它在生产过程中的特殊职能，即固定资产的持有目的在于使用而不是出售或投资。为出售而持有的实物资产是存货，为投资而持有的资产是短期投资或长期投资。因此，不同的企业或不同目的下，同样的物有可能纳入固定资产，也有可能纳入其他会计科目。如对制造业的企业而言，厂房属于固定资产；对房地产开发企业而言，在建房产则是出售的商品，不属于固定资产。

在监管上，将租赁物的范围限定为固定资产是出于以下考量：一是固定资产有高价值性，且此种高价值有长期性、稳定性，有利于降低融资租赁交易风险；二是作为生产资料，固定资产融资租赁可以更好地引导服务实体经济，而不是作为单纯的融资工具[①]；三是《民法典》及《担保制度解释》规定融资租赁"出租人对租赁物的所有权无法对抗正常经营活动中的买受人"，此规则实际指向的是产品（而非作为生产资料的固定资产），监管将租赁物限定为固定资产，避开了此规则限制（详见本章第四节第四部分的分析）。

然而这些考量具有经济性、政策性，司法裁判并不一定将之纳入裁判要素。司法实践中，并非所有的固定资产都可以作为融资租赁的租赁物，固定资产之外的其他租赁物也不一定会被法院排除（见下文）。而《浙江融租指引》未强调"固定资产"的限制，可能也有鼓励创新的考虑。

二、租赁物的司法解释

公益设施可作为融资租赁的标的物。《担保制度解释》第6条规定："以公益为目的的非营利性学校、幼儿园、医疗机构、养老机构等提供担保的，人民法院应当认定担保合同无效，但是有下列情形之一的除外：（一）在购入

[①] 融资租赁须有"融资"与"融物"的双重属性，仅有"融资"而无"融物"，在司法上往往被界定为"名租实贷"（见下文第三部分第一点）。固定资产作为融资租赁物，能更好地体现"融物"属性。

或者以融资租赁方式承租教育设施、医疗卫生设施、养老服务设施和其他公益设施时,出卖人、出租人为担保价款或者租金实现而在该公益设施上保留所有权……"

三、司法案例中的特殊标的物

通过检索中国裁判文书网,我们梳理了司法实践中被认可的租赁物、不被认可的租赁物以及部分有争议的租赁物。总体而言,司法实践中认可的融资租赁物并不限于固定资产:

1. 无论融资租赁的租赁物为何种"物",都需要符合"融资"和"融物"两个方面的要求,如果不能实现两个方面的要求,那么极有可能被法院认定成其他法律关系,最常见的如借贷法律关系等。在司法实践中,一般需要结合租赁物的性质以及当事人的合同权利义务进行判断。

2. 融资租赁的租赁物需有独立性,不能是附属物。如上海一中院(2014)沪一中民六(商)终字第469号案件中法院认为,装修材料在装修完毕后即附合于不动产,从而成为不动产的成分,丧失其独立作为物的资格。简言之,该等装修材料将因附合而灭失,不再具有返还之可能性,因此无法作为租赁的标的物。

3. 标的物需要特定化处理,未经过特定化的标的物可能会被认定为缺乏"融物"的特征,从而无法作为租赁标的物。如在实践中,城市管网或布线等需要通过标识特定化才可以成为融资租赁的标的物,但若未经过特定化,法院就可能以"不具备返还可能,未起到担保效果"为由不认可。又如上海金融法院(2019)沪74民终208号案件中法院认为,目前仅可知标的树木的总数以及大概栽种的区域,却无法明确树木具体栽种的位置和对应的数量,如此状态的租赁物标的难为明确。上海市浦东新区人民法院(2019)沪0115民初6954号案件中法院认为,合同仅约定租赁物为"养殖设备、养殖栏舍设备、400头母猪",未明确约定"养殖设备、养殖栏舍设备"的具体品名、型号,"母猪"也未特定化。而在(2019)沪74民终913号案件中法院认为,4S店钢结构已经特定化,当其附着于不动产而与玻璃幕墙等共同构成4S店建筑物时,由于其为建筑物的主体架构,故仍具有相对的独立性,虽融资担保的功能有所减弱,但融物属性并未丧失。

4. 无所有权或存在权属瑕疵的标的不能成为融资租赁的租赁物。如天津市高级人民法院（2016）津民初 34 号案件中法院认为，由于《商品房买卖合同》项下的房产并未办理所有权转移登记手续，某租赁公司尚未取得相应房产的所有权。这与融资租赁法律关系中出租人对租赁物享有所有权的特征不符，故本案不构成融资租赁法律关系，而应按照借款关系处理。

5. 违法标的物不能成为融资租赁的租赁物。如最高人民法院（2014）民二终字第 109 号案件中法院认为，在合同订立前该租赁物已被有关行政主管部门认定为超规划建设的违章建筑，在租赁期间该项目亦未取得商品房预售许可，因此认定为名为融资租赁实为企业间借款合同。

6. 司法实践当中已经出现了知识产权作为标的物的情形，说明融资租赁的标的物并非局限于有形物，甚至可能扩展到无形物。就监管逻辑而言，《融租新规》等均将租赁物限定为固定资产。固定资产属于有形物的范畴，区别于无形物，那么融资租赁的租赁物也应当为有形物。无形物具有可复制性、不可损耗的特性，难以作为租赁物实现融资功能。但实践中已经出现承认知识产权作为租赁物的案例。如（2018）闵 0102 民初 4564 号案件中法院认可了著作权、专利、商标等无形资产组合可以作为融资租赁的租赁物。《北京市服务业扩大开放综合试点实施方案》也规定"试点著作权、专利权、商标权等无形文化资产的融资租赁"。

7. 租赁物需有一定的使用期限或寿命。以生物资产[①]［如（2018）沪 0115 民初 72831 号、（2020）沪 74 民终 72 号案件中的奶牛］为例，成为融资租赁的标的物要求其具有一定的使用期限或者寿命，若期限或寿命很短，可能会被认定缺乏融物的特征，从而不认可融资租赁关系。

第三节　融资租赁物的真实性

实践中常有一物多融甚至没有特定租赁物，融资租赁公司也仍以融资租赁合同的形式提供金融支持的情形。虚构租赁物订立融资租赁合同有两种情形：一是为规避放贷资质的监管限制[②]，融资租赁公司与承租人共谋，在没

[①] 《国务院办公厅关于加快融资租赁业发展的指导意见》[国办发（2015）68 号] 提出：在风险可控前提下，稳步探索将租赁物范围扩大到生物资产等新领域。

[②] 《融租新规》与《融租办法》都规定禁止发放或受托发放贷款。所以，名为融资租赁，实为借贷，不论借贷关系在司法诉讼中如何认定，这种变相放贷行为都有可能触及监管红线。

有真实融资租赁物的情况下，给承租人提供资金支持；二是承租人以虚构的租赁物签订融资租赁合同，骗取融资租赁公司的资金支持。前者在司法实务中，更多是如何辨别"名为融资租赁，实为民间借贷"的问题。而后者更多的是融资租赁公司在签订融资租赁合同前的尽职调查问题。但不论哪种情形，承租人一旦陷入难以为继的经营状态，各融资租赁公司的债权因为不存在特定的租赁物可能事实上出现租金回款落空而又没有租赁物作为保障的情况。

一、虚构租赁物的司法认定

融资租赁一旦发生争议，法院在界定融资租赁法律关系是否成立的时候，租赁物的真实性是首要核查要素，否则极有可能因不具备"融物属性"而被认定构成其他法律关系（一般为民间借贷法律关系）。这常常发生在售后回租模式中（参见本章第一节第四部分）。

新旧法律条文对比	
《民法典》	《融租解释2014》
第七百三十七条　当事人以虚构租赁物方式订立的融资租赁合同无效。 第一百四十六条　行为人与相对人以虚假的意思表示实施的民事法律行为无效。 以虚假的意思表示隐藏的民事法律行为的效力，依照有关法律规定处理。	第一条　人民法院应当根据民法典第七百三十五条的规定，结合标的物的性质、价值、租金的构成以及当事人的合同权利和义务，对是否构成融资租赁法律关系作出认定。 对名为融资租赁合同，但实际不构成融资租赁法律关系的，人民法院应按照其实际构成的法律关系处理。

将《民法典》第146条与第737条结合在一起理解，与《融租解释(2014)》第1条的处理思路一脉相承。通过案例检索，我们归纳出如下裁判规则：第一，售后回租与民间借贷极为相似，实务中需结合个案标的物的性质、价值、租金的构成以及当事人的合同权利和义务，对是否构成融资租赁法律关系作出认定。第二，对于名为融资租赁合同，实际不构成融资租赁法律关系的，审理中应按实际构成的法律关系处理。这也是《融租解释(2014)》第1条的内容。典型案例如下：

【案例1】 天津市市政建设开发有限责任公司、天津胜利宾馆有限公司

第六章 金融交易中的非典型担保规则之一：融资租赁

融资租赁合同纠纷二审案[①]

最高法认为，虽然案涉当事人签订《回租租赁合同》《回租买卖合同》，但根据《合同法》第237条有关融资租赁合同定义的规定，以及《融租解释（2014）》第1条，人民法院应按照其实际构成的法律关系处理的规定可知，认定融资租赁法律关系需要对几项重要参考因素加以考量，即标的物的性质、价值、租金的构成以及当事人的合同权利和义务。售后回租是指租赁物本身是承租人所有的，承租人为了实现其融资目的，将该物的所有权转让给出租人，再从出租人处租回的交易方式。本案中，《回租买卖合同》项下的租赁物（胜利宾馆）出让价仅为350000000元，明显低于其实际价值601728000元，故一审法院认定长城租赁公司、大通租赁公司与胜利宾馆之间不存在真实的融资租赁关系，而实质上成立了民间借贷法律关系并无不当，本院对此不持异议。

在该案中，法院将法律关系认定为"名租实贷"的关键，在于租赁物的出让价明显偏离其实际价值。在我们的检索范围内，有多个案例基于出让价与实际价值之间的悬殊而否定了融资租赁的法律定性。在监管上，《融租新规》第17条第2款也规定："售后回租业务中，融资租赁公司对租赁物的买入价格应当有合理的、不违反会计准则的定价依据作为参考，不得低值高买。"此条规定与上述裁判规则的原理相通。北京、浙江等地的工作指引均提示了这一监管规则。因此，须高度关注租赁物价格偏离问题对售后回租法律关系认定的影响。

售后回租作为融资租赁的模式之一，其最重要的特征是具备融资与融物的双重属性，二者缺一不可。若没有实际租赁物或者租赁物的所有权未从出卖人处移转至出租人，应认定该类融资租赁合同没有融物的属性，仅有资金空转，该情形属于名为融资租赁，实为借贷关系，此种合同大概率被认定为借款合同。因此，实务中出租人需要与承租人签订租赁物买卖合同，明确租赁物的所有权已经合法地从承租人转移至出租人处，并合理规范标的物的性质、价值、租金的构成以及当事人的合同权利和义务。

【案例2】 工银金融租赁有限公司、铜陵大江投资控股有限公司融资租

[①] （2020）最高法民终1154号。

赁合同纠纷再审民事判决书[①]

最高法认为，融资租赁合同具有融资与融物相结合的特点，包含两个交易行为，一是出卖人和出租人之间的买卖合同关系，一是承租人和出租人之间的租赁合同关系，两个合同互相结合，构成融资租赁合同关系。就本案而言，从表面看，案涉4号《融资租赁合同》系售后回租融资租赁合同关系，华纳公司是出卖人和承租人，但实际上，该合同中融物的事实难以认定。理由如下：工银公司所持有的是设备发票复印件，而其提供的《尽职调查法律意见书》中调查所依据多数是设备发票复印件及相关材料复印件，提供《售后回租资产清单》及增值税发票复印件所记载的租赁物与华纳公司实有机械设备严重不符，主张权利的发票与设备照片无法一一对应，因此，前述证据不能证明买卖交易关系真实存在，亦不能证明《售后回租资产清单》中所载明的租赁物由华纳公司真实拥有，更不能证明工银公司实际取得清单上所载明的租赁物的所有权。此外，《融资租赁合同》约定购买价远高于华纳公司发票原件对应设备价款，显然背离买卖合同等价交换原则，其租金亦不体现租赁物的真正价值。

综上，《融资租赁合同》虽然形式上有售后回租融资租赁合同相关条款的约定，但实际上并不存在融物的事实，双方实际上仅是"借钱还钱"的借贷融资关系。根据《民法总则》第164条，"行为人与相对人以虚假的意思表示实施的民事法律行为无效。以虚假的意思表示隐藏的民事法律行为的效力，依照有关法律规定处理"的规定，即使通谋虚伪意思表示认定为无效，对于其隐藏的民事法律行为的效力，仍应根据相关法律规定作出判断。本案中，即使工银公司与华纳公司在签订合同之时，融资租赁行为系其通谋虚伪的意思表示，但其隐藏的民间借贷法律行为，并不当然无效，在无证据证明案涉合同具有《民间借贷解释（2015）》第14条规定的合同无效情形下，原判决以本案系企业间民间借贷关系，确认4号《融资租赁合同》无效，适用法律确有错误，最高法予以纠正。最终最高法撤销一审、二审法院关于《融资租赁合同》无效的判决，维持工银公司对华纳公司动产不享有物权的判决。

该案认定租赁物"虚构"，理由有二：发票与实物不符、价格偏离。与案例1相比，增加了对发票的审查。这也是多个案例中常见的审查要素。只是

[①] 最高人民法院（2018）最高法民再373号。

该案最高法撤销了一审二审法院关于《融资租赁合同》无效的判决，这与《民法典》第737条的规则相左。在《民法典》施行后，一般会将虚构租赁物订立的融资租赁合同作无效认定，而隐藏的民事法律行为的效力，则按照实际构成的法律关系处理。

需特别说明的是，之前"名为融资租赁，实为民间借贷"的案件，一般会将民间借贷合同效力认定为有效。但在近年来司法裁判越来越向金融监管规则趋同的背景下，融资租赁公司作为出借人的民间借贷合同有越来越大风险被认定为无效。如前所述，《融租新规》禁止发放或受托发放贷款。融资租赁公司的变相放贷行为触及监管红线，违反了作为部门规章的《融租新规》。而《九民纪要》第31条规定了违反规章的合同效力："违反规章一般情况下不影响合同效力，但该规章的内容涉及金融安全、市场秩序、国家宏观政策等公序良俗的，应当认定合同无效。"简言之，违反《融租新规》禁止放贷之规定即为违背公序良俗，此类虚构租赁物签订的融资租赁合同，融资租赁合同与隐藏的借贷合同一并无效。当然，这种裁判趋势的预测还需实践检验。

二、融资租赁公司尽调要点

实践中，承租人往往通过虚构采购合同的方式向融资租赁公司骗取资金。融资租赁公司通常作为主张融资租赁法律关系成立的一方，需对租赁物的真实性承担举证责任。《民法典》第737条直接规定"当事人以虚构租赁物方式订立的融资租赁合同无效"，进一步强调出租人对租赁物真实性核查的注意义务。融资租赁公司若怠于核查租赁物的真实性，则可能面临合同无效的风险。

前述案例提示融资租赁公司在尽职调查时，需重点核实租赁物是否真实存在且特定化，重点搜集并固定以下证据：

1.应当综合审查采购合同、租赁物清单、支付凭据、发票等关键要素。

（1）审查采购合同时，不仅要看合同原件，更要注意核对合同项下物品的真实性，支付凭证和发票等能否与合同列明信息一一对应。融资租赁公司应在放款前的尽调中，要求承租人提供租赁物购买合同、发票、入库单、签收单、设备具体型号、编号等材料的原件并留存加盖公章复印件。

（2）租赁物清单往往作为融资租赁合同的附件存在，反映的是出租人与承租人之间租赁物的具体情况。在租赁物清单中应当明确租赁物的具体情况，包括名称、型号、数量、规格、技术性能等，且均需与真实租赁物能够一一对应。

（3）发票是根据议定条件由购买方向出售方付款的重要凭证，是证明租赁物真实存在的重要证据；核查发票必须注意日期、数量、产品名称，同时要注意核对发票的真实性和完整性，前述案例出租方提供租赁物发票与真实发票和设备无法对应是认定租赁物不存在的重要原因。

2. 注重对租赁物进行实地查访的环节，对租赁物要进行现场取证的留档工作，包括拍照、视频等。留档过程中应在租赁物所有权或型号等标识之处进行重点记录，并对拍摄的时间及地点作出明确的标注。此外，也可通过为租赁物办理保险的方式证明租赁物真实存在，因为保险公司出具保单过程中往往会对租赁物进行现场调查，故投保材料与一般证明材料结合能够有效证明租赁物的真实性。

3. 查询所有权登记或动产融资统一登记系统的登记信息。但需注意动产融资统一登记系统的登记内容系由登记人自行填写，故登记材料难以单独作为证明租赁物真实存在的证据。如前述案例一，仅进行融资租赁登记不足以认定租赁物真实存在。尽管如此，还是应当要求登记人尽可能将登记信息完备化，并与合同、实物核对一致。①

4. 融资租赁业务的开展过程中存在前期调查、租赁物确定、实际放款、后续管理等多项程序，且融资租赁公司内部也有相应的审批流程，因此初次尽调与签约或实际发放融资款之间存在较长的时间间隔。在实际发放融资款项前，建议对融资租赁物的实际情况以及中登网登记情况再次进行确认，防止上述期间内，融资租赁物的权属发生变更导致权利落空。

5. 发放融资款项后，租赁物应在显著位置作出标识以使租赁物特定化，包括张贴标签、钢印、对应发票盖章等。目前实践中存在的主要问题是出租人的标识被承租人恶意去除。我们认为，在承租人恶意的情况下，这一问题无法根除。出租人只能根据实践经验选择尽量不易被去除的标识，并加强租

---

① 现行动产融资统一登记系统要求填写以下内容：租赁合同号码、租赁财产币种、租赁财产价值、租赁期限、租赁财产描述、租赁财产唯一标识码（需填写根据法律规定、行业管理确定的能够识别租赁财产唯一性的编码，例如机动车等交通工具的发动机号、机器设备的机身号码等）、租赁财产附件。

赁物管理，定期检查租赁物。[①]

第四节 融资租赁登记

融资租赁关系中的租赁物所有权并非为了彰显权属，而主要体现为担保功能。《民法典》和《担保制度解释》明确了非典型担保合同的类型（包括所有权保留买卖、融资租赁、保理等），并规定这些非典型担保合同只有在"涉及担保功能"时才适用《担保制度解释》的有关规定。在融资租赁关系中，出租人享有的租赁物所有权实际上主要是为租金债权提供担保，出租人不得任意收回或者转让租赁物，租赁物的占有、使用均由承租人享有。为实现融资租赁担保功能的显性化，须通过登记来彰显权利。

一、融资租赁登记的类型

目前融资租赁可在两个登记系统进行登记：一是动产融资统一登记系统的融资租赁业务登记，二是融资租赁物（不动产、特殊动产）的所有权登记。前者是新事物，可能存在一些实务问题：

首先，特殊动产（船舶、航空器和机动车等）融资租赁存在双重登记冲突。普通动产融资租赁在动产融资统一登记系统进行融资租赁业务登记，不动产融资租赁在不动产登记部门进行所有权登记，而特殊动产融资租赁既可在动产融资统一登记系统进行融资租赁业务登记，也可在不动产登记部门进

[①] 《融租解释（2014）》第9条规定："承租人或者租赁物的实际使用人，未经出租人同意转让租赁物或者在租赁物上设立其他物权，第三人依据物权法第一百零六条的规定取得租赁物的所有权或者其他物权，出租人主张第三人物权权利不成立的，人民法院不予支持，但有下列情形之一的除外：（一）出租人已在租赁物的显著位置作出标识，第三人在与承租人交易时知道或者应当知道该物为租赁物的……" 2020年《融租解释》修正后将该规定删去，引发有标识能否作为第三人非善意证据的争议。我们认为，该条虽然删去，但原理未变：如果租赁物的显著位置上已经存在标识，第三人在与承租人或者租赁物的实际使用者进行交易时，其实可以知晓融资租赁法律关系的存在即出租人才是真正的权利人，第三人无法构成善意取得；反之，如果没有标识或者标识已经被去除，那么第三人在其他条件符合的情况下，可推定为善意。另外，如果第三人在标识存在之时知道该标的物的实际归属，且知道标识虽不存在，其所有权并未改变，也无法认定该第三人为善意。参见最高人民法院民法典贯彻实施工作领导小组主编：《中华人民共和国民法典合同编理解与适用［三］》，人民法院出版社2020年版，第1667页。

行所有权登记。特殊动产在两个登记部门的不同登记，如果登记时间不一致，应当以哪一个登记时间为准？理论上而言，只要进行了任一登记，就已经完成了公示。但此问题在实践中并不明确。我们建议，在从事特殊动产融资租赁业务时，融资租赁公司应当第一时间一并完成融资租赁业务登记和相关的所有权登记。

其次，普通动产融资租赁在动产融资统一登记平台进行登记，但此种融资租赁业务登记的法律效力如何？是否可以视作完成所有权登记？《民法典》第745条规定，出租人对租赁物享有的所有权，未经登记，不得对抗善意第三人。该条指向"所有权登记"，而非其他类型登记。因此融资租赁业务登记在性质上是否属于所有权登记，至关重要。

在不动产和特殊动产的所有权登记时，相关的登记主管机关会对物的权属进行形式审查，要求登记人提供相关的证明文件材料；而目前的动产融资统一登记平台，相关登记完全由当事人自主办理①，这就难以避免部分人在无权的情况下进行登记，可能产生与实际所有权人不符或者一物多登的情况。所以严格来讲，普通动产的融资租赁业务登记不可以等同于其所有权登记。但问题是，目前并不存在普通动产的所有权登记系统，而融资租赁业务登记起码可以产生初步的公示效果，第三人可以通过查询融资租赁业务登记了解相关物权信息。我们认为，如果拘泥于其严格意义上的所有权未经登记，按《民法典》第745条规定认为出租人的所有权未经登记不得对抗"善意第三人"，对普通动产的出租人太不公平。因此建议从业务实际出发，通过司法解释或部门规章对动产融资租赁业务登记的法律效力进行一定的明确：对于普通动产融资租赁而言，只要在动产融资统一登记平台进行融资租赁业务登记，即可视为已完成权利公示，产生对抗效力。司法实践中已有支持案例，如浙江省高院（2019）浙民终1567号融资租赁合同纠纷等。

最后，在自抵押模式下，融资租赁还涉及第三种登记——抵（质）押登记。《浙江融租指引》第4条规定，县级以上人民政府及其有关部门应当依法为融资租赁公司开展业务提供便利，及时为其办理抵（质）押登记。这一条规定中明确的是为抵（质）押登记提供便利，而这类登记在融资租赁中应当

---

① 《国务院关于实施动产和权利担保统一登记的决定》（国发〔2020〕18号）第3条规定，纳入统一登记范围的动产和权利担保，由当事人通过中国人民银行征信中心动产融资统一登记公示系统自主办理登记，并对登记内容的真实性、完整性和合法性负责。登记机构不对登记内容进行实质审查。

只属于增信措施的登记。融资租赁的关键之处在于所有权的转移,所有权登记才应当是重中之重。(关于自抵押模式的合法性,详见本章第一节第五部分的分析。)

二、融资租赁的登记对抗效力

融资租赁合同的担保功能仅能约束合同当事人,除非经过登记。《民法典》第745条规定:"出租人对租赁物享有的所有权,未经登记,不得对抗善意第三人。"该条明确了融资租赁的租赁物所有权登记具有对抗效力,对于融资租赁业务有重要意义。首先,这类登记具有类似物权公示的作用,用以表明出租人所有权。其次,登记制度起到了保护善意的交易第三方的作用,交易第三方可以通过查询相关登记,了解租赁物的状态,避免未来就该租赁物产生权属方面的争议。最后,如果租赁物产生权属纠纷,租赁物的登记情况有利于法院查明案件事实和承租关系确立的时间点,进一步防止当事人存在伪造合同等情况。因此,及时作融资租赁登记十分必要。

《民法典》第745条规定的"善意第三人"包括善意的租赁物受让人、租赁物转承租人、承租人的其他债权人(包括有担保和无担保债权人)等。以融资租赁登记对抗租赁物受让人为例,如果承租人将租赁物进行无权处分,对外出售,则出租人是否可以向受让人主张所有权?如果租赁物是不动产,则其物权的变动以登记为生效要件,一般情况下不会出现承租人可以私自处分租赁物所有权的情形。如果租赁物是动产,其物权变动以交付为生效要件,则会出现承租人无权处分的情形。我们认为,已经转让给出租人但未经登记的租赁物所有权,不能对抗善意买受人,出租人不可以向善意买受人主张所有权;而如出租人对该租赁物所有权已经登记,则可以对抗买受人,出租人可以主张所有权。

所谓"未经登记不得对抗善意第三人",《担保制度解释》作了进一步明确。《担保制度解释》第67条规定,在所有权保留买卖、融资租赁等合同中,出卖人、出租人的所有权未经登记不得对抗的"善意第三人"的范围及其效力,参照本解释第54条的规定处理。《担保制度解释》第54条规定:"动产抵押合同订立后未办理抵押登记,动产抵押权的效力按照下列情形分别处理:(一)抵押人转让抵押财产,受让人占有抵押财产后,抵押权人向受让人请求行使抵押权的,人民法院不予支持,但是抵押权人能够举证证明受让人知道或者应当知道已经订立抵押合同的除外；（二）抵押人将抵押财产出租给他人并移转占有，抵押权人行使抵押权的，租赁关系不受影响，但是抵押权人能够举证证明承租人知道或者应当知道已经订立抵押合同的除外；（三）抵押人的其他债权人向人民法院申请保全或者执行抵押财产，人民法院已经作出财产保全裁定或者采取执行措施，抵押权人主张对抵押财产优先受偿的，人民法院不予支持；（四）抵押人破产，抵押权人主张对抵押财产优先受偿的，人民法院不予支持。"由此我们可以推导出，在动产融资租赁未登记的情况下：

1. 出租人无法对抗善意的租赁物受让人。承租人转让租赁物，受让人占有租赁物后，出租人向受让主张租赁物所有权的，人民法院不予支持，但是出租人能够举证证明受让人知道或者应当知道已经订立融资租赁合同的除外。

2. 出租人无法对抗善意的租赁物次承租人。承租人将租赁物出租给第三人并转移占有，出租人主张所有权的，承租人与第三人的租赁关系不受影响，但是出租人能够举证证明第三人知道或者应当知道已经订立融资租赁合同的除外。

3. 出租人无法在执行程序中对抗承租人的其他债权人。承租人的其他债权人向人民法院申请保全或者执行租赁物，人民法院已经作出财产保全裁定或采取执行措施，出租人主张租赁物所有权的，人民法院不予支持。

4. 出租人在破产程序中无法对抗其他债权人（或破产管理人）。承租人破产，出租人主张租赁物所有权的，人民法院不予支持。

三、实务问题一：特殊动产融资租赁所有权登记的对抗效力

融资租赁实践中，对特殊动产的所有权登记性质与法律效力存有较大争议。理论上，租赁物分为不动产和动产，不动产的所有权转移以登记为生效要件，而动产的交付即所有权转移，动产的登记仅产生对抗效力。其中，特殊动产有专门登记部门，一般动产则并无所有权登记部门。那么对于车辆、船舶、航空器这类特殊动产，其所有权的转移以交付为准还是登记为准？在融资租赁业务中是否必须经登记才算完成了所有权转移？

《民法典》第224、225条及《民法典合同编理解与适用》对《民法典》第745条的解读等都明确：无论是普通动产还是船舶、航空器和机动车等特殊动产，其设立和转让，公示要件均为占有，对于特殊动产，登记只是作为

对抗要件。① 公安部在《公安部关于机动车财产所有权转移时间问题的复函》（公交管〔2000〕110号）中也就此问题有过回应："根据现行机动车登记法规和有关规定，公安机关办理的机动车登记，是准予或者不准予机动车上道路行驶的登记，不是机动车所有权登记。因此，将车辆管理部门办理过户登记的时间作为机动车财产所有权转移的时间没有法律依据。"因此，对于车辆、船舶、航空器这类特殊动产，其所有权的转移是交付生效，在融资租赁业务中并非必须登记才算完成所有权转移。

但司法实践中出现了要求特殊动产必须登记才算完成所有权转移的案例：

【案例3】 梅赛德斯-奔驰租赁有限公司、毛萍波融资租赁合同纠纷②

二审法院认为，奔驰租赁公司向毛萍波购买其已从卖方处购得的车辆并回租给毛萍波使用，毛萍波虽同意向奔驰租赁公司转让车辆所有权，但并未办理登记，故所有权实际并未转移。毛萍波向出卖方支付约定的预付款，奔驰租赁公司将剩余价款转入卖方指定账户，并就承租物设定抵押，该合同实际构成抵押借款，系属民间借贷法律关系。

本案一判决生效后，对整个融资租赁行业产生了巨大影响。实践中对于车辆等动产，常采用自抵押模式，融资租赁公司仅办理抵押登记而不办理所有权转让登记并非个例。其中很大的一个原因在于，动产的所有权转移是以交付为生效要件，登记是对抗要件。从《物权法》时代到《民法典》时代，这一物权的公示方式并未发生变化。根据《民法典合同编理解与适用》，船舶、航空器和机动车等物权的设立、变更、转让和消灭，虽然在办理登记之后才能对抗善意第三人，但在登记前，物权变更在当事人之间已经生效。③宁波中院的这个案例否认当事人之间融资租赁法律关系的成立，即使是在当事人之间，也不认可交付使得特殊动产发生物权变动的效力。我们认为这个判决结果值得商榷。

四、实务问题二：出租人对租赁物的所有权无法对抗正常经营活动中的买受人

《担保制度解释》第56条规定："买受人在出卖人正常经营活动中通过支

---

① 最高人民法院民法典贯彻实施工作领导小组主编：《中华人民共和国民法典合同编理解与适用[三]》，人民法院出版社2020年版，第1658页。
② 浙江省宁波市中级人民法院（2020）浙02民终3147号。
③ 最高人民法院民法典贯彻实施工作领导小组主编：《中华人民共和国民法典合同编理解与适用[三]》，人民法院出版社2020年版，第240页。

付合理对价取得已被设立担保物权的动产，担保物权人请求就该动产优先受偿的，人民法院不予支持，但是有下列情形之一的除外：（一）购买商品的数量明显超过一般买受人；（二）购买出卖人的生产设备；（三）订立买卖合同的目的在于担保出卖人或者第三人履行债务；（四）买受人与出卖人存在直接或者间接的控制关系；（五）买受人应当查询抵押登记而未查询的其他情形。前款所称出卖人正常经营活动，是指出卖人的经营活动属于其营业执照明确记载的经营范围，且出卖人持续销售同类商品。前款所称担保物权人，是指已经办理登记的抵押权人、所有权保留买卖的出卖人、融资租赁合同的出租人。"

从上述规定可以看出，出租人对租赁物的所有权无法对抗正常经营买受人。我们建议融资租赁出租人拒绝接受以承租人的产品作为租赁物，避免被承租人在正常经营活动中出售给买受人，导致租赁物无法起到担保作用。如冰箱制造商的库存冰箱就不适合作为融资租赁的租赁物，因为其可能违反以"固定资产"作为租赁物的规定，且出租人对库存冰箱即使办理了融资租赁登记，也无法对抗正常购买的消费者。

根据《民法典物权编理解与适用》[①]，综合善意买受人和正常经营买受人的相关规则，在动产抵押权人与买受人之间出现权利竞存的情况时，相应的优先顺序如下：正常经营买受人＞已登记的抵押权人＞善意买受人＞未登记的抵押权人＞恶意买受人＞未取得所有权的买受人。那么融资租赁出租人的所有权作为一种担保权利，也可以得出类似的权利顺位：正常经营买受人＞已登记的出租人＞善意买受人＞未登记的出租人＞恶意买受人＞未取得所有权的出租人。

五、实务问题三：融资租赁与价款优先权的关系

《民法典》第416条规定："动产抵押担保的主债权是抵押物的价款，标的物交付后十日内办理抵押登记的，该抵押权人优先于抵押物买受人的其他担保物权人受偿，但是留置权人除外。"这一规定被称为价款优先权或者价款超级优先权。

《担保制度解释》第57条进一步规定，"担保人在设立动产浮动抵押并办

[①] 最高人民法院民法典贯彻实施工作领导小组主编：《中华人民共和国民法典物权编理解与适用[下]》，人民法院出版社2020年版，第1083页。

理抵押登记后又购入或者以融资租赁方式承租新的动产,下列权利人为担保价款债权或者租金的实现而订立担保合同,并在该动产交付后十日内办理登记,主张其权利优先于在先设立的浮动抵押权的,人民法院应予支持:(一)在该动产上设立抵押权或者保留所有权的出卖人;(二)为价款支付提供融资而在该动产上设立抵押权的债权人;(三)以融资租赁方式出租该动产的出租人。买受人取得动产但未付清价款或者承租人以融资租赁方式占有租赁物但是未付清全部租金,又以标的物为他人设立担保物权,前款所列权利人为担保价款债权或者租金的实现而订立担保合同,并在该动产交付后十日内办理登记,主张其权利优先于买受人为他人设立的担保物权的,人民法院应予支持。同一动产上存在多个价款优先权的,人民法院应当按照登记的时间先后确定清偿顺序。"

首先,融资租赁出租人的权利作为价款优先权,经登记后可以对抗登记在先的浮动抵押。例如某融资租赁公司于5月1日向承租人交付租赁物,承租人为担保金融借款,于5月3日将租赁物抵押给某银行并进行抵押登记,而融资租赁公司于5月9日方办理租赁物权属登记。此时虽某融资租赁公司的登记时间晚于某银行的抵押登记时间,但就租赁物变价所得仍优先于某银行受偿。此即体现融资租赁中租金超级优先权的优先性。对于融资租赁公司而言,须在动产交付后第一时间且不晚于十日内完成登记。

其次,承租人以融资租赁方式承租新的动产才有可能设立价款优先权。从法律与司法解释规定来看,超级优先权立法目的在于鼓励融资,而且在新购入的动产上设立超级优先权本身并不损害浮动抵押权人的利益。如果售后回租业务亦可适用于《民法典》第416条,则可能损害浮动抵押权人的利益。因此,笔者亦认为,售后回租业务中出租人不得依据《民法典》第416条主张超级优先权。但是实践中也需要区分,并非所有售后回租均不得设立价款优先权。在许多融资租赁业务中,虽然交易文件看起来是售后回租,但其实是把直租业务做成了售后回租,本质上租赁物仍然是承租人新购入的动产。[1]

最后,同一动产上存在多个价款优先权的,人民法院应当按照登记的时间先后确定清偿顺序。由于动产融资统一登记公示系统为自主办理,登记机构不对登记内容进行实质审查,故为尽可能避免争议(多个超级优先权之间

---

[1] 申骏金融:《担保功能主义对融资租赁实务的主要影响》,载"金融争议观察"公众号,https://mp.weixin.qq.com/s/9Y6FEm-ABNlKq0Mh5g4f9g,2021年5月27日访问。

仍按照登记时间先后确定清偿顺序），即使存在前述超级优先权的规定，仍建议在业务开展之初尽快完成登记。

另外，对于其他担保物权人而言，超级优先权的存在则可能致其面临权利顺位后移的风险。因此，须考虑在设立担保物权之日起或至少在有证据证明押品已交付至抵押人管控之日起的十日后，再次查询该物的登记信息，确认无其他权利负担后再行放款。

第五节　融资租赁纠纷的诉讼应对

一、融资租赁纠纷出租人的救济路径

（一）融资租赁出租人的三种救济路径

《民法典》第752条规定："承租人应当按照约定支付租金。承租人经催告后在合理期限内仍不支付租金的，出租人可以请求支付全部租金；也可以解除合同，收回租赁物。"也即，在承租人违约后，出租人的救济方式有两种：一为"请求支付全部租金"，即在约定的履行期限届满之前要求承租人提前支付全部租金；一为"解除合同，收回租赁物"。依据《融租解释（2020）》第10条第1款，"出租人既请求承租人支付合同约定的全部未付租金又请求解除融资租赁合同的，人民法院应告知其依照民法典第七百五十二条的规定作出选择。"出租人仅能在上述两种救济途径中进行选择，择一而适用。

基于融资租赁的非典型担保属性，《担保制度解释》从非典型担保的角度出发赋予了出租人第三种请求的选择。《担保制度解释》第65条第1款规定："在融资租赁合同中，承租人未按照约定支付租金，经催告后在合理期限内仍不支付，出租人请求承租人支付全部剩余租金，并以拍卖、变卖租赁物所得的价款受偿的，人民法院应予支持；当事人请求参照民事诉讼法'实现担保物权案件'的有关规定，以拍卖、变卖租赁物所得价款支付租金的，人民法院应予准许。"根据该规定，出租人在起诉主张租金加速到期的同时，还可以主张以拍卖、变卖租赁物所得价款清偿租金债权，可以向人民法院申请以"实现担保物权案件"这一特别程序进行受偿。从程序上看，在同一诉讼中，出租人可以要求"全部未付租金＋租赁物变现"，而不问是否解除合同。从权利实现的便利程度上看，该规定更有利于交易保护，也更符合非典型担保的属性。

因此，出租人在诉讼中可提出的诉请至少具有以下三个选项：（1）租金

加速到期，主张全部债权；（2）在（1）的基础上要求以拍卖、变卖所得价款受偿；（3）解除合同＋收回租赁物。（1）和（2）可在同一诉讼程序中同时提出，（3）不可和（1）或（2）在同一诉讼程序中提出。

（二）判决租金加速到期后承租人未履行，出租人可否再诉请解除合同

《融租解释（2020）》第10条第2款规定："出租人请求承租人支付合同约定的全部未付租金，人民法院判决后承租人未予履行，出租人再行起诉请求解除融资租赁合同、收回租赁物的，人民法院应予受理。"按照该规定，出租人可先主张融资租赁合同项下租金加速到期，若判决后承租人未履行，则可另行起诉请求解除融资租赁合同。但是，只要融资租赁合同已经被解除，则出租人不得再起诉主张租金加速到期并主张拍卖、变卖租赁物，只能要求承租人返还租赁物并赔偿损失。

在担保功能主义模式下，融资租赁交易实质上就是具有担保功能的交易。无论出租人主张加速到期还是主张解除合同，出租人都必须对租赁物进行清算，两者最终的法律效果相差不大。除非租赁物对出租人有特殊意义，或者出租人认为其收回租赁物后自行处置获得的价值高于由法院拍卖、变卖租赁物可能获得的价值，否则出租人并非一定要取回租赁物。因此可能要根据承租人的实际情况并参考租赁物的价值选择相应的诉讼方案。

但由此带来的另外一个问题是：如果出租人在两个诉讼中均取得了胜诉判决，将出现出租人同时持有两份生效裁判，并申请法院分别执行租金债权与租赁物的情形。如果两个案件的法院判决不一致，可能存在出租人同时以两个判决为据分别申请执行的问题。在审判实务中，已出现此种情形。理论上说，基于新的事实（承租人不履行给付全部租金的判决）而产生的新的判决的效力在法理上实际已替代了既有判决，且承租人亦可在执行程序中对第一个判决提出执行异议，故实际上并不会导致承租人被双重执行。

（三）催告程序是否为解除合同与加速到期的前置程序

当承租人违约，出租人欲提起诉讼主张解除合同或主张融资租赁合同项下所有租金加速到期，是否需要履行催告程序？《民法典》第752条规定："承租人应当按照约定支付租金。承租人经催告后在合理期限内仍不支付租金的，出租人可以请求支付全部租金；也可以解除合同，收回租赁物。"《融租解释（2020）》第5条第1项、第2项以及《融租解释（2014）》第12条第2项、第3项均规定，出租人必须履行催告程序才能解除融资租赁合同，《担保制度解释》第65条亦有类似规定。对此有两个问题值得讨论，一是融资租赁

合同能否约定排除出租人的催告义务,二是未催告而直接提起诉讼主张加速到期或解除合同能否得到法院支持。

对于第一个问题,尽管《民法典》第562条第2款关于合同解除的一般规定并未对约定解除权设置催告程序,但融资租赁合同有其特殊性。第一,融资租赁合同具有"不可解约性",守约方须为违约方提供一个补救的机会成为立法与司法惯例。如国际统一私法协会《国际融资租赁公约》第13条第5款规定:"在违约可以补救的情况下,除非出租人已经通知承租人给予承租人一个对违约作出补救的合理机会,否则出租人不得行使其加速收取租金或者终止租赁协议的权利。"第二,对催告程序的设置并不会损害出租人的利益。在通常情况下,租赁物出租人依照承租人的指示进行购买和出租的,其对出租人而言并不具有使用价值,出租人仅依靠其获得租金收入,若出租人径行解除合同、收回租赁物,并不利于出租人自身的利益之实现。① 因此我们认为,若融资租赁合同约定排除《民法典》第752条规定的催告期限,存在不被法院支持的风险。

对于第二个问题,出租人未经催告即起诉要求解除合同或者加速到期的,若承租人在诉讼中仍未支付欠付租金的,法院一般会支持租金加速到期或解除合同的诉请,因为出租人起诉行为本身就可视为一种催告行为。最高人民法院在《民法典合同编理解与适用(三)》中也持这一观点。如江苏省南京市中级人民法院(2015)宁商终字第1473号案件即进行了如此判决。但正因起诉行为本身即为一种催告行为,因此也应当为承租人设定合理的期限,"可将起诉状送达承租人的时间作为出租人的催告时间,并为承租人确定合理的履行期限",在实务中往往以案件审理所持续的时间作为承租人的履行期限,若承租人在审理阶段补交了到期未付租金,承担了逾期付款的违约责任,则法院可能对出租人租金加速到期或者解除合同的诉请不予支持,这一观点也得到了许多法院的支持,如湖北省武汉市中级人民法院在(2014)鄂武汉中民商终字第00640号案件以及福建省福州市中级人民法院在(2018)闽01民终3771号案件中均作出了如上判决。

二、诉请租金加速到期中的违约金或逾期利息

《融租解释(2020)》第9条规定:"承租人逾期履行支付租金义务或者迟

---

① 最高人民法院民法典贯彻实施工作领导小组主编:《中华人民共和国民法典合同编理解与适用[三]》,人民法院出版社2020年版,第1703—1704页。

延履行其他付款义务，出租人按照融资租赁合同的约定要求承租人支付逾期利息、相应违约金的，人民法院应予支持。"出租人主张融资租赁合同项下租金加速到期，实际上是要求承租人继续履行合同并立即支付已经到期未付租金和未到期租金。对于已经到期未付租金，出租人可依据合同约定主张违约金，自无争议。然而尚未到期但因承租人违约而加速到期的租金，出租人可否自加速到期日起主张逾期利息或违约金？司法实践中存在较大争议。

（一）观点一：不得就加速到期的租金计收违约金

反对观点认为：尚未到期租金因加速到期而提前到期，出租人在获得其所主张的全部未付租金后，已经实现了全部预期利益，这将导致承租人丧失未到期租金的期限利益，已兼具对其违约行为的补偿和惩罚性质。违约金的性质以补偿性为主，兼具惩罚性，如果出租人行使加速到期权利后再叠加主张未到期租金部分的违约金，属于重复行使违约救济方式，额外增加了承租人的负担。因此，对于未到期租金的违约金部分，不能作为出租人的损失而要求承租人负担。上海市第一中级人民法院在（2018）沪01民终403号判决中即持这一观点。但我们认为，这种观点无法起到对承租人的督促作用，也无法保障出租人的权益，值得商榷。

（二）观点二：依合同约定计收违约金

支持观点认为，在融资租赁合同已经明确约定加速到期租金可以计收逾期利息或违约金的情况下，出租人就加速到期租金主张逾期利息或违约金具有合同依据，应予支持。其理由主要包括两点：一是法律未禁止合同约定对加速到期租金计收违约金；二是原本未到期的租金因加速到期而变成到期应付，若承租人未支付就应按照合同约定支付违约金。这种观点在最新的司法实践中较为主流，如天津市高级人民法院于2019年12月13日通过的《关于审理融资租赁合同纠纷案件若干问题的审判委员会纪要（一）》以及北京市高院（2017）京民终406号、上海金融法院（2019）沪74民终246号等判决中均采纳了此种观点。上海市高级人民法院金融审判庭、上海金融法院课题《融资租赁合同纠纷类案办案要件指南》中认为，"若出租人主张加速到期租金的违约金并且具有明确的合同依据的，应予支持，在约定不明的情况下则不予支持"。

（三）观点三：从每期租金自然到期的次日起计收违约金

在租金未加速到期而是按照合同约定的各期租金到期日到期的情况下，如果承租人未于到期之日支付该期租金，则应支付相应违约金。为平衡承租人与出租人的利益，对于加速到期的租金亦可以参考租金自然到期情况下违约金的计算方式，即对于加速到期的租金仍然从每期租金自然到期的次日起计收违约金。一方面，承租人如果在自然到期日之前向出租人支付了加速到期的租金，则本身属于违约应受的惩罚；另一方面，若其在租金自然到期日之后仍未支付加速到期的租金，则必须支付违约金，亦可从侧面督促承租人尽快履行租金支付义务。北京市高级人民法院作出的（2019）京民终185号判决即采这一观点。

对于出租人而言，应综合考虑融资租赁合同约定、诉讼时间成本、违约金金额大小等多方面因素，选择合适的合同约定及诉请方案。

三、实现担保物权案件程序的适用

出租人在起诉主张租金加速到期的同时，当事人可请求参照"实现担保物权案件"的有关规定以拍卖、变卖租赁物所得价款支付租金。在实现担保物权程序中，法院仅进行形式审查：一是担保物权是否有效存在，二是担保物权实现的条件是否成就，三是担保财产是否能被执行。若当事人对此提出异议：对实现担保物权有部分实质性争议[①]的，可以就无争议部分裁定准许拍卖、变卖担保财产；对实现担保物权有实质性争议的，裁定驳回申请，并告知申请人向人民法院提起诉讼。

实现担保物权特别程序虽在法律、司法解释中已作出明确规定，但实践中并未广泛采用。在融资租赁案件中适用实现担保物权案件程序还存在众多问题，如通过诉讼确定融资租赁关系是否是适用这一程序的前置程序？若出租人已通过诉讼取得生效裁判文书支持出租人的诉请，出租人在可依据生效裁判文书直接申请法院执行的情况下，申请实现担保物权的意义何在？《担保

---

① 具体来说，以下三类争议一般而言将构成实质争议：其一，通过核实证据或者运用证据规则无法核实的事实，需要通过第三方机构鉴定等方式确定的事实争议问题将构成实质争议。其二，根据法律、法规的规定或一般的法律原则无法直接得出确定性判决，需要法官行使自由裁量权得出判决的事项。其三，争议事项实践中存在观点争议，根据法律、法规的规定或一般的法律原则无法直接得出确定性判决，需要法官通过结合案件证据材料，综合论证得出相应结论的事项。
浙江省高级人民法院于2020年12月10日发布的《浙江省高级人民法院关于审理实现担保物权案件若干问题的解答》认为，实质性争议是指法院在综合审查的基础上，对主合同和担保合同的订立、生效、履行、债权额确定等影响担保物权实现的事实认定还存有疑问，无法在该特别程序中形成内心确信。被申请人没有明确依据、仅笼统表示异议的情形，显然不足以构成"实质性争议"，不宜简单地据此驳回申请。

制度解释》第 45 条第 1 款已规定出租人与承租人可以在融资租赁合同中约定出租人有权在承租人违约时将租赁物自行拍卖、变卖并就所得的价款优先受偿，而无须向法院申请实现担保物权，在此情况下实现担保物权案件的程序还有多少的适用空间？此类问题还需立法予以明确，或由法院在裁判过程中形成必要的裁判规则。

四、诉请解除合同的诉讼要点

（一）赔偿范围

《融租解释（2020）》第 11 条规定："出租人依照本解释第五条的规定请求解除融资租赁合同，同时请求收回租赁物并赔偿损失的，人民法院应予支持。前款规定的损失赔偿范围为承租人全部未付租金及其他费用与收回租赁物价值的差额。合同约定租赁期间届满后租赁物归出租人所有的，损失赔偿范围还应包括融资租赁合同到期后租赁物的残值。"第 1 款主要规定出租人享有合同法定解除权的情形，第 2 款主要规定出租人可主张的赔偿范围。

关于赔偿范围需要注意的是"承租人全部未付租金"包括到期未付租金和未到期未付租金。根据上述规定，出租人可以主张的赔偿金额的计算公式为：到期未付租金＋未到期未付租金＋其他费用－收回租赁物的价值＋租赁物残值（如约定期满租赁物归出租人）。

举例言之，融资租赁合同的承租人承租出租人的机器设备，约定租期为 10 个月，每月租金 10 万元，租期届满租赁物归出租人（残值 10 万元）。但是在合同履行到第四个月的时候，承租人只付了一个月的租金（10 万元），出租人起诉承租人解除合同归还租赁物，这个时候的租赁物的价值肯定大于租期 10 个月届满时的残值，我们假定此时租赁物的价值是 30 万元。出租人可以主张的赔偿的金额为：到期未付租金（3＊10 万元）＋未到期未付租金（6＊10 万元）－收回租赁物的价值（30 万元）＋租赁物残值（10 万元）＝70 万元。加上出租人获得了租赁物（价值 30 万元）和正常收取的一个月的租金 10 万元，出租人一共获得的收益是：70 万元＋30 万元＋10 万元＝110 万元。如果承租人没有违约，出租人可以获得全部租金 100 万元和租赁物残值 10 万元，总计也是 110 万元。这就说明，按照本条规定的赔偿范围，出租人的积极损失（现有利益的损失，即 3 个月到期未付租金）和消极损失（可得利益的损失，即 6 个月未到期未付租金）都得到了弥补，出租人的利益恢复到了假设合同正常履行的利益状态。

需注意的是，如果承租人不归还或者不能归还租赁物（如承租人将租赁物转让给了第三人），则出租人收回租赁物的价值为 0，上述计算赔偿金额的公式就变成了到期未付租金＋未到期未付租金＋其他费用＋租赁物残值（如有约定期满租赁物归出租人），不考虑"其他费用"。从该计算公式可以看出，在此情形下出租人的利益状态和合同正常履行的利益状态是一致的。而承租人也承担了不归还或者不能归还租赁物的法律后果，符合公平的原则。

（二）租赁物价值的确定

《融租解释（2020）》第 12 条规定了租赁物价值的确定方法："诉讼期间承租人与出租人对租赁物的价值有争议的，人民法院可以按照融资租赁合同的约定确定租赁物价值；融资租赁合同未约定或者约定不明的，可以参照融资租赁合同约定的租赁物折旧以及合同到期后租赁物的残值确定租赁物价值。承租人或者出租人认为依前款确定的价值严重偏离租赁物实际价值的，可以请求人民法院委托有资质的机构评估或者拍卖确定。"根据该规定，租赁物价值的确定方法（含顺序）是：承租人与出租人协商确定、法院根据合同的约定确定、参照合同约定的折旧和租赁物残值确定、评估或拍卖确定。

对于租赁物价值的确定，融资租赁合同可约定由出租人与承租人共同认可的第三方有资质的评估机构名单，只要是委托名单里的评估机构对租赁物作出的评估结果，出租人与承租人均予以认可，产生的评估费用由承租人负担且承租人不得提出任何异议。同时，融资租赁合同还可结合《担保制度解释》第 45 条之规定，对如何拍卖、变卖租赁物详加约定。但评估或拍卖会延长司法程序周期，增加行权成本，我们建议在融资租赁合同中约定相对公允的租赁物价值/折旧以及到期后残值，便于法院直接参照适用。

（三）承租人的差额返还请求

《民法典》第 758 条规定出租人主张解除合同、收回租赁物时，承租人在一定条件下享有差额返还请求权。上述条件包括：（1）融资租赁合同约定租赁期届满租赁物归承租人所有；（2）出租人主张解除合同时，承租人已支付了大部分租金；（3）出租人拟收回的租赁物价值大于承租人欠付的租金。《担保制度解释》第 65 条第 2 款则明确承租人的差额返还请求权可以抗辩或反诉的方式提出，法院应一并处理，这更加便利了承租人差额返还请求权的行使。

第七章
金融交易中的非典型担保规则之二：保理

保理业在我国的初期发展以国际保理业务为主，法律依据是国际贸易规则，主要有国际统一私法协会制定的《国际保理公约》、国际保理人联合会（FCI）制定的《国际保理规则》和联合国国际贸易法委员会制定的《联合国国际贸易应收款转让公约》。近年来我国国内保理业务量猛增，在规模上早就超过了国际保理。但国内保理的商业实践始终缺乏国内法支撑，只有商务部、银保监会发布的一些监管文件，如 2012 年商务部发布的《关于商业保理试点有关工作的通知》、2014 年银监会发布的《商业银行保理业务管理暂行办法》（银监会令 2014 年第 5 号）以及 2019 年银保监会发布的《关于加强商业保理企业监督管理的通知》（银保监办发〔2019〕205 号）[①]。

《民法典》首次将保理合同作为典型合同予以专章规定。条款数不多，仅有 9 条，但要言不烦，条条切中要害，回应司法实践论争要点。《民法典》将这些相对成熟之通说固定下来，定分止争，有利于统一裁判规则，规范保理业务，促进行业有序发展。

然而《民法典》涉保理合同之规范并不限于上述专章，而是有一隐藏体系。《民法典》中关于保理的法律规范分布于三处：一是《民法典》第三编合同第二分编典型合同第十六章"保理合同"；二是《民法典》第三编合同第一分编通则的第六章"合同的变更与转让"；三是《民法典》第二编物权第四分编"担保物权"部分内容。第一处之条款构成保理合同的显性体系，但不完

[①] 2018 年商务部将商业保理公司制定经营和监管规则职责划给了银保监会（但非银保监会全权直接监管，具体监管主体仍是地方金融管理局），加上原先银监会对银行保理的监管职能，因此不论是银行保理还是商业保理的监管职权都统一于银保监会（只是商业保理的具体监管由地方金融管理局负责）。2023 年 3 月，中共中央、国务院印发了《党和国家机构改革方案》。在中国银行保险监督管理委员会基础上组建国家金融监督管理总局，不再保留中国银行保险监督管理委员会。5 月 18 日，国家金融监督管理总局正式揭牌。这意味着，银保监会正式退出历史舞台。

整,还需结合后两处之条款综合理解。

伴随《民法典》的施行,最高人民法院颁布、修订了诸多司法解释,但涉及保理的只有寥寥几条(如《时间效力规定》第12条、《民事案由规定》第113个案由、《担保制度解释》第66条等)。这些条款显然还不足以完全应对复杂的保理实践。随着司法实践推进,后续必然会有一个专门针对保理的司法解释出台。届时,法律适用的一些争点会更加明确。

本章拟对《民法典》保理合同相关条款结合司法案例予以解读,并提出相应实务建议。

第一节　保理的业务模式

新旧法律条文对比	
《民法典》	《商业银行保理业务管理暂行办法》
第七百六十一条　保理合同是应收账款债权人将现有的或者将有的应收账款转让给保理人,保理人提供资金融通、应收账款管理或者催收、应收账款债务人付款担保等服务的合同。 第七百六十二条　保理合同的内容一般包括业务类型、服务范围、服务期限、基础交易合同情况、应收账款信息、保理融资款或者服务报酬及其支付方式等条款。 保理合同应当采用书面形式。	第六条　本办法所称保理业务是以债权人转让其应收账款为前提,集应收账款催收、管理、坏账担保及融资于一体的综合性金融服务。债权人将其应收账款转让给商业银行,由商业银行向其提供下列服务中至少一项的,即为保理业务: (一)应收账款催收:商业银行根据应收账款账期,主动或应债权人要求,采取电话、函件、上门等方式或运用法律手段等对债务人进行催收。 (二)应收账款管理:商业银行根据债权人的要求,定期或不定期向其提供关于应收账款的回收情况、逾期账款情况、对账单等财务和统计报表,协助其进行应收账款管理。 (三)坏账担保:商业银行与债权人签订保理协议后,为债务人核定信用额度,并在核准额度内,对债权人无商业纠纷的应收账款,提供约定的付款担保。 (四)保理融资:以应收账款合法、有效转让为前提的银行融资服务。 以应收账款为质押的贷款,不属于保理业务范围。 第十三条　商业银行应当根据自身内部控制水平和风险管理能力,制定适合叙做保理融资业务的应收账款标准,规范应收账款范围。商业银行不得基于不合法基础交易合同、寄售合同、未来应收账款、权属不清的应收账款、因票据或其他有价证券而产生的付款请求权等开展保理融资业务。 未来应收账款是指合同项下卖方义务未履行完毕的预期应收账款。

(续表)

新旧法律条文对比	
《民法典》	《商业银行保理业务管理暂行办法》
	权属不清的应收账款是指权属具有不确定性的应收账款，包括但不限于已在其他银行或商业保理公司等第三方办理出质或转让的应收账款。获得质权人书面同意解押并放弃抵质押权利和获得受让人书面同意转让应收账款权属的除外。 　　因票据或其他有价证券而产生的付款请求权是指票据或其他有价证券的持票人无需持有票据或有价证券产生的基础交易应收账款单据，仅依据票据或有价证券本身即可向票据或有价证券主债务人请求按票据或有价证券上记载的金额付款的权利。

一、保理纠纷的溯及力、案由与管辖

1. 《民法典》对保理合同纠纷的溯及

保理合同为《民法典》新增之典型合同，相关规则在《民法典》施行前为空白。因此，《民法典》施行前订立的保理合同发生争议，是否能适用《民法典》保理合同相关规则就成为一个重要问题。《最高人民法院关于适用〈民法典〉时间效力的若干规定》（法释〔2020〕15号）第12条规定："民法典施行前订立的保理合同发生争议的，适用民法典第三编第十六章的规定。"该条明确了《民法典》对施行前订立的保理合同纠纷有溯及力。

2. 保理合同纠纷的案由确定

我国《民法典》首次将保理合同作为典型合同（有名合同）予以规定。这是对近年来保理业务高速发展的法律回应。原《合同法》并未就保理合同作专门规定，在之前的司法实践中也没有保理合同的专门案由，因此受理法院确定的案由五花八门，有保理合同纠纷、借款合同纠纷或其他合同纠纷等多种。《民法典》施行及《民事案件案由规定》修改后，案由问题得到了明确和统一：《民事案件案由规定》增加了第113个案由，即"保理合同纠纷"。

需注意的是，由于原有法律没有关于保理合同的专门规定，法院也不能直接援引国际公约作为裁判依据，过往的许多保理合同纠纷常被认定为金融借款。而《民法典》施行后，也并非所有名为"保理合同"引起的纠纷都会被确定为"保理合同纠纷",还是有一些案件中的交易性质会被认定为"名为保理,实为借贷"。这些案件会按照穿透式审判的要求,以"借款合同纠纷"确定案由及各方当事人之间的权利义务。[①] 这并非无奈之举,而是对案件法律关系穿透表象、准确界定后的正确案由适用。

3. 保理合同纠纷的管辖冲突

保理合同纠纷案件项下涉及保理合同和应收账款的基础合同两个独立的合同关系,且保理合同和基础合同对于发生争议的管辖条款可能存在完全不同的约定。在有追索权保理纠纷的司法实践中,对于保理合同纠纷的管辖,究竟是依据保理合同争议解决条款确定,还是依据基础合同争议解决条款确定(债权转让后基础合同的约定对受让人具有约束力),存有较大争议。

江苏省高级人民法院(2015)苏商辖终字第00216号案件中认为:"保理业务系以债权人转让应收账款为前提,而《诉法解释》第33条规定,合同转让的,合同的管辖协议对合同受让人有效,但转让时受让人不知道有管辖协议,或者转让协议另有约定且原合同相对人同意的除外。保理人既已办理保理业务受让应收账款债权,向应收账款债务人主张应收账款,理应了解基础合同的约定。"该案中江苏高院认为应当适用基础合同中的管辖约定,而不应适用保理合同中的相关约定。

而最高人民法院(2015)民二终字第98号案件中,法院认为:"应收账款的债权转让与保理合同的订立构成一笔完整的保理业务,涉及保理人、应收账款债权人、应收账款债务人三方权利义务主体以及相互之间的权利义务关系。《应收账款债权转让通知书》为保理合同附件的一部分,与保理合同具有同等法律效力,构成完整的保理合同项下的双方权利义务内容。应收账款债务人在《应收账款债权转让通知书》上加盖公章是其真实意思表示,应当视为其接受保理合同相关条款的约束。"该案中最高法认为,应收账款债务人在债权转让通知书上加盖公章,应当视为其接受保理合同中协议管辖条款的约束,故应按照保理合同的约定确定管辖法院。

[①] 《民法典》第667条规定:"借款合同是借款人向贷款人借款,到期返还借款并支付利息的合同。"根据该条规定,其与借款合同的主要差别有三:(1)借款合同只有两方当事人,交易完成不涉及第三方;保理合同虽然只有两方,但交易完成涉及第三方。(2)借款合同的权利义务只有金钱的出借与返还,保理合同的核心是应收账款转让,还可能包括向第三方催收、担保等服务。(3)借款合同的还款义务由借款人履行,保理人的回款主要依靠应收账款债务人的还款实现。

二、保理合同的服务内容及业务类型

《民法典》第761条规定保理合同的内容包括四个方面：第一，提供资金融通；第二，应收账款管理；第三，应收账款催收；第四，应收账款债务人付款担保。保理合同的前提条件是应收账款债权人将现有的或者将有的应收账款转让给保理人。需注意两点：

第一，保理合同或保理业务的核心是"应收账款转让"，这是前提要素。仅有《民法典》第761规定的"资金融通、应收账款管理或者催收、应收账款债务人付款担保等服务"内容的一项或多项，却没有"应收账款转让"，不能构成保理。

第二，《民法典》第761规定的"资金融通、应收账款管理或者催收、应收账款债务人付款担保等服务"内容应是选择性的，保理合同并非必须具备所列举的所有服务功能。换言之，在应收账款转让的前提下，保理人提供其中任一项服务即可构成保理合同。

第三，该条所谓保理人提供的"应收账款债务人付款担保"服务，系指保理人就应收账款债务人的付款义务向债权人提供担保，即如果合同双方约定的是到期保理，则保理商必须提供"坏账担保"——由此产生的法律后果是，在债务人破产时，保理商应该按照约定的比例向让与人支付特定金额。[①]它是保理服务的常见内容之一，但这并非保理合同本身的担保功能。保理合同的担保功能仅仅存在于有追索权的保理中，其实质是应收账款债权人通过债权转让的方式将其对应收账款债务人享有的债权用于担保保理融资款本息的返还。[②]

根据不同的分类标准，保理业务可以分为银行保理和商业保理、有追索权保理和无追索权保理、融资保理和非融资保理、国内保理和国际保理、明保理和暗保理、单保理和双保理、预付保理和到期保理等。限于篇幅，此处不对这些概念作统一辨析，但在相关条款的分析中会分散涉及。

[①] 方新军：《〈民法典〉保理合同适用范围的解释论问题》，载《法制与社会发展》2020年第4期。

[②] 到期保理的"应收账款债务人付款担保"服务，与预付保理的"资金融通"服务，实际上不可能出现在同一个保理合同中，只能二选一。

三、未来应收账款保理

应收账款本为会计学术语。在法律语境下，较为权威的界定是中国人民银行 2007 年 9 月发布的《应收账款质押登记办法》的第 2 条第 1 款："本办法所称应收账款是指权利人因提供一定的货物、服务或设施而获得的要求义务人付款的权利以及依法享有的其他付款请求权，包括现有的和未来的金钱债权，但不包括因票据或其他有价证券而产生的付款请求权，以及法律、行政法规禁止转让的付款请求权。"这个概念本用于应收账款质押，但中国人民银行 2019 年 11 月修订后发布的《应收账款质押登记办法》第 34 条规定："权利人在登记公示系统办理以融资为目的的应收账款转让登记，参照本办法的规定。"也就是说，这个概念同样适用于"以融资为目的的应收账款转让登记"，即商业保理。

有几个问题需重点关注：

（1）"将有的应收账款"是否属于保理合同的标的？

关于将有的应收账款，在现行法中有三处表述，分别为《民法典》第 761 条规定的"将有的应收账款"、《应收账款质押登记办法》第 2 条规定的"未来的金钱债权"、《商业银行保理业务管理暂行办法》第 13 条规定的"未来应收账款"。我们认为，三个表述虽有差异，但核心含义相同，可以混同使用。

这三处规范，对将有的应收账款态度不一。《民法典》与《应收账款质押登记办法》一致，允许将有的应收账款保理融资。换言之，保理合同标的既可以是现有的应收账款，也可以是将有的应收账款。但《商业银行保理业务管理暂行办法》第 13 条规定，"商业银行不得基于不合法基础交易合同、寄售合同、未来应收账款、权属不清的应收账款、因票据或其他有价证券而产生的付款请求权等开展保理融资业务。未来应收账款是指合同项下卖方义务未履行完毕的预期应收账款。"此监管文件到目前为止并未被废止，未来应收账款保理融资仍在银监会的禁止之列。

问题是，《民法典》对将有的应收账款之允许与《商业银行保理业务管理暂行办法》对未来应收账款之禁止，以哪个为准？

我们认为，《民法典》作为上位法，下位法与之冲突时理应优先适用《民法典》规则。然而在《民法典》笼统允许现有或将有应收账款保理融资的前提下，《商业银行保理业务管理暂行办法》作为金融监管文件、部门规章，出于对商业银行的审慎监管要求，对商业银行的保理业务作出一些限制性规定，并不违反《民法典》的"允许型规范"。本质上说，这是金融监管机构对特殊金融机构特殊业务的监管要求，属于特别法。简言之，商业银行保理业务的开展，仍然需要遵守《商业银行保理业务管理暂行办法》的规定，不能进行未来应收账款融资；而在商业保理领域，则无此限制。① 当然在不久的将来，不排除国家金融监督管理总局根据《民法典》修订《商业银行保理业务管理暂行办法》的可能性。

（2）并非所有的"将有应收账款"都可以作为保理合同标的

并不是所有的将来债权都应该被解释为可以成为保理合同客体，关于将来债权范围的解释在让与人破产或者债权多重让与时有非常重要的意义。其理由是，对将来债权让与的慷慨接受存在不利因素，它可能会不公平地损害让与人的其他债权人的利益，尤其是当让与人破产时，由于让与人的真实经济状况不确定，法律的确定性也会受到妨碍。②

将有的应收账款必须要有一定的确定性，才能作为保理合同标的。否则，随便一个自然人或法人组织对外宣称自己将来有一笔虚无缥缈的交易存在，就可进行保理交易，这将引发保理业混乱甚至大规模诈骗。如果基础交易合同尚未生效甚至不存在（例如概括性地转让所有将来产生的应收账款），保理合同的标的无法特定化，则保理合同不成立。

如上海市第一中级人民法院在（2015）沪一中民六（商）终字第640号案件中认为："案涉应收账款所基于的交易事实及其收款权利均发生于保理合同缔结之后，是一种将来发生的债权。将来债权应具有合理期待，即成为一种期待权益，方可受法律保护；否则民事主体不能将子虚乌有之权利转让他人。而将来债权是否具有合理可期待性质，应以是否具有相对确定性为主要判断依据；如该种将来债权毫无可确定因素的，则对该种将来债权的期待难言合理。案涉保理合同仅就将来债权作了期间上的界定，但对于交易对手、

---

① 也有观点认为《民法典》属于司法裁判依据，《商业银行保理业务管理暂行办法》属于金融监管文件。《民法典》的规定并不意味着其必然排斥行政监管机关从金融安全、金融风险防控角度对被监管主体作出更为严格的风控要求。桥归桥，路归路，二者无须人为捆绑。参见李志刚：《〈民法典〉保理合同章的三维视角：交易实践、规范要旨与审判实务》，载《法律适用》2020年第15期。

这种"桥归桥，路归路"的观点是站在国家公权力机关的角度来分析的，但站在市场主体的角度看，实际上保理人的行为只有一个，要么能做，要么不能做。不能说"某个行为合法但不合规（在法院层面可以做，但在金融机构层面不能做）"的提法是错误的，但保理人的行为将无所适从。

② 避免这些不利后果的方法并不是简单地禁止对将来债权的让与，而是要通过登记来保护其他债权人的利益。无论是大陆法系还是英美法系，均强调登记对将来债权保护的意义。参见方新军：《〈民法典〉保理合同适用范围的解释论问题》，载《法制与社会发展》2020年第4期。

交易标的及所生债权性质等债之要素均未提及，亦无其他可对该将来债权予以确定的约定，故难以认定将来债权已相对确定，双方之间并非成立商业保理的法律关系。"

问题的关键在于将有应收账款的"确定性"边界。将有的应收账款通常包括两种：第一种是未来、确定的应收账款，即除时间未到期外其余付款前提已全部得到满足的应收账款，保理人受让此种应收账款并操作保理不论在合规性上，还是在司法上，均属于常规保理的范畴，并无争议；第二种是未来、不确定的应收账款，即除时间未到期外，其余的付款前提也未满足，且能否满足存在不确定性的应收账款，保理人受让此种应收账款并操作保理，在合规性及司法上均具有一定的争议。[①]

完全没有确定性的应收账款，显然不能作为保理合同的标的。但是有一定确定性，又有一定变数的应收账款，在实践中的判断将会依赖于法官的自由裁量和类案检索适用。以工程未来应收保理为例，保理人受让承包人（债权人）在施工总承包合同项下未来可能享有的工程进度款并提供融资，此时工程进度款对应的工程量尚未形成或工程量已形成但尚未计量，建设单位（债务人）支付工程进度款的付款前提并未满足，其并未形成向承包人支付工程进度款的确定义务。此类将来的应收账款能否作为保理合同的标的，争议颇大。

四、票据结算保理

票据结算保理，是指基础交易合同项下的应收账款已由债务人向债权人以背书转让票据（通常为商票）的形式支付，保理人受让该笔应收账款的同时受让作为该笔应收账款结算工具的票据，保理人为债权人提供保理融资的模式。该种模式因有贴现嫌疑，虽具有广泛的应用场景，但争议较大[②]。

[①] 杨杰：《保理非标创新，如何才不触碰红线？》，载"金融监管研究院"公众号，https://mp.weixin.qq.com/s/5bfWTJRl8NSO83gAtks9cw，2021年2月2日访问。

[②] 票据结算保理的争议性比较大的原因在于一个核心法律问题："债务人以票据作为支付结算工具背书转让给债权人后，基础交易合同项下的应收账款是否清偿而消灭"。这个问题在理论界一直存在争议。第一种观点认为，票据支付彻底变更了债的标的，构成债务更新，因此票据支付的同时应收账款消灭；第二种观点认为，只要债权人、债务人没有明确约定票据支付的同时应收账款消灭，从保护债权人的角度出发，票据支付属于新债清偿，即票据作为履行支付应收账款的方法，债权人原则上应当先以票据法律关系请求付款，债权人无法直接依据票据法律关系得到清偿的，既可以根据票据法律关系主张付款，也可以根据票据基础法律关系要求债务人付款。如果采纳第二种观点，债务人以票据支付给债权人后，应收账款并未消灭，只是暂时休眠，也并不属于《合同法》第79条不得转让的情形，因此该笔应收账款依然具备可转让性。

《商业银行保理业务管理暂行办法》与《关于加强商业保理企业监督管理的通知》都明确禁止"以票据而产生的付款请求权开展保理融资业务",《应收账款质押登记办法》第 2 条第 1 款也规定,"本办法所称应收账款……不包括因票据或其他有价证券而产生的付款请求权"。

但《商业银行保理业务管理暂行办法》第 13 条规定:"因票据或其他有价证券而产生的付款请求权是指票据或其他有价证券的持票人无须持有票据或有价证券产生的基础交易应收账款单据,仅依据票据或有价证券本身即可向票据或有价证券主债务人请求按票据或有价证券上记载的金额付款的权利。"从此规定看,被多个文件禁止的"以票据而产生的付款请求权开展保理融资业务"是指没有真实交易背景的光票转让。

这与实践中普遍采用的票据结算保理模式还是有较大区别。现有监管文件所禁止的"以票据而产生的付款请求权开展保理融资业务",实际上指的是没有基础交易合同,只是将票据本身享有的付款请求权作为保理合同标的进行转让而形成的保理业务,这种光票转让可称为"票据付款请求权保理"。而实践中常见的"票据结算保理",是在转让基础合同项下应收账款的同时,以票据作为结算工具。在此模式下,转让标的并非是票据付款请求权,仍然是基础合同项下的应收账款。

票据结算保理业务与商票贴现业务的主要区别在于,票据结算保理业务获得票据具有基础业务关系,而银行等特许经营机构开展票据贴现业务无须具有基础业务关系。保理企业受让商票的基础业务关系是保理企业与保理融资人开展保理业务而受让了应收账款债权,基于该类应收账款债权具有债务人已交付商票用于结算的特征,故保理企业一并受让应收账款债权对应商票。[①]

因此,我们认为,票据结算保理在监管上目前并没有什么禁止性规定[②]。

而检索法院的判决,观点也比较一致,即只要票据本身不存在瑕疵,基于票据的无因性,票据基础关系不影响持票人(保理人)的追索权及付款请

[①] 文娜、张珊:《标准化票据来了,商业保理企业能参与吗?》,载"微言谈法"公众号,https://mp.weixin.qq.com/s/e91oVfkQ3382NpBUXo5bHA,2021 年 2 月 3 日访问。

[②] 从比较法上观察,对票据债权保理的限制也并不是常态。《国际保理公约》对票据债权没有进行明确限制,《联合国国际贸易应收款转让公约》第 4 条第 3 款明确将票据债权纳入保理的范围。有学者详细论证了票据债权可以成为保理合同的客体的理由,有兴趣的读者可参阅方新军:《〈民法典〉保理合同适用范围的解释论问题》,载《法制与社会发展》2020 年第 4 期。

求权。如最高人民法院（2015）民二终字第 134 号判决、北京市二中院（2018）京 02 民初 40 号判决等。特别是，2020 年 5 月 15 日上海高院发布《2019 年度上海法院金融商事审判十大案例》，其中第 8 号典型案例为"以票据转让作为债权转让方式的保理纠纷的司法处理"[①]。该案经上海市浦东新区人民法院一审，上海金融法院二审，在全国范围内具有一定指导参考意义。本案代表了司法系统对涉票据结算保理业务的支持和认可，从司法角度明确了商业保理企业因开展涉票据结算保理业务而受让商业汇票的合法有效性。上海高院选取该案作为十大案例之一的理由（即"裁判意义"部分）中特别提到："涉票据结算保理系保理业务的一种创新形式，保理公司受让应收账款的同时受让了作为该笔应收账款结算工具的票据，保理关系与票据关系出现了交叉，存在基于票据权利及保理合同两类权利主张路径。本案对于'票据到期未能兑付，不能视为债务人履行了付款义务'的认定，厘清了两种不同的法律关系，系对保理创新业务的认可，有利于促进保理行业健康有序发展。"

五、应收账款电子凭证保理

应收账款电子凭证模式，即核心企业依托线上电子平台，基于与供应商之间的应收账款债权发行电子凭证。该电子凭证可按照金额拆分，可作为支付工具不断流转给次级供应商，也可用该电子凭证向保理人融资。该模式充分利用核心企业的信用，为供应商的融资提供便利，实际上是反向保理与区块链等新技术结合的产物。

因该模式可以运用到"区块链技术"，又属于"供应链金融"的一种，目前基本与国家鼓励的政策相呼应。国务院办公厅《关于积极推进供应链创新与应用的指导意见》（国办发〔2017〕84 号）第 3 条第 4 款规定："鼓励商业银行、供应链核心企业等建立供应链金融服务平台，为供应链上下游中小微企业提供高效便捷的融资渠道。鼓励供应链核心企业、金融机构与人民银行征信中心建设的应收账款融资服务平台对接，发展线上应收账款融资等供应链金融模式。"中国银保监会办公厅《关于推动供应链金融服务实体经济的指导意见》（银保监办发〔2019〕155 号）第 2 条第 5 款规定："鼓励银行业金

[①] 上海市浦东新区人民法院（2018）沪 0115 民初 53159 号。

融机构在依法合规、信息交互充分、风险管控有效的基础上，运用互联网、物联网、区块链、生物识别、人工智能等技术，与核心企业等合作搭建服务上下游链条企业的供应链金融服务平台，完善风控技术和模型，创新发展在线金融产品和服务，实施在线审批和放款，更好满足企业融资需求。"从宏观层面看，国家对此持支持态度。

但在具体的模式设计上，仍有如下问题涉及合法合规性：第一，如果应收账款的真实性存在问题，应收账款电子凭证是否会异化成基于核心企业信用发行的"代币"或虚拟货币？第二，核心企业应收账款的真实性是否会影响应收账款电子凭证的法律效力？第三，应收账款电子凭证流转过程中，核心企业破产，是否会触发破产撤销权？第四，该模式依托线上电子平台开展应收账款电子凭证的拆分、转让、保理等操作，这个电子平台本身是否需要金融牌照？具体监管规则如何？第五，应收账款电子凭证的拆分与转让，是否会触发向不特定对象的融资红线，从而被认定为非法集资？这些问题都需要在具体设计商业模式时仔细考量。

六、实务建议

1. 鉴于保理合同纠纷产生后存在管辖的争议，保理人、应收账款债权人、应收账款债务人可在债权转让的同时，根据实际情况就争议解决条款进行约定。

2. 保理人在操作将有应收账款保理时，应当尽量选取具有"合理可期待性"及"相对确定性"的未来应收账款。具体建议为：

（1）搜集债权人、债务人已签署的书面基础交易合同。在某些行业（如医疗行业）普遍存在因债务人强势，仅依靠交易惯例采购不签署书面合同的情形，以此类情形项下操作未来应收保理即存在较大的无效风险。

（2）搜集债权人将大概率履行基础交易合同义务的证据。以采购合同为例，保理人应当收取卖方（债权人）、买方（债务人）之间过往一年内的采购交易凭证，如合同、验收单、送货单、银行转账凭证等，以证明债权人、债务人存在长期合作关系，该采购合同项下的义务未来大概率能够得到履行。如果基础交易合同是工程合同，保理人应当收取承包人（债权人）已实际开工或已经进行开工准备的凭证，比如工地照片、设备租赁合同、材料采购合同等，以此证明债权人已为工程合同的履行投入一定成本，该工程合同项下的义务未来大概率能够得到履行。

（3）保理人应该在放出融资款项后，要求债权人、债务人定期提交基础交易合同项下义务正常履行的证明材料，以便后续一旦发生诉讼，保理人能够举证未来应收账款的形成情况。①

3. 保理人在操作票据结算保理时，应当注意以下问题：

（1）对受让商业汇票所结算的应收账款债权进行充分尽职调查，以确认该应收账款债权的真实性及对应性，不得"无因"受让票据，防止触碰监管红线违规进行民间贴现。

（2）票据结算保理项下应当选择债务人开出并作为直接兑付人的商票，且保理人从债权人处背书受让该商票后不应再次背书转让。只有这样，在保理人依据该商票向债务人托收时，才能够保持票据的付款资金流向与应收账款的资金流向一致，坐实票据仅作为应收账款结算工具的身份。

（3）保理人的工作人员在与客户接触过程中应当避免以口头或书面方式将票据结算保理说成"贴现"，某些保理人的工作人员为便于营销，往往会以让人容易理解的方式阐述自家的产品。在某判决中，保理人法定代表人在与客户洽谈时多次将票据结算保理称为"贴现"，被录音后在该案中被作为债务人抗辩的证据。

4. 在应收账款电子凭证模式下，应当注意以下问题：

（1）尽量选择第三方中立的债权电子凭证交易平台，而非选择在自己设立的平台上交易。根据最高法《关于民事诉讼证据的若干规定》第94条，"电子数据存在下列情形的，人民法院可以确认其真实性，但有足以反驳的相反证据的除外：……（二）由记录和保存电子数据的中立第三方平台提供或者确认的"，储存于中立第三方平台的电子数据的真实性在诉讼中比较容易认定。

（2）尽量选择运用"区块链"等新技术的债权电子凭证交易平台，参照最高法《关于互联网法院审理案件若干问题的规定》第11条"当事人提交的电子数据，通过电子签名、可信时间戳、哈希值校验、区块链等证据收集、固定和防篡改的技术手段或者通过电子取证存证平台认证，能够证明其真实性的，互联网法院应当确认"的规定，债权电子凭证运用区块链等技术的，线上电子数据的真实性应当更加容易认定。

---

① 杨杰：《保理非标创新，如何才不触碰红线？》，载"金融监管研究院"公众号，https://mp.weixin.qq.com/s/5bfWTJRl8NSO83gAtks9cw，2021年2月2日访问。

第二节 虚构应收账款的法律效果

新旧法律条文对比	
《民法典》	原法规
第七百六十三条 应收账款债权人与债务人虚构应收账款作为转让标的,与保理人订立保理合同的,应收账款债务人不得以应收账款不存在为由对抗保理人,但是保理人明知虚构的除外。	无

一、虚构应收账款不影响保理合同效力

保理合同订立之前,保理人需对应收账款债务人进行尽职调查以核实应收账款的真实性,通常包括基础合同、发票、收发货凭证的审核,并以询证函或者确认函的形式由应收账款债务人确认。但是当保理人向应收账款债务人主张权利时,债务人往往以基础交易合同不真实、应收账款虚假等为由提出抗辩。[①]

《民法典》施行前,判断应收账款的真实性至关重要。但在《民法典》施行后,诉讼争议焦点可能会从"应收账款是否真实"转为对"保理人是否善意(明知)"的判断。

1.《民法典》施行前"应收账款真实"的重要性及判断标准

在过往的司法案例中,判断应收账款的真实性是庭审关注焦点,而"是否经债务人确认"则是判断应收账款真实性的重要标准。多个案例表明,即便应收账款不实,只要债务人就应收账款作出确认,使保理人确信应收账款真实存在并发放保理融资,事后给保理人造成损失的,债务人也需承担责任;相反,即便应收账款债权人对债务人确实存在应收账款债权,如果债务人并未就保理合同项下的应收账款作出确认,保理人也无法主张相应权利。

对于经应收账款债务人确认的应收账款,法院通常认可或推定其真实性,

[①] 这种抗辩的表现,与票据法中的"汇票资金关系的无因性"有着巨大区别。《民法典》第763条其实表现出一定程度的无因性:只有在"明知虚构"的情况下,才是有因;而汇票的资金关系中,无论是否明知,都是无因。

进而认定债务人须承担应收账款付款责任。在（2016）最高法民终 322 号借款合同纠纷案件中，应收账款债务人在转让回执上加盖公司印章及法定代表人名章，回执载明："已经收到合同所列货物对应发票且货物质量达到合同规定标准，合同交易金额和付款日属实。我方将按时将应收账款直接付至下述账户。"在应收账款债务人无足够相反证据予以反驳的情况下，一审法院据此认定其收到货物并无不妥。此外，本案涉及的保理业务中，应收账款债务人向保理人承诺将承担保理合同项下的债务，据此应当认定保理人已尽审慎审核义务，难以认定本案涉及对未来应收账款进行保理融资等违规行为。

若据以确认应收账款的文件存在印章不真实等瑕疵，法院通常以应收账款未经债务人确认为由否认债务人的应收账款付款责任。最高人民法院在（2016）最高法民终 705 号合同纠纷案中认为：第一，一审法院采信公安部物证鉴定中心的鉴定结论（与应收账款债务人预留印鉴不一致），并据此认定应收账款债务人并未对保理人在本案保理业务中主张的应收账款进行确认，并无不当。第二，因应收账款债务人未对保理合同项下的应收账款进行确认，其与应收账款债权人是否存在债权债务关系，均不能成为保理人主张其承担案涉保理合同项下应收账款给付责任的理由。第三，本案保理合同约定应收账款债权人将应收账款债权及相关权利转让给保理人，但保理人并未提供证据证明债权人此时对债务人存在确定的债权并将债权转让事宜通知了债务人，保理人也不能基于债权转让关系向债务人主张债权。因此，保理人关于债务人应向其承担应付账款给付责任的上诉主张，缺乏事实依据，本院不予支持。

需说明的是，（2016）最高法民终 705 号合同纠纷案中，仅"未经债务人确认"一个要件（理由一、二），并不足以推导出债务人无须承担应收账款给付责任的结论，还需加上"未通知债务人"的要件（理由三）。对于后一要件的分析，参见本章第三节。

2.《民法典》明确了虚构应收账款不影响保理合同效力

《民法典》第 763 条规定，应收账款债权人与债务人虚构应收账款作为转让标的，与保理人订立保理合同的，应收账款债务人不得以应收账款不存在为由对抗保理人。换言之，不论应收账款是否真实，应收账款债务人均不得拒绝承担应收账款付款责任（除非保理人明知虚构）。所以《民法典》施行后，在诉讼中判断"应收账款是否真实"的重要性会有所降低。

其背后的原理不难理解：尽管当事人虚构应收账款会导致保理人无法取

得真正的债权、保理合同目的不能实现,但这并不影响保理合同的效力。基础交易合同与保理合同是两个彼此独立的合同,并非主从合同关系。基础交易合同的效力不影响保理合同的效力,虚构没有基础交易合同关系的应收账款同样不影响保理合同的效力。[①]

此时,保理人是受欺诈的一方。《民法典》第148条规定:"一方以欺诈手段,使对方在违背真实意思的情况下实施的民事法律行为,受欺诈方有权请求人民法院或者仲裁机构予以撤销。"如果保理人选择撤销,则其可以根据《民法典》第157条的规定,主张撤销保理合同,并要求用款人返还财产、赔偿损失,此时的损失应当为期间的资金占用成本。如果保理人未选择主张合同无效,而是按照保理合同的既有约定,向虚假应收账款债权人主张追索权,则亦应当按照保理合同的约定,支持保理人的诉请。[②]

二、虚构应收账款不影响保理合同效力的例外:保理人"明知"

1. 保理人"明知"(不包括"应当知道")应收账款不真实,债务人可以此为由对抗保理人

保理融资交易中,作为偿债保障措施的应收账款转让,极有可能是保理人据以签订保理合同的信赖所在。但保理业务是一种商业经营行为,无论是银行保理还是商业保理,保理人很难做到对每笔保理业务涉及的应收账款的真实有效进行实质审查。保理人通常只能对基础交易合同、各种往来凭证和相关单据进行形式审查,其基于此的信赖利益受法律保护。[③]因此,《民法典》第763条明确,除非保理人明知,应收账款债权人与债务人虚构应收账款作为转让标的签署保理合同的,债务人不得以应收账款不存在为由对抗保理人。

如果保理企业本身明知没有真实的应收账款转让,则双方之间只有资金的出借和返还,故不构成保理合同关系。《民法典》第146条规定:"行为人

[①] 谢鸿飞、朱广新主编:《民法典评注:合同编·典型合同与准合同(2)》,中国法制出版社2020年版,第542页。

[②] 李志刚:《〈民法典〉保理合同章的三维视角:交易实践、规范要旨与审判实务》,载《法律适用》2020年第15期。

[③] 谢鸿飞、朱广新主编:《民法典评注:合同编·典型合同与准合同(2)》,中国法制出版社2020年版,第543页。

与相对人以虚假的意思表示实施的民事法律行为无效。以虚假的意思表示隐藏的民事法律行为的效力，依照有关法律规定处理。"保理企业与用款人之间的保理合同为虚假意思表示，应属无效。实际构成的借款合同关系是否有效，应当按照借款合同的法律规定处理。

需明确，《民法典》第763条的保理人明知，应为"知道"，不应包括通常的善意无过失认定标准中的"应当知道"的推定情形。所谓"应当知道"，主要是指保理人是否尽到了审查义务。

《民法典》施行前的法院审理思路，考察保理人是否尽到审查义务非常重要。若保理人已尽到审查义务（仍然无法发现应收账款为虚构），那么保理人就不构成"应当知道"（除非保理人明知），保理人即为善意第三人，债务人不得以应收账款不存在为由对抗保理人。若保理人未尽到审查义务，则保理人就会被认为属于"应当知道（由于疏忽导致不知道）"，进而被认定为不是善意第三人，债务人得以应收账款不存在为由对抗保理人。

关于保理人是否已尽到审查义务，最高人民法院在（2017）最高法民再164号案判决书中有典型表述："珠海华润银行在签订案涉《国内保理业务合同》之前，不仅审核了广州大优公司提交的《煤炭买卖合同》和增值税发票的原件，还指派工作人员王永刚到江西燃料公司调查贸易背景的真实性，并对江西燃料公司签署《应收账款转让确认书》《应收账款转让通知确认书》等行为进行面签见证，向江西燃料公司送达了《应收账款转让通知书》，应当认定在案涉保理合同签订之前，珠海华润银行已经就基础债权的真实性问题进行了必要的调查和核实，广州大优公司和江西燃料公司共同向珠海华润银行确认了基础债权真实、合法、有效，珠海华润银行已经尽到了审慎的注意义务，其有理由相信广州大优公司对江西燃料公司享有债权。"[①]

然而《民法典》对保理人的审查义务标准要求是比较低的。《民法典》施行后，法院不再需要考察保理人是否"应当知道"（保理人是否已尽到审查义务），也即保理人"应当知道（而由于疏忽不知道）"应收账款虚假的，债务人亦不得以应收账款不存在为由对抗保理人。据此，在司法审判中，对"明知"的认定标准的把握，应当以一个普通人的常识作为判断标准，对基础交

---

① 实际上，该案法官认为保理人已尽到审查义务的核心标准，还是前文所述的"已经债务人确认"，其他行为都是辅助行为。换言之，过往的司法实践基本遵循这样一种裁判思路：经债务人确认＝保理人已尽审查义务＝推定应收账款真实。

易合同或债务确认书的审查,应当以形式审查为标准,而不应苛求保理人对整个基础交易及所有可能的交易凭证进行实质审查为标准,更不应苛求保理人去实地勘察。当然,如债务人提供录音、视频、邮件等证据证明,保理人直接参与甚至指导虚构应收账款,则应当认定保理人确属明知。[①]

但具体司法实践中法院持何种态度,还有待观察。上海浦东新区法院金融庭撰文指出,在《民法典》下,保理人对基础交易是否真实存在仍负有主动审查义务,对保理合同的效力认定仍然需要考量保理人是否履行了交易上的适当注意义务,对基础交易不真实是否存在明知或应知事由。[②]

2. 本条未规定"债权人单方虚构应收账款"该如何处理

《民法典》第763条的适用前提为"应收账款债权人与债务人虚构应收账款",这里用的是"与",而非"或"。因此,该条的使用情形为债权人与债务人通谋虚构应收账款,并未包括"债权人单方虚构应收账款"的情形。

理论上,保理人可依据《民法典》第148条规定撤销保理合同:"一方以欺诈手段,使对方在违背真实意思的情况下实施的民事法律行为,受欺诈方有权请求人民法院或者仲裁机构予以撤销。"而实践中,有案件则采用了另外一种处理方式。

(2018)最高法民终31号属于单方虚伪表示的案例。该案中,最高法并未因为该案件的应收账款虚假而否定保理合同的效力,其判决认为:"有追索权保理在应收账款到期无法从债务人处收回时,商业银行可以向债权人(让与人)反转让应收账款,或者要求债权人回购应收账款,或者要求债权人归还融资。就本案而言,因重铁物流公司的抗辩理由成立,出现了平安银行无法从重铁物流公司处收回应收账款的情形,平安银行可依规依约向债权人龙翔商贸公司主张反转让应收账款,要求其回购应收账款或者归还融资。"按此,即使应收账款虚假且债务人的抗辩权主张有理并能对抗保理银行,保理银行与债权人之间签署的保理合同仍然有效,保理银行可以基于保理合同向债权人进行追索。

单方虚构应收账款,从目前的立法及司法实践来看,还不能形成统一的认识。

---

① 李志刚:《〈民法典〉保理合同章的三维视角:交易实践、规范要旨与审判实务》,载《法律适用》2020年第15期。
② 王鑫、顾天翔:《〈商法案说〉第25期:涉上海自贸区商业保理案件的审判实践》,载"商法界"公众号,https://mp.weixin.qq.com/s/02Z2S_PIKh_URCr2ZURlzA,2021年2月3日访问。

三、实务建议

1. 尽管《民法典》第763条的规定最大限度减轻了保理人的审查义务，但《民法典》施行后的具体司法实践还未展开，是否会延续原先的裁判思路尚存有不确定性。因此，在保理合同签订及发放保理融资款项前，建议建立相应的尽职调查标准及流程，对应收账款债权尽到审慎的审查义务，通过对包括基础合同、发票、交货凭证等文件的审核来确定应收账款债权的真实性。

尤为重要的是取得债务人对于应收账款债权的确认。保理合同签署后，应及时向债务人发送应收账款确认函，应收账款确认函上明确基础合同、应收账款金额、期限、发票号码等，回执要求债务人盖章并取得应收账款真实的确认以及按时足额支付应收账款的承诺和保证，且建议采取面签的方式并以视频、照片等证据形式予以固定。

2. 银保监会《商业银行保理业务管理暂行办法》对于商业银行开展保理业务具有明确的前置尽职调查和严格审查标准的规定，较《民法典》的规定更为具体，银行在具体保理业务经办过程中，应参照执行。

《商业银行保理业务管理暂行办法》

第七条 商业银行应当按照"权属确定，转让明责"的原则，严格审核并确认债权的真实性，确保应收账款初始权属清晰确定、历次转让凭证完整、权责无争议。

第十四条 商业银行受理保理融资业务时，应当严格审核卖方和/或买方的资信、经营及财务状况，分析拟做保理融资的应收账款情况，包括是否出质、转让以及账龄结构等，合理判断买方的付款意愿、付款能力以及卖方的回购能力，审查买卖合同等资料的真实性与合法性。对因提供服务、承接工程或其他非销售商品原因所产生的应收账款，或买卖双方为关联企业的应收账款，应当从严审查交易背景真实性和定价的合理性。

第十五条 商业银行应当对客户和交易等相关情况进行有效的尽职调查，重点对交易对手、交易商品及贸易习惯等内容进行审核，并通过审核单据原件或银行认可的电子贸易信息等方式，确认相关交易行为真实合理存在，避免客户通过虚开发票或伪造贸易合同、物流、回款等手段恶意骗取融资。

第十六条 单保理融资中，商业银行除应当严格审核基础交易的真实性外，还需确定卖方或买方一方比照流动资金贷款进行授信管理，严格实施受理与调查、风险评估与评价、支付和监测等全流程控制。

3.《民法典》第763条并未明确应收账款债权人虚构应收账款时应当承担的责任，也未解决仅有应收账款债权人或债务人一方参与虚构应收账款时，如何界定责任的问题。因此，建议保理人在保理合同文本中，对上述情形及合同责任均进行明确约定。例如，约定虚构行为导致应收账款不存在的，保理人可以主张应收账款债权人返还保理本金、支付资金占用利息，并要求债务人对该等付款义务承担连带保证责任；又如，如保理人根据《民法典》第763条的规定主张继续履行保理合同的，参与虚构行为的应收账款债权人应就债务人的本息支付义务承担连带保证责任等。

4. 就诉讼而言，需注意应收账款债务人对"保理人明知应收账款债权人与债务人虚构应收账款"负有举证责任。

第三节 保理人通知

新旧法律条文对比	
《民法典》	原法规
第七百六十四条 保理人向应收账款债务人发出应收账款转让通知的，应当表明保理人身份并附有必要凭证。 第五百四十六条 债权人转让债权，未通知债务人的，该转让对债务人不发生效力。	无

一、保理通知为债权转让一般规则的特殊规则

（一）保理与一般债权转让不同，可由保理人向债务人发出转让通知

保理业务的核心是债权转让，原则上应该由债权出让人（应收账款原债权人）对于债权转让的事实进行通知。我国《民法典》第546条规定："债权人转让债权，未通知债务人的，该转让对债务人不发生效力。"[①] 然而在很多

[①] 需注意的是，保理合同成立后，无须通知债务人即可发生债权转移的法律效果。只是对债务人的约束力直接到应收账款转让通知时起。

情况下，债务人可能是实力雄厚、业务数量庞大、与债权人长期合作的核心企业。原债权人并不希望债务人知晓其做保理的事实，以防止信任关系破裂、沟通成本增加或交易习惯紊乱，于是采取了暗保理融资模式。

暗保理，又称"隐蔽性保理"，系指保理合同订立后，暂不将应收账款转让事实通知债务人的保理。由于暗保理并不通知应收账款的债务人，因此应收账款转让对债务人不产生效力。此时保理人既无法确认应收账款的真实性，也不能要求应收账款债务人对其履行付款责任。所以相较于明保理，暗保理存在较大风险。

暗保理的保理人为了规避风险，常常在保理合同中保留自行通知债务人的权利。如在保理合同中约定，保理人有权选择在其认为必要时（如债务人逾期付款到期日届满、资信状况恶化等）自己通知债务人应收账款已经转让的事实；或者要求原债权人事先签署一份空白转让通知，待触发通知条件或时点时，保理人再发出通知。这种由保理人通知债务人的做法，在司法实践中引发了法律效力争议。

我国《民法典》第764条对此问题一锤定音，明确了通知债务人可以由保理人完成（当然也可以由债权人完成）。同时规定，如果由保理人通知债务人的，必须满足必要的要件，即表明保理人身份并附有必要凭证。《民法典》施行后，前述事先签署空白转让通知的做法不再必要。

（二）由受让人向债务人发出转让通知为保理业务的特别规定，不能扩大适用范围

保理中赋予债权受让人（保理人）通知债务人的权利，是一种特别规定。由受让人通知债务人，只能在保理合同中适用。在一般的债权让与中，为了保护债的安定性以及债务人的利益，通知债务人的主体仍应限于债权让与人（原债权人）。赋予第三人通知债务人的权利，无疑将会给债务人增加核实该债权让与真实性的负担，如果再由债权人确认该转让行为，将会提高时间成本，也可能因为债务人对受让人履行困难，提高经济成本。如在买卖合同中，买方已经履行付款义务，将请求卖方交付货物的债权转让给第三人的，受让人与买方所在地不同，可能会导致运输成本增加、交货周期延长。[①] 而保理

[①] 李宇：《保理合同立法论》，载《法学》2019年第12期。

之所以允许由保理人通知债权人，其理由有二[①]：

第一，保理业务具有融资功能。保理合同的性质虽是债权让与合同，但是保理合同兼具甚至更侧重金融属性，债权人让与债权的目的绝大多数情况下是利用保理进行融资。在实务中，保理人通过直接追索权保理和暗保理的普遍适用，满足被保理人的融资需求。在这两种情况下，被保理人（原债权人）的信用状况以及是否存在其他担保措施，是保理融资安全的保障。因此保理人一般不太关心债务人的偿债能力，不通知或者没必要通知债务人。

第二，应收账款转让不会增加债务人履约成本。如果是实物债权让与，必须交付有形物，可能会导致运输、仓储成本增加。应收账款属于金钱债权，债务人履行债务时无须实物交割，只需将相关款项汇入保理人或者原债权人指定的银行账户即可。在这种情况下，债务人无论是对原债权人还是对保理人履行债务，付出的成本相同，并不会增加负担。而其他类型的债权转让，需要因素不相识的第三人的通知而核实债权转让的真实性，其时间成本和能力要求均比较高，因第三人的原因给已方增加额外的负担，亦有违正当性。[②]

二、签收债权转让通知的债务人的抗辩权

应收账款转让通知中载明"债务人放弃基础合同抗辩权""确认同意采用保理合同争议解决条款"等附带内容，债务人也出具签收回执的，上述附带内容的法律效力也在实践中颇有争议。

一般认为，应收账款债务人在向保理人出具的债权转让通知回执中，未载明放弃向保理人就其受让的债权行使瑕疵抗辩权的意思表示的，其仍有权就基础合同向保理人行使抗辩权。最高法在（2017）最高法民申3132号判决书中认为："龙海公司虽然向建行星海支行出具了案涉《应收账款转让通知书（部分）》回执，但因该通知的性质系债权转让通知，通知中载明中达公司已完成发货，要求龙海公司直接向建行星海支行履行付款义务，并明确了付款账户。龙海公司签收的回执内容载明龙海公司收悉该通知，知晓、理解、同意其全部内容，并确认通知书所述的应收账款债权全部转让给建行星海支行，

[①] 谢鸿飞、朱广新主编：《民法典评注：合同编·典型合同与准合同（2）》，中国法制出版社2020年版，第548页。

[②] 李志刚：《〈民法典〉保理合同章的三维视角：交易实践、规范要旨与审判实务》，载《法律适用》2020年第15期。

龙海公司确保按照通知要求及时、足额付款至指定账户。上述债权转让通知内容及回执内容并没有明确载明龙海公司放弃了向建行星海支行就其受让的债权行使瑕疵抗辩权的意思表示。且该通知书及回执系格式条款,因此,二审判决以该通知及回执内容认定龙海公司放弃了就基础合同向建行星海支行行使抗辩权,依据不足。"换言之,应收账款债务人签收债权转让通知,并不意味着必然放弃基础合同抗辩权。

但是,应收账款债务人承诺不就债权作任何抗辩的,应受该承诺约束。最高法在(2014)民二终字第271号判决书中认为:"中铁新疆公司在《应收账款保理业务确认书》中向工行钢城支行作出'不出于任何原因对该等款项进行任何抵销、反请求或扣减'的承诺,是其真实意思表示,故应依法认定为合法有效。根据《应收账款保理业务确认书》中的承诺内容,中铁新疆公司在本案中不得再就涉案债权不成立、成立时有瑕疵、无效或可撤销、债权消灭等可以对抗诚通公司的抗辩事由向工行钢城支行提出抗辩。"最高法在(2018)最高法民终31号一案中认为,认定债务人放弃基础交易合同项下对债权人的抗辩权,应当有基础交易合同债权人、债务人参与下达成的新的放弃上述抗辩权的合意或者债务人一方对于放弃抗辩权作出明确的意思表示,即债务人对放弃抗辩权应有明确的表示。

三、实务建议

1. 暗保理中保理人的通知流程不再需要原债权人事先签署一份空白转让通知,待触发通知条件或时点时保理人再发出通知,而是直接可以在保理合同中约定,保理人保留自行通知债务人的权利。

2. 保理合同约定由保理人通知债务人的,保理人在通知时表明身份,应表明其应收账款受让人身份以及其为银行保理还是商业保理保理人的身份。保理人应当提供的资料包括但不限于营业执照副本影印件、保理合同原件及复印件、基础交易合同复印件、债权人与债务人的往来单据、银行流水清单等资料。保理业务办理了应收账款转让登记的,保理人在通知债务人时还应该告知其应收账款转让登记信息。应收账款转让,债权人和债务人没有通知债务人或者通知债务人提供信息和资料不完整、不真实的,该转让对债务人不发生法律效力。债务人得以此对保理人要求履行债务的请求,予以抗辩。

3. 保理人在通知债务人时,建议要求债务人确认对应收账款债权让与这一事实无异议，同时作出"不出于任何原因对该等款项进行任何抵销、反请求或扣减"的承诺，以保证保理融资业务的顺利开展。

第四节 保理合同的独立性

新旧法律条文对比	
《民法典》	原法规
第七百六十五条 应收账款债务人接到应收账款转让通知后，应收账款债权人与债务人无正当理由协商变更或者终止基础交易合同，对保理人产生不利影响的，对保理人不发生效力。	无

一、保理合同与基础合同的相对独立性

《民法典》第765条明确了保理合同与基础交易合同之间的关系。从法理上讲，保理人受让的应收账款债权产生于基础交易合同，但基础交易合同与保理合同并非主从合同关系，而是具有关联关系的两个独立合同。保理合同对债务人发生效力后，不受基础交易合同变动的影响。保理合同成立后，即发生债权转让的法律效果，而自通知债务人时起对债务人有约束力。债权转让后，让与人（应收账款原债权人）已不再是该笔应收账款的债权人。除非让与人与受让人就债权转让合同达成解除、变更的合意，否则让与人无权对该笔应收账款作任何处分。同样，除非保理合同变更或解除，未经受让人同意，债务人无权与让与人变更、解除基础交易合同。

然而在保理交易中，保理人仅承继了基础交易合同项下的应收账款债权，而非债权债务的概括承受，因此保理人承继了应收账款债权，但应收账款债权人常常并未完全退出基础交易合同。一味不允许变更不利于保护基础合同当事人利益及交易稳定。在基础合同履约过程中，经常会遇到变更价款、变更供货数量、退换货、质量瑕疵处理等具体问题。不允许基础交易合同作相应的灵活处理，有可能影响基础交易的业务正常开展。

因此，需要在保理人利益的保护与基础交易正常变更之间取得平衡。《民法典》第765条规定："应收账款债务人接到应收账款转让通知后，应收账款债权人与债务人无正当理由协商变更或者终止基础交易合同，对保理人产生

不利影响的，对保理人不发生效力。"该条将基础交易合同的合法变动限定在以下的情形：(1)债务人接到转让通知前变更或终止；(2)债务人接到转让通知后，有正当理由变更或终止；(3)债务人接到转让通知后，无正当理由变更或终止，但未对保理人产生不利影响。可以预见，判断基础合同变更的时间、是否有正当理由、是否对保理人产生不利影响，将成为司法实践中的难点。

二、保理合同独立性的前提要件

有以下几个裁判规则值得关注：

(一)以债务人接到应收账款转让通知为时点，保护保理人的合理信赖利益

审判实践中，判断应收账款债务人履行债务的条件和期限，以保理合同签订并将应收账款转让的通知到达债务人之时的合同文本为基本依据，后债权人和债务人无正当理由协商变更或终止基础交易合同的，诸如延长付款期限、附加不合理的条件等，对保理人不产生效力，债务人仍应按照原定条件或期限对保理人履行债务。[①]

有必要引起注意的是，在暗保理模式中，债务人很可能是在马上应支付款项或面临被诉的情形下才知道债权转让事实（参见本章第三节的分析）。对于保理人而言，在此之前债权人和债务人对基础合同有权进行合理变更，风险较大。

另外，实践中存在通过基础合同的补充协议变更合同履行条件时，如对保理人有不利影响，保理人怀疑债权、债务人倒签补充协议时间问题。对此应结合补充协议的内容及交易模式判断，比如常见的"先收后付条款"，对于过单贸易来说，中间环节的主体可能仅是为增加业务量，过单利润非常低，如仅有1%，其在签署买卖合同中约定下游客户付款后再向上游付款有交易模式上的合理性。此类情况保理人如认为倒签，应提供相应证据。[②]

(二)基础合同是否实际履行会影响保理纠纷定性

司法实践中，存在着大量基于未来应收账款开展的保理业务最终被认定

[①] 最高人民法院民法典贯彻实施工作领导小组主编：《中华人民共和国民法典合同编理解与适用[三]》，人民法院出版社2020年版，第1779页。

[②] 郭迎：《保理合同的几个重要裁判规则》，载"海坛特哥"公众号，https://mp.weixin.qq.com/s/mTD7lQL0WcuB85_4Fri8mg，2021年2月3日访问。

为借贷法律关系的案件。主要原因为：保理合同签署时，未来应收账款对应的基础合同能否完全履行存在不确定性。如基础合同未实际履行的，将导致未来应收账款不存在，从而影响基于应收账款债权转让而存续的保理法律关系。就笔者审阅的大量保理合同而言，大部分保理人未就未来应收账款对应的基础合同不能履行或不能完全履行时，保理合同项下的保理本息如何处理问题作出约定，进而产生了应收账款已经不存在，但保理人仍然根据保理合同收取"保理本息"的情况。一旦该类业务进入诉讼仲裁程序，较有可能被定性为"名为保理，实为借贷"。

（三）债务人向保理回款账户以外账户付款，不产生保理清偿效果

最高法在（2016）最高法民再14号合同纠纷案件中认为：在应收账款债务人收到相应的转让通知后，其向保理回款账户以外的其他账户付款不能产生向保理银行清偿债务的法律效果。

（四）基础交易合同变更的"正当理由"判断

关于变更的"正当理由"问题，需要具体问题具体分析，因案件事实不同，裁判结果也不可能完全相同。重在考量自行变更是否为履行基础合同的客观需要，如交易基本模式需要、货物确有质量问题、履行中达到约定或法定解除条件，以及变更事实及合理性是否有明确的证据支持；是否在保理人进行调查时予以出示；债务人是否预先明确放弃了抵销权和抗辩权；债务人是否存在欺诈等严重过错情形等。[①] 最高法在（2018）最高法民终31号判决中认为，重铁物流公司依据补充协议中约定的在贸易下游未向其付款时其有权拒付货款向平安银行提出履行抗辩。法院经审理认为债务人向银行调查人员出示了补充协议；银行多次询证函中债务人只是对债务数额的确认并未明确放弃抗辩权；与平安银行方提供的两份类案判决相比，该案情形不一样且债务人不存在欺诈情形，故债务人重铁物流公司该抗辩理由成立，平安银行无权要求重铁物流公司支付有关款项，平安银行可向债权人主张反转让应收账款。

[①] 郭迎：《保理合同的几个重要裁判规则》，载"海坛特哥"公众号，https://mp.weixin.qq.com/s/mTD7lQL0WcuB85_4Fri8mg，2021年2月3日访问。

（五）基础交易合同变更的"不利影响"判断

对保理人是否产生了不利影响，可从回款的时间与金额作出判断。如果回款的时间与金额未发生不利改变，应当认为没有产生不利影响。

三、实务建议

1. 就保理人对被保理人的约束而言，建议如下：

（1）保理人可以通过保理合同约定，被保理人有不得变更基础交易合同的义务。约定无论何种情况，基础交易合同的变动只要影响保理人的利益，都必须经其同意才对保理人发生效力。以此约束被保理人，并尽可能地避免陷入"有无正当理由"的争议。

（2）保理人在参与未来应收账款业务时，应当注意对基础合同未履行完毕或完全未履行时，保理人已支付的保理本金的处理方式作出约定。在上述情况发生时，可以考虑约定解除保理合同，由应收账款债权人向保理人返还保理本金并支付一定的资金占用利息；如保理人考虑对该等情况下债权回收作出其他保障性安排的，还可以约定由应收账款债务人就应收账款债权人的款项支付义务承担连带保证责任。此外，如签署保理合同时，保理人已经预见到了基础合同在保理合同履行期间可能发生的变更，建议就未来应收账款实际履行情况发生变化时，保理本息金额及支付时间变更问题一并进行约定。

2. 就保理人对债务人的约束而言，建议遵循现有实践中的常规做法，即发出《应收账款保理业务确认书》，要求债务人确认对应收账款债权让与这一事实无异议，同时作出"不出于任何原因对该等款项进行任何抵销、反请求或扣减"的承诺（参见本章第三节第三部分的分析），以保证保理融资业务的顺利开展。

3. 对债务人而言，在接到保理人的通知后，若对基础合同、应收账款的金额、付款期限等存在异议，应立即向保理人提出。若无异议，应遵照履行，不应变更基础合同的约定。

债务人不应向保理专户以外的款项支付应收账款，否则存在加重自身责任承担的风险。

第五节　有追索权保理

新旧法律条文对比	
《民法典》及其相关解释	现行部门规章
《民法典》 第七百六十六条　当事人约定有追索权保理的，保理人可以向应收账款债权人主张返还保理融资款本息或者回购应收账款债权，也可以向应收账款债务人主张应收账款债权。保理人向应收账款债务人主张应收账款债权，在扣除保理融资款本息和相关费用后有剩余的，剩余部分应当返还给应收账款债权人。 《担保制度解释》 第六十六条　同一应收账款同时存在保理、应收账款质押和债权转让，当事人主张参照民法典第七百六十八条的规定确定优先顺序的，人民法院应予支持。 在有追索权的保理中，保理人以应收账款债权人或者应收账款债务人为被告提起诉讼，人民法院应予受理；保理人一并起诉应收账款债权人和应收账款债务人的，人民法院可以受理。 应收账款债权人向保理人返还保理融资款本息或者回购应收账款债权后，请求应收账款债务人向其履行应收账款债务的，人民法院应予支持。	《商业银行保理业务管理暂行办法》 第十条　保理业务分类： （二）有追索权保理和无追索权保理 按照商业银行在债务人破产、无理拖欠或无法偿付应收账款时，是否可以向债权人反转让应收账款、要求债权人回购应收账款或归还融资，分为有追索权保理和无追索权保理。 有追索权保理是指在应收账款到期无法从债务人处收回时，商业银行可以向债权人反转让应收账款、要求债权人回购应收账款或归还融资。有追索权保理又称回购型保理。 无追索权保理是指应收账款在无商业纠纷等情况下无法得到清偿的，由商业银行承担应收账款的坏账风险。无追索权保理又称买断型保理。

一、有追索权保理的担保属性

有追索权保理，由于有被保理人（原债权人）的担保，资金安全相对有保障，是实践中最为常见的保理类型。其性质可以从两方面理解：

第一，有追索权保理是一种特殊的类借贷融资安排。在实践中，之所以有很多案件被认为"名为保理，实为借贷"，是因为保理业产生伊始本就是一种融资服务，主要盈利模式并非通过实现受让的应收账款债权，而是为被保理人提供保理融资，被保理人在约定的期限内还本付息，并以债权让与的方式担保其信用风险。为被保理人融资，在功能上与金钱借贷无异。在这些保理业务中，保理人并不关心债务人的偿债能力，也不承担应收账款债务人的信用风险，而是要求原债权人承担应收账款不能实现的信用风险。换言之，在有追索权保理中，应收账款转让并不重要，重要的是借贷融资安排。

第二，有追索权保理是一种债权让与担保。让与担保的运行机制是债务人或第三人为担保债务人的债务，将担保标的物的权利事先移转给担保权人，在债务清偿后，标的物的权利应返还给债务人或第三人，当债务人不履行债务时，担保权人可以就该标的物受偿。[①] 依据《民法典》第766条之规定，保理合同中既可以约定原债权人返还融资本息及其应收账款债权，也可以约定由原债权人回购该应收账款债权，还可以约定被保理人不能偿还融资本息的，保理人有权处置受让债权、优先受偿。这实际上是以应收账款债权为标的的让与担保。并且，保理人如果向应收账款债务人主张应收账款债权，在扣除保理融资款本息和相关费用后有剩余的，剩余部分应当返还给应收账款债权人。这实际上是科以保理人作为让与担保债权人的强制清算义务。[②] 最高法在相关著作中也认为，有追索权的融资保理可界定为金融借贷＋债权让与担保，而债权让与担保中包含了应收账款债权的转让。[③]

综合来看，有追索权保理中的债权转让只是一种手段，融资担保才是目的。在有追索权的保理中，应收账款虽然名义上已经转让给保理人，但其目的在于担保保理人对应收账款债权人所享有的保理融资款本息。就此而言，有追索权的保理与应收账款质押一样，其功能都是为了担保债权的实现。[④] 对原债权人来说，通过让与债权实现其融资需求；对保理人来说，通过受让

[①] 王利明：《物权法研究》，中国人民大学出版社2013年版，第1270页。

[②] 谢鸿飞、朱广新主编：《民法典评注：合同编·典型合同与准合同2》，中国法制出版社2020年版，第556页。

[③] 最高法院民二庭：《最高人民法院民事审判第二庭法官会议纪要——追寻裁判背后的法理》，人民法院出版社2018年版，第280页。

[④] 就担保功能而言，有追索权保理与应收账款有诸多相似之处，只是法理基础与制度架构不同。二者最大的区别是：作为担保物权的应收账款质权在性质上属于他物权，应收账款债权并未转移。也就是说，出质之应收账款的债权人是出质人而非质权人；保理在性质上为债权让与，应收账款债权进行了转移，设定了保理的应收账款的债权人是保理人而非原债权人。因此，如果债务人不履行其到期债务，质权人只能就出质之应收账款及其收益优先受偿，不得变卖应收账款或者向应收账款债务人主张债权。保理人则有权以应收账款债权人身份向应收账款债务人主张债权。参见谢鸿飞、朱广新主编：《民法典评注：合同编·典型合同与准合同2》，中国法制出版社2020年版，第557页。

债权获取一种特殊的担保,保障其资金安全。因此,保理合同的制度设计与《民法典》合同编第六章合同的变更与转让的规则不完全吻合。① 此外,这种保理合同的担保功能仅仅存在于有追索权的保理中,无追索权保理合同不具有担保功能。

二、有追索权保理的不同行权路径

依据《民法典》第766条之规定,有追索权保理中,保理人债权之实现既可向原债权人主张,也可向债务人主张。但仍有几个实务问题需进一步解释:

1. 向债权人主张权利后的应收账款反转让。反转让是指保理人依据保理合同的约定,向应收账款原债权人主张返还保理融资款本息或者回购应收账款债权的,在收到全部款项后,应当将应收账款债权转让给应收账款原债权人。保理合同成立后,保理人基于合同约定向应收账款债务人享有应收账款债权,但是在有追索权保理中,如果保理人向应收账款原债权人主张权利的,不能再向应收账款债务人主张,否则就构成不当得利。因此,如果保理人自应收账款原债权人处实现了权利,应当将其受让之应收账款债权再转让给原债权人。《担保制度解释》第66条第3款规定:"应收账款债权人向保理人返还保理融资款本息或者回购应收账款债权后,请求应收账款债务人向其履行应收账款债务的,人民法院应予支持。"

实务中,在反转让的通知到达债务人之前,保理人为自身之合法利益有权收取债务人支付的所涉反转让应收账款的任何款项,也有权在应收账款回款金额中扣除应收账款原债权人的应还款项。保理业务中应收账款转让事实已经通知债务人的,保理人向应收账款原债权人反转让应收账款后,应将应收账款反转让事实及时通知债务人。②

2. 保理人同时起诉应收账款债权人和债务人的程序处理。根据《民法典》第766条,保理人分别以应收账款债权人和债务人为被告提起诉讼,人民法院应予受理。问题是,如果保理人以应收账款债权人或者应收账款债务人一并提起诉讼,人民法院是否应予受理?债权人与债务人之间是否为连带责任关系?实践中对此存在争议。

---

① 谢鸿飞、朱广新主编:《民法典评注:合同编·典型合同与准合同2》,中国法制出版社2020年版,第533页。

② 《中国商业保理业务规则》(征求意见稿)第19条。

《商业银行保理业务管理暂行办法》规定，向应收账款债权人的主张，以应收账款到期无法从债务人处收回为前提，但是《民法典》第 766 条并无相应表述。《商业银行保理业务管理暂行办法》的安排类似于"一般保证"，而《民法典》第 766 条的规定则更类似于"连带责任保证"。《担保制度解释》（征求意见稿）第 64 条第 2 款曾尝试规定："当事人约定有追索权的保理，保理人以应收账款债权人和债务人为共同被告提起诉讼，请求承担连带责任的，人民法院应予支持。"但最终发布的正式稿中删除了"承担连带责任"的内容。

《担保制度解释》第 66 条第 2 款规定："在有追索权的保理中，保理人以应收账款债权人或者应收账款债务人为被告提起诉讼，人民法院应予受理；保理人一并起诉应收账款债权人和应收账款债务人的，人民法院可以受理。"笔者理解，"连带责任"需有法律规定或当事人约定。《民法典》并未明确规定原债权人和债务人之间的连带责任；而一般情况下，保理合同的当事人为保理人（应收账款受让人）和被保理人（应收账款出让人），并不包括应收账款债权人，也无法三方约定连带责任。因此，《担保制度解释》只能退而求其次，在程序上模糊规定，保理人一并起诉债权人、债务人的情况下法院"可以"受理。目前看来，尽管债权人、债务人对保理人的责任是否为连带责任并不清楚，但起码《担保制度解释》明确了可以并案处理。

当然，如果保理合同是保理人、债权人、债务人三方一起签订，并在保理合同中约定了债权人和债务人承担连带责任，那么这种连带责任应该是被认可的。上海浦东新区人民法院 2021 年 1 月 4 日开庭并进行一审宣判的上海首例适用《民法典》审结的案件——远东国际融资租赁有限公司、上海海寓公寓管理有限公司、上海景闳远寓所公寓管理有限公司保理纠纷案中，法院认为，涉案保理合同约定了在解除保理合同的情况下，保理人有权要求应收账款债务人、债权人承担连带赔偿责任，符合《民法典》第 178 条第 3 款规定的"连带责任，由法律规定或当事人约定"，予以支持。①

实践中，最高法有判决认为，此种情形属于必要共同诉讼。（2016）最高法民辖终 38 号案件中，法院认为："建行钢城支行基于不同的原因分别向两个债务人主张不同的债权请求权，但最终给付目的只有一个，追索权之诉与应收账款债权之诉的诉讼标的是共同的，由于一方当事人为二人以上，发生

---

① 陈卫锋:《〈民法典〉实施后上海首案今开庭并一审宣判》，载"浦江天平"公众号，https://mp.weixin.qq.com/s/X2rU_LSF8UDyBXBvty8bfw，2021 年 2 月 1 日访问。

诉的主体合并，属于必要共同诉讼，根据《中华人民共和国民事诉讼法》第52条之规定，法院应当合并审理。"

三、有追索权保理债权的清算

《民法典》第766条规定："保理人向应收账款债务人主张应收账款债权，在扣除保理融资款本息和相关费用后有剩余的，剩余部分应当返还给应收账款债权人。"该规定意味着，有追索权保理中，无论保理人向债权人还是债务人主张，保理人的权利上限为保理合同约定的融资款本息和相关费用。

这进一步说明，有追索权保理的真正合同目的是保理融资，而非债权转让。若是纯粹的债权转让，债权的一切后果均应由保理人（受让人）承担，即向债权人追偿的金额不足部分不能向原债权人（让与人）追偿，超出部分也无须返还给原债权人（让与人）。

司法实践中有多个案例支持这一观点。最高人民法院（2016）最高法民终322号维持山东省高级人民法院（2014）鲁商初字第33号判决认为："应收账款债务人履行了应收账款付款义务后，保理人应免除应收账款债权人的还款责任。如应收账款债务人付款数额超过保理融资本金及相应利息的，保理人应将多余部分退还应收账款债权人。"最高法在（2020）最高法民终155号案件中维持一审判决认为："应收账款债务人向保理人支付应收账款，应收账款债权人偿还保理人融资本金及利息，如应收账款债务人向保理人支付了应收账款，支付的部分在应收账款债权人的还款中予以扣除。"

需注意，"应收账款扣除保理融资款本息和相关费用的剩余部分"，此处的"应收账款"应以保理人实际受偿金额为准，而非账面数字或被确认的金额。

四、实务建议

1. 有追索权保理合同中应约定，向应收账款原债权人主张返还保理融资款本息或者回购应收账款债权的，在收到全部款项后，应当将应收账款债权反转让给应收账款原债权人，并及时通知债务人。

2. 应区分有追索权保理和无追索权保理，对应收账款债权金额与保理人收取的保理本息之间的差额作不同的约定，以符合《民法典》的要求：有追索权保理合同中，保理人在应收账款债权金额大于保理本息、其他保理合同项下费用之和时，约定相应的差额在保理期末以不计息的方式返还应收账款债权人；无追索权保理合同文本中，则建议保理人在保理合同中明确约定相应差额作为保理人提供无追索权保理服务有权收取的报酬或服务费等，应收账款债权人在任何情况下均不得主张返还或抵扣其他款项，应收账款债务人也不得主张该等费用抵扣其在保理合同项下应当清偿的保理还款。

3. 有追索权保理中，《担保制度解释》允许保理人一并起诉应收账款债权人和应收账款债务人，为保障保理人利益，起诉时应将债权人和债务人一并列为被告。

第六节　无追索权保理

新旧法律条文对比	
《民法典》	现行部门规章
第七百六十七条 当事人约定无追索权保理的，保理人应当向应收账款债务人主张应收账款债权，保理人取得超过保理融资款本息和相关费用的部分，无须向应收账款债权人返还。	《商业银行保理业务管理暂行办法》 第十条　保理业务分类： （二）有追索权保理和无追索权保理 按照商业银行在债务人破产、无理拖欠或无法偿付应收账款时，是否可以向债权人反转让应收账款、要求债权人回购应收账款或归还融资，分为有追索权保理和无追索权保理。 有追索权保理是指在应收账款到期无法从债务人处收回时，商业银行可以向债权人反转让应收账款、要求债权人回购应收账款或归还融资。有追索权保理又称回购型保理。 无追索权保理是指应收账款在无商业纠纷等情况下无法得到清偿的，由商业银行承担应收账款的坏账风险。无追索权保理又称买断型保理。

一、无追索权保理的特殊规则

无追索权的保理和有追索权的保理的差别是巨大的，二者本来不应该被纳入一个所谓的统一的"保理合同"概念之中，而是属于完全不同的法律性质，一个更类似买卖，另一个更类似借贷。[①]

[①] 朱晓东：《最高院虚假应收账款保理案例评析》，载"高杉 LEGAL"公众号，https://mp.weixin.qq.com/s/QxX23lplF2-Mc88WQF0J5g，访问日期：2021年2月3日。

（一）无追索权保理原则上只能向债务人主张权利

根据《民法典》第767条规定，无追索权保理属于真正的债权转让，在应收账款债权不能实现时，保理人无权要求应收账款债权人承担责任；债权能够实现时，也无须向应收账款债权人返还多于保理融资款本息和相关费用的部分。

（二）无追索权保理在特殊情况下可向债权人主张权利

在无追索权保理合同中，保理人对应收账款债权让与人没有追索权并不是绝对的。如果存在债务人信用风险以外因素导致受让债权不能实现的，为了维护保理人的合法权益，应当赋予保理人对被保理人（让与人）的追索权。实践中，无追索权保理合同中，当事人通常约定保理人对被保理人可追索的例外情形。天津市高级人民法院发布的《关于审理保理合同纠纷案件若干问题的审判委员会纪要（一）》第11条第11项规定："发生下列情况之一的，无追索权保理的保理人有权追索已付融资款并不承担坏账担保义务：债权人有明显欺诈行为；不可抗力；债务人对基础合同项下的商品、服务等提出异议。"

债权转让中让与人有明显欺诈行为的，根据《民法典》第148条的规定，受让人有权请求人民法院或者仲裁机构撤销该债权转让。无追索权保理有此类情况发生，赋予保理人向原债权人追索的权利顺理成章；应收账款债权让与人对标的债权负有瑕疵担保责任，债务人基于基础交易合同存在问题而抗辩的，致使保理人应收账款债权不能实现的，保理人可以向原债权人追索；债务人因不可抗力不能履行义务，保理人也只有通过向原债权人追索才能保证其利益不受损失，通常保理人会在无追索权保理合同中约定这一条件。①

但是，我国《民法典》第767条并没有"当事人另有约定的除外"之类的表述。因此，上述在无追索权保理合同中约定特殊情况下可向债权人追索的条款，实际上突破了《民法典》第767条的规则，其法律效力可能会在今后的司法实践中产生争议。②

---

① 谢鸿飞、朱广新主编：《民法典评注：合同编·典型合同与准合同2》，中国法制出版社2020年版，第561页。

② 因此，有学者认为"保理人应当向应收账款债务人主张应收账款债权"而不设前提，过于绝对，易被误解为保理人在任何情况下均无追索权（无权向应收账款让与人主张权利）。建议将之修改为："无追索权保理合同中保理人向应收账款债务人主张应收账款债权，取得超过保理融资款本息和相关费用的部分，无须向应收账款债权人返还；除当事人另有约定外，保理人无权向应收账款债权人主张返还保理融资款本息或者回购应收账款债权。"此所谓另有约定，是指当事人特别约定可行使追索权的特殊情形，唯此类情形不包括债务人信用风险，否则将导致合同变为有追索权保理合同。参见李宇：《保理合同立法论》，载《法学》2019年第12期。

二、实务建议

1. 应区分有追索权保理和无追索权保理，对应收账款债权金额与保理人收取的保理本息之间的差额作不同的约定，以符合《民法典》的要求：有追索权保理合同中，保理人在应收账款债权金额大于保理本息、其他保理合同项下费用之和时，约定相应的差额在保理期末以不计息的方式返还应收账款债权人；无追索权保理合同文本中，则建议保理人在保理合同中明确约定相应差额作为保理人提供无追索权保理服务有权收取的报酬或服务费等，应收账款债权人在任何情况下均不得主张返还或抵扣其他款项，应收账款债务人也不得主张该等费用抵扣其在保理合同项下应当清偿的保理还款。

2. 建议在无追索权保理合同中约定，发生下列情况之一的，无追索权保理的保理人有权追索已付融资款并不承担坏账担保义务：债权人有明显欺诈行为；不可抗力；债务人对基础合同项下的商品、服务等提出异议。

第七节　多重保理情形下保理人的权利顺位

新旧法律条文对比	
《民法典》及其相关解释	原法规
《民法典》 第七百六十八条　应收账款债权人就同一应收账款订立多个保理合同，致使多个保理人主张权利的，已经登记的先于未登记的取得应收账款；均已经登记的，按照登记时间的先后顺序取得应收账款；均未登记的，由最先到达应收账款债务人的转让通知中载明的保理人取得应收账款；既未登记也未通知的，按照保理融资款或者服务报酬的比例取得应收账款。 **《担保制度解释》** 第六十六条第一款　同一应收账款同时存在保理、应收账款质押和债权转让，当事人主张参照民法典第七百六十八条的规定确定优先顺序的，人民法院应予支持。	无

一、保理登记与权利顺位确定

《民法典》第 768 条对同一应收账款订立多个保理合同及保理人受偿顺序的问题进行了明确：第一，《民法典》对同一应收账款存在多个保理合同情形下的保理合同的效力予以确认；第二，受偿顺序根据是否登记、登记在先、通知在先等标准确定。需注意：

1. 保理的应收账款登记与应收账款质押登记不同。《民法典》第 445 条第 1 款规定："以应收账款出质的，质权自办理出质登记时设立。"登记是设立应收账款质押的生效要件，但登记并非保理合同的生效要件，而是对抗要件。

2. 既未登记也未通知的，按照"保理融资款或者服务报酬"（而非"应收账款"）的比例取得应收账款。就同一应收账款订立的多个保理合同，均既未登记也未通知的，意味着所有保理人都没有优先权。此种情况下，所有保理人的地位平等，权利层次相同，就同一应收账款订立的多个保理合同，如果按照应收账款比例清偿，可能出现平均分配应收账款债权的情况。而保理实务中，就同一应收账款订立的多个保理合同，保理人的商业判断标准、风险评估水平以及风险承受能力不同，提供给被保理人（原债权人）的融资款数额不同，按照应收账款比例清偿极有可能导致分配结果不公平，所以应按"保理融资款或者服务报酬"比例取得应收账款。

3. 根据 2021 年 1 月 1 日起施行的《国务院关于实施动产和权利担保统一登记的决定》的规定，应收账款质押、保理融资均通过中国人民银行征信中心动产融资统一登记公示系统（即"中登网"）办理登记。但是目前该登记具有期限的限制，需要结合业务实际选择登记期限，以及办理相应的展期。保理应收账款转让登记本无须设立期限限制，此为该登记平台的程序设计缺陷，期待后续的改良。

4. 同一应收账款混合权利负担共存时的权利顺位确定。《担保制度解释》第 66 条第 1 款明确："同一应收账款同时存在保理、应收账款质押和债权转让，当事人主张参照民法典第七百六十八条的规定确定优先顺序的，人民法院应予支持。"由此可见，《担保制度解释》第 66 条之混合担保权利顺位、《民法典》第 768 条之保理权利顺位与《民法典》第 414 条抵押权顺位确定规则，逻辑大致相同。

二、实务建议

1. 保理合同签订前的尽职调查以及保理合同项下融资款项发放前,应在中国人民银行征信中心动产融资统一登记公示系统查询应收账款债务人的登记情况。在办理保理业务前,保理人在中登网查询登记信息应成为固定动作。

2. 对保理人而言,在开展保理业务后,建议尽快办理中登网登记;至于是否尽快通知债务人,则不能一概而论,需结合具体的保理类型、商业模式综合判断。

3. 建议保理人在保理合同中明确约定保理人享有对应收账款转让事宜进行登记的权利;如基于未来应收账款开展保理业务等原因导致基础合同发生变化的,保理人有权继续就保理合同办理变更登记。

4. 尽管目前中登网并未实际对应收账款转让的登记业务进行收费,但为避免争议,建议保理人在保理合同中约定中登网登记费用的承担问题。

第八节　保理合同准用债权转让的规定

新旧法律条文对比	
《民法典》	原法规
第七百六十九条　本章没有规定的,适用本编第六章债权转让的有关规定。	无
第五百四十五条　债权人可以将债权的全部或者部分转让给第三人,但是有下列情形之一的除外: (一)根据债权性质不得转让; (二)按照当事人约定不得转让; (三)依照法律规定不得转让。 当事人约定非金钱债权不得转让的,不得对抗善意第三人。当事人约定金钱债权不得转让的,不得对抗第三人。	《合同法》 第七十九条　【债权的转让】债权人可以将合同的权利全部或者部分转让给第三人,但有下列情形之一的除外: (一)根据合同性质不得转让; (二)按照当事人约定不得转让; (三)依照法律规定不得转让。

(续表)

新旧法律条文对比	
《民法典》	原法规
第五百四十六条　债权人转让债权，未通知债务人的，该转让对债务人不发生效力。 债权转让的通知不得撤销，但是经受让人同意的除外。	《合同法》 第八十条　【债权转让的通知义务】债权人转让权利的，应当通知债务人。未经通知，该转让对债务人不发生效力。 债权人转让权利的通知不得撤销，但经受让人同意的除外。
第五百四十七条　债权人转让债权的，受让人取得与债权有关的从权利，但是该从权利专属于债权人自身的除外。 受让人取得从权利不因该从权利未办理转移登记手续或者未转移占有而受到影响。	《合同法》 第八十一条　【从权利的转移】债权人转让权利的，受让人取得与债权有关的从权利，但该从权利专属于债权人自身的除外。
第五百四十八条　债务人接到债权转让通知后，债务人对让与人的抗辩，可以向受让人主张。	《合同法》 第八十二条　【债务人的抗辩权】债务人接到债权转让通知后，债务人对让与人的抗辩，可以向受让人主张。
第五百四十九条　有下列情形之一的，债务人可以向受让人主张抵销： （一）债务人接到债权转让通知时，债务人对让与人享有债权，且债务人的债权先于转让的债权到期或者同时到期； （二）债务人的债权与转让的债权是基于同一合同产生。	《合同法》 第八十三条　【债务人的抵销权】债务人接到债权转让通知时，债务人对让与人享有债权，并且债务人的债权先于转让的债权到期或者同时到期的，债务人可以向受让人主张抵销。

一、保理合同对债权转让规则的适用

如前文所述，保理合同是特殊的债权转让。尽管有诸多特殊规则，但如保理合同章没有特别规定，适用合同编通则第六章的相关规则。

需注意的是，本条规定的"适用本编第六章债权转让的有关规定"，不是"参照适用"。根据全国人大常委会法制工作委员会制定的《立法技术规范（试行）（一）》第18条第3项的规定："'参照'一般用于没有直接纳入法律调整范围，但是又属于该范围逻辑内涵自然延伸的事项。"保理合同并不是债权转让规则逻辑内涵的自然延伸，而是债权转让规则的直接调整范围。

二、新债权转让规则在保理领域的争议问题

《民法典》除了以专章的形式将保理合同典型化，还对债权转让的部分规则进行了完善。

（一）基础交易合同中约定"债权不得转让"对保理合同的影响

一个实务关注焦点是，基础交易合同中约定"债权不得转让"，是否会影响保理合同的效力？

就法理而言，该约定具有相对性，仅在基础交易合同当事人之间有效，因此一般不影响保理合同的效力。《民法典》第545条相较于原《合同法》第79条，增加了第2款规定："当事人约定非金钱债权不得转让的，不得对抗善意第三人。当事人约定金钱债权不得转让的，不得对抗第三人。"该款第二句"约定金钱债权不得转让"，基于货币的高流通性，对金钱之债的转让不设限制、不以第三人"善意"为要件。该条针对保理实践而新增，对保理人而言是一种利好。保理合同中的转让标的（应收账款）即为此处的"金钱债权"。若当事人约定不得转让，则该约定不得对抗第三人（保理人），不论第三人是否善意。原债权人也不得以此为理由，主张保理合同无效。从世界各国的立法趋势来看，限定基础合同中禁止让与债权条款对债权让与合同的影响是大势所趋。《民法典》第545条第2款的规定不但符合世界立法的最新发展趋势，而且符合保理业务的具体实践。实践中，人民法院也多持此立场。[①]

也有观点对此立场持反对意见，认为债权被转让后，债务人对原债权人所享有的抗辩权仍然可以对抗受让人（保理人）。其依据为《民法典》第548条"债务人接到债权转让通知后，债务人对让与人的抗辩，可以向受让人主张"之规定。此时，如果保理人向债务人主张债权，债务人可以基础交易合同有"债权不得转让"之约定进行抗辩，并主张基础合同的违约条款责任。如此一来，保理人可实现的应收账款势必会遭到减损。

这两种观点针锋相对，且各有《民法典》规范支持。这可以说是《民法典》新"创造"出来的法律冲突。《民法典》施行后如何处理，只能期待出台

[①] 姚建军：《基础合同约定债权不得转让并不影响保理合同的效力——陕西西安新城法院判决律诚公司与中铁公司等保理合同纠纷案》，载《人民法院报》2019年2月14日第7版。

专门的保理司法解释。[①]

（二）债权转让的通知主体

关于《民法典》第546条与保理的关系，详见本章第三节"保理人通知"部分的分析。

（三）应收账款的从权利转让

对保理人的另一利好是《民法典》第547条新增的第2款内容。《民法典》在原《合同法》规定"债权人转让债权的，受让人取得与债权有关的从权利"的基础上外，新增了"受让人取得从权利不因该从权利未办理转移登记手续或者未转移占有而受到影响"。这个新增规则考虑了常见的从权利登记问题，如从权利转移与登记手续之间的时间差、某些资产管理计划受让应收账款的主体障碍等情况。《民法典》用心良苦。

（四）债权转让中的抵销

《民法典》第549条在《民法典》第568条一般抵销权规则之外，规定了在债权转让中债务人对受让人的抵销权。同时，相较于原《合同法》第83条，《民法典》第549条新增一项情形，即如果债务人的债权与转让的债权基于同一合同产生，债务人可以就此债权向受让人主张抵销权。与《民法典》第549条第一项情形不同，此种情形下，无论该债权是否先于转让的债权到期或者同时到期，只要是基于同一合同产生，即可主张抵销。其立法理由是：由于这两个债权是基于同一合同产生的，具有密切的联系，受让人就应当认识到债务人对让与人可能基于该合同享有债权，因此受让人能够在订立债权转让合同时对这种抵销可能性进行预先的安排。

此项新增规则，实为针对保理合同而设。例如，甲作为卖方和乙签订货物买卖合同（基础交易合同），甲在交完货之后将其对乙的支付价款的债权转让给丙（保理合同），并通知了乙。丙向乙请求支付价款时，乙以甲交的货有质量瑕疵为由，主张以乙对甲享有的违约赔偿债权抵销该支付价款债权。此时，转让债权与乙对甲的违约赔偿债权都是基于该货物买卖合同产生的，乙可以向丙主张抵销。

从此例可以看出，该种情形下的所谓抵销权，其实是债务人对受让人的

[①] 综合而言，总结《民法典》第763条、第765条、第545条第2款的规定，可以得出这样的结论：保理合同具有一定程度的"无因性"，但又与基础交易合同之间在某些场合中具有"牵连性"。

一种准抗辩权，因此在实务中常常与抗辩权一起约定。如《联合国国际贸易应收款转让公约》第18条（债务人的抗辩和抵销权）第1款规定："受让人向债务人提出关于所转让的应收款的付款要求时，债务人可向受让人提出由原始合同产生的或由构成相同交易一部分的任何其他合同产生的、在如同未发生转让时若转让人提出此种要求则债务人可予利用的所有抗辩或抵销权。"（关于转让通知回执中涉及承诺放弃抵销权、抗辩权的问题，请参见本章第三节"保理人通知"部分的分析。）

三、实务建议

1. 尽管有《民法典》第547条之规定，但仍应尽量及时办理从权利的登记手续及转移占有。笔者提醒，针对担保债权从权利的情况，虽然在保理人可依法定条件获得应收账款的担保债权而无论该担保债权是否进行变更登记或转移占有，但相对方的道德风险不容忽视。例如，原应收账款债权上存在抵押权，债务人得知债权转让后可能与原债权人协商解除抵押登记，并进而再抵押给他人；又如，应收账款债权上存在质权，保理人受让后没有办理相应的登记/备案，也没有控制质物，而债务人又将质物出质给他人的。此时，即便保理人享有从权利，按照《民法典》担保物权编规定的登记/交付优先的原则，保理人实际的顺位和可实现的金额实则都会受到影响。因此，在债务人配合的条件下，仍以办理转移登记/备案手续或者保理人实际占有为优。[①]

2. 结合抵销权的相关规定，债权转让通知发出签收后、保理融资款项发放前，建议债务人就是否存在相关可抵销的债权进行确认。

[①] 薛义忠、林蓉：《保理合同——〈民法典〉新增有名合同之规定对保理业务的影响》，载"国浩律师事务所"公众号，https://mp.weixin.qq.com/s/S2MR-btPNpiiCRQbRr3ScQ，2021年2月2日访问。

第八章
金融交易中的其他非典型担保规则

第一节 所有权保留

《民法典》合同编第641—643条继承和发展了《买卖合同解释》中所有权保留买卖规则，并与融资租赁、保理等其他具有担保功能的合同衔接，共同构建了《民法典》下的非典型担保制度体系。

所有权保留买卖规则的主要修改体现为所有权保留的担保功能化，具体体现为：第641条第2款"出卖人对标的物保留的所有权，未经登记，不得对抗善意第三人"（类担保登记对抗规则）、第642条第2款"出卖人可以与买受人协商取回标的物；协商不成的，可以参照适用担保物权的实现程序"（类担保实现规则），以及第643条第2款"买受人在回赎期限内没有回赎标的物，出卖人可以以合理价格将标的物出卖给第三人，出卖所得价款扣除买受人未支付的价款以及必要费用后仍有剩余的，应当返还买受人；不足部分由买受人清偿"（类担保清算规则）。这三个规则体现了鲜明的担保权构造。

然而，所有权保留的买卖合同形式与其担保功能化改造，引起了巨大的学术争议与解释分歧。基于我国承继的大陆法系国家物权体系传统，是以所有权为起点演绎出其他用益物权和担保物权，所有权保留交易具有形式主义立法特征。在该传统下，所有权与担保物权泾渭分明，在《民法典》立法过程中引入美式现代动产担保交易制度的合理元素殊为不易。《民法典》虽在物权编"担保物权"分编的第388条规定，"担保合同包括抵押合同、质押合同和其他具有担保功能的合同"，试图将担保物权之外的其他具有担保功能的合同也给予合适的法律地位。只是，本节所讨论的所有权保留买卖规则位于《民法典》合同编"典型合同"分编第九章"买卖合同"项下，与前述第388条的置位不论在理论属性、部门分类还是在立法编排上都相隔甚远。毋庸置疑，形式主义立法方法与功能主义立法方法之间的矛盾张力在短期内或许无法消除。

所有权保留交易早已有之，经《买卖合同解释》建立了初步法律规则，《民法典》将之予以完善及功能化。具体有哪些规则延续旧有，哪些则发生了变化？以下试从实务角度分析之。

一、所有权保留的法律属性

新旧法律条文对比	
《民法典》	《合同法》
第六百四十一条 当事人可以在买卖合同中约定买受人未履行支付价款或者其他义务的，标的物的所有权属于出卖人。 出卖人对标的物保留的所有权，未经登记，不得对抗善意第三人。	第一百三十四条 当事人可以在买卖合同中约定买受人未履行支付价款或者其他义务的，标的物的所有权属于出卖人。

《民法典》第641条第1款延续了《合同法》对所有权保留的定义，即当事人在买卖合同中约定买受人未履行约定义务则标的物的所有权属于出卖人。但是法律并未明确出卖人所有权保留的属性，一方面将所有权保留买卖规定在合同编，使得所有权保留买卖中的所有权转移仍有附条件的所有权转移的外观；另一方面又为所有权保留买卖设置了与其他动产担保大致相同的规则，肯定其担保功能（如本条增加第2款登记对抗效力）。故所有权保留其实包含了所有权的物权特征以及担保物权的一些特征。

学界对出卖人所有权保留有以下几种观点。第一，特殊质押关系说，认为出卖人保留的所有权与质权相同，买受人早已因物之交付而获得所有权，出卖人所取得的权利，系不占有标的物而附有流质条款的质权，并且以此担保其获得价金清偿。第二，担保物权说，认为出卖人以延迟转让标的物所有权为手段来担保其全部价款的清偿，出卖人保留的所有权就成为其实现价款债权的担保物权。第三，担保性所有权说，主张这是一种根据当事人的约定为担保某债权实现而由债权人享有的所有权，且该担保性所有权本质上应归入担保物权，不同于完全所有权。其理由主要有两条：其一，合同约定义务履行完毕前，出卖人欠缺对标的物的占有、使用、收益的权利；其二，担保性所有权纯粹是为了保障其产品价值的实现，而保留非标的物本身。

第八章　金融交易中的其他非典型担保规则

就实务而言,无须太过关注学术争议,但需对《民法典》立法过程中的整体转向有基本认知:我国所有权保留制度从交易的形式主义,已部分转向担保的功能主义。所谓交易的形式主义,是指当事人对交易安排的表象是出卖人保留标的物的所有权,仅移转标的物的占有至买受人。由此形成了所有权保留买卖交易与动产担保交易不同的特质:其一,在债务人违约时,出卖人即可主张所有权的物上追及效力,而买受人有权就标的物超过价款的部分主张返还;其二,所有权保留不具有合同上的从属性[1];其三,呈现出双重所有权结构,原则上当事人双方对财产享有的利益均可单独转让,从而形成附条件的所有权;其四,出卖人所保留的所有权在破产程序中的效力依赖于条件(或者衡平法上的期待权)是否成就,并在破产宣告时取得对抗破产债务人的效力。[2]

这些所有权保留的形式主义特质在《民法典》施行后,仍然在很大程度上得以保留,所有权保留并未被重构为担保物权。例如,在所有权保留买卖中讨论出卖人的所有权何时转移给买受人仍具有意义。在此问题上,可将所有权保留与动产抵押作一比较:动产抵押的条件成就后(主债务因清偿或其他原因消灭),动产抵押权消灭,标的物的所有权回复给抵押人、恢复圆满状态;但所有权保留的条件成就后(买受人清偿全部价款或完成其他特定义务),标的物所有权转移给了买受人。又例如,所有权保留与动产抵押在标的物的取回上态度迥异。我国《民法典》下动产抵押权的实现排除自力救济,仅能就抵押物进行变价并优先受偿,抵押权人不得自力或公力"取回"[3]并自行变价。但在所有权保留买卖中,允许出卖人行使取回权并自行变价,其权利基础仍为形式意义上的所有权。换言之,所有权保留制度虽已经《民法典》进行功能化改造,但仍不能完全等同于担保物权。

随着金融担保创新实践发展,各种新型动产担保交易形态被不断创造出来,但这些动产担保交易模式规则差异甚大,容易造成权利冲突。为降低信

---

[1] 关于担保的从属性,有观点认为,与典型担保(如动产抵押担保)有两个合同(主合同和动产抵押担保合同)不同,所有权保留仅有一个合同,因此所有权保留不存在担保的从属性,因而不属于担保。笔者认为,在所有权保留买卖中,实际上是"标的物所有权从属于价款债权",而不存在"担保合同从属于主债权债务合同"。所谓担保的从属性,实际是权利上的从属性,而非合同上的从属性。作为典型担保的留置权实际上就只有权利上的从属性,而没有合同上的从属性(不存在两个合同)。因此,所有权保留是具有从属性的,属于担保。

[2] 高圣平:《民法典担保制度及其配套司法解释理解与适用》,中国法制出版社2021年版,第1114页。

[3] 实际上,抵押权的设立与行使自始至终没有标的物的转移占有,并无"取回"一说。

383

贷交易成本，需建构一套统一规则一体适用于各类新型担保。国际统一私法协会、联合国国际贸易法委员会和世界银行集团等国际组织建议，各国在动产担保法制改革中应采行交易类型化的功能主义立法方法：不管交易的形式如何，只要在市场上发挥相同的担保功能，就应适用相同的法律。[①]

《民法典》编纂拟采用国际通行的功能主义立法方法（主要是美国主导的国际规则），但如果直接采行，将遇到无法克服的大陆法传统体系障碍。最终，《民法典》采取了形式主义和功能主义相结合的改良式立法：所有权保留仍以买卖标的物为表现形式，规定于合同编买卖合同章，并未被重构为担保物权；但为克服出卖人权利的隐蔽性规定了所有权保留的登记对抗效力（第641条第2款），且规定可参照适用担保物权的实现程序（第642条第2款）以及类担保清算规则（第643条第2款）。如此一来，在编纂体系上，对所有权保留的功能主义改造便不会对传统大陆法系物权体系造成冲击，同时又能将所有权保留放入统一的担保登记规则、顺位规则以及实现规则，从而实现形式主义和功能主义相结合的改良式立法。

因此，本书坚持以下立场：第一，所有权保留兼具买卖合同的形式外观属性与担保的实质功能属性，为杂糅之物；第二，所有权保留不是担保物权，只是具有担保功能的合同；第三，所有权保留虽属性杂糅，但实务中无须太过追求性质上的纯粹唯一，属性争议大体上不会影响法律适用。只要尊重既定法之权威，即可妥善解决实务中的大多数问题。

二、所有权保留的中间处分与登记效力

新旧法律条文对比

《民法典》	《担保制度解释》	原法规
第六百四十一条 当事人可以在买卖合同中约定买受人未履行支付价款或者其他义务的，标的物的所有权属于出卖人。 出卖人对标的物保	第五十四条 动产抵押合同订立后未办理抵押登记，动产抵押权的效力按照下列情形分别处理： （一）抵押人转让抵押财产，受让人占有抵押财产后，抵押权人向受让人请求行使抵押权的，人民法院不予支持，但是抵押权人能够举证证明受让人知道或者应当	《合同法》第一百三十四条 当事人可以在买卖合同中约定买受人未履行支付价款或者其他义务的，标的物的所有权属于出卖人。

---

① 高圣平：《美国动产担保交易法与我国动产担保物权立法》，载《法学家》2006年第5期。

(续表)

新旧法律条文对比		
《民法典》	《担保制度解释》	原法规
留的所有权,未经登记,不得对抗善意第三人。 第四百一十四条 同一财产向两个以上债权人抵押的,拍卖、变卖抵押财产所得的价款依照下列规定清偿: (一)抵押权已经登记的,按照登记的时间先后确定清偿顺序; (二)抵押权已经登记的先于未登记的受偿; (三)抵押权未登记的,按照债权比例清偿。 其他可以登记的担保物权,清偿顺序参照适用前款规定。	知道已经订立抵押合同的除外; (二)抵押人将抵押财产出租给他人并移转占有,抵押权人行使抵押权的,租赁关系不受影响,但是抵押权人能够举证证明承租人知道或者应当知道已经订立抵押合同的除外; (三)抵押人的其他债权人向人民法院申请保全或者执行抵押财产,人民法院已经作出财产保全裁定或者采取执行措施,抵押权人主张对抵押财产优先受偿的,人民法院不予支持; (四)抵押人破产,抵押权人主张对抵押财产优先受偿的,人民法院不予支持。 第六十七条 在所有权保留买卖、融资租赁等合同中,出卖人、出租人的所有权未经登记不得对抗的"善意第三人"的范围及其效力,参照本解释第五十四条的规定处理。	《物权法》第一百九十九条 同一财产向两个以上债权人抵押的,拍卖、变卖抵押财产所得的价款依照下列规定清偿:(一)抵押权已登记的,按照登记的先后顺序清偿;顺序相同的,按照债权比例清偿;(二)抵押权已登记的先于未登记的受偿;(三)抵押权未登记的,按照债权比例清偿。

所谓所有权保留的中间处分,是指在所有权保留买卖合同价款全部清偿或完成其他特定义务前,出卖人或买受人将标的物转让给第三方,或在标的物上设定其他担保的行为。此概念下我们需讨论四个问题:一是出卖人中间转让所有权给第三人,如何确定标的物所有权归属?二是出卖人中间设定其他担保,竞存担保权利的实现顺位如何?三是买受人中间转让所有权给第三人,如何确定标的物所有权归属?四是买受人中间设定其他担保,竞存担保权利的实现顺位如何?试列于表8.1:

表8.1 所有权保留的中间处分概念下需讨论的问题

	中间转让所有权	中间设定其他担保
出卖人	所有权归属	竞存担保权利的实现顺位
买受人	所有权归属	竞存担保权利的实现顺位

（一）出卖人的中间处分

第一，讨论出卖人中间转让所有权的问题。

必须明确的一个前提是，在我国现行法下，所有权保留仅适用于动产，不能适用于不动产。尽管《民法典》第641—643条并未将所有权保留买卖交易标的物限于动产，但《买卖合同解释（2020）》第25条重申了《买卖合同解释（2012）》的立场，将所有权保留的范围进行了限缩解释："买卖合同当事人主张民法典第六百四十一条关于标的物所有权保留的规定适用于不动产的，人民法院不予支持。"

在动产所有权保留买卖中，买受人直接占有标的物。买受人按约定履行支付义务或者其他义务前，若出卖人将手中的标的物再次进行转让的，出卖人向第三人交付标的物需先向买受人主张返还。尽管后一买卖合同也同样合法有效，但是由于所有权保留标的物为动产，所有权无法通过动产交付来转移给第三人，因此一般情况下第三人无法通过善意取得所有权。所以，所有权保留买卖中，并不存在出卖人中间转让所有权的权属冲突问题。此时，第三人只能根据《民法典》第597条第1款要求出卖人承担违约责任，"因出卖人未取得处分权致使标的物不能转移的，买受人可以解除合同并请求出卖人承担违约责任"。

第二，讨论出卖人中间设定其他担保的问题。

在出卖人为标的物设定其他担保物权的情况下，所有权保留与其他担保物权的排序规则应当准用《民法典》第414条的规定："同一财产向两个以上债权人抵押的，拍卖、变卖抵押财产所得的价款依照下列规定清偿：（一）抵押权已经登记的，按照登记的时间先后确定清偿顺序；（二）抵押权已经登记的先于未登记的受偿；（三）抵押权未登记的，按照债权比例清偿。其他可以登记的担保物权[1]，清偿顺序参照适用前款规定。"一般认为，此时不再考虑第三人主观是善意还是恶意[2]，因为这不仅会危及优先顺位规则的确定性，还会增加当事人及法院认定事实的难度。

另外，根据《担保制度解释》第57条，所有权保留可以准用《民法典》

---

[1] 仅就本款文义而言，出卖人保留的所有权虽然具有担保功能且被赋予登记能力，但并不属于《民法典》上的担保物权，能否准用第414条第1款的规定存在疑问。但多数学者认为可以准用。如高圣平：《民法典担保制度及其配套司法解释理解与适用》，中国法制出版社2021年版，第1121页。

[2] 高圣平：《民法典动产担保权优先顺位规则的解释论》，载《清华法学》2020年第3期。

第 416 条规定的购买价款超级优先权制度,因此保留所有权的出卖人要注意在动产交付后 10 日内办理登记以保全其超级优先权。当然,即便出卖人未在 10 日内办理所有权保留登记,也可准用《民法典》第 414 条的竞存权利实现的一般顺位规定。

(二) 买受人的中间处分

第一,买受人中间转让标的物所有权情形下,根据《民法典》第 641 条第 2 款的规定,未经登记不得对抗善意第三人。若所有权保留进行了登记则可对抗所有第三人,阻却了善意取得规则的适用。然而,未登记的所有权保留仍是物权,优先于无担保的债权。依据《担保制度解释》第 54 条,未登记的所有权保留仅能对抗恶意买受人及承租人,不能对抗查封或扣押债权人、参与分配债权人、破产债权人或破产管理人。《担保制度解释》第 56 条第 2 款后句明确规定,《民法典》第 404 条的正常经营买受人规则适用于所有权保留买受人实施的转让行为。据此,买受人在正常经营活动中的转让行为无须经出卖人同意,亦不属于第 642 条第 1 款第 3 项的"不当处分"。

第二,买受人中间设定其他担保,所有权保留与其他担保物权的排序规则也应当准用《民法典》第 414 条的规定。另外,所有权保留与留置权竞存情形下,被功能化的所有权保留与动产抵押权相类似,可类推适用《民法典》第 456 条的规定,"同一动产上已经设立抵押权或者质权,该动产又被留置的,留置权人优先受偿"。

就登记实务而言,根据《国务院关于实施动产和权利担保统一登记的决定》(国发〔2020〕18 号),自 2021 年 1 月 1 日起,在全国范围内实施动产和权利担保统一登记。纳入登记的担保类型包括所有权保留,但未明确机动车、船舶、航空器的所有权保留登记是否纳入。动产融资统一登记公示系统采"人的编成",利害关系人在网络平台的查询入口输入提供担保的"机构名称"或自然人的"证件号码"即可查询他人名下财产是否为所有权保留买卖的标的物。具体登记与查询规则,参见中国人民银行于 2022 年 2 月 1 日正式施行的《动产和权利担保统一登记办法》(中国人民银行令〔2021〕第 7 号)。

三、所有权保留的出卖人取回权

新旧法律条文对比		
《民法典》	司法解释	原法规
第六百四十二条 当事人约定出卖人保留合同标的物的所有权，在标的物所有权转移前，买受人有下列情形之一，造成出卖人损害的，除当事人另有约定外，出卖人有权取回标的物： （一）未按照约定支付价款，经催告后在合理期限内仍未支付； （二）未按照约定完成特定条件； （三）将标的物出卖、出质或者作出其他不当处分。 出卖人可以与买受人协商取回标的物；协商不成的，可以参照适用担保物权的实现程序。	《担保制度解释》第六十四条 在所有权保留买卖中，出卖人依法有权取回标的物，但是与买受人协商不成，当事人请求参照民事诉讼法"实现担保物权案件"的有关规定，拍卖、变卖标的物的，人民法院应予准许。 出卖人请求取回标的物，符合民法典第六百四十二条规定的，人民法院应予支持；买受人以抗辩或者反诉的方式主张拍卖、变卖标的物，并在扣除买受人未支付的价款以及必要费用后返还剩余款项的，人民法院应当一并处理。 《买卖合同解释（2020）》第二十六条 买受人已经支付标的物总价款的百分之七十五以上，出卖人主张取回标的物的，人民法院不予支持。 在民法典第六百四十二条第一款第三项情形下，第三人依据民法典第三百一十一条的规定已经善意取得标的物所有权或者其他物权，出卖人主张取回标的物的，人民法院不予支持。	《买卖合同解释（2012）》第三十五条 当事人约定所有权保留，在标的物所有权转移前，买受人有下列情形之一，对出卖人造成损害，出卖人主张取回标的物的，人民法院应予支持：（一）未按约定支付价款的；（二）未按约定完成特定条件的；（三）将标的物出卖、出质或者作出其他不当处分的。取回的标的物价值显著减少，出卖人要求买受人赔偿损失的，人民法院应予支持。

《民法典》第642条为所有权保留的出卖人取回权规则。基于《买卖合同解释（2012）》第35条修改而成。与《买卖合同解释（2012）》第35条相比，主要修改如下：第一，第1款第1项新增"经催告后在合理期限内仍未支付"的规定，给买受人以支付宽限期。第二，将"赔偿损失"的救济修改为"出卖人可以与买受人协商取回标的物；协商不成的，可以参照适用担保物权的实现程序"，明确所有权保留的担保属性。

出卖人的取回权，是指在所有权保留买卖中，标的物进行实际交付后，标的物所有权移转于买受人之前，因买受人未按照约定支付价款、未按照约定完成特定条件或者将标的物作出卖或者出质等不当处分的，出卖人取回标的物的权利。①

就取回权的目的而言，其制度安排是为了强化所有权保留买卖非典型担保的效果。一旦出现法定的取回权的前提条件，出卖人可以行使取回权以恢复双方交易前的原状。所有权保留的目的在于担保出卖人取得价款且买受人获得标的物所有权，而出卖人取回标的物后令买受人失去获得标的物所有权的可能，出卖人同时也获得了就标的物再次获得价金的机会。

（一）取回权的行使条件

《民法典》第642条第1款规定了三种情形下，出卖人有权取回标的物。首先，需注意三种情形的共同要件：一是存在合法有效的所有权保留买卖合同条款，二是标的物所有权还未转移，三是对出卖人造成了损害。其次，三种情形下的出卖人取回权可以通过当事人约定排除。最后，《民法典》第642条第1款规定的三种法定情形属于选择性条件，只要满足其一，出卖人即有权取回标的物。

第一种情形，未按照约定支付价款，经催告后在合理期限内仍未支付。催告以及合理期限的规定为《民法典》新增，在此之前，实践中已经出现法院认为不应直接取回的判决。② 但何谓"催告后的合理期限"，目前并无具体规则，需个案分析。同时，该情形下的取回权受到《买卖合同解释（2020）》第26条的限制，"买受人已经支付标的物总价款的百分之七十五以上，出卖人主张取回标的物的，人民法院不予支持"。该条的理由在于，在买受人已经支付标的物价款达到价款总额的75%时，出卖人的利益已经在较大程度上得以实现。③ 若允许出卖人取回再变价，加以买受人回赎，程序比较复杂，运行成本相对较高，在一定程度上损害买受人的期待利益。④

第二种情形，未按照约定完成特定条件。这是立法为所有权保留的扩张预留了空间。此处当事人约定的"特定条件"指本合同价金债权的支付之外的其他条件。如汽车买卖合同中，当事人约定买受人须在车辆购买后一个月内更换刹车系统并购买车辆保险，否则出卖人有权取回汽车。又如，出卖人

---

① 程啸、高圣平、谢鸿飞：《最高人民法院新担保司法解释理解与适用》，法律出版社2021年版，第404页。
② 郑州市中原区人民法院（2018）豫0102民初5411号民事判决书。
③ 程啸、高圣平、谢鸿飞：《最高人民法院新担保司法解释理解与适用》，法律出版社2021年3月第一版，第405页。
④ 最高人民法院民事审判第二庭编著：《最高人民法院关于买卖合同司法解释理解与适用》，人民法院出版社2012年版，第551页。

或其关联方因其他合同或基于其他理由所享有的债权均由标的物的所有权进行担保，在这些债权未按约定获得清偿时，出卖人得行使取回权。[①]

第三种情形，将标的物出卖、出质或者作出其他不当处分。这里的"其他不当处分"既可以是法律上的不当处分，也可以是事实上的不当处分，如损害标的物行为、抛弃对标的物的占有、在标的物上设定抵押权等。[②]

值得讨论的是，标的物经加工等发生了变化，是否仍可行使取回权？一般而言，取回的对象须为所有权保留合同中的标的物。但是从实务的角度来说，当取回权的取回对象发生了变化，如原材料转变成为工艺品或者标的物与他物发生添附，那么取回权的对象是否只能针对合同中的特定标的物，还是取回权在此可以作扩大化的解释，其效力可以及于标的物的衍生及延伸？这一问题涉及所有权保留买卖中标的物的有效利用、促进实体经济发展，值得学术和实务界进一步探讨。

（二）取回权的行使程序

《民法典》第642条第2款规定："出卖人可以与买受人协商取回标的物；协商不成的，可以参照适用担保物权的实现程序。"依此，所有权保留出卖人取回权的行使方式有二：一是协商，二是参照适用担保物权的实现程序。《担保制度解释》第64条第1款重申了这两种方式："在所有权保留买卖中，出卖人依法有权取回标的物，但是与买受人协商不成，当事人请求参照民事诉讼法'实现担保物权案件'的有关规定，拍卖、变卖标的物的，人民法院应予准许。"

但有争议的是，所有权保留的出卖人取回权能否（绕开协商、担保物权实现程序）直接通过诉讼行使？对此笔者持肯定观点。《担保制度解释》第64条第2款规定："出卖人请求取回标的物，符合民法典第六百四十二条规定的，人民法院应予支持；买受人以抗辩或者反诉的方式主张拍卖、变卖标的物，并在扣除买受人未支付的价款以及必要费用后返还剩余款项的，人民法院应当一并处理。"这实际上给出卖人提供了第三种取回权的行使方式。

因此，所有权保留出卖人取回权的行使有三种路径。第一，当事人可以进行协商取回标的物。第二，若协商不成，出卖人可以通过诉讼，借助法院

[①] 最高人民法院民法典贯彻实施工作领导小组主编：《中华人民共和国民法典合同编理解与适用（二）》，人民法院出版社2020年版，第1102页。

[②] 同上。

强制执行取回标的物。出卖人请求取回标的物，符合《民法典》第642条规定的，人民法院应予支持；买受人以抗辩或者反诉的方式主张拍卖、变卖标的物，并在扣除买受人未支付的价款以及必要费用后返还剩余款项的，人民法院应当一并处理。第三，双方当事人还可以不经诉讼，直接申请适用"实现担保物权案件"特别程序，拍卖、变卖标的物，并以变价款优先受偿。出卖人应当负有清算义务，即拍卖、变卖标的物后，在扣除买受人未支付的价款以及必要费用后将剩余款项返还买受人。

有两个问题值得关注：

一是出卖人行使取回权，不产生解除买卖合同的效力。出卖人主张取回标的物与解除买卖合同分属两个不同的法律事实。一般来说，买受人对标的物的占有为合法之自主占有，出卖人仅以其所有权人之身份尚不足以排除买受人的自主占有，除非买卖合同无效、被撤销或者被解除。但所有权保留中的出卖人取回权是救济出卖人利益的特别法定权利，其构成要件由法律规定，而不是简单依据所有权的效力推导出来。出卖人取回权是买卖合同未解除的情形下法律赋予出卖人的一项救济权利。[1] 就《民法典》第643条关于买受人回赎权的规定看，所有权保留出卖人取回权的行使并不以合同解除为前提，反而是合同并未解除的证明。因此，所有权保留取回规则没有排除出卖人的解除权，实务当中符合《民法典》第562条和第563条规定的解除条件，即可主张解除合同。

如在分期付款买卖合同中，往往会同时约定分期付款条款与所有权保留条款，分期付款的合同解除权与所有权保留的取回权会形成竞合，当事人符合各自条件时可择一行使。《民法典》第634条规定："分期付款的买受人未支付到期价款的数额达到全部价款的五分之一，经催告后在合理期限内仍未支付到期价款的，出卖人可以请求买受人支付全部价款或者解除合同。出卖人解除合同的，可以向买受人请求支付该标的物的使用费。"《买卖合同解释（2020）》第26条则规定，买受人已经支付标的物总价款的百分之七十五以上时出卖人不能主张取回标的物。在不同情形下，出卖人可能同时拥有分期付款解除权或所有权保留取回权，可能两权都不拥有，也可能只有两权之一。但不论如何，所有权保留取回权的行使，必然是以合同继续有效存续（未解

---

[1] 邹海林：《论出卖人在破产程序中的取回权——以所有权保留制度为中心》，载《上海政法学院学报（政法论丛）》2021年第4期。

除）为前提的。

二是《担保制度解释》第 64 条第 2 款的第二句话，"买受人以抗辩或者反诉的方式主张拍卖、变卖标的物，并在扣除买受人未支付的价款以及必要费用后返还剩余款项的，人民法院应当一并处理"，实际上赋予了买受人的直接清算申请权，即此时买受人可以主动放弃回赎权，直接要求执行类担保清算。此规则将所有权保留的担保权属性又往前推进了一步。

（三）所有权保留取回与破产取回

所有权保留语境下的取回权与破产法语境下的取回权并非同一个概念。所有权保留中的取回权是基于买卖合同中出卖人所保留的所有权的权能回复，而破产法下的取回权是所有权人基于买卖、仓储、保管、加工承揽、寄存、租赁等法律关系向破产管理人主张返还或者交付标的物的权利。两者在适用情形、行权主体上可能有所交叉，但在权利性质[①]、行权对象、行权条件、行权程序上多有不同。

《破产法解释二（2020）》对所有权保留买卖有多条规则。其第 2 条规定，"下列财产不应认定为债务人财产：（二）债务人在所有权保留买卖中尚未取得所有权的财产"。也就是说，在所有权保留买卖合同生效且买受人破产的前提下，买受人尚未取得所有权的财产不应被认定为破产财产。

《破产法解释二（2020）》第 34 条明确了标的物所有权未转移给买受人的所有权保留买卖合同的性质以及该合同法律上的最终走向，"买卖合同双方当事人在合同中约定标的物所有权保留，在标的物所有权未依法转移给买受人前，一方当事人破产的，该买卖合同属于双方均未履行完毕的合同，管理人有权依据企业破产法第十八条的规定决定解除或者继续履行合同"，即所有权保留的买卖合同最终走向掌握在破产管理人手上。《破产法》第 18 条阐明了三种情形导致的合同两种结局，即继续履行和解除合同：一是管理人决定继续履行合同的，对方当事人应当履行；二是对方当事人要求管理人提供担保而管理人不提供的，视为解除合同；三是管理人自破产申请受理之日起两个月内未通知对方当事人，或者自收到对方当事人催告之日起 30 日内未答复的，视为解除合同。

[①] 有学者认为，所有权保留取回是实体法（《民法典》）上的请求权基础，破产取回则是程序法（《破产法》）中的异议权，前者要借助后者才能实现。参见邹海林：《论出卖人在破产程序中的取回权——以所有权保留制度为中心》，载《上海政法学院学报（政法论丛）》2021 年第 4 期。

下面区分出卖人破产及买受人破产分别讨论之。

1. 出卖人破产情形下的所有权保留

《破产法解释二（2020）》第 35 条和第 36 条对所有权保留买卖中出卖人破产情形下的所有权保留买卖作出了规定。第 35 条复述了《民法典》及《买卖合同解释》中所有权保留买卖的合同规则，与破产取回规则无关；第 36 条阐释了《企业破产法》第 18 条在所有权保留买卖中的合同解除规则，既与所有权保留取回规则无关，也与破产取回规则无关。

《破产法解释二（2020）》	《破产法解释二（2020）》
第三十五条　出卖人破产，其管理人决定继续履行所有权保留买卖合同的，买受人应当按照原买卖合同的约定支付价款或者履行其他义务。 买受人未依约支付价款或者履行完毕其他义务，或者将标的物出卖、出质或者作出其他不当处分，给出卖人造成损害，出卖人管理人依法主张取回标的物的，人民法院应予支持。但是，买受人已经支付标的物总价款百分之七十五以上或者第三人善意取得标的物所有权或者其他物权的除外。 因本条第二款规定未能取回标的物，出卖人管理人依法主张买受人继续支付价款、履行完毕其他义务，以及承担相应赔偿责任的，人民法院应予支持。	第三十六条　出卖人破产，其管理人决定解除所有权保留买卖合同，并依据企业破产法第十七条的规定要求买受人向其交付买卖标的物的，人民法院应予支持。 买受人以其不存在未依约支付价款或者履行完毕其他义务，或者将标的物出卖、出质或者作出其他不当处分情形抗辩的，人民法院不予支持。 买受人依法履行合同义务并依据本条第一款将买卖标的物交付出卖人管理人后，买受人已支付价款损失形成的债权作为共益债务清偿。但是，买受人违反合同约定，出卖人管理人主张上述债权作为普通破产债权清偿的，人民法院应予支持。

《破产法解释二（2020）》第 35 条明确了出卖人管理人决定继续履行的情形。即当出卖人破产，其管理人决定继续履行所有权保留买卖合同时，买受人应当按照合同约定继续履行；当买受人未按照约定履行义务或者对标的物作出不当处分，给出卖人造成损害的，出卖人管理人可以主张标的物取回。第 2 款的规定排除了买受人已付标的物总价款 75% 和第三人善意取得的情形。在出卖人管理人行使取回权之后，消除出卖人管理人取回标的的事由的，买受人可以请求回赎标的物。第 35 条第 3 款明确了当买受人已经支付标的物总价款 75% 以上或者第三人善意取得后，导致出卖人无法行使取回权，那么出卖人管理人可以主张买受人继续履行合同义务以及承担赔偿责任。以上这些规定，基本属于对所有权保留规则的重述（只是有些细节上并未根据《民法典》加以完善），此条与《民法典》无冲突之处。

《破产法解释二（2020）》第 36 条明确了出卖人管理人决定解除合同的情形。对第 1 款的规定"要求买受人向其交付买卖标的物"不应该理解为所有权保留中的取回权，而应该理解为司法解释另行赋予了出卖人管理人一种请求权。关于第 1 款中的解除权，最高法的观点认为，出卖人管理人的解除权属于单方解除权且属于法定解除权，即出卖人管理人无须取得买受人的同意，也无须根据合同是否约定有破产条款即可行使。

第 2 款规定乍一看似乎突兀，但仔细对比第 36 条第 2 款与所有权保留规则，就会发现第 2 款规定的几种抗辩情形（不存在未依约支付价款、未履行完毕其他义务，或者将标的物出卖、出质或者作出其他不当处分）即为《民法典》第 642 条规定的所有权保留的三种取回权适用情形。人民法院不支持该种抗辩，就是在强调：本条与所有权保留规则无关，仅与合同解除规则有关（所有权保留中的取回权与合同解除是并行的两种救济方式）。

第 3 款的实务意义在于，当买受人依法履行合同并且按照第 1 款的规定交付了标的物后，那么买受人已支付价款可以作为共益债务得到清偿。此款的意义在于赋予了守法守约的买受人"优先受偿"的权利，因为基于所有权保留买卖合同的性质，尽管标的物所有权的部分权能转移给了买受人，但仍然是不足以赋予买受人等同于共益债务的优先受偿地位的。第 3 款第二句更进一步，如果买受人违反合同约定，则此种"优先受偿"的地位降为普通债权，也跟前句的精神导向相一致。

2. 买受人破产情形下的所有权保留

《破产法解释二（2020）》第 37 条和第 38 条对所有权保留买卖中买受人破产的情形作出了规定。《破产法解释二（2020）》第 38 条阐释了《企业破产法》第 18 条在所有权保留买卖中的合同解除规则，合同解除后引发《企业破产法》第 38 条之破产取回；而如前文所述，所有权保留买卖中的出卖人取回权以合同未解除为前提，因此《破产法解释二（2020）》第 38 条与《民法典》所有权保留取回规则无关，规则适用上不存异议。争议焦点集中于第 37 条。

目前理论与实践中的最大争议为：当破产企业为所有权保留买卖中的买受人时，经《民法典》担保功能化重构之后的所有权保留，在破产语境下是作为他人之物而被破产取回（《企业破产法》第 38 条"债务人占有的不属于债务人的财产，该财产的权利人可以通过管理人取回"），还是应作为物上担保权而被破产别除（《企业破产法》第 109 条"对破产人的特定财产享有担保权的权利人，对该特定财产享有优先受偿的权利"）？

第八章　金融交易中的其他非典型担保规则

《破产法解释二（2020）》	《破产法解释二（2020）》
第三十七条　买受人破产，其管理人决定继续履行所有权保留买卖合同的，原买卖合同中约定的买受人支付价款或者履行其他义务的期限在破产申请受理时视为到期，买受人管理人应当及时向出卖人支付价款或者履行其他义务。 买受人管理人无正当理由未及时支付价款或者履行完毕其他义务，或者将标的物出卖、出质或者作出其他不当处分，给出卖人造成损害，出卖人依据民法典第六百四十一条等规定主张取回标的物的，人民法院应予支持。但是，买受人已支付标的物总价款百分之七十五以上或者第三人善意取得标的物所有权或者其他物权的除外。 因本条第二款规定未能取回标的物，出卖人依法主张买受人继续支付价款、履行完毕其他义务，以及承担相应赔偿责任的，人民法院应予支持。对因买受人未支付价款或者未履行完毕其他义务，以及买受人管理人将标的物出卖、出质或者作出其他不当处分导致出卖人损害产生的债务，出卖人主张作为共益债务清偿的，人民法院应予支持。	第三十八条　买受人破产，其管理人决定解除所有权保留买卖合同，出卖人依据企业破产法第三十八条的规定主张取回买卖标的物的，人民法院应予支持。 出卖人取回买卖标的物，买受人管理人主张出卖人返还已支付价款的，人民法院应予支持。取回的标的物价值明显减少给出卖人造成损失的，出卖人可从买受人已支付价款中优先予以抵扣后，将剩余部分返还给买受人；对买受人已支付价款不足以弥补出卖人标的物价值减损损失形成的债权，出卖人主张作为共益债务清偿的，人民法院应予支持。

《破产法解释二（2020）》第37条的表述很明确，买受人破产、管理人决定继续履行所有权保留买卖合同的情形下，出卖人可"依据民法典第六百四十一条等规定主张取回标的物"。请注意，《破产法解释二（2020）》第35条中同样是管理人决定继续履行所有权保留买卖合同，但出卖人破产情况下，第35条的表达是出卖人（管理人）可"依法主张取回标的物"。这一差别似乎无关紧要，但在笔者看来，第37条之所以突出强调《民法典》第641条等规定作为法律依据，其实是在强调该情形虽涉破产，但规则适用应依据《民法典》。

目前理论与实务争议焦点在于，该种情形下该适用破产取回还是破产别除？但若尊重《破产法解释二（2020）》第37条的文义表达，就应作如下解释：该种情形下既不应适用破产取回规则，也不应适用破产别除规则，而应适用《民法典》所有权保留取回规则。从逻辑上讲，既然破产管理人选择继续履行所有权保留买卖合同，那么就应该尊重该有效存续的所有权保留买卖合同框架，并遵循《民法典》所有权保留买卖合同规则。具体而言，该种情

395

形下出卖人可与破产管理人协商取回;若协商不成,出卖人可以通过诉讼取回;亦可不经诉讼,直接申请适用"实现担保物权案件"特别程序,拍卖、变卖标的物,并以变价款优先受偿。若按此种操作,出卖人可以选择将标的物取回还是变价后优先受偿。就效果而言,实际是间接赋予了出卖人对破产取回或破产别除的选择权。

只是,破产重整期间所有权保留取回权应暂停行使。《破产法》第75条第1款规定:"在重整期间,对债务人的特定财产享有的担保权暂停行使。但是,担保物有损坏或者价值明显减少的可能,足以危害担保权人权利的,担保权人可以向人民法院请求恢复行使担保权。"而所有权保留中取回权的行使参照"实现担保物权案件"的有关规定。最高法的观点认为买受人处于重整期间,出卖人的行使取回权也应该参照上述规定;如果重整期间出卖人仍然有权就债务人占有的标的物行使取回权,将导致重整制度赖以存在的物质基础丧失,企业的生产经营无法继续,由此造成的损害可能要远远高于出卖人的权利受限而蒙受的不利益。[①]

就该两条司法解释而言,还需注意以下实务问题:

首先,《破产法解释二(2020)》第37条明确了买受人破产、管理人决定继续履行的规则。当买受人破产后,破产管理人决定继续履行,则其履行义务视为到期,买受人管理人应当向出卖人继续履行所有权保留买卖合同项下的义务。

其次,《破产法解释二(2020)》第37条第3款意在对第2款作出补充。当买受人管理人支付价款达到标的物总价款75%以上或者发生了第三人善意取得标的物的情况,出卖人无法行使标的物取回权,但是可以主张继续履行义务以及要求买受人管理人承担赔偿责任。

第3款第二句需特别予以注意,即因买受人及其管理人造成的损失债权可以作为共益债务予以清偿。最高法认为,该债权是买受人管理人请求出卖人继续履行双方均为履行完毕的所有权保留买卖合同而产生的,对于买受人而言,属于共益债务,因此应当按照《破产法》第42条的规定,予以清偿;且出卖人行使买卖合同取回权而未能取回标的物,其债权的担保权益已经得

[①] 最高人民法院民法典贯彻实施工作领导小组主编:《中华人民共和国民法典合同编理解与适用[二]》,人民法院出版社2020年版,第1105页。

到了一个程序保障,所以不应当再通过破产程序行使别除权。① 出卖人对该条规定的情形主张以共益债务偿还的,应当首先以买受人已经支付的价款予以抵销,剩余部分以共益债务予以清偿。

最后,《破产法解释二（2020）》第38条明确了买受人破产、管理人决定解除合同的规则,出卖人可依据《破产法》第38条主张破产取回。该条第2款规定,若已付价款与标的物的价值减损部分有出入的,适用"多返少补"的规则,且价值减损损失债权作为共益债务清偿。例如,所有权保留买卖合同的标的物总价值为100万元人民币,买受人已付价款50万元人民币,买受人破产后,出卖人主张取回标的物,但是取回标的物现值为90万元人民币,也就是有所减损而且买受人已付价款多于减损价值,故出卖人需要退还给买受人两者的差额40万元人民币。如果前述案例中取回标的物的现值为40万元人民币,也就是已付价款少于减损价值（60万元）,那么已付价款不足以弥补标的物价值减损形成的债权为10万元人民币,出卖人可以就该10万元人民币的债权主张作为共益债务清偿。

四、买受人回赎权与出卖人再卖清算

新旧法律条文对比	
《民法典》	《买卖合同解释（2012）》
第六百四十三条　出卖人依据前条第一款的规定取回标的物后,买受人在双方约定或者出卖人指定的合理回赎期限内,消除出卖人取回标的物的事由的,可以请求回赎标的物。 受人在回赎期限内没有回赎标的物,出卖人可以以合理价格将标的物出卖给第三人,出卖所得价款扣除买受人未支付的价款以及必要费用后仍有剩余的,应当返还买受人;不足部分由买受人清偿。	第三十七条　出卖人取回标的物后,买受人在双方约定的或者出卖人指定的回赎期间内,消除出卖人取回标的物的事由,主张回赎标的物的,人民法院应予支持。买受人在回赎期间内没有回赎标的物的,出卖人可以另行出卖标的物。出卖人另行出卖标的物的,出卖所得价款依次扣除取回和保管费用、再交易费用、利息、未清偿的价金后仍有剩余的,应返还原买受人;如有不足,出卖人要求原买受人清偿的,人民法院应予支持,但原买受人有证据证明出卖人另行出卖的价格明显低于市场价格的除外。

《民法典》第643条基于《买卖合同解释（2012）》第37条修改而成,

---

① 最高人民法院民事审判第二庭编著:《最高人民法院关于企业破产法司法解释理解与适用——破产法解释（一）、破产法解释（二）》,人民法院出版社2017年3月第二版,第418页。

主要修改之处如下：一是在第 1 款中出卖人指定的回赎期间前增加"合理"这一前置定语，平衡买卖双方的利益；二是本条第 2 款删除"依次扣除取回和保管费用、再交易费用、利息、未清偿的价金"的规定，代之以"扣除买受人未支付的价款以及必要费用"，以概括式表述囊括必要费用，并取消各具体费用的清偿顺位；三是删除"但原买受人有证据证明出卖人另行出卖的价格明显低于市场价格的除外"这一规定，减少法条之间的关于撤销权的重复规定。

《民法典》第 643 条规定了所有权保留买卖合同中买受人的回赎权，出卖人依据《民法典》第 642 条规定的情形取回标的物后，买受人可以通过双方约定或者出卖人指定的合理回赎期限内消除取回事由，从而请求回赎标的物。买受人回赎权的权利基础是买受人在所有权保留买卖关系中的期待权。[1] 我国的回赎期限采用了意定的模式，由出卖人指定或者买卖双方协商确定。在实务中需要注意的是"合理回赎期限"的解释，如果采用双方协商一致的方式确定期限，则无论买受人还是出卖人都可能失去了合理抗辩的理由；而采出卖人指定的方式则存在一定的解释空间。法律在此规定回赎权，意在保护买受人对所有权保留买卖中标的物的占有使用等利益。通过回赎权，可以让因为适用了取回权而偏离的正常交易回到初始的交易轨道中来。而多长时间的回赎期限才算"合理"，则需结合个案中标的物的性质等具体情况加以综合判断。例如，标的物若是易腐之动产，出卖人指定的回赎期限为几十分钟，也算合理。

第 643 条第 2 款实际上规定了出卖人的再卖权，即买受人未能在回赎期限内回赎标的物的，出卖人可以合理价格再次卖出标的物。因出卖人行使取回权后原买卖合同并不解除，出卖人再次出卖实际上是"就物求偿"，再次出卖所得价款应扣除买受人未支付的价款以及必要费用，仍有剩余的，因出卖人的利益已经实现，故剩余的部分应当返还买受人。再次出卖所得价款如果不足以覆盖买受人未支付的价款以及必要费用，此时因出卖人在原合同中的利益还未完全实现，故出卖人还可以继续请求买受人清偿。[2] 以上规定，实际上构成了出卖人的清算义务。

---

[1] 最高人民法院民事审判第二庭编著:《最高人民法院关于企业破产法司法解释理解与适用——破产法解释（一）·破产法解释（二）》，人民法院出版社 2017 年版，第 404 页。

[2] 最高人民法院民法典贯彻实施工作领导小组主编:《中华人民共和国民法典合同编理解与适用[二]》，人民法院出版社 2020 年版，第 1111 页。

第二节 让 与 担 保

一、让与担保的概念

让与担保是一种约定担保,其设立基于当事人间的约定,具有融通资金之作用。让与担保从设定形式上有广义和狭义之分。广义的让与担保,包括买卖式担保和狭义的让与式担保。所谓买卖式担保,又称卖与担保,是指以买卖方式移转标的物之所有权,而以价金名义通融金钱,并约定日后将该标的物买回。狭义的让与担保,仅指让与式担保,又称为信托让与担保,是指债务人或第三人为担保债务得以清偿,将担保标的物之所有权形式上移转给债权人,在债务清偿后,标的物之所有权回归于担保人,在债务届时未能得到清偿时,债权人获得就担保物优先受偿的权利。[①]

让与担保由于其具有融资灵活、交易成本低、第三人阻碍债权实现可能性小等优势,在我国民商事活动中运用十分普遍。让与担保之所以在实践中有被使用的价值,主要在于其设定灵活和成本低廉。第一,让与担保与动产质权、不动产抵押权相比较,对担保标的物的要求,仅以具有让与性为前提,范围甚广。让与担保的担保物可由设定人占有并保留担保物的用益权。特别是,让与担保可于不能设定典型担保的标的物上设定,发挥其担保价值。第二,让与担保的交易成本低,可节省设定抵押权、质权的昂贵费用与漫长的时间成本,特别是可以通过当事人约定避免拍卖程序中担保物变价低估或变价过低的不利结果。因此,让与担保可以弥补典型担保制度的缺失,适应现代商业社会活动的需要,是典型担保制度有力的补充。

但一直以来,这种担保所导致的争议纠纷非常多,对其规则内涵也未形成统一规定,在司法实践中往往出现不同法院对该类法律行为认定不一致的情况。2019年最高法《九民纪要》中首次对"让与担保"制度作出界定,并在2020年最高法《担保制度解释》中得到延续和进一步完善。《担保制度解

[①] 王利明:《物权法研究(第四版·下卷)》,中国人民大学出版社2016年版,第1267页;王闯:《让与担保法律制度研究》,法律出版社2000年版,第20页;郭明瑞:《担保法》,法律出版社2010年版,第254页;黄宗乐:《现代物权法之原理及发展——以台湾法为例》,载《辅仁法学》1986年第15期,第181页。

释》第 68 条、第 69 条进一步对让与担保的效力、实现方式等作出了具体的规定。

新旧法律条文对比	
《担保制度解释》	《九民纪要》
第六十八条　债务人或者第三人与债权人约定将财产形式上转移至债权人名下，债务人不履行到期债务，债权人有权对财产折价或者以拍卖、变卖该财产所得价款偿还债务的，人民法院应当认定该约定有效。当事人已经完成财产权利变动的公示，债务人不履行到期债务，债权人请求参照民法典关于担保物权的有关规定就该财产优先受偿的，人民法院应予支持。 　　债务人或者第三人与债权人约定将财产形式上转移至债权人名下，债务人不履行到期债务，财产归债权人所有的，人民法院应当认定该约定无效，但是不影响当事人有关提供担保的意思表示的效力。当事人已经完成财产权利变动的公示，债务人不履行到期债务，债权人请求对该财产享有所有权的，人民法院不予支持；债权人请求参照民法典关于担保物权的规定对财产折价或者以拍卖、变卖所得的价款优先受偿的，人民法院应予支持；债务人履行债务后请求返还财产，或者请求对财产折价或者以拍卖、变卖所得的价款清偿债务的，人民法院应予支持。 　　债务人与债权人约定将财产转移至债权人名下，在一定期间后再由债务人或者其指定的第三人以交易本金加上溢价款回购，债务人到期不履行回购义务，财产归债权人所有的，人民法院应当参照第二款规定处理。回购对象自始不存在的，人民法院应当依照民法典第一百四十六条第二款的规定，按照其实际构成的法律关系处理。	第 701 条　【让与担保】债务人或者第三人与债权人订立合同，约定将财产形式上转让至债权人名下，债务人到期清偿债务，债权人将该财产返还给债务人或第三人，债务人到期没有清偿债务，债权人可以对财产拍卖、变卖、折价偿还债权的，人民法院应当认定合同有效。合同如果约定债务人到期没有清偿债务，财产归债权人所有的，人民法院应当认定该部分约定无效，但不影响合同其他部分的效力。 　　当事人根据上述合同约定，已经完成财产权利变动的公示方式转让至债权人名下，债务人到期没有清偿债务，债权人请求确认财产归其所有的，人民法院不予支持，但债权人请求参照法律关于担保物权的规定对财产拍卖、变卖、折价优先偿还其债权的，人民法院依法予以支持。债务人因到期没有清偿债务，请求对该财产拍卖、变卖、折价偿还所欠债权人合同项下债务的，人民法院亦应依法予以支持。

二、让与担保行为的认定

（一）让与担保行为的认定

由于让与担保是以表面之财产权利转让行为，行内部之担保目的的一种民事法律行为，实践中常以动产买卖合同、不动产买卖合同、股权转让合同的形式出现，则更需从交易时间、交易习惯、履约方式、双方债务关系等各方面综合审查双方的真实意思表示，是否形成担保主债务的合意。一份表示让与担保合意的合同应同时由两部分组成：即约定让与财产或权利之所有权的部分，以及约定主债务到期后归还所有权或就让与物优先受偿的部分。在实践中，判断是否属于让与担保，应从以下三个方面加以甄别[①]：（1）财产、权利形式上移转。（2）当事人之间存在关于担保目的的合意：担保权人受让的标的物所有权受到限制，如限制处分权、限定行权范围、让与人保留部分权利等方式；标的物最终权属不确定，应取决于债权是否实现。（3）存在被担保的主债权。

（二）让与担保与其他法律关系的比较

由于让与担保形式灵活，实践中以其他合同名义行担保功能之实的情况并不鲜见。常见易与具有让与担保功能的合同相互混淆的其他法律关系有如下几种。

1. "让与担保"与"以物抵债"

两种法律关系均有当事人移转财产、权利所有权的合意，区别在于：若该合意达成于原债务履行期限届满前的，当属"让与担保"；若该合意达成于原债务履行期限届满后的，当属"以物抵债"。

"让与担保"的当事人意思表示以标的物为主债务作担保，性质属于担保。以"让与行为"设定"担保"之目的，债权人依约取得担保物权，系物权的一种不完全形式，当然具有部分物权的效力。故债权人享有标的物的担保物权，经权利变动公示更享有优先受偿权。

"以物抵债"的当事人意思表示以标的物抵销旧债务，性质属于新债清偿。以"物"设定新的债权债务关系，方得抵销既已存在的债权债务关系，其设定的权利仍系一种债权，设定以物抵债的债权人仅享有债权关系，即不具物权效力，更不能主张优先受偿权。

2. "让与担保"和"后让与担保"

两种法律关系中均有标的物所有权转移，区别在于：若该当事人形成合意后即转移所有权，债权人即取得标的物所有权的，则当属"让与担保"；若

[①] 朱晓喆、马强：《优化营商环境视野下动产让与担保的法律构造及效力——结合〈民法典〉相关规则的解释》，载《云南社会科学》2021年第2期。

当事人形成合意后债权人仅取得期待权，待债务人未能依约履行债务后才转移所有权的，当属"后让与担保"。

《民间借贷解释（2020）》第23条规定，针对以订立买卖合同为民间借贷合同作担保情形的解释，就应以"后让与担保"的概念加以理解。"让与担保"与"后让与担保"存在的区别主要体现为"让与担保"的债权人享有物权，"后让与担保"的债权人仅享有期待权。而在其他方面，如权利转移的性质、价值、功能以及归属定位等方面并无本质区别。"后让与担保"合同原则上在无违反法律法规关于效力的强制性规定的情形下有效，但本身并非严谨的法律概念，不属于"让与担保"概念的范畴。

3. "让与担保"和"流质契约"

两种法律关系均以债务人未能履行回赎标的物义务为前提，均以债务最终归于消灭为结果，区别在于：若约定债权人需经过清算，对担保标的物折价或者以拍卖、变卖所得价款偿还债务，当属"让与担保"；若约定债权人可直接取得担保标的物，当属"流质契约"。

关于流押、流质契约的效力问题，《民法典》相较于《物权法》有所修改，不再认为流押、流质契约当然无效。

新旧法律条文对比	
《民法典》	《物权法》
第四百零一条【流押】抵押权人在债务履行期限届满前，与抵押人约定债务人不履行到期债务时抵押财产归债权人所有的，只能依法就抵押财产优先受偿。	第一百八十六条【禁止流押】抵押权人在债务履行期届满前，不得与抵押人约定债务人不履行到期债务时抵押财产归债权人所有。
第四百二十八条【流质】质权人在债务履行期限届满前，与出质人约定债务人不履行到期债务时质押财产归债权人所有的，只能依法就质押财产优先受偿。	第二百一十一条【禁止流质】质权人在债务履行期届满前，不得与出质人约定债务人不履行到期债务时质押财产归债权人所有。

在司法实践中倾向于认可签订买卖合同作为民间借贷合同的担保。《民法典》中扩大担保物权的范围后，柔化了流押流质的规定，以违反物权法定及流押流质条款否认以买卖合同作为让与担保意思的可能性趋小。①

---

① 最高人民法院（2019）最高法民申5927号民事裁定书。

4. "回购型让与担保"和"约定所有权归属的回购"

两种法律关系均以回购为最终目的，区别在于：若当事人约定财产形式上移转，一定期间后再由债务人或其指定第三人以交易本金加上溢价回购，该种形式的回购当属"让与担保"；若当事人约定财产移转，一定期间后再由债务人或者其指定的第三人以交易本金加上溢价回购，不履行回购义务则财产所有权归债权人的，该种约定"所有权归属的回购"本质上亦属于流押、流质契约。

需要说明的是，当事人约定一方或指定第三人财产形式上转移，另一方支付对价，形成互债关系，一定期间后再由收到对价的债务人或第三人以交易本金加上溢价回购，该种形式的合同可视为借款合同与担保合同的结合，合同标的物转移权属的行为实则为双方往来款项到期后归还的担保，系比较隐蔽的让与担保约定。

5. "名股实债型让与担保"和"股权转让"

两种法律关系都在于股权的出让和受让，区别在于：若股权受让方受让部分股权代表的股东权利及义务仍由出让方享有，当受让方与出让方的债务得到清偿时，由出让股东零对价回购股权，即该股权转让协议系借款合同的从合同，当属"让与担保"；若公司股东实际将收益权、表决权等股东权利全部转让，受让方也实际参与公司经营事务、行使其他股东权利，且该股权转让协议并非其他合同的从合同，当属"股权转让"。

北京三中院认为：投资方享受固定收益且不参与公司经营、到期零对价回购股权等情况相结合，此类名股实债行为应当认定为股权让与担保而非股权转让。应当依照《九民纪要》及《担保制度解释》的规定，判断股权转让效力，并予以处理。[①] 此情形下，股权受让方并无意图购入标的股权并承担相应股权风险的真实意思表示，双方真实的交易目的是为相关借款提供"股权让与担保"。

6. "让与担保"和一般的"抵押""质押"

两种法律关系均具有担保功能，区别在于："让与担保"属于非典型担保，其物权效力待定，已经完成公示的让与担保可以参照适用最相类似的动产质押、不动产抵押以及股权质押规则；"抵押""质押"属于典型担保，系

[①] 北京市第三中级人民法院主编：《公司类纠纷审判白皮书（2013—2020）》，https://www.bj148.org/zf1/jcdt/202104/t20210421_1604427.html，2021年4月22日访问。

法定的担保物权。

但让与担保与抵押、质押并非完全相同的法律关系。让与担保法律关系存在对内对外的双重性：既需要考量当事人内部真实意思表示是否为主债权提供担保，也同时需要考量对外是否具有所有权的部分实际权利，或是否存在善意第三人再取得所有权的问题。

三、让与担保的物权效力和权利实现

(一) 让与担保的物权效力

让与担保的担保权人依约定，获得标的物形式上的所有权，即仅获得其附条件的处分权，并不当然获得对标的物完全支配权利；标的物的占有、使用、收益权根据当事人的实际需要和约定，既可归属担保权人占有，亦可仍归属担保人占有。《民法典》《九民纪要》《担保制度解释》对于让与担保均采"担保权构造说"，认为债权人仅享有担保标的物的担保物权，标的物的所有权仍应由担保人享有。其物权具有以下特点：

(1) 经登记亦不产生所有权变动效力，即便当事人已经就让与担保物进行所有权变更登记，债权人仍不能以流抵、流质条款及已变更登记为由主张对标的物享有所有权。[1]

(2) 经登记可以产生担保物权效力，让与担保物经所有物登记虽不能发生所有权移转的效果，但可以产生担保物权效力，债权人可请求就标的物优先受偿；未经公示，债权人只能依据合同主张抵押人承担违约责任。[2]

(3) 已经变更所有权登记的情形下，债务人履行合同后可以请求债权人返还标的物。[3]

从《担保制度解释》第68条的规定来看，让与担保产生物权效力的前提是当事人根据合同的约定完成了财产权利变动的公示方法，形式上已经将财产移转至债权人名下。动产可参照适用动产质押的规定，不动产可参照适用不动产抵押的规定，股权可参照适用股权质押的规定。当债权人超出担保目的将担保财产进行对外处分时，债权人的行为属于无权处分，此时的交易相

---

[1] 辽宁省沈阳市中级人民法院 (2020) 辽01民终3711号民事判决书。
[2] 浙江省金华市中级人民法院 (2020) 浙07民终1805号民事判决书。
[3] 辽宁省高级人民法院 (2016) 辽民终84号民事判决书。

对人必须满足善意取得的构成要件方能取得标的物的所有权。依照《民法典》第311条关于善意取得制度的规定处理。

还有一种特别情形需要说明，让与担保关系中担保人和担保权人一方宣告破产：若担保人破产的，担保权人对让与担保的标的物享有别除权，享有优先受偿；若担保权人破产的，从保护让与担保关系外的第三人的角度，以商事外观主义为前提，让与担保标的物应当纳入担保权人的破产财产之列，担保人不应享有对抗破产债权人的权利，但对于经清算超过债务的部分，担保人有权主张取回。

（二）让与担保的权利实现

根据作为担保功能的标的物本身属性，已经公示其权利变动的让与担保可以参照适用形式最相类似的动产质押、不动产抵押以及股权质押的相关规则执行，实现其担保权。当然，作为一种灵活的非典型担保，当事人也可以在担保合同中约定由某一方或多方承担清算义务，并约定清算的方式、费用负担等细则。

1. 自力清算

当事人合意采用自力清算方式实现让与担保权利的，可在合同中约定：债务到期不能清偿时，由一方或多方当事人负有让与担保标的物的清算义务，采用委托或共同委托第三方评估机构进行资产评估、拍卖机构进行拍卖等方式。

当事人还应当约定，当清算标的物价款与实际发生的债务价款有出入时，实行"多退少补"的处理原则，通过评估、拍卖等自力清算手段所得偿付价款超过应偿还借款本息的，差额应当返还给债务人；如果不足以偿还借款本息的，就不足的部分，债权人保留继续向债务人主张的权利，以维护合同双方的利益平衡。

2. 公力救济途径

当事人若在合同中未约定债务不能清偿时具体的清算办法，希望通过诉讼实现让与担保权利时（通过特别程序实现担保物权详见本书专门章节），法院可基于《民法典》第401条、第428条的规定，认定债权人对相应标的物的优先受偿权。担保权人（债权人）享有优先受偿权是让与担保制度的题中应有之义，但若需要在诉讼中确保实现担保权利，需严格符合让与担保的构成要件，且担保标的物已通过公示移转所有权（即具有物权效力）。

司法实践中，法院认定让与担保的担保权人具有优先受偿权的理由有：（1）法律关系符合让与担保的要件；（2）让与担保系双方当事人真实意思表示；（3）该物权尚未存在由他人登记并取得所有权的情况；（4）办理了所有权转移的公示手续；（5）不属于《民法典》规定的合同无效情形且不损害社会公共利益和第三人权益。

相反的，法院否认优先受偿权的理由有：（1）在不动产上设定让与担保时，未办理所有权过户登记、仅办理网签、未办理预告登记等；（2）不符合让与担保构成要件，本质上属于债权而不具有排他性和对抗第三人的效力；（3）违反法律关于禁止流押流质的规定。

四、让与担保标的物类型与规则

（一）动产让与担保

动产担保系以动产作为担保物设立的一种担保形式。动产让与担保的成立当然应满足担保合同和让与担保的一般要件；此外，由于担保物为动产，根据《民法典》第208条的规定其应当依照法律规定交付。

1. 动产以占有改定形式设定让与担保不产生物权效力

以动产为担保标的物设定的让与担保，在实践中曾出现标的物的所有权与使用权分离的情形：当事人约定以占有改定的方式完成动产的交付，即担保权人取得标的物形式上的所有权，债务人或担保人仍保有标的物的实际使用权。如此一来可最大程度利用标的物的使用价值和交换价值，但此举虽符合商事活动效率优先原则，却极具隐蔽性，难以保障第三人利益。

若当事人选择占有改定作为动产让予担保的交付方式，虽然担保人得以继续使用标的物创造价值，然债权人的担保权利则平添受到侵害的机会，更不能杜绝担保人处分标的物的行为。

在《民法典》实施之前，《担保法解释》第87条[①]对动产质权作出过解释，最高法认为占有改定不产生动产质权的物权效力。是故参照动产质权的相关规定，在动产上设立让与担保，当事人约定担保物由担保人占有的，让与担保合同不生效；担保权人将标的物返还担保人后，不产生对抗第三人的

[①]《担保法解释》第87条第1款：出质人代质权人占有质物的，质押合同不生效；质权人将质物返还于出质人后，以其质权对抗第三人的，人民法院不予支持。

效力。

2. 可登记动产让与担保的特殊情形

长久以来，动产让与担保因其缺乏统一公示制度，导致其对外隐蔽而饱受诟病。当事人缺少不动产的，若欲以动产设立让与担保，由于动产所有权转移需经交付，设定让与担保后，标的物所有人将直接失去继续占有、使用、利用标的物的权利，导致以动产担保融资效率低下。

在实践中，动产让与担保与动产抵押（质押）在担保范围、设定担保及优先受偿方面并无明显区别，而动产让与担保在公示上也没有动产抵押的优越性，故在实践中很少适用。

为落实《国务院关于实施动产和权利担保统一登记的决定》的相关要求，规范动产和权利担保统一登记服务，2022年2月1日，中国人民银行发布的《动产和权利担保统一登记办法》（以下简称《统一登记办法》）正式施行。《统一登记办法》规定了企业进行小微融资常作为标的的生产设备、原材料、半成品、产品的抵押可于系统登记，解决了上述动产作为担保物后若无法有效被企业继续利用，将影响其融资便利性的问题。

从让与担保法律关系的构成来看，《统一登记办法》施行后，以占有改定形式设定动产让与担保似乎成为可能：当事人可通过合同约定以生产设备、原材料、半成品、产品为标的物设定担保，通过占有改定的交付方式，担保人保有标的物的使用权；当事人依据《统一登记办法》登记动产抵押权后，标的物完成公示，即可产生对抗第三人效力。可以通过此种办法设定的动产让与担保，应当参照动产抵押权相关规则。

（二）不动产让与担保

1. 不动产设定让与担保的一般问题

不动产让与担保系以不动产作为担保物设立的一种担保形式。不动产让与担保，在司法实践中更多裁判案例从功能主义角度，对在不动产上设定让与担保且已经办理过户或预告登记的，认可其以设定担保为目的，已发生了所有权转移的效力。一般情况下设定不动产让与担保时，于登记簿上记载的权利转移意思大多是买卖。这种情况产生的原因，主要是现行不动产登记制度中并不存在适合于当事人让与担保行为的公示方法，以买卖为意思所进行的所有权转移登记只能构成一种不完全的让与担保公示方法。[①]

不动产让与担保还存在一个现实两难的风险：如当事人不进行公示登记，该让与担保不具有对抗第三人的物权效力；如当事人进行公示登记，形式上转移了商品房所有权，税务机关如若以买卖合同记载的房屋价值为基础征税，当事人设立担保还将面临一笔费用支出。最高法曾在林、陈与鑫隆公司的商品房让与担保一案[②]中，支持了税务机关遵守实质课税原则，不按照买卖合同关系征税的做法。然司法机关和税务机关对同一合同行为的性质认定可能并不完全一致。虽说税务机关未正确认定让与担保关系时，当事人可以通过诉讼途径救济，但未免疲于诉累，与当时设立让与担保目的背道而驰。对此我们的建议是，尽量在文本中载明当事人订立合同时达成让与担保合意的意思表示。

或许不必须优先受偿的情形下，设立让与担保才是最能体现其特点的场合。当事人以不动产买卖的形式设立让与担保，当债务人不能清偿到期债务时，对担保物不动产进行清算，或进行变卖、拍卖、折价后，作为一般债权受偿。

2. 以商品房买卖合同形式设立让与担保

在商品房买卖合同上设定让与担保最为常见，签订商品房买卖合同后让与担保即可成立，无须进行商品房的登记或实际交付，但这也导致，合同中没有明确约定该买卖合同真实意思表示时，容易就合同系买卖合同还是担保合同发生纠纷。

司法实践中，法院根据双方交易是否符合交易习惯和权利义务的惯常约定，来判断当事人真实意思表示系设立担保还是买卖交易。在开庭审理过程中，事实认定的焦点集中在合同款项性质，应属购房款还是借款（通常是出借人主张为购房款，借款人主张为借款）。若当事人提供的证据能够证明借款合同和买卖合同都存在，并且买卖合同是为民间借贷合同提供担保的，应当认定担保事实；若当事人所提交证据可证明买卖合同存在，但不足以证明民间借贷事实存在的，应认定买卖合同。

实践中，有两类商品房合同设定让与担保不能产生物权效力：

[①] 何娜：《让与担保研究》，http://old.civillaw.com.cn/article/default.asp?id=8315，2022年3月29日访问。

[②] 最高人民法院（2018）最高法行申253号行政裁定书。

（1）以商品房预售合同设立让与担保不产生物权效力。

商品房预售是指房地产开发企业将正在建设中的房屋预先出售给购房人，由购房人预先支付购房定金或购房款的行为。预售房包括在建的、尚未完成建设的、还未交付使用的、没取得房屋产权证房屋，也称为期房，购房人对房屋享有物权期待权，而非物权。

鉴于商品房预售合同签订后至商品房产权登记手续完成之间有相当一段时间，而预告登记备案在性质上并不能等同于购房人已享有房屋所有权，故当事人欲以预售商品房或者商品房预购合同为担保标的物设立让与担保时，因购房人未实际取得房屋所有权，该让与担保要件并不具备。同时，因当事人均不享有商品房的物权，更不能通过让与担保合同形式上转移商品房所有权，债权人主张其应就商品房优先受偿时，也无法获得支持，只能作为一般债权受偿。

（2）以商品房买卖合同网签备案设定让与担保不产生物权效力。

商品房在当事人达成初步意向签订预购合同后，还需要经过网签备案。由于设立让与担保有形式上转移标的物所有权的要求，故以商品房设立让与担保批量登记过户的缴税费用颇高，"财产权利变动公示"的负担过重。实践中常见的操作方式是房地产企业与资金出借人签订房屋买卖合同并进行网签备案，同时约定如果借款如期偿还，双方解除房屋买卖合同并撤销网签备案；如借款未能如期偿还，出借人可履行房屋买卖合同，就网签备案房屋拍卖、变卖、折价以偿还借款。但是由于网签备案属于行政部门的一种管理方式[①]，具体法律性质目前存有一定的争议。司法实践中，多数法院认为，当事人以房屋网签备案方式为债务提供担保，并未完成"财产权利变动公示"的要件。根据物权法定的原则，网签备案没有法律明文规定的支持，性质上仍属于一种债权的行政确认，不具有公示效力，该方案虽然规避了过户税费，但是却不能产生对抗第三人效力。

除了上述两类在商品房合同上设定让与担保的桎梏，商品房的让与担保还存在优先权等级不够高的问题。若当事人以商品房为标的物清偿债务时，根据商品房上可能存在的所有权利类型来看，其清偿顺位为：已交付购买商品房的全部或者大部分款项的消费者（房屋买受人）＞建设工程承包人法定优先受偿权＞抵押权＝让与担保权＞其他普通债权。基于该原因，倘若商品

[①] 最高人民法院（2018）最高法民申350号民事裁定书。

房的施工单位不放弃法定有限受偿权，即使让与担保权已经完成公示，也不能确保依序能得到受偿。

（三）股权让与担保

《九民纪要》出台之前，关于股权让与担保是否具有效力，各地法院裁判观点分歧很大，《民法典》与《九民纪要》出台后，股权让与担保的合同效力得到了普遍承认。股权让与担保本身不违反法律、行政法律的强制性规定，在不存在其他无效的情形下，股权让与担保合同有效，股权让与担保权利也可设立。股权让与担保能够为信贷市场的发展提供制度性激励，拓展公司融资途径。在股权让与担保的担保权实现方面，《担保制度解释》明确规定了清算型让与担保的效力，即当事人应约定如债务到期不能清偿的，应就股权价格进行清算（折价、拍卖或变卖），并比较股权价格和未偿债务的金额，实行"多退少补"。

股权让与担保在构造上的特点为：（1）股权让与后，债权人（股权受让人）成为名义股东；（2）债务人或其指定的第三人（股权出让人）仍享有股东权利、承担股东责任；（3）让与合同含回购条款或者另有回购合同；（4）债权人依据登记变更的股权享有优先受偿权，但基于维护有限公司人合性的考量，受偿不当然获得股权；（5）当事人依据约定或者折价、拍卖或变卖等清算方法就股权受偿，并实行"多退少补"。

由于股东权利兼具财产权与人身权的双重属性，故这类让与担保的特别之处在于，其特殊法律构造决定了其效力存在内外部之分：在债权人与公司关系上，债权人仅享有财产性权利，不享有身份性权利；在债务人与公司关系上，债务人仅享有身份性权利，不享有财产性权利；在双方与公司外第三方关系上，需要根据第三方的具体请求指向，在债权人和债务人之间进行权利义务分配。[①]

股权让与担保的内部关系应该以尊重当事人意思自治为前提，保护合同双方的平等地位和合法权益，主要涉及双方约定担保权人（即股权受让人）行使股东权利的限制以及在不违反法律规定的前提下约定担保权实现的方式。担保权人应作为公司登记的名义股东[②]，其名义持有股权的权利范围受到让

[①] 郭帅：《股权让与担保下的股东资格认定》，载《人民司法》2021年第8期。
[②] 《公司法解释（三）》第24条第1款：有限责任公司的实际出资人与名义出资人订立合同，约定由实际出资人出资并享有投资权益，以名义出资人为名义股东，实际出资人与名义股东对该合同效力发生争议的，如无法律规定的无效情形，人民法院应当认定该合同有效。

与担保合同约定的限制。此外，既然双方约定股权转让行为系主债权实现的担保，则担保权人虽名为股东，但不应享有对外处分股权的权利。

根据《公司登记管理条例》第 27 条规定，申请变更登记的主体为公司。如果当事人未向公司披露股权转让真实意思表示系让与担保，则公司在对外变更登记的同时，也会变更股东名册的登记，此时公司认为登记于股东名册的债权人（股权受让人）有权向公司主张股东权利。其风险显然在于，债权人此时仅在内部关系上，受让与担保合同约束，按担保人的意志行使股东义务、享受股东权利；而从公司的角度看，其理应享有完整的股东权利或享有完整的股东义务。

如果当事人在转让股权同时向公司披露了该转让行为系股权让与担保且公司不予异议，则公司完全知晓其意思表示并非实际出资人的意思表示，合同额外约定且公司不予异议的情形除外。

股权让与担保的外部关系应当以商事外观主义为前提，保护市场秩序和善意第三人的信赖利益。

《公司法》第 32 条规定，公司股东的姓名或者名称变更未经登记不得对抗第三人。《公司法解释（三）》第 25 条规定，名义股东处分其名下的股权适用善意取得制度。

虽然从内部关系看，让与担保的担保权人仅形式上持有担保人的股权，故其不经担保人同意或授权，擅自处分股权属于无权处分；但从外部关系看，让与担保关系之外的第三人对工商登记信息或股票占有外观产生的信赖利益应受善意取得制度保护。担保权人无权处分名义持有的股权，侵害担保人（实际出资人）的股东权益，担保人仅可向担保权人主张赔偿。

另外，在让与担保对外关系上，较容易出现纠纷的还有受让股权的出资义务，若让与担保当事人未对公司披露其股权转让的真实意思表示系设定担保，则公司可能就受让股权未出资到位向名义持股人主张履行出资义务。

根据《担保制度解释》第 69 条的规定，债权人仅享有形式上的股东权利，不承担出资瑕疵责任。从该条规定与《公司法解释（三）》关于股权转让后出资义务承担的规定对比可以看出，让与担保的股权受让人，因仅在形式上持有股权，故既不享受股东权利，亦不承担出资义务。

新旧法律条文对比	
《担保制度解释》	**《公司法解释（三）》**
第六十九条　股东以将其股权转移至债权人名下的方式为债务履行提供担保，公司或者公司的债权人以股东未履行或者未全面履行出资义务、抽逃出资等为由，请求作为名义股东的债权人与股东承担连带责任的，人民法院不予支持。	第十八条第一款　有限责任公司的股东未履行或者未全面履行出资义务即转让股权，受让人对此知道或者应当知道，公司请求该股东履行出资义务、受让人对此承担连带责任的，人民法院应予支持；公司债权人依照本规定第十三条第二款（公司债务不能清偿的情形）向该股东提起诉讼，同时请求前述受让人对此承担连带责任的，人民法院应予支持。

五、股权让与担保的效力与权利实现

股权让与担保是让与担保的一种，是指债务人或者第三人为了担保债务的履行，通过将其持有的股权转移至债权人名下并完成变更登记来向债权人提供担保。如债务人到期不能履行债务，债权人可以就股权折价、拍卖或变卖后的价款优先受偿；如债务人到期履行债务，则债权人将股权恢复至股权让与担保合同签署前的状态。

《民间借贷解释（2015）》第24条最早对让与担保进行了相关的解释和说明。2019年11月，最高法在《九民纪要》对让与担保及其效力进行了明确的规定，债务人或者第三人与债权人订立合同，约定将财产形式上转让至债权人名下，债务人到期清偿债务，债权人将该财产返还给债务人或第三人，债务人到期没有清偿债务，债权人可以对财产拍卖、变卖、折价偿还债权的，人民法院应当认定合同有效。合同如果约定债务人到期没有清偿债务，财产归债权人所有的，人民法院应当认定该部分约定无效，但不影响合同其他部分的效力。而对于股权让与担保，刘贵祥在2019年7月的全国民商事审判工作会议上肯定了股权让与担保合同的效力，并明确要根据当事人的真实意思表示确定实际的权利义务关系。

实践中，股权让与担保常常以股权转让合同的外观出现，在股权转让合同中约定相应的条款以实现让与担保的目的。因此，如何确定股权让与担保的真实性、有效性以及让与担保权利的实现等就成为实务中需要面对的问题。本书旨在通过案例的研究梳理归纳相关的裁判规则。

（一）裁判规则

1. 股权让与担保本身不违反法律、行政法规的强制性规定，在不存在其他无效的情形下，股权让与担保合同有效，股权让与担保权利也可设立。

2. 股权让与担保可以通过折价、拍卖或变卖等方式实现；经清算，无论是处分清算型还是归属清算型的股权让与担保，目前均得到了法院的支持。

3. 在股权让与担保合同中，根据真实意思表示，权利人依约定享有的是有担保的债权，而非股权。

（二）典型案例[①]

1. 案情简介

2013年9月5日，江西巨通作出《股东会决议》，全体股东一致同意修水巨通的股权对外转让；其他股东书面确认放弃优先购买权。同日，出让方修水巨通作出《股东会决议》，全体股东一致同意转让其在江西巨通中的48%股权。

2013年9月5日，稀土公司、修水巨通与江西巨通签订《股权转让协议》。协议约定，修水巨通将持有江西巨通的48%股权转让给稀土公司。

协议第2.3.1条"背景情况"约定：（1）中铁信托与修水巨通已经或者将签订一份或多份《流动资金借款合同》（合称《借款合同》），约定中铁信托向修水巨通提供本金不超过8亿元的贷款。（2）中铁信托和稀土公司已经或将根据《借款合同》的份数签订一份或多份《权利质押合同》（合称《质押合同》），约定稀土公司将其在本协议下目标股权转让后持有的江西巨通48%股权出质给中铁信托，为修水巨通履行《借款合同》项下的义务向中铁信托提供股权质押担保。（3）中铁信托和稀土公司已经或将根据《借款合同》的份数签订一份或多份《保证合同》（合称《保证合同》），约定稀土公司为修水巨通履行《借款合同》项下的义务和责任向中铁信托提供连带责任保证担保。（4）修水巨通和稀土公司签订了《担保和反担保协议》，根据该协议之规定，修水巨通应向稀土公司支付担保费，刘典平、邹蕻英应为修水巨通在该协议项下的义务和责任向稀土公司承担无限连带保证责任。

协议第2.3.2条"解除条件"约定：各方同意，本协议项下的目标股权转让是附解除条件的股权转让。在《借款合同》项下贷款期限届满或提前到

[①] 修水县巨通投资控股有限公司、福建省稀有稀土（集团）有限公司合同纠纷［最高人民法院（2018）最高法民终119号］。

期时（以较早者为准），如以下解除条件全部具备的，修水巨通和稀土公司均有权要求解除本协议，将目标股权恢复至本协议生效之前的状态。届时，各方应给予一切必要的协助和配合：（1）修水巨通按时足额向中铁信托清偿了《借款合同》项下的一切债务；（2）未发生稀土公司须为修水巨通承担质押担保责任或保证责任的任何情形；（3）修水巨通向稀土公司按时足额付清了《担保和反担保协议》项下的担保费，且该协议及其附件《刘典平及其关联方欠款情况》所述应付给厦门三虹、江西省修水县神威矿冶有限公司、江西巨通及其各自的关联方的款项本息已经付清。

协议第2.3.3条"解除条件未能满足"约定：如第2.3.2条所述解除条件未能满足的，修水巨通无权终止或解除本协议；但稀土公司既有权要求继续履行本协议的全部或部分内容，也有权要求终止或解除本协议的全部或部分内容。即：届时，稀土公司既有权要求实际受让部分或全部（具体比例视稀土公司的要求而定）目标股权，也有权拒绝受让任何比例的目标股权；如稀土公司仅实际受让部分目标股权的，修水巨通应立即将未受让的目标股权对应的股权转让价款全额退给稀土公司。届时，稀土公司还有权要求修水巨通清偿届时所欠的相应债务（包括但不限于担保费和因稀土公司为修水巨通承担质押担保责任或保证责任而产生的债务等）。除非本协议另有规定，任何一方不得擅自终止或解除本协议及本协议项下的股权转让。

协议第3.1.1条、第3.1.2条约定：目标股权的转让价款在本协议签订时并未确定，需待修水巨通未清偿债务、合同解除条件未满足，且稀土公司决定受让目标股权后，委托具备资质的资产评估机构对目标股权价值进行评估。且评估价值并非就是目标股权的转让价款，尚需依据评估价值是否超出10亿元、稀土公司是否代修水巨通垫付《借款合同》项下利息等情形予以确定。

2013年9月5日，稀土公司、修水巨通、刘典平签订《担保和反担保协议》，约定：（1）修水巨通将其持有的江西巨通48%股权转让给稀土公司之相关事宜，修水巨通、稀土公司和江西巨通于2013年9月5日签署了《股权转让协议》。（2）中铁信托已经或拟与修水巨通签署一份或多份《流动资金借款合同》。根据借款合同中铁信托向修水巨通提供本金不超过8亿元的贷款。（3）应修水巨通和中铁信托要求，为保证中铁信托实现其在借款合同项下的债权：A. 稀土公司以其持有的江西巨通48%股权出质给中铁信托，为修水巨通向中铁信托提供股权质押担保，为此中铁信托与稀土公司已经或将根据借款合同的份数签署《权利质押合同》；B. 稀土公司为修水巨通向中铁信托提供连带责任保证担保。（4）修水巨通、刘典平等向稀土公司提供连带责任保证。该合同对于担保费用进行了约定，修水巨通、刘典平向稀土公司支付了担保费1600万元。

2013年9月6日，中铁信托与修水巨通签订《流动资金借款合同》，约定中铁公司向修水巨通提供不低于8亿的借款，由稀土公司提供48%股权质押和连带责任担保。中铁信托依合同向修水巨通履行了合同约定的义务。

2013年9月6日，江西巨通完成了股权变更登记，将合同标的48%股权变更到稀土公司名下。

《流动资金借款合同》借款履行期间届满后，修水巨通无力偿还债务，稀土公司代偿债务。稀土公司起诉至法院，要求确认稀土公司、修水巨通和江西巨通于2013年9月5日签订的《股权转让协议》及其项下的股权转让交易合法有效，稀土公司基于该协议取得的江西巨通股权归稀土公司所有。

2. 争议焦点

（1）案涉《股权转让协议》的性质和效力应如何认定；

（2）稀土公司能否取得江西巨通48%的股权。

3. 裁判要旨

（1）关于案涉《股权转让协议》的性质

法院认为，就立法例考察，让与担保是大陆法系德日等国经由判例、学说所形成的一种非典型的担保方式，我国经济活动和担保实务中亦多有运用。2015年9月1日起施行的《民间借贷解释（2015）》第24条关于"当事人以签订买卖合同作为民间借贷合同的担保，借款到期后借款人不能还款，出借人请求履行买卖合同的，人民法院应当按照民间借贷法律关系审理，并向当事人释明变更诉讼请求。当事人拒绝变更的，人民法院裁定驳回起诉。按照民间借贷法律关系审理作出的判决生效后，借款人不履行生效判决确定的金钱债务，出借人可以申请拍卖买卖合同标的物，以偿还债务。就拍卖所得的价款与应偿还借款本息之间的差额，借款人或者出借人有权主张返还或补偿"的规定，系在司法解释层面上对让与担保制度的规范和调整。

本案中，修水巨通与稀土公司之间关于《股权转让协议》是担保合同抑或股权转让的性质之争，系让与担保司法认定中的常见争议。通常所谓的让与担保，是指债务人或第三人为担保债务人的债务，将担保标的物的所有权等权利转移于担保权人，而使担保权人在不超过担保之目的范围内，于债务清偿后，担保标的物应返还于债务人或第三人，债务不履行时，担保权人得就该标的物优先受偿的非典型担保。作为一种权利移转型担保，让与担保是以转让标的物权利的方式来达成债权担保的目的，包含让与和担保两个基本要素。这两个基本要素的存在，使得司法实践中对让与担保的定性争议集中在担保抑或转让的性质之争上，存在着区分困难。法院认为，案涉《股权转让协议》在性质上应认定为让与担保。理由如下：

第一，稀土公司与修水巨通之间存在债权债务关系。2013年9月5日，修水巨通与稀土公司签订《股权转让协议》，根据该协议第2.3.1条"背景情况"约定，稀土公司作为修水巨通所负借款债务的担保人及反担保权人，对修水巨通享有将来债权。如修水巨通将来未依约偿还借款债务，稀土公司作为担保人承担担保责任后，对修水巨通享有追偿权。需要指出的是，虽该债权系具有不特定性的将来债权，但在让与担保的设定中，被担保债权不以已经存在的现实债权为必要，将来变动中的不特定债权，亦可成为担保对象。

第二，债务人修水巨通与债权人稀土公司之间具有转让案涉股权的外观。《股权转让协议》标题中采用了"转让"的用语，并在第2条、第3条、第4条分别约定了转让安排、转让价款和变更登记等事项。2013年9月5日，修水巨通作出《股东会决议》，全体股东一致同意转让其在江西巨通的48%股权。同日，江西巨通作出《股东会决议》，全体股东一致同意修水巨通的股权对外转让，其他股东书面确认放弃优先购买权。虽修水巨通上诉主张，其股东在《股东会决议》上签字，目的系出于提供担保而非转让，但并未否定《股东会决议》上签字的真实性。2013年9月6日，目标公司江西巨通完成股权变更登记，案涉48%股权变更登记在稀土公司名下。案涉股权转让，在转让人和受让人等各方当事人之间已经达成合意、符合公司法上有限公司股权转让的条件和程序，并已经公示、变更登记至受让人名下，在外观上实现了权利转移。

第三，案涉股权虽已变更登记至稀土公司名下，但该转让系以担保债权实现为目的，稀土公司作为名义上的股权受让人，其权利范围不同于完整意义上的股东权利，受担保目的等诸多限制。（1）案涉股权转让与借款债务是否清偿、担保责任承担与否密切关联。《股权转让协议》第2.3.1条约定，该协议应与《借款合同》《质押合同》《保证合同》以及《担保与反担保协议》作整体考量。（2）案涉股权转让附有解除条件，无论条件满足与否，均有目标股权回复至修水巨通名下的可能。《股权转让协议》第2.3.2条、第2.3.3

条约定,案涉股权转让附有解除条件,在修水巨通按时足额向中铁信托清偿了《借款合同》项下的债务,未发生稀土公司为修水巨通承担质押担保责任或保证责任的情况,修水巨通向稀土公司按时足额付清了《担保与反担保协议》项下的担保费,且《担保与反担保协议》及其附件所述应付款项本息已经付清时,修水巨通、稀土公司均享有合同解除权,将目标股权恢复至本协议生效之前的状态。在上述解除条件未满足时,稀土公司作为受让人仍有权要求终止或解除本协议的全部或者部分内容,其拒绝受让目标股权的,修水巨通应返还相应转让价款,并清偿所欠相应债务。(3) 案涉股权转让价款受合同是否解除、稀土公司是否承担保证责任代为清偿借款本息等因素影响,并未确定。《股权转让协议》第3.1.1条、第3.1.2条约定,案涉股权的转让价款在协议签订时并未确定,须待修水巨通未清偿债务、合同解除条件未满足,且稀土公司决定受让目标股权后,委托具备资质的资产评估机构对目标股权价值进行评估。且评估价值并非就是目标股权的转让价款,尚需依据评估价值是否超出10亿元、稀土公司是否代修水巨通垫付《借款合同》项下利息等情形予以确定。(4) 稀土公司作为受让人,其股东权利的行使受到诸多限制。《股权转让协议》第2.3.4条约定,在合同解除条件满足与否之前,目标股权对应的未分配利润不作实际分配;第4.3条约定,协议生效后,目标公司的高级管理人员中原由修水巨通委派、推荐或者选任的人士,暂时保持不变,在修水巨通未清偿债务、合同解除条件未成就且稀土公司选择受让股权后,才改由稀土公司依其持股比例选派。

综上,《股权转让协议》在转让目的、交易结构以及股东权利等方面,均具有不同于单纯的股权转让的特点,其权利义务内容及实际履行情况,符合让与担保的基本架构,系以股权转让的方式实现担保债权的目的,其性质应认定为股权让与担保。

(2) 关于《股权转让协议》的效力问题

法院认为,对让与担保效力的质疑,多集中在违反物权法定原则、虚伪意思表示和回避流质契约条款之上。其中违反物权法定原则的质疑,已在物权法定原则的立法本意以及习惯法层面上得以解释,前述《民间借贷解释(2015)》第24条的规定,即属对让与担保的肯定和承认;而回避流质契约条款可能发生的不当后果,亦可为让与担保实现时清算条款的约定或强制清算义务的设定所避免。至于让与担保是否因当事人具有通谋的虚伪意思表示而无效,应在现行法律规定以及当事人意思表示这两个层面来检视。就现行法律规定而言，《合同法》第52条规定："有下列情形之一的，合同无效：（一）一方以欺诈、胁迫的手段订立合同，损害国家利益；（二）恶意串通，损害国家、集体或者第三人利益；（三）以合法形式掩盖非法目的；（四）损害社会公共利益；（五）违反法律、行政法规的强制性规定。"该条规定并未将单纯的通谋虚伪意思表示列为合同无效的法定情形。《民法总则》第146条则规定，"行为人与相对人以虚假的意思表示实施的民事法律行为无效。以虚假的意思表示隐藏的民事法律行为的效力，依照有关法律规定处理。"根据该条规定，如当事人之间存在通谋的虚假意思表示，基于该虚假意思表示实施的民事法律行为应为无效。由此，让与担保是否无效的关键在于，当事人是否具有通谋的虚假意思表示。对此，实践中多有误解，认为让与担保中，债务人将标的物权利转移给债权人，仅仅属于外观形式，其真实意思是在于设定担保，故为双方通谋而为虚假的转移权利的意思表示，应为无效。但事实上，在让与担保中，债务人为担保其债务将担保物的权利转移给债权人，使债权人在不超过担保目的的范围内取得担保物的权利，是出于真正的效果意思而作出的意思表示。尽管其中存在法律手段超越经济目的的问题，但与前述禁止性规定中以虚假的意思表示隐藏其他法律行为的做法，明显不同，不应因此而无效。

本案中，《股权转让协议》约定了转让标的、转让价款、变更登记等事项，江西巨通、修水巨通均就股权转让事宜作出股东会决议，案涉股权亦办理了变更登记手续，具备股权转让的外在表现形式。修水巨通虽提供黄宁、叶莲花等证人证言，拟证明其同意转让案涉股权的目的在于提供担保，但此种事实恰恰符合让与担保以转移权利的手段实现担保债权目的的基本架构，不构成欠缺效果意思的通谋的虚假意思表示，其据此主张《股权转让协议》无效，于法无据。另外《股权转让协议》第3.1条约定了清算条款，不违反流质条款的禁止性规定。故，《股权转让协议》系各方当事人通过契约方式设定让与担保，形成一种受契约自由原则和担保经济目的双重规范的债权担保关系，不违反法律、行政法规的禁止性规定，应为合法有效。

（3）关于稀土公司能否取得江西巨通48%的股权的问题

法院认为，虽江西巨通48%股权已在2013年9月6日变更登记至稀土公司名下，但此时的变更登记仅具让与担保设定中的权利转移外观，无论依据《股权转让协议》的约定或让与担保制度的基本原理，稀土公司享有完整意义上的股权，尚待所担保债权的清偿状态以及让与担保的实现方式而确定。一般而言，让与担保有归属清算型和处分清算型两种实现方式，前者指让与担保权人将标的物予以公正估价,标的物估价如果超过担保债权数额的,超过部分的价额应交还给让与担保设定人,标的物所有权由让与担保权人取得;后者指让与担保权人将标的物予以拍卖、变卖,以卖得价金用以清偿债务,如有余额则返还给债务人,具体采取何种实现方式,可由当事人依意思表示一致选择。《股权转让协议》第2.2.2条、第2.3.3条、第3.1.1条、第3.2.2条约定,若修水巨通未依约清偿债务、解除条件未满足的,稀土公司有权选择实际受让全部或部分目标股权,并指定具备相应资质的资产评估机构对目标股权价值进行评估,从而确定股权转让价款,在比较股权转让价款和稀土公司代偿债务金额的基础上,双方本着多退少补的原则支付差额。上述约定表明,案涉让与担保的实现方式即为归属清算型。根据本案已查明事实,借款合同履行期间届满后,修水巨通无力偿还债务,稀土公司已代偿本金及利息。《股权转让协议》解除条件未满足,稀土公司在有权并已实际决定受让全部目标股权,并依约指定资产评估机构出具《评估报告》、对股权价值进行了评估的基础上,能够取得江西巨通48%的股权。至于股权转让价款是否公平合理的问题。鉴于稀土公司在本案中的诉讼请求主要为要求确认《股权转让协议》及其项下的股权转让合法有效,其因此享有江西巨通48%的股权,修水巨通亦未就股权转让价款提出反诉,故该问题不属于本案审理范围,不足以影响稀土公司取得江西巨通48%的股权。修水巨通可就股权转让价款问题另诉处理。

(三)案例评析

1.股权让与担保涉及股权的转让,因此需要对股权转让和股权让与担保进行区分

在涉及股权让与担保纠纷的案例中,最常见的争议焦点之一就包括确定案涉法律关系究竟是股权让与担保还是股权转让。在案例中,最高法对此作出了比较详细的区别。股权让与担保与股权转让的不同之处主要有几下几点:

(1)双方之间存在债权债务关系。需注意股权让与担保中,双方之间已经存在债权债务关系且以此为前提进行了股权转让;该等债权债务关系并非是股权转让之后产生的支付股权转让款和转让股权之债。

(2)双方之间存在股权转让的权利外观。股权让与担保是通过将持有的股权转移至债权人名下来设立担保的,故必然会涉及股权转让,具有其外观。

(3)债权人为名义上的股权受让人,其权利范围受到限制。由于股权让与担保的目的是进行担保,债权人的目的并非是获得股权,故而双方会在合

同中对股权受让方的权利进行约束。比如受让方是否可以参与利润分配、表决权的行使、股权的出卖与担保等等。

（4）合同中会附有股权转让的解除条件。解除条件与债务是否得到清偿有紧密的联系：如果债务得到清偿，则无须承担担保责任，股权恢复至出让方名下；如果债务未得到清偿则启动担保，对股权进行清算，可以通过折价、拍卖、变卖等方式。

因此，在确定究竟是股权转让还是股权让与担保中，应严格考察合同条款，探究合同双方的真实意思表示。

2. 股权让与担保作为一种新型的担保方式，应被予以认可

股权让与担保为目前实践中得到了大量应用，这种担保方式也得到了认可。过去对股权让与担保效力的否认主要集中于以下几个方面，但该等观点均无法成立。

（1）违反禁止流质/流押原则

所谓的流质/流押是指当主债务无法实现时，债权人直接成为质押物/抵押物的所有权人。而法定担保权的实现方式是就担保财产进行优先受偿。流质/流押约定始终未能得到支持。[①] 在笔者查找到的案例中，辽宁高院在（2016）辽民申1115号案件中认为让与担保的约定与担保法中关于流质契约的规定相冲突，违反了法律的禁止性规定。但辽宁高院在另一案例中又认为如果双方办理的股权转让登记且具有担保的意思表示，而公司仍在转让方的经营管理之下，则并不属于"流质"；[②] 案例中也是认为在约定清算条款的情况下，股权让与担保并不属于"流质"。而即便是存在流质条款，江苏高院也认为股权让与担保合同依然有效，此时流质条款因违反《担保法》第40条（现《民法典》第401、428条）的规定无效，该条款的无效并不影响股权让与担保合同的效力。

至于流质和案例中归属型清算的区别，虽然两者都最终导致担保权人获得股权，但两者还是存在差别的：在实现担保权利时，流质是担保物直接归担保人所有；而折价等清算方式则存在价格的确定机制，或是双方进行议价，

[①] 《民法典（草案）》第401条：抵押权人在债务履行期限届满前，与抵押人约定债务人不履行到期债务时抵押财产归债权人所有的，只能依法就抵押财产优先受偿；

第428条：质权人在债务履行期限届满前，与出质人约定债务人不履行到期债务时质押财产归债权人所有的，只能依法就质押财产优先受偿。

[②] 辽宁省高级人民法院（2015）辽民二终字第00266号民事判决书。

或是聘请评估机构并根据评估报告确认价格,且该价格都是在实现担保权时才进行确定,而非签署担保合同时就已经确定的。

我们可以发现,股权让与担保的效力并不因违反关于流质/流押的禁止性规定而无效,这不仅适用于已经约定了清算条款的让与担保,也同样适用于存在流质/流押条款的让与担保。在存在流质/流押条款的让与担保中,该等流质/流押条款无效,股权让与担保合同依旧有效,此时担保权的实现方式为依据法律的规定,转化为进行清算。《九民纪要》亦持上述观点。[1]

(2) 违反物权法定原则

案例中认为根据《民间借贷解释（2015）》第24条的规定,我国在司法解释层面对让与担保制度进行了规范和调整。最高法在《九民纪要》第66条关于担保关系的认定中规定：当事人订立的具有担保功能的合同,不存在法定无效情形的,应当认定有效。虽然合同约定的权利义务关系不属于物权法规定的典型担保类型,但是其担保功能应予肯定。

如果股权让与担保形成的权利属于物权,《九民纪要》认为从物权法定的角度需要将其纳入现行法中或者解释为股权质押;或者从物权法定缓和的角度可认为股权让与担保是习惯法的物权,这与案例中的解释也是一致的。

最高法认为,无论是物权法定的哪一种解释,也不论是否符合物权法定原则,这只能确定是否具有物权效力,并不能因此否定合同本身的效力。在合同有效的情况下,股权让与担保所享有的权利是指参照最为类似的担保物权,享有优先受偿的权利。这就是所谓的股权让与担保的"物权效力"。[2]

(3) 通谋的虚假意思表示

根据《民法典》第146的规定,行为人与相对人以虚假的意思表示实施的民事法律行为无效。以虚假的意思表示隐藏的民事法律行为的效力,依照有关法律规定处理。

股权让与担保常常以股权转让的外观出现。比如在（2019）京01民终2782号案件中,北京市第一中级人民法院认为本案可以将股权让与担保理解为名为股权转让实为让与担保,即股权转让是假,让与担保是真。根据《民法典》的规定,虚假的意思表示即股权转让协议因其并非当事人的真实意思

---

[1] 最高人民法院民事审判第二庭编著：《〈全国法院民商事审判工作会议纪要〉理解与适用》,人民法院出版社2019年版,第404页。

[2] 同上书,第405页。

表示而无效；而隐藏的行为，即让与担保行为则要根据《民法典》的相关规定认定其效力。让与担保本身并不存在违反法律、行政法规的强制性规定的情形，依法应当认定有效。

由此可知，股权转让因其为双方的通谋的虚假意思表示而无效，但这并非意味着双方真实的股权让与担保的意思表示也无效。股权让与担保本身并不存在违反法律、行政法规的强制性规定的情形。因此，通谋的虚假意思表示并不能由此认定股权让与担保无效。

3. 股权让与担保的实现问题

从案例可以看出，目前最高法认为股权让与担保有两种实现方式：归属清算和处分清算。归属清算是指让与担保权人将标的物予以公正估价，标的物估价如果超过担保债权数额的，超过部分的价额应交还给让与担保设定人，标的物所有权由让与担保权人取得；处分清算时指让与担保权人将标的物予以拍卖、变卖，以卖得价金用以清偿债务，如有余额则返还给债务人。

可以明确，股权让与担保权利人并不能直接成为股权的所有权人，而必须经过相应的清算。在《民法典》中，权利人可以与担保人协议折价，也可以进行拍卖、变卖，并就所得款项优先受偿。由此，股权让与担保的实现也可以通过双方协商折价，或者拍卖、变卖的方式。

因此，我们认为，股权让与担保的实现需要进行清算，方式包括以下两种：其一是双方的协商，双方可以自行就股权价格达成合意，也可以进行公正的估价；其二是通过拍卖、拍卖对股权进行处置，由于作为让与担保物的股权的特殊性，在处置过程中还需要考虑其他股东优先购买权的问题。

4. 股权让与担保下权利人的地位

就权利人的地位而言，主要的争议点在于权利人是债权人还是股东。从目前的司法实践中可以发现，股权让与担保权利人虽被登记为公司股东，但其权利范围被明显限制。无论是在上述案例中，还是在辽宁高院（2015）辽民二终字第00266号案件中，让与担保权利人只是名义上的股东，并不实质享有股东的经营管理权等，同时最高法在（2018）最高法民终844号案件中也认定了股权让与担保权利人不得自行处置股权。可以发现，股权让与担保中的股权变更登记是为了设定让与担保，仅具有权利转移外观，不具有权利转移实质。

《九民纪要》不仅明确债权人可以对财产拍卖、变卖、折价，同时赋予了债务人可以请求对该财产拍卖、变卖、折价以偿还债务的权利。这与一般的抵质押担保有所区别。我们认为，这也是为了防止股权让与担保权利人滥用权利，以已登记为股东来要求确认其股东地位。

综上，我们认为，股权让与担保权利人的地位是债权人，而非股东。

但对外而言，虽然我们认为股权让与担保权利人是债权人而非股东，但由于其具有权利外观，其对外出质或者转让股权的情况下，第三人可以基于善意取得获得质权或者股权；如让与担保权利人的债权人请求执行股权，股权让与担保人可以请求确权，可以提起确权之诉或者执行异议之诉来保障自身权利。

（四）实务建议

1. 为与股权转让进行区分，股权让与担保合同应当对相关条款进行细致且明确的约定，体现各方真实意思表示

根据笔者查找到的案例，涉及股权让与担保的案例常见的争议焦点之一就是案涉法律关系究竟是股权让与担保还是股权转让。为了避免出现类似的纠纷，我们建议合同当事人应当与相关条款进行细致且明确的约定，主要涉及以下几个方面：其一为交易背景，需明确基础债权债务关系，以及进行股权让与担保的意思表示；其二为股权变更，包括变更登记的相关程序和办理、双方各自享有的股东权利范围；其三为合同的解除条件，在到期偿还债务的情况下，股权将恢复至合同签署前的状态；其四为股权让与担保的实现，如不能到期偿还债务，则股权应进行的处置方式。

2. 在股权让与担保中，应当及时履行内外部程序，包括进行股权变更工商登记

根据《九民纪要》，股权让与担保是区分于传统担保方式的非典型物保。对于股权让与担保而言，由于其具有股权转让的权利外观，在办理变更登记的时候又会面临公司其他股东的优先购买权问题。担保人应当告知其他股东该让与担保的真实意思。在股权让与担保中，权利人仅为债权人，并非实际股东，参考股权质押担保，公司应当对股权让与担保形成相应的股东会或董事会决议。

对于股权让与担保这种新类型担保的效力，需要涉及两个层次的问题，其一是合同是否有效；其二是是否具有物权效力。除非违反法律法规的强制性规定或者违背善良风俗，股权让与担保合同有效；而对于是否具有物权效

力问题,则主要取决于是否有法定的登记机构对相关权利进行登记。[①] 因此,在股权让与担保合同有效的情况下,债权人应当及时办理股权变更工商登记,以取得让与担保的物权效力。而由于债权人实质上仅为债权人,则在公司内部的股东名册上不宜记载该债权人为股东。

3. 权利人为实现自身权益,可尽量选择"归属清算型"股权让与担保

就目前最高法的案例而言,无论是归属清算型还是处分清算型,该等股权让与担保均有效;且根据《九民纪要》及其理解与适用,双方也可以通过折价的方式处置股权。即使是存在"流质"的约定,"流质"条款无效,股权让与担保依旧有效,依旧可以通过折价、拍卖、变卖的方式处置股权。在此前提下,我们认为,股权让与担保人可参考案例中约定"有权选择按照清算的价格受让全部或部分股权,也有权拒绝受让",此类归属清算可最大程度实现自身权益。这是因为归属清算可以实现双重保障,首先赋予权利人存在可以通过根据清算价值来取得股权的可能;即使无法取得股权,其优先受偿的权利依然可以得到保障。

六、担保权的实现

根据最高法的精神,已经公示其权利变动的让与担保可以参照适用形式最相类似的动产质押、不动产抵押以及股权质押的相关规则执行。故根据作为担保功能的标的物本身属性,可分别根据相关规则,实现其担保权。当然,作为一种灵活的非典型担保,当事人也可以订立合同约定由某一方或多方承担清算义务,并约定清算的方式、费用负担等细则。

(一)自力清算

当事人可在合同中约定,债务到期不能清偿时,由一方或多方当事人负有让与担保标的物的清算义务,采用委托或共同委托第三方评估机构进行资产评估、拍卖机构进行拍卖等方式。当事人还应当约定,当清算标的物价款与实际发生的债务价款有出入时,实行"多退少补"的处理原则,通过评估、拍卖等自力清算手段所得偿付价款超过应偿还借款本息的,差额应当返还给

[①] 最高人民法院民事审判第二庭编著:《〈全国法院民商事审判工作会议纪要〉理解与适用》,人民法院出版社2019年版,第393页。

债务人；如果不足以偿还借款本息的，就不足的部分，债权人继续向债务人主张补偿，以维护合同双方的利益平衡。

（二）诉讼与特别程序

前文已经对让与担保的担保权人主张优先受偿权的条件作了阐述（详见第一章）在此不再赘述。简而言之，担保权人（债权人）享有优先受偿权是让与担保制度的题中应有之义，但若需要在诉讼中实现担保权利，需严格符合让与担保的构成要件，且担保标的物业已通过公示转移所有权（即具有物权效力）。

司法实践承认优先受偿权的理由	司法实践否认优先受偿权的理由
符合让与担保的要件	违反法律关于禁止流质的规定
让与担保系双方当事人真实意思表示的合意	未办理所有权过户登记
该物权尚未存在由他人登记并取得所有权的情况	网签并非法定的设定担保物权的形式
办理了产权变更手续	未办理预告登记
不符合合同法规定的合同无效情形且不损害社会公共利益和第三人权益	本质上属于债权而不具有排他性和对抗第三人的效力

（三）一方破产时担保权的实现

1. 担保人破产

担保权人对让与担保的标的物享有别除权，享有优先受偿。

2. 担保权人破产

从保护让与担保关系外的第三人的角度，以商事外观主义为前提，让与担保标的物应当纳入担保权人的破产财产之列，担保人不应享有对抗破产债权人的权利，但对于经清算超过债务的部分，担保人有权主张取回。

七、实务建议

让与担保作为一种灵活的担保形式，就债权人而言，标的物由担保人实际所有，若担保人有失诚信，擅自处分标的物，债权人有丧失其债权担保的风险；就担保人而言，其与债权人之间虽有信托契约，但若债权人有失诚信，擅自处分标的物，担保人将丧失对担保物的权利；就债务人而言，因债权人享有担保权利，债务人易就债务之本利的偿还方式订立苛刻条款，从而有损于债务人的利益；就让与担保法律关系之外的第三人而言，由于让与担保可能缺乏具有相当公信力和便于查询的外在公示方式，在担保双方当事人的一方擅自处分担保物时，第三人需要尽形式审查义务，避免其通过合法途径取得标的物后，所有权受债权人的优先受偿权影响。

基于以上当事人合法利益受到侵害的可能，在实操中有以下建议，在订立让与担保合同时规避让与担保的风险，发扬其高效灵活的优势：

1. 参照本章第二节让与担保行为的认定部分中的三个构成要件，在订立书面合同时，无歧义地表达相关意思表示。

2. 合同应明确欲设立让与担保的标的物，并根据标的物的自然属性，约定标的物相应的所有权变更以及权利变动公示的方式。

3. 宜在合同中约定让与担保标的物仅进行形式上的转移，实际所有权人不发生变更。宜约定一方或多方负有完成所有权变动公示的义务，动产应当交付、不动产或其他权利应当完成变更登记。如在动产上以占有改定的形式完成交付，双方宜约定，担保人不经过债权人同意，处分让与担保标的物的责任。

4. 合同应明确债务人或其指定第三人设立担保的标的物的由债权人形式上获得所有权，明确标的物系为主债权之实现的担保，待主债权实现之后，标的物即原物返还，这是司法实践认定当事人形成让与担保合意的依据。

5. 合同条款中宜对债务人不履行到期债务时，负清算义务的主体及具体清算方式进行约定，以便实现让与担保的高效性；不应约定债务到期不能得到履行时所有权直接归属债权人，首先该条款属流质、流押条款，其次即便一方当事人诉诸法院请求折价或拍卖、变卖标的物，也不符合当事人因效率考量而选择设立让与担保的原意。

6. 明确约定该让与担保系为何主债权作担保之用，约定若债务到期后不能清偿的清算方式，担保物具体价值评估方式，是否由单方或共同委托评估机构，"多退少补"的细节安排等。

7. 在具体条款的设置和实务处理上，可以根据让与担保标的物的自然属性：动产参照动产质押、不动产参照不动产抵押、权利参照股权质押的相关规定和实务操作处理。

第三节　保证金账户担保

新旧法律条文对比	
《担保制度解释》	《担保法解释》
第七十条　债务人或者第三人为担保债务的履行，设立专门的保证金账户并由债权人实际控制，或者将其资金存入债权人设立的保证金账户，债权人主张就账户内的款项优先受偿的，人民法院应予支持。当事人以保证金账户内的款项浮动为由，主张实际控制该账户的债权人对账户内的款项不享有优先受偿权的，人民法院不予支持。 在银行账户下设立的保证金分户，参照前款规定处理。 当事人约定的保证金并非为担保债务的履行设立，或者不符合前两款规定的情形，债权人主张就保证金优先受偿的，人民法院不予支持，但是不影响当事人依照法律的规定或者按照当事人的约定主张权利。	第八十五条　债务人或者第三人将其金钱以特户、封金、保证金等形式特定化后，移交债权人占有作为债权的担保，债务人不履行债务时，债权人可以以该金钱优先受偿。"因民法典实施已被废止。

保证金账户质押也称金钱质押，是指借款人将金钱交存于其在金融机构开立的专用账户，并承诺以该账户中的款项作为偿还借款的担保，当借款人不履行债务时，金融机构有权在保证金账户中直接划扣保证金用于偿还贷款的担保方式。

一、保证金账户质押的性质

保证金账户质押是实践中出现的新类型担保方式，现行法对其欠缺明确的规定。学理上对于保证金账户质押的性质有不同的认识，主要分为权利质押说和特殊动产质押说两种，但实务审判中将保证金账户质押认定为特殊动产质押。

《担保法解释》第 85 条即位于动产质押章节下。在最高法发布的指导案例 54 号——中国农业发展银行安徽省分行诉张大标、安徽长江融资担保集团有限公司执行异议之诉纠纷案中，法院认为"金钱作为一种特殊的动产，可以用于质押"。根据《储蓄管理条例》第 5 条第 1 款规定："国家保护个人合法储蓄存款的所有权及其他合法权益",出质人对存入银行的存款享有的是所有权而非债权。账户质押的标的是账户中的金钱,而账户是没有实际价值的载体。故实践中采取特殊动产质押的观点,亦为主流观点。

二、保证金账户质押的生效条件

作为特殊动产质押的保证金账户质押,应当满足以下生效条件:

(一)具有质押合意

《民法典》第427条规定:"设立质权,当事人应当采用书面形式订立质押合同。质押合同一般包括下列条款:(一)被担保债权的种类和数额;(二)债务人履行债务的期限;(三)质押财产的名称、数量等情况;(四)担保的范围;(五)质押财产交付的时间、方式。"

保证金质押成立的前提是当事人之间存在合意。当事人之间合意形式是否一定需要订立合同?最高法在"中国银行股份有限公司襄阳自贸区支行、李康莉执行异议之诉再审案"[①]中,认为"质权合同并不一定是独立的合同,质押条款或其他反映当事人设立质权合意的合同条款亦属于本条规定的质押合同"。而最高法《担保制度解释》第70条的"实务问题"部分明确,"法院对当事人合意的认定采纳实质主义,重视当事人共同行为的商业意义,不拘泥于合同文字或书面合同是否存在",即最高法的观点是尊重当事人之间真实意思之表示。

但上海市第一中级人民法院在平安银行股份有限公司上海分行诉上海鼎汇通一期股权投资合伙企业(有限合伙)案外人执行异议之诉一案二审案中认为:"鼎裕胜公司、鼎汇通企业均未与平安银行订立书面的金钱质押合同,仅有鼎裕胜公司、鼎汇通企业分别单方向平安银行出具的承诺函,承诺函载明:1.将其持有的诚鼎一期二期股权(份额)权益作为对平安银行指定授信的担保;2.上述权益若发生任何形式的变现,将该变现后的资金作为保证金提供担保。上述承诺函系鼎裕胜公司、鼎汇通企业作出的单方意思表示,即便平安银行予以确认,可以认定保证函内容系双方当事人的真实意思表示,是双方合意的结果,但该约定不具备质押合同的一般要件,不能据此认定双

---

① 最高人民法院(2018)最高法民再168号判决书。

方当事人就涉案账户内的资金进行金钱质押形成合意并订立了书面质押合同。"上述观点即认为双方虽达成权益变现后保证金担保的合意，但单方出具的函件不符合法律规定的"质押合同"其他法定要件，因此无法认定当事人形成了质押合意。

（二）保证金的特定化

质押标的财产特定化是质权成立的要件，是使质押财产不同于出质人其他财产的重要标志。就保证金质押而言，财产特定化应当符合以下要求：

一是保证金账户应在形式上有别于其他账户。最高法在阿拉善农村商业银行股份有限公司乌斯太支行、马金平执行异议之诉再审案[①]中认为，虽然"保证金质押，实质是以保证金账户内的资金提供质押，而非账户质押。保证金形式的金钱特定化，应同时具备账户特定化和资金特定化的特征，也即账户在功能上仅用于存储保证金，不能用于普通结算业务；在形式外观上也应有别于普通结算账户"。

二是保证金账户应当专户专用，不得与其他账户混淆。最高法在阿拉善农村商业银行股份有限公司乌斯太支行、马金平执行异议之诉再审案中认为，"资金特定化体现在资金存储后应采取技术措施将普通资金与保证金予以区分，避免混同"；最高法在菏泽市兴农百盛农资有限公司与宋本玉申诉、申请案[②]中认为，虽然质权人与出质人约定案涉账户为双方的保证金专户，但该账户实际上又用于出质人和第三人签订的担保合作协议项下的保证金账户，并非出质人与质权人之间用于设立质押保证金的专用账户，质权人对案涉账户并无排他性权利，所以不能就该账户主张质权。

三是保证金账户内资金用途特定化。最高法在阿拉善农村商业银行股份有限公司乌斯太支行、马金平执行异议之诉再审案中认为"在用途上，保证金应专门用于抵偿保证的债务，专款专用"。最高法在晋中银行股份有限公司、田时和再审案[③]中认为："在《开立单位银行结算账户申请书》中并未明确申请开立的案涉账户系保证金账户，且从该账户使用情况看，存在多笔资金往来，除了缴存保证金及保证金的扣划，还用于非保证金业务的日常结算。……因此，该账户资金不符合特定化的要求。"

[①] 最高人民法院（2017）最高法民申 2513 号裁定书。
[②] 最高人民法院（2016）最高法民申 2052 号裁定书。
[③] 最高人民法院（2018）最高法民申 99 号裁定书。

此外,《担保制度解释》第 70 条第 1 款亦强调,资金特定化不代表资金不得变动。最高法在宁夏银行股份有限公司吴忠分行、中国农发重点建设基金有限公司再审案[1]中认为:"保证金账户特定化不等同于固定化。经审查,该账户除按照合同约定按投资比例存入保证金之外,利息增加以及在担保公司担保的贷款到期未获清偿时,农发基金公司委托的相关银行亦会扣划相应款项,都会导致账户余额浮动,该种浮动均与保证业务相对应,不属于非保证业务的结算,不能据此即认为该账户为一般结算账户。"

(三)质权人实际控制

《民法典》第 429 条规定:"质权自出质人交付质押财产时设立。"因为保证金账户的特殊性,《担保制度解释》第 70 条第 1 款明确保证金账户应当由质权人实际控制或是由其设立,意为实际交付。

最高法在褚玉民、南阳市宛城区农村信用合作联社再审案[2]中认为,"保证金账户中转款的用途以及是否经过质权人同意、案涉保证金账户的控制和管理是否有别于一般结算账户等事实,将直接影响质权人能否实际控制案涉保证金账户、该账户内资金是否已特定化和移交占有的认定"。上述案件中,两审法院认为案涉账户存在非保证金业务的日常结算,因此尽管当事人之间约定质权人可以管理案涉账户,但从事实上并未排除出质人对账户资金的使用,因此质权人未能实际控制案涉账户。

三、实务建议

综上所述,对质权人而言,为降低金钱质押不成立的风险,有以下两条实务建议可供参考:

1. 设立保证金质押应当签订书面质押合同,签订书面质押合同能够有效降低质押合意的形式审查风险。

2. 设置专门的保证金账户并专户专用,账户内资金仅用于质押业务,同时可通过设立监管账户或保证金专户的形式确保能够实际控制相关账户。

---

[1] 最高人民法院(2020)最高法民申 5346 号裁定书。
[2] 最高人民法院(2018)最高法民申 3609 号裁定书。